東アジア研究所講座

KEIO INSTITUTE OF EAST ASIAN STUDIES
KIEAS

都市から学ぶアジア経済史

古田和子 編著

慶應義塾大学東アジア研究所

はじめに――本書の構成と特徴

本書は二〇一六年四月から七月まで一二回にわたって開催された慶應義塾大学東アジア研究所講座「都市から見たアジア経済――歴史から現代へ」にもとづく論集である。この講座はアジアの都市に焦点をあてて、歴史から現代にいたるアジア経済の発展と変容を考える企画であった。

アジアの社会と経済は大きく変化している。アジア経済の動向が世界経済の行方を左右する主要な要因の一つとなってから既に久しいし、二一世紀は「アジアの世紀」と言われることも多い。他方で、これからのアジアが直面する課題もしだいに明らかになりつつある。きわめて速いスピードで進行する少子高齢化、中所得国の罠と呼ばれる現象、人的資源を含む種々のリソースをめぐる競争、深刻化・多様化する環境問題。これらの課題にどう向き合うのか、どのような政治経済社会の構築を目指すのか、さらにはアジア域内の国際政治秩序の安定をどう担保するのかなど、二一世紀のアジアはいくつかの重要な選択を迫られる岐路に立っている。このような状況を念頭に置くとき、アジア諸地域の社会経済変化をいま一度、長期的なタイムスパンで捉え、アジア経済の特徴とその多様性、諸地域間の相互関係・相互作用の軌跡をより深く理解することが必要になっている。

講座では毎回、アジアの都市を一つ取り上げて、その都市の歴史あるいは現在に詳しい専門家を招いて講義をしていただいた。取り上げた都市は地図に示したとおり、①蘇州、②プネー、③バタヴィア、④シンガポール、⑤登州、⑥上海、⑦長崎、⑧香港、⑨台南、⑩羅津、⑪深圳、⑫バンコクおよびホーチミンシティである。ただし、都市によって議論する時期は大きく異なっている。目次をご覧いただくと、一六世紀から二一世紀初頭の現代まで、都市ごとに対象とする時代が少しずつ変わりながら、おおよそ時代順に配列されていることが見て取れよう。実は時代の異なる分析対象を一枚の地図に落とし込めるのは都市ならではのことである。国名や国境は時代とともに変わるし、河川もまた、アジアの場合には中小はもちろん大型河川でも時代によってその流路は大きく変わったからだ。

次に、本書が掲げる課題をまとめておこう。主要な課題は以下の三点に集約できる。①対象となる都市について、その都市を特徴づける経済事象に焦点をあてて、②その都市がその時代のアジアでどのような位置を占めていたのか、③アジア経済史としてどのような意味をもつ存在であったのか、を検討することである。言い換えれば、各都市の単なる紹介や解説ではなく、その時代のその都市からアジア経済の重要な一断面が学べるような構成になっているということである。

本書では、ある時代のアジアを代表する中心的な役割を演じた有名な都市だけでなく、多くの読者には馴染みの薄い、必ずしもポピュラーではない都市にも注目している。この両方の都市群を取り上げることによって、それぞれの場を特徴づける経済的事象が鮮やかに浮かびあがったと言えよう。また、人口と環境、開墾と開発、人の移動・越境、人種・宗教・文化の混淆、農村と都市、土地制度、生産・流通・サービス業、交易・貿易・中継港の形成、金融・決済中心、送金ネットワーク、商人と同郷組織、市場と国家、財政・徴税と政治都市、暴動・紛争・戦争、帝国支配と植民地、工業化、交通・通信インフラ整備、経済発展と衰退、フォーマル・セクターとインフォーマル・セクター、生産ネットワーク・産業集積・イノベーション、域内労働移動と所得分配など、いずれもアジア経済史あるいは現代アジア経済を論じる際に外すことのできない重要なキーワードを提起することができた。

加えて、各都市を扱う章では、他の都市ないし周辺あるいは域外の遠隔地が必ず言及されていて、それらの都市や地域との関係なくして、対象とする都市の社会と経済が成り立っていないこともわかる。こうしたアジア間の交流や関係に興味をもつ読者は、都市間、地域間の相互関係を辿りながら本書を読み進めるのも一つの方法である。また、上述したキーワードにそって都市と他の都市との比較をするのも新たな発見があって面白いかもしれない。

本書のもとになった公開講座には、アジアに関心をもつ高校生や大学の学部生、アジア史を専攻する大学院生や研究者、ビジネスパーソンなど幅広い層からの参加があった。講座という性格もあり、また編者の専門との関係もあって、扱うことのできたのは限られた都市であったが、アジア経済史の副読本の一つとして本書を活用してもらえれば幸いである。

〔謝辞〕 本講座の開催にあたって東アジア研究所の高橋伸夫所長ならびに小沢あけみ氏には準備段階からさまざまなご助力をいただいた。また本書の出版に際しては、慶應義塾大学出版会の村山夏子氏にお世話になった。執筆者から提出された最終原稿は、いずれも当日の講義からさらにバージョンアップされたものだった。村山氏には力作ぞろいの原稿に丁寧に目をとおしていただいた。改めてお礼を申し上げたい。

古田　和子

本書に登場する諸都市

※ 地図中の河川は現在の経路

篠根拓人作成

目次

第1章　米とシルクと歓楽街
——一七〜一八世紀の蘇州

岸本　美緒

はじめに

長江の下流、江南デルタの中心に位置する蘇州は、現在の日本では風光明媚な観光都市として知られているが、清代においてはむしろ、全国的な商工業の中心地として、その経済力を誇っていた。そのような全国的商工業中心地としての地位が上海に取って代わられるのは、一九世紀半ば、アヘン戦争後に上海が開港してからのことである。

本章では、一七世紀後半から一八世紀、即ち、清代前半から中期の蘇州を対象として、いくつかの側面から蘇州の経済的位置を素描してみたい。第一に、全国の米穀流通の要としての位置、第二にシルク産業の中心地としての役割、第三に蘇州における観光業の発達について扱うこととするが、これらはそれぞれ、蘇州における商業、工業、サービス業の特質を示すものといえる。さらにそれらはそれぞれ、全国的流通構造のなかの蘇州、蘇州における都市と農村の関係、蘇州という都市の内部での階層間の経済関係、という形で、蘇州をとりまく経済ネットワークの重層性を垣間見せるものともなるだろう。

なお、本章で「蘇州」という場合、その指す地理的範囲については、やや説明が必要である。本講座の題名は「都市から見たアジア経済」であり、本章でいう「蘇州」とは確かに都市の名前ではあるが、同時に周辺の諸都市及び農村地帯を含んだかなり広域の行政区画を指す名称でもある。行政区画として見ると、清代中期の江蘇省は、八つの府と三つの直隷州に分けて管轄され、蘇州府は府の一つとして面積にして約七〇〇〇平方キロメートルを占め、九つの県を統括していた。「都市」とは何か、という定義自体、それほど簡単ではないが、中国の伝統的な用法では、城壁で囲まれ行政官庁が位置する区域を「城」といい、その外側の農村地域を「郷」と呼んだ。省の中心官庁が置かれた「省城」、府の中心官庁が置かれた「府城」、県の役所が置かれた「県城」など、「城」にはいくつかのランクがあるが、いずれにしても城内及び城壁周囲には住居・人口が密集し、商業も概して発達しているので、今日の意味でこれを都市と呼ぶことに問題はない。「郷」のなかにも人口の密集する商工業中心地があり、それは「鎮」「市」などと呼ばれる。「鎮」「市」は、今日の観点から見れば「都市」ということができるが、当時の用法では「郷」の一部である。本章では、城壁都市としての蘇州と農村部を含んだ行政区画としての蘇州とを区別するため、城壁都市については「蘇州城」という語を用いることとしたい。

1　蘇州の地理的位置と歴史

本論の前提としてまず、蘇州の地理的位置と歴史について、ごく簡単に述べておこう[1]。中国一の長さをもつ長江は、チベットに近い青海省に源を発し、約五八〇〇キロメートルの距離を流れて東シナ海に注ぐが、その河口の南側は、肥沃なデルタ地帯となっている。そのデルタ地帯の中心部、太湖の東側に位置するのが蘇州城である。長江デルタ（明清史学界では「江南」と呼ばれることが多い）は海に面した東端（現在の上海市）のほうが土地が高く、太湖周辺は低湿で湖沼が多い水郷地帯であって、上海近辺は乾燥に強い棉花の産地であるのに対し、蘇州周辺は「魚米の郷」などといわれ、稲作と養蚕が盛んであった。

蘇州城の南側・西側の城壁に沿って、デルタ南端の杭州から長江を越えて北京にまで続く大運河が通っており、蘇州は、中国の南北を結ぶ幹線である大運河の要衝に位置するのみならず、大運河を通じて東西の幹線である長江にも結びついていた。上海と蘇州の距離は一〇〇キロメートル余りであって中国全体から見ればいずれも東の端に位置するが、上海が黄浦江を通じて直接外洋に出られる港町であるのに対し、蘇州はむしろ内陸の東西南北を結ぶ水上交通の要として栄えたといえる（本書第6章参照）。

以下、蘇州の歴史を簡単に振り返ってみよう。長江デルタは低湿な地域であったため、耕地の造成が困難で、古代には生産力の低い後進地であった。また文化的に見ても、当時の政治的・文化的な中心地域であった中原即ち黄河流域と異なる言語・風俗を持つ人々が住んでいたため、中原の人々からは異民族の地と見なされていた。のちの蘇州城の地が最初に政治拠点となったのは、春秋時代の呉国の都が置かれ、土

図１　長江デルタ地図

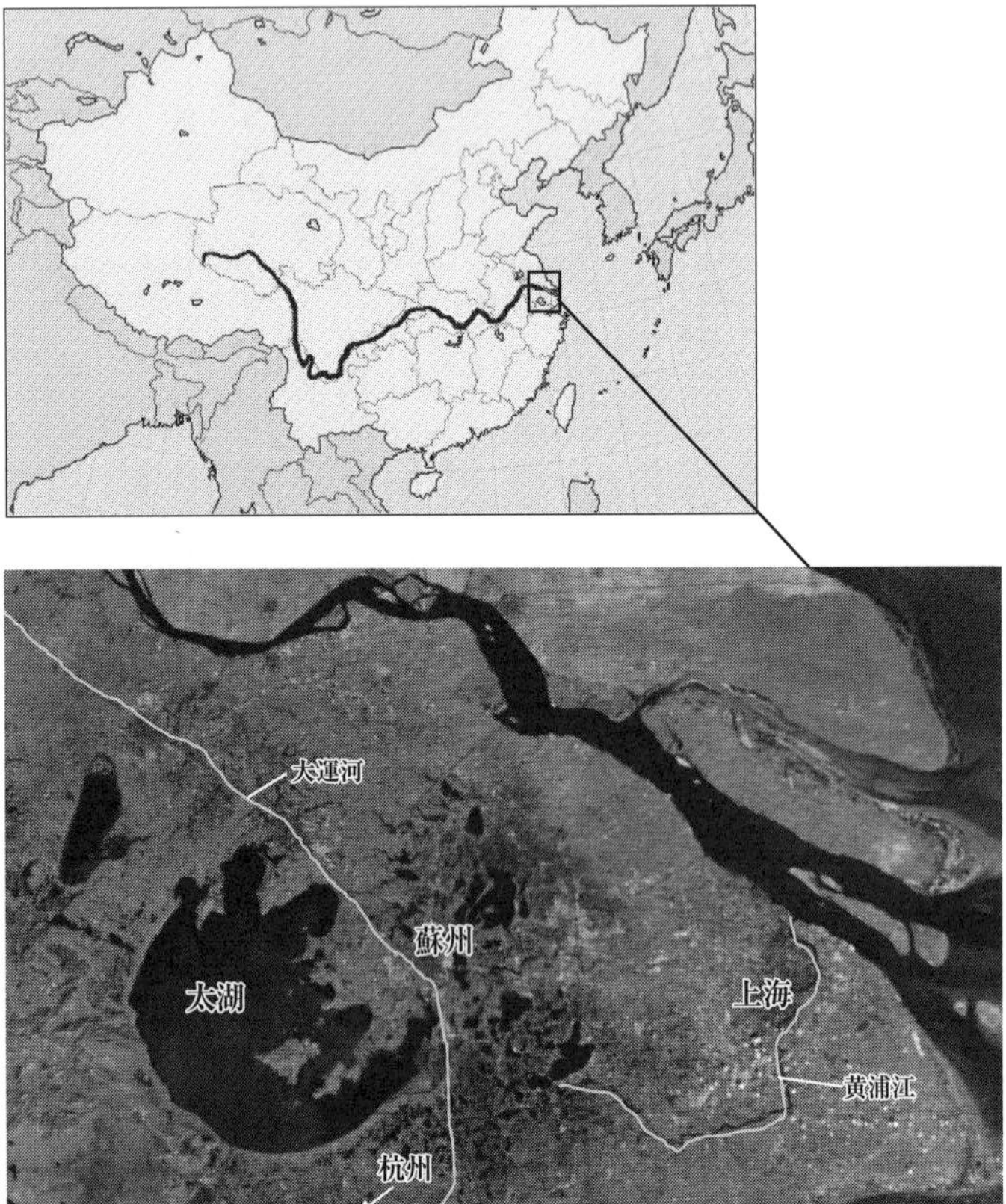

出典：Google Earth の画像を元に筆者が地名などを追加。

を固めた城壁が築かれた時であり、それは紀元前六世紀のことであった。その後、戦国時代に楚の支配下にあったこの地は、紀元前三世紀末の秦の全国統一により、秦の版図に入り、会稽郡と命名された。

漢王朝の滅亡後、華北に北方民族の王朝ができると、華北から長江以南への人口移動が起こり、江南の開発が進むとともに華北出身の人々と長江以南の先住民族との文化融合が進んだ。六世紀末、隋王朝のもとで中国が再び統一されると、この地は「蘇州」と名付けられ、また南北を結ぶ大運河が建設された。

長江デルタの開発が本格的に進行したのは、唐王朝の滅亡後、五代から北宋・南宋にかけての一〇世紀から一三世紀のことであった。低湿地に堤を築いて排水し、水田を造成する工事が進むと、長江デルタは穀倉地帯へと変貌し、「蘇湖（蘇州と太湖南岸の湖州）熟すれば天下足る」とも称されるようになった。蘇州城には、一〇世紀に初めて煉瓦造りの城壁が建設され、その後しばしば戦乱で破壊されたが、城壁や濠で囲まれた長方形の都市構造は、清末まで受け継がれた。

一三六八年、モンゴル人の元王朝を北方に駆逐して新たに明王朝が成立したが、その初代皇帝朱元璋《しゅげんしょう》と覇権を争った張士誠が蘇州を拠点としていたことから、明代には蘇州府の土地の多くは官有地として没収されて重い租税負担を課せられた。明代後期の一六世紀、世界的な商業ブームの波が中国にも及び、生糸など特産品の輸出が盛んになると、重税に苦しむ蘇州や湖州の農村地帯では、副業として製糸・絹織業が発達し、長江デルタは穀倉地帯から米穀移入地帯へと変貌していった。海外から流れ込む銀は、税や小作料を通じて官僚・商人の手に蓄積され、彼らの集住する蘇州城は、商業・手工業の中心であるとともに、洗練された文化の発信地ともなった。

図2は、清代中期、一八世紀半ばの蘇州城の簡略な地図である。黒い線で示された城壁は、周囲が約一

五キロメートル、城壁内の面積は一四平方キロメートル程度である。蘇州城（城内及び周辺の人口密集区）の人口については、明末の五〇万から清代後期（一九世紀初め頃）の一〇〇万へと増大したと推計されているが[2]、一八世紀半ばには、蘇州城の東南部や北部にはまだ農地が残っていた（図2参照）。城内には水路が縦横に通り、城壁の内側にも水路が巡らされている。城内に設置された官庁を見ると、江蘇省全体を統括する巡撫の役所を頂点として、省級の役所としては、省の行政を司る布政司と裁判を司る按察司、府のレベルでは蘇州府の役所、さらにその下の県のレベルでは、蘇州府の管轄する九つの県のうち、三つ（呉県、長洲県、元和県）の役所が同じ城内に置かれている。図2に示されるように、城区の西南部は官庁の多い地区であり、それに対して西北の閶門《しょうもん》の内外は、繁華な商業地区である。製糸絹織業などの手工業については後述するが、城の東北部に製糸絹織業の職人が多く、閶門外には綿布つやだし業などの職人が集住していた。

城外についても見ておくと、図3に示すように、閶門周辺の商業区は、城外にも広がっている。城壁の外側には濠が巡らされているが、南側と西側の城壁の外側の濠は大運河の一部である。大運河は閶門から西に転じ、後述する米の大集散地楓橋鎮《ふうきょうちん》で北に曲がり、大運河上の税関である滸墅関《こしょかん》に至る。康熙二三（一六八四）年に編纂された長洲県の地方志には、蘇州城附近の市場について、「蘇州城は大都会で、もとは城内中心部に市場があったが、廃れて久しい。現在、城の附近で最も盛んなのは南濠で、呉県の管轄である。次が楓橋、その次が山塘、さらにその次が税関で滸墅を管轄している。皆百貨の集まるところである」とある[3]。図3に見る通り、南濠は閶門外南側の大運河沿い、楓橋は閶門から大運河に沿って西方約四キロメートルに位置する。山塘は閶門の西北、有名な行楽地である虎丘方面に向かう水路で、商業地であ

図2　清代中期の蘇州城

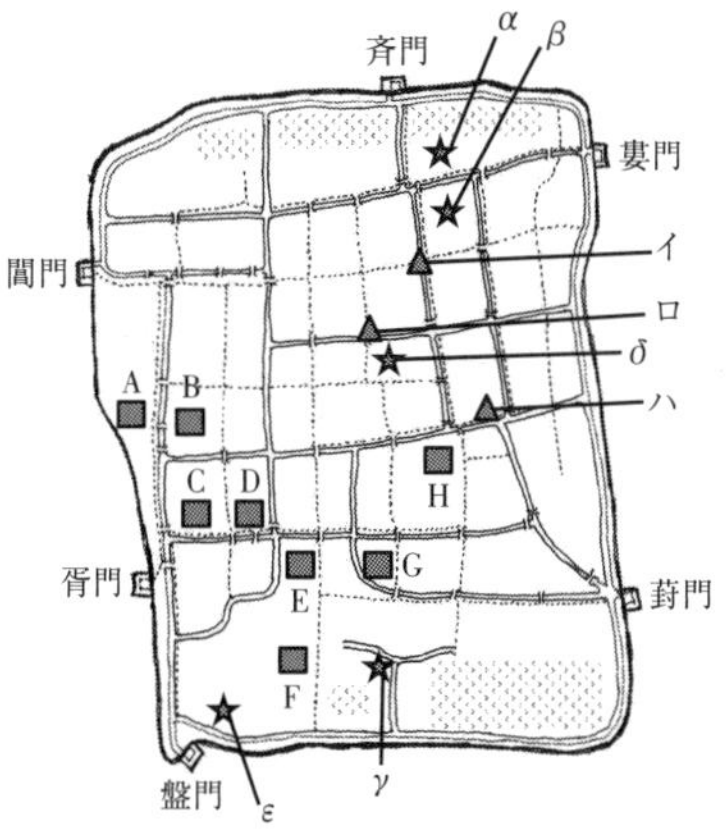

■：官衙。A—布政司；B—呉県；C—按察司；D—蘇州府；E—江蘇巡撫；F—蘇州府学；G—長洲県；H—元和県。
▲：製糸絹織労働者の集合場所。イ—花橋；ロ—広化橋；ハ—濂溪坊。
★：園林・寺廟。α—拙政園；β—獅子林；γ—滄浪亭；δ—玄妙観；ε—瑞光塔。
▒：農地。

出典：民国『呉県志』巻一「蘇城全図」によって作図。官衙等の位置は、乾隆10（1745年）の「姑蘇城図」（張英霖主編『蘇州古城地図』古呉軒、2004年、所収）などにより確認。

図3　蘇州城の西郊

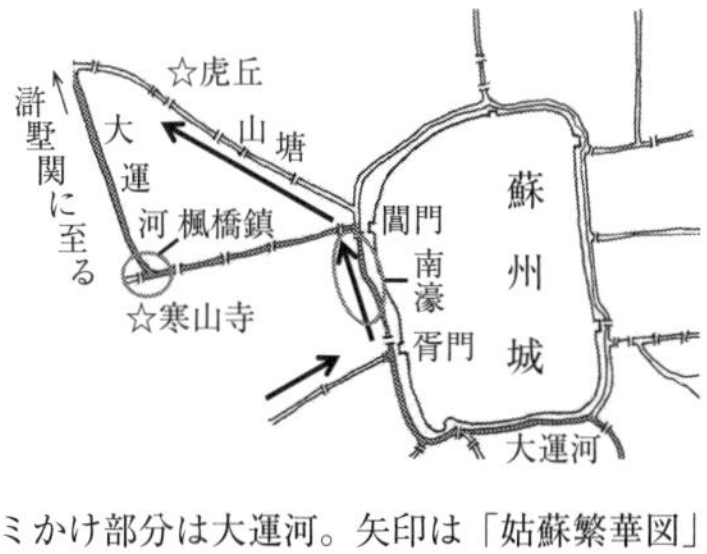

注：アミかけ部分は大運河。矢印は「姑蘇繁華図」の動線。
出典：民国『呉県志』巻一「蘇市附郭図」をもとに作図。

るとともに観光地でもあった。

2 「姑蘇繁華図」に見る清代中期蘇州の経済

一八世紀半ばの蘇州については、通称「姑蘇繁華図」（正式名称は「盛世滋生図」）と呼ばれる有名な画巻[4]があり、社会経済史研究でもしばしば用いられているので、まずはそれを用いて、当時の蘇州風景の一端を垣間見てみよう。この画巻は、蘇州出身の宮廷画家の徐揚という人物によって乾隆二四（一七五九）年に作成され、皇帝に献上されたものである。自跋によると「陛下の素晴らしい統治は〔古の聖王の時代である夏・殷・周の〕三代にもまさり、版図の広さ、人口の多さともに前代未聞のものであります」ということで、その繁栄を描き出すことが本画巻作成の目的とされている。全長一二四一センチメートル、幅三九センチメートルの長大な画巻である。

図3に示したように、この画巻は、蘇州城の西南の郊外から城に接近し、上方から城壁の内外を俯瞰するような形で南濠周辺の繁華さを描き、閶門を経て山塘沿いに虎丘方面に進むという動線で描かれている。郊外の山や水辺での行楽、農村風景、城壁内外の市場、官庁、結婚式や塾などの都市生活、といった様々な要素が描きこまれており、描かれている人物は一万二〇〇〇人余り、船は四〇〇隻近く、各種商店は看板などの字が読めるもののみで二六〇軒余りに上るという[5]。

「姑蘇繁華図」を用いた研究はかなり多いが、ここでは、商業に重点を置いて詳細に分析を行った范金民の研究[6]によりつつ、いくつかの場面を見てみたい。ここに描かれた蘇州の街並みや人々の姿がどの程度実態に忠実であるのかという点に関しては、太平を称えるという趣旨からいって美化されている面はむろんあるものの、商店の様子や看板についてはおおむね写実的なものと評価されている。

画巻は、蘇州城の西南約一五キロメートルの行楽地霊巌山《れいがんざん》の風景から始まり、附近の商業中心地木瀆鎮《もくとくちん》及びその周辺の田園地帯を経て、蘇州城の胥門《しょもん》付近に至る。図4は、胥門附近から南側の盤門方面を眺望した情景で、盤門内の瑞光塔が見える。城壁に沿って屈曲する大運河は多くの船で混み合っている。蘇州の運河にかかる橋は、図の右下に見えるようにアーチ型で、下を船が通れるようになっている。

図5は、図4の左下部分を拡大したもので、商店の看板には、「香水浴堂」「布行」「子浄棉花」「灯籠店」「松江大布」「大通号」「棉花行」などの字が見える。「行」とは、「牙行」と呼ばれる仲介業者の店舗である。彼らは自らの資金で卸売りを行うこともあるが、主な業務は、商品の質や量を鑑定して買い手と売り手との交渉を媒介し、手数料を取ることである。遠隔地交易において、商業習慣の異なる他地域の商人どうしが売買を行う場合には、詐欺などのリスクを避けるため、このような仲介業者が必要とされたのである。彼らは官に登録して営業許可証を得た上で営業を許される規定であったが、許可証のないモグリの牙行も多かった。

業種でいうと、「香水浴堂」は風呂屋であり、「布」とは棉布を指す。「松江大布」とは、当時棉花・棉布の主要産地であった松江府（現在の上海市）の大判の棉布の意。同じ建物にかかっている「大通号」の看板は、この店の屋号である。「子浄棉花」とは、棉繰りして種を取り除いた棉花を指す。道の真ん中を馬で通っているのは官僚と見られ、先払いの棒や傘を持った下僕が前後についている。官僚が道を通る場合、一般庶民は（繁栄を謳歌する画巻であるので、みな立派な服装をしているが）道のわきによけて通過

図 4　胥門外の大運河

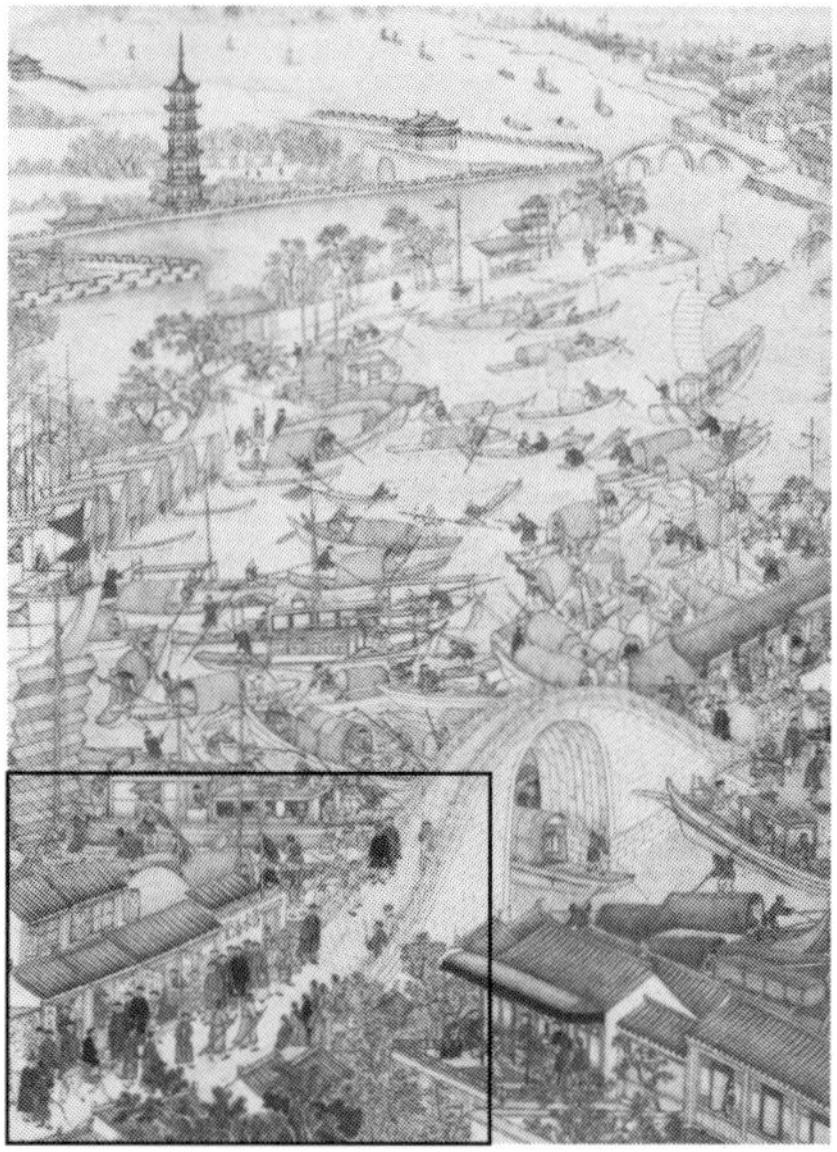

図 5　胥門外の街並み

図6　閶門外の市場

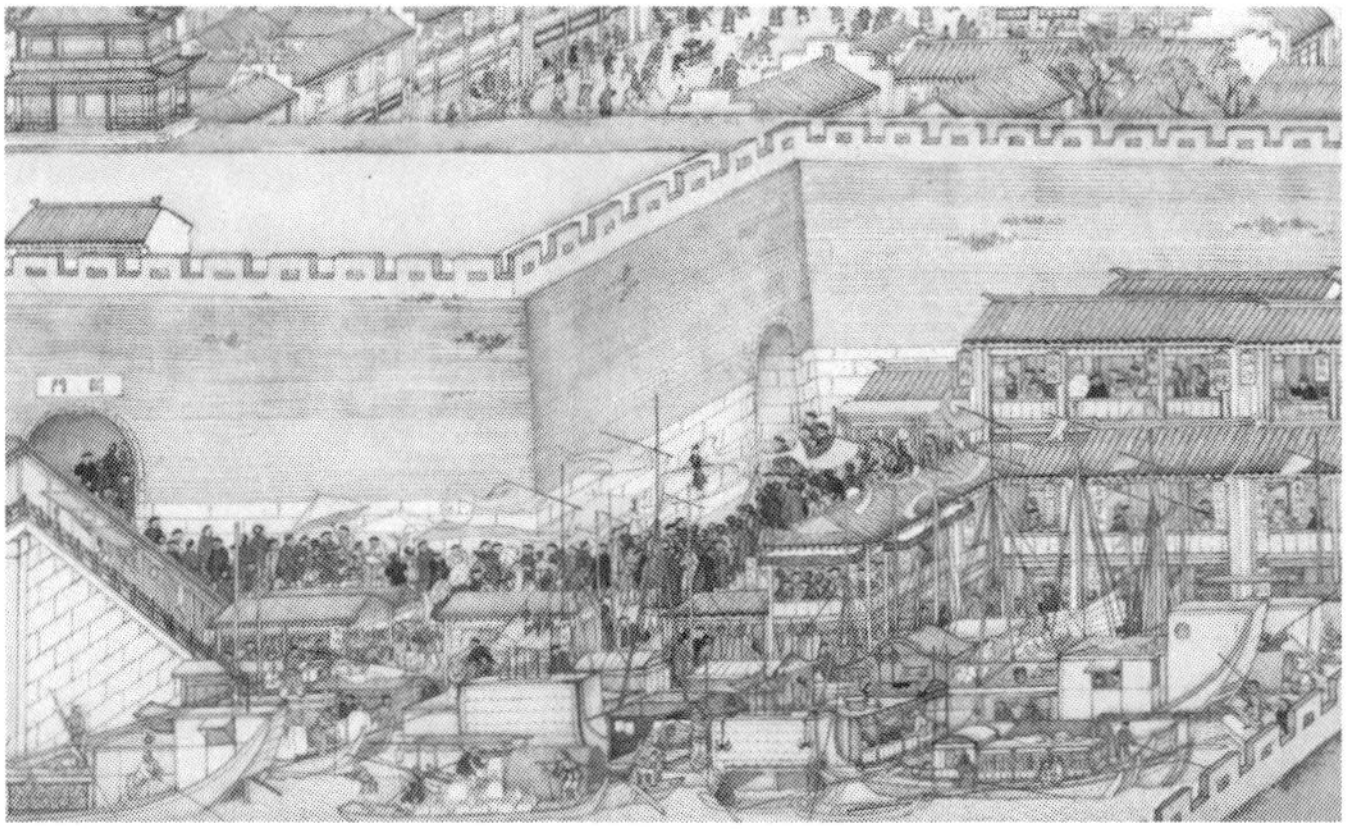

図7　山塘の盛り場と遊覧船

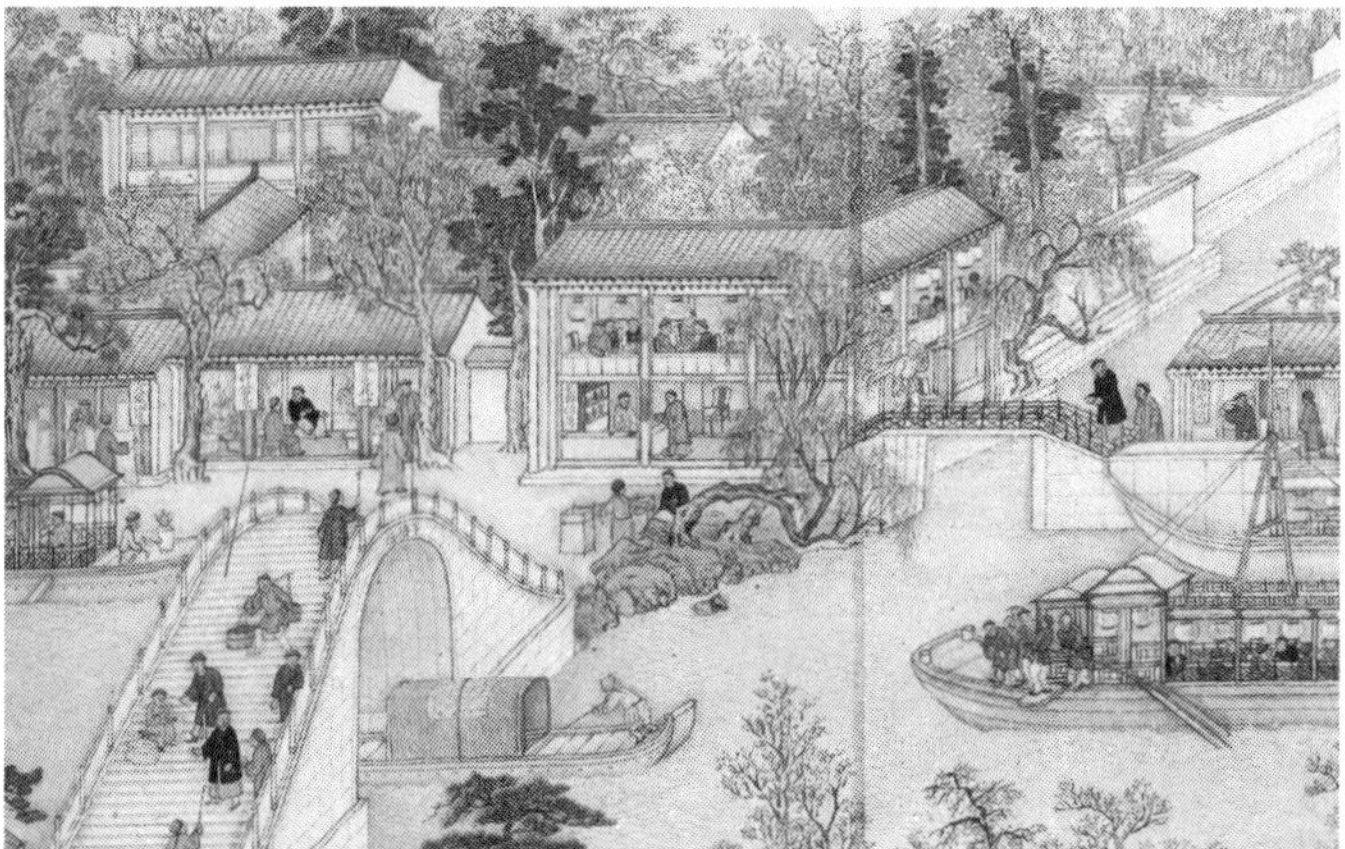

を待つのがしきたりであった。

そこから城壁に沿って北に進むと閶門がある。図6は、蘇州城周辺で最も繁華といわれる閶門外南側の南濠の市場である（図の左側に見えるのが閶門）。二階建ての建物の多い各種商店で人々の商談する姿が描かれている。図の中央に人々が集まっているのは、大道芸の綱渡りを見物しているところである。図7は、そこから西北方の山塘の遊覧船とそれに沿った山塘街の盛り場である。この水路の先、虎丘が見えたところで、この画巻は終わりとなる。

范金民の数えたところによれば、この画巻に描かれている商店の業種は次のとおりである。繊維関係では、生糸絹織物が一四軒、棉花・棉布業が二三軒、及び染料・染色店が四軒。服飾では、衣服・靴・帽などが一四軒、金銀宝飾店が八軒。食品関係では、米穀業が一六軒、飲食・食品業が三一軒、たばこ屋が七軒、油・調味料店が一七軒。そのほか、図書字画・文房具店が一〇軒、両替・質屋業が一四軒、医薬業が一三軒、さらに、蠟燭店、酒屋、ござ業、漆器店、銅・鉄・錫器店、陶磁器店、洋貨（輸入品）店、楽器店、喫茶店、風呂屋、花屋、旅館などが見られるという。

以下の各節では、米穀流通、生糸絹織業、観光業という三つの側面から、清代中期蘇州の経済の特徴を探ってみよう。

3　全国的米穀流通の要――蘇州城外楓橋鎮

楓橋と言えば日本では、「月落ち烏啼きて霜天に満つ」で始まる唐代の張継の詩「楓橋夜泊」でよく知られているが、清代の中期には、長江中上流の穀倉地帯の米が集まり、長江デルタさらに浙江や福建へと移出される大市場として知られていた。雍正七、八年（一七二九―三〇年）ころに書かれた蔡世遠《さいせいえん》という福建出身の官僚の浙江巡撫宛ての手紙には「数十年来、湖広（湖北・湖南）の米は蘇州府の楓橋に集まり、楓橋の米は上海・乍浦《さほ》から福建に運ばれる」(7)とある。一六八〇年代の楓橋が南濠に次ぐ蘇州城周辺の大市場と見なされていたことはすでに見たが、それ以前の史料にはあまり市場としての楓橋に関する記載は出てこないので、楓橋の隆盛は一七世紀の後半、清代の初めに始まったものであろう。当時の史料には「楓鎮」として出てくることが多く、一般に「鎮」と見なされていたことは確かだが、官による正式な名称としては清末まで「楓橋市」であり、「鎮」より一段低い「市」としてランク付けされていた。なぜこのような低いランク付けに止まっていたのかは不明だが、楓橋は蘇州城にかなり近いので、独立の商業中心地としてよりは蘇州城の一部と見なされていたのかもしれない。ただ、「蘇州城で用いる米の枡は楓橋を基準とする」(8)とされていたように、米穀流通については、楓橋のほうが蘇州城よりも中心的地位にあったといえる。

長江デルタの市鎮は明代後期即ち一六世紀半ばころから急速に増え、范毅軍の調査によれば、蘇州府・松江府・太倉州の市鎮の数は一五五〇年以前の一六一個から一七二二年の二六一個へと増加したという(9)。この地域の市鎮は、水路の交わる地点を中心として水路沿いに商店・家屋が並ぶ形で発展してくる場合が多い(10)。清代の面影を残した長江デルタの古鎮は現在、観光地として注目を集めており、蘇州府に属するものとしては、周荘鎮、同里鎮、甪直《ろくちょくちん》鎮、木瀆鎮、光福鎮などが知られている。しかし、楓橋鎮周辺は、風光明媚であることから現在「風景名勝区」（日本でいう国立公園）に指定されてはいるが、一九世紀半ばの太平天国の反乱の際に市街が灰燼に帰したこともあり、往時の米市場の面影を見て取ることは難しい。江戸時代の大坂の「堂島」に例えられるような全国的大市場でありながら、その実態については、断片的な史料から窺うほかはない現状である。[11]

清代中期の米穀流通の概況を述べると、上述の通り、その幹線ルートは長江であり、長江上流の四川省や中流の湖南省・江西省などの穀倉地帯から下流に向けて米が移出されていた。かつて宋代には「蘇湖熟すれば天下足る」と称された蘇州であったが、明末以降は、商工業の発達と非農業人口の増大により、米の移入地帯となっていたのである。長江を下ってきた米船は、そのまま楓橋を通過していく場合もあったが、多くは楓橋鎮の水路沿いに並ぶ米行（米の仲介業者）の一つで荷を下ろし、米行に集まる買い手側商人との間で、米の重量や品質を計った上で売買交渉を行った。楓橋鎮の米行で買い手の船に積み替えられた米は、さらに各地に運ばれてゆくこととなる。その仲介手数料や積み替え費用が、楓橋鎮の米行や荷役業者の収入となった。[12] 楓橋などの市場に集まった長江上流米は、長江デルタの庶民の食糧となる以外に、[13] 一部は大運河や海路を通じて、米穀不足の地域である浙江省・福建省の沿海部に移出されていた。また、現物税として北京に運ばれる部分もあった。

長江中上流から下流、さらに浙江・福建に至る米穀流通の規模については、一八世紀前半の史料に基づき、全漢昇らが推計している。[14] それによれば、長江を下って江蘇に運ばれる米の量は、年間八〇〇万石から一三〇〇万石、そのほかの地域からも約一〇〇万石が江蘇省に流入する。一方、江蘇省からは一五〇万石から二〇〇万石が浙江省や福建省に運ばれたという。[15] ただ、この推計については、特に流通量が多かった年の史料を用いていることや、米以外の主食作物もあって実際には米需要は可変的であったことなどから、過大に過ぎるという批判もある(16)。

蘇州の住民から見て楓橋の米市場は、長江中上流の米を長江デルタに供給する重要な集散地であった。しかし問題は、楓橋はより大規模な全国的米穀流通ルートの中継点に位置しており、蘇州ないし長江デルタの需要のみに奉仕するものではなかったことである。そして他の地域の商人が集中すれば、楓橋鎮の米の蓄積は容易に枯渇してしまうものであった。従って、蘇州の地方官にとっては、他地域の需要と本地の需要とのバランスが難しい問題となった。乾隆一六（一七五一）年は、江蘇省・浙江省一帯で食糧不足が深刻になった年であったが、浙江巡撫の永貴は同年七月の皇帝への上奏のなかで、米穀の調達法について、以下のように提案している。

浙江省の民間の穀物は、大豊作の年であっても、長江上流からの移入米に頼っており、それは年間二〇〇万から三〇〇万石を下りません。それらは長江から蘇州の楓鎮を経て移入されます。臣が噂に聞いたところでは、江蘇一帯では、無知な無頼漢たちが、海上への米穀搬出禁止を口実として、米穀の移出を妨害しており、長江中上流域から運んできた米についても通過を許さないとのことです。地方官はそれを知りながら故意に放任し、上司も監督しきれていません。その結果、〔浙江省城の〕杭州では、米商人が来ず、市場の米価はこの二、三日で一石当たり〔銀〕二～三銭も上昇しました。……江蘇省ももともと米の大産地ではないので、長江中上流域の商人による移入に頼っています。もし〔浙江の商人が〕すべて当該地域〔江蘇〕で米を買おうとすれば、価格が騰貴して民を苦しめることになるでしょう。そこで考えますに、浙江各府の小商人で数十石から三百石以内の売買を行う者は蘇州・杭州間で交易させ、一方〔長江デルタから離れた浙江省東部・南部の〕寧波・台州・温州・処州についてては海路で運搬させることとして証明書を与え、……〔有力商人に多額の資金を貸与して〕長江の中上流域で直接購買させたらいかがでしょうか(17)。

この提案は裁可されたようであるが、同年一一月、江蘇巡撫の荘有恭《そうゆうきょう》は次のように報告している。

蘇城の楓鎮は、米糧の集まる中心地ですが、民間で食する中等の米も毎石二両二~三銭に急騰しており、前月に比べて毎石四~五銭の上昇です。歴年一一月中にこれほど騰貴したことはありません。臣は、奸牙（悪賢い仲介業者）や無頼漢たちが浙江に売ることを口実に外洋に密売して私益をむさぼることを恐れ、浙江省の総督・巡撫と連絡して、印鑑付き証明書を提出させたところ、数日のうちに価格はやや安定しました(18)。

即ち、小規模の近場の商人と偽って証明書なしで買い付けに来て、実際には遠隔地に大量に移出している商人がいた、ということである。次年には供給不足は解消に向かったようで、荘有恭は、「客米（他地域の商人が運んでくる米）が大量に到着し、毎日浙江省に売る分の米、一万余石或いは七~八千石を除いても、楓鎮一帯にはまだ余った米があり、本省の用に供することができます(19)。」「蘇城では中米一倉石ごとの価格は二両二銭五分で、以前に比べてやや落ち着きました。楓鎮への移入米は、浙江の商人が買い付けてもまだ蓄積に余りがあります。……楓鎮から浙江へと運ばれる移入米は毎日一万石前後ですが、そのため浙江省の米価もまた低落しているとのことです。[20]」と報告している。

このような例からみるならば、楓橋鎮は長江の米の集まる大市場であるとはいっても、蘇州の食糧事情はそれほど安定したものではなかったことが知られるだろう。一八世紀半ばには、食糧をめぐる暴動も珍しいことではなかった。乾隆一三（一七四八）年に蘇州で起こった食糧暴動について、総兵（軍の司令官）の譚行義《たんこうぎ》は以下のように報告している。

蘇州・松江等地方は本年三月以来雨が多く、市場の米糧の価格が昨年に比べ騰貴しています。沿海の被災した県ではそれぞれ近隣の県から買い付ければよいのですが、一群の無職の無頼漢たちが、外来の商人による米の買い付けを見つけると、「米の外洋移出だ」と言い立てて妨害し、しばしば騒擾が起こっています。……〔青浦県の朱家角鎮、呉江県南門外、盛沢鎮の事例を挙げて〕臣が報告を受けたところでは、蘇州城でも〔四月〕二四日に顧堯年《こぎょうねん》という庶民が自らを縛って巡撫の役所に押しかけ、官の倉庫の米を商店に引き渡し、商人自身の米と一緒に公定価格で安売りするように要求しました。……県に引き渡して尋問をさせると、付和雷同した暴民たちが県の役所で打ちこわしを行い、顧堯年を奪還してなお解散しようとしませんでした。……これらはいずれも、無職の民が多く風俗は奢侈で法令を無視する〔この地の〕風習が引き起こしたものといえます。[21]

こうした事件は、米穀の長距離流通と地域内消費との矛盾が引き起こしたものといえる。自由な米穀取引は、一方では需給のスムーズな調整に寄与したが、他方では社会的緊張をもたらした。即ち、最も高い価格を求めて地域外移出を選ぶ商人や地主と、安い価格を求めて地域外移出に反対する職人や貧民の間の対立である。長江デルタの農民のなかには、商品作物の栽培や副業の家内手工業で収入を得て食糧を購入する零細農民も多く、彼らも食糧の移出に反対の立場を取った。清朝政府は、原則的には穀物の自由流通を促進する方針を取ったが、一方で常平倉（価格調整・救済のための穀物貯蔵政策）などによる救済制度の設置に積極的に取り組んだ。清代中期は、穀物の自由流通と政府によるセーフティ・ネットの形成とが、ともに活発に行われた時期であった。

4　製糸・絹織業の中心地——農民と職人

蘇州は、製糸・絹織業の全国的な中心地の一つであり、蘇州城内、特にその東部は、明代後期以来、絹織業者の多く住む地域であった(22)。康熙二三（一六八四）年刊の『長洲県志』には、以下のように記されている。

〔蘇州〕城内の東部では、みな機織りを生業としている。模様織りを《緞》といい、綟織りを《紗》という。工匠にはそれぞれ専門の技能がある。工匠は主人の常雇いであり、日給計算で賃金を受けているが、他にことあるときは無主の工匠を呼んで代わりをさせる。これを《喚找》《かんそう》という。…このような〔常雇いをしてくれる〕主人のいない工匠は、明け方に橋〔のたもと〕に立って〔喚ばれるのを〕待つのである。緞工は花橋に立ち、紗工は広化寺橋に立つ。糸車によって撚糸をする者を車匠といい、濂渓坊に立つ。彼らは十、百と群れをなし、頸をのばして〔喚ばれるのを待ち〕望み、あたかも流民があい聚っているようなさまに見える。そして朝食時のあとに解散して帰ってゆく。もし機戸の仕事が少なくなれば、この者たちは衣食にこと欠くのである。[23]

即ち、農民の家内副業としての製糸・絹織業と異なり、城内の絹織業は賃金労働によって行われていたということである。経営者と労働者の関係については、雍正一二（一七三四）年の碑文に記された長洲県知県（知事）から布政使（省の行政長官）への報告が、興味深い内容を述べている。

蘇州城の機戸（機屋）のうちでは、人を雇って機を織らせるものがほとんどであります。機屋は資本を出して経営し、機織り職人はどれだけ労働したかを計算して賃金を受けております。もともと両者はたがいを必要としあい、それぞれ異存ございませんでした。ただ、次のような不法なやからがおりました。彼は仕事に熟練していなかったため、雇い主に解雇されました。そこで、嫉妬心を懐いて幇《ほう》行《こう》の名目をとなえ、仲間が大勢いるのを笠にきてストライキをおこない、賃金を上げよとせまり、機戸には機織りを停止させ、機織り職人には仕事をやめさせました。このため、機戸の何君衡《かくんこう》らが、石に刻んで末永く禁止していただきたい、と願い出ることとなりました。[24]

それに続けて知県は、大略以下のような内容の提案を行った。「各機織り職人が受ける通例の酒代（祝儀）については、織機一台当たり年に三回、銀一銭ずつとする。労賃については出来高計算で、出来の良し悪しによって増減を加える。ストライキは禁止させる。」この提案は、総督と巡撫の指示のもと、布政使によって承認され、布政使から県に、申請の内容とその認可を記した文書が送られた。その文書がそのまま碑に刻まれ、「末永く遵守させる」こととなったわけである。碑文には、機戸と考えられる六一名の名前も刻まれている。この碑は、蘇州城内の玄妙観という道教寺院（図2のδ）に建てられていた。この事件から百数十年前、明末の万暦二九（一六〇一）年に宦官による商税などの苛斂誅求に対して蘇州の絹織職人が起こした有名な暴動（織傭《しょくよう》の変）[25]においても、織工たちが集まって神前で団結を固めたのが玄妙観であり、絹織業と関係の深い寺院であったようだ。

蘇州城内の絹織労働者の数について、李伯重は、明末の数千人から清代中期の三万六〇〇〇人へと増加した、と推定している。そのほか、撚糸・染色などに従事する労働者や管理・販売を行う人員を含めると、清代中期、蘇州城の絹織関係労働者は一〇万人に達したという。さらに、棉布のつやだし業、製紙業などを加えると、工業労働者は少なくとも一五万人に上り、蘇州城の成年人口の三七・五パーセントを占めた。工業人口のこのような比重の高さは、前近代の中国の都市のなかでは、稀に見るものである、とする[26]。当時の長江デルタの農村では、棉布業、製糸業など、農民の副業的家内手工業が発達していたが、蘇州城内のこれらの工業は、必ずしもそうした農村手工業と競合し、いわゆる「農民層分解」を引き起こすようなものではなかった。農村手工業は、家内の余剰労働力を用いるそのコストの低さによって、賃労働を用いる工場制手工業と十分に競争できた。都市の工業は、農村の家内工業では技術的に難しい高級品や仕上げ工程に特化することによって、農村手工業と共存していたのである。

長江デルタの農村手工業と蘇州城内の手工業とは、いくつかの面で緊密に結びついていた。その簡略な

図8　都市と農村との関係——簡略なモデル

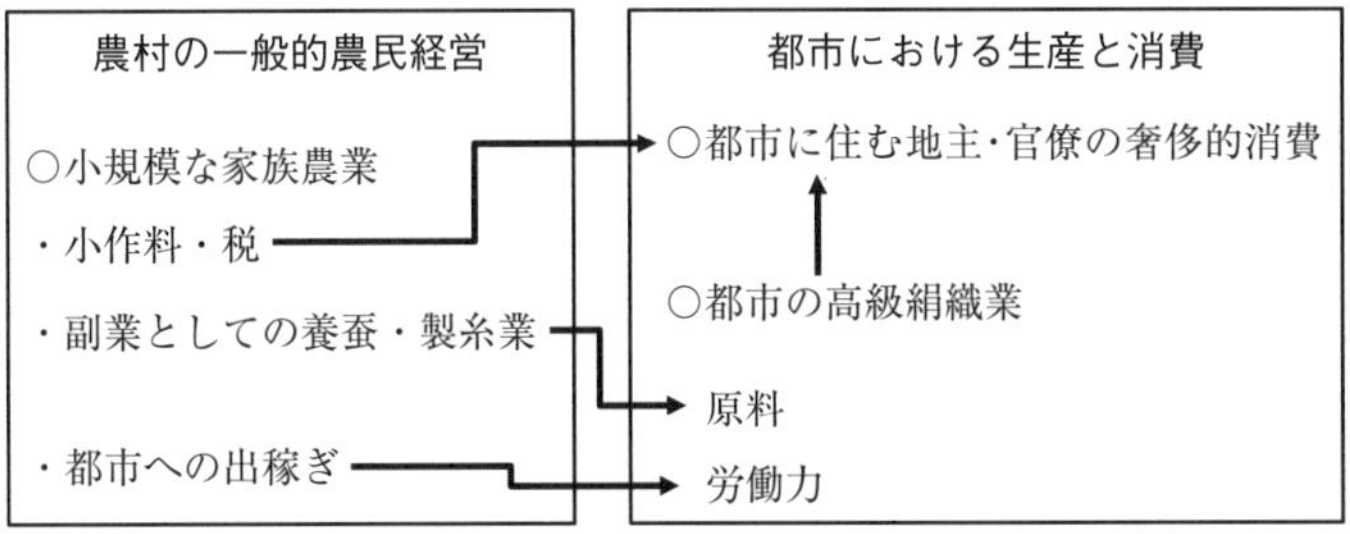

モデルを図8に示す。まず、当時の長江デルタ農民の一般的な経営を考えてみると、明末清初の学者顧炎武が「呉中の民、田を有する者は什の一、人の為に佃作する者は什の九」（蘇州〈或いはより広く長江デルタ〉の民は、田を所有している者は十人中一人で、他人のために小作している者が十人中九人である）[27]と述べているように、農民の多くは小作農であり、一般に表作の収穫の二分の一程度に当たる小作料を地主に払っていた。農村に土地を持つ地主は、その近くに住む場合もあったが、城内や市鎮に居住し、農業経営にはほとんどタッチしない寄生地主も多かった。上述したように、明末以降、長江デルタでは農村副業が発達し、蘇州近辺では、桑を栽培して養蚕・製糸を行い、家計を補充する農民が増えた。また、都市に出稼ぎに行き、都市で賃労働やサービス業、その他日雇いなどの都市雑業に従事する農民も少なくなかった。

一方都市には、官僚や官僚経験を持つ知識層（郷紳などと呼ばれる）が多く居住していた。官僚としての地位や業務に伴う諸種の収入や、郷紳の地主としての小作料収入などで、都市の消費力は農村を大きく凌いでいた。本節で述べたように、蘇州は他の都市と比較して手工業生産の比重が高いという特徴を持っているため、もっぱら官僚や地主の消費に依存する都市経済のモデルをそのまま適用することはできないが、蘇州においても官僚紳士の奢侈的消費が経済を活発化させている面はあったのである。
農民の経営と城内の手工業との関係は、第一に、原料・半製品の流通の面に見られる。製糸絹織業でいえば、農村で生産される生糸が都市の絹織業の原料となっている、ということである。長江デルタ農村の製糸業に関する史料は枚挙に暇がないが[28]、ここでは、蘇州の人、唐甄の一七世紀末における記載を引いておこう。

呉（ここでは長江デルタ一帯をいう）の生糸は天下の人々の衣料となっている。生糸は（浙江省北部、太湖南岸の湖州の）双林鎮に集まり、江蘇・浙江・福建・広東及び海島の商人がみな買いに来る。五月には、銀をもってやってきて、銀を積み上げること瓦礫のようである。長江デルタ南部の農村では、一年に百万、十万両の利益があり、それゆえに、重税で困窮しても破産しないですみ、家がたちならび船が密集して繁華なことは、他の地方に勝るのだ。これが蚕の利益というものだ。四月には養蚕製糸につとめ、男女老幼を問わず、力をすべて蚕糸業に投入する。養蚕製糸には税がかからず、凶作もないので、三〇日の苦労ですみ、農業のように一年中働かなくても、農業の利益の半分に相当する収入を得ることができる[29]。

明末清初において長江デルタの生糸は、ここに述べられるように全国に販路をもっており、さらには日本やヨーロッパ、アメリカ大陸にまで運ばれて中国に銀をもたらす、主要な輸出品であった。むろんその一部は、蘇州城内に運ばれ、高級絹織物の素材となったわけである。

農民経営と城内の手工業との関係の第二は、労働力の面に見られる。絹織労働者の出自については、あまり史料がないようであるが、李伯重が推計しているような労働者人口の急速な増大から見れば、外部からの流入者が多かったと考えられるだろう。前述の明末の「織傭の変」のリーダーであった葛成という絹織職人は、蘇州府に属し蘇州城の三五キロメートルほど東に県城がある昆山県の出身だと言われている[30]。閶門外を中心に清代中期に一万人前後いた[31]とされる棉布つやだし業の労働者の場合、その外来性はより明確である。清代中期の蘇州地方官の報告によれば、棉布つやだし業労働者は「外来人であり、単身の遊民が多い」とされ、その出身地としては、「江寧・太平・寧国」が挙げられている[32]。江寧府は現在の南京市、太平府・寧国府は、安徽省東部で江蘇省に接した地域である。長江デルタから見れば周縁の地域といえよう。絹織職人が専門的な技能を持つのに対し、棉布つやだし業は単純肉体労働の性格が強く、かれらは社会的騒擾を起こしやすい集団と見られていた。しかし、「単身の遊民」としての出稼ぎ的な性格は、蘇州城内の賃金労働者に多かれ少なかれ共通するものであったと考えられる。前述の絹織業労働者が雇用を求めて集まる労働市の例が示すように、絹織業労働者のなかにも、日雇い的な不安定な就業形態をとる人々がいたのである。

農民経営と城内の手工業との関係の第三は、消費の面に見られる。農民の副業生産や出稼ぎが家計補充のためであったとすれば、家計の恒常的な逼迫の原因の一つは、小作料や税の収奪に求められる。それらの小作料や税は、直接的・間接的に上流階層の収入となり、絹織物などの高級品への需要となって表れる。そこには、不平等な形であれ、上下階層間の一種の収入の循環ともいうべきものが見て取れる。次節では、その問題を、レジャー産業といったサービス業に焦点を当てて見てゆくこととしたい。

5　蘇州市民のレジャーと消費──贅沢は経済を活性化できるか？

明末から清代中期にかけて、長江デルタの蘇州府・松江府は、奢侈的消費の本場と見なされていた。その奢侈的風潮は、単なる金遣いの荒さというよりは、衣食・家具・庭園・書画骨董・遊楽などにおける高雅精緻な文人趣味を誇示することが当事者のステータスに関わるという、社会的上昇競争の一表現でもあった。こうした趣味的な分野は、従来の学界では周縁的な位置におかれてきたが、近年では社会構造や経済発展といった歴史学の根幹に関わる問題として注目を集めている(33)。

上述の「姑蘇繁華図」においても、米や棉布など生活物資の市場の活発さと並んで画巻の中心をなしていたのは、盛世を謳歌する人々の遊楽の様子であった。蘇州城における趣味的活動は多岐にわたるが、ここでは、「経済」という見地から、こうした活動がどのように見られていたのかを概観してみたい。

一八世紀後半の蘇州の人、顧公燮が随筆のなかで

わが蘇州では、〔贅沢な消費は〕外国製品、毛皮、高級絹織物、アクセサリー、金銀、宝飾、薬用人参などの店舗、及び劇場、遊覧船、酒場、喫茶店など、山のごとく林のごとく、〔そうした営業に従事する人々は〕幾千万人かわからないほどだ(34)。

と述べているように、奢侈的産業に従事する人々の多さは蘇州の特色と見なされていたが、それに対し、

否定的な態度を取るのか肯定するのか、官僚や知識人の立場は必ずしも一致していなかった。

一九世紀前半、蘇州の人、銭泳は、次のように述べている。

国を治める方法で第一に重要なのは、貧乏人の生活を保障することだ。昔（一八世紀半ば）陳弘謀が蘇州の巡撫であったとき、婦人の寺参りを禁止したので、春の遊楽がさびれてしまい、駕籠かき、船頭、荷担ぎの類がみな生活できなくなり、物議騒然としたため禁を弛めたことがあった。……ここからいえば、蘇州府には四方から人がやってくるが、寺院、劇場、遊覧船、遊郭、コオロギ・鶉の賭場などはいずれも貧乏人の一大救済施設というべきだ。いったん彼らを改業させれば、必ずゴロツキ・乞食・盗賊となり、その害は計り知れない(35)。

このような考え方は、一般に快楽追求を否定的に見がちな謹厳な儒学者の姿勢とは相反するといえようが、明末以来、蘇州や松江の知識人によって、しばしば表明されてきたものである。その初期の代表として知られるものが、一六世紀の松江府上海県の人、陸楫《りくしゅう》の奢侈容認論であって、その内容は大略以下の如くである。

統治者はしばしば、奢侈を禁ずれば財が節約できて民が豊かになるという。一人或いは一家についていえば、節約すれば貧困を免れるかもしれないが、天下についてはそうでない。私の見るところ、人々が奢侈である地方ほど人々の生計は立てやすい。今、蘇州・杭州の風俗は最も贅沢だが、この地方の人々は耕作も紡織もしないのに豊かな暮らしをしている。蘇州・杭州の湖や山についていうと、当地の住民は時節に応じてレジャーを楽しみ、遊覧船・駕籠・グルメ・歌舞など、その消費はいかにも贅沢だ。しかし、駕籠かき・船頭・歌童・舞妓など、観光を収入源にする者は数え切れない。お客が損をすれば彼らが得をするのだ。もし金をどぶに捨てることを奢侈というなら奢侈は禁ずべきだが、金持ちが衣食住で贅沢をすれば、農民・料理人・織り手・売り手などが収入を得るのだ。まさに余ったもので不足を補うということである。蘇州や杭州は天下南北の要衝なので交易が盛んなのだという人もいるが、もしこれら地域の住民が皆倹約家になってしまえばどうして交易が盛んになりえようか。民の上に立つ者はその風俗に従って統治すべきであって、そうすればお上は苦労せず下々は煩わされない。無理に禁じようとしても益があろうか(36)。

明末(一六世紀~一七世紀前半)という時代は、過重な税や小作料による農民の棄農、都市への流入が社会問題として注目を集めていた時期であった。農村の貧困と裏腹の都市の繁華について、儒教的知識人は、秩序の乱れにつながることを憂慮し、都市住民の奢侈的消費に対して道徳的な非難を行うことが常であった。そうした一般的な議論に比べると、この陸楫の所説はユニークなものであったといえる。このような議論が、その後、清代にかけての経済論のなかでどの程度力をもっていたのかを論証することは難しいが、現地の知識人のみならず、清朝皇帝も類似の意見を表明することがあった点は、注目に値しよう。雍正二(一七二四)年、蘇州統治の心構えについて上奏した江南江蘇布政使の鄂爾泰《オルタイ》の上奏に対し、雍正帝は、朱批(朱筆によるコメント)で次のように答えている。

蘇州等の地域は、酒船・俳優・職人の類〔の仕事〕が多くの人を養っている。こうした連中のなかには、定職がなくぶらぶらしている者もあり、また土地や財産を持っていないためこれらの仕事で食を求めざるを得ない者もいる。もし性急にこうした仕事を禁ずれば、無益の物を作る者どもは、その商売で生活できなくなり、帰農しようにも耕す土地がないので労働しようがない。もし生計が立たなくなれば、必ず悪事を働き野望を抱くだろう……。(37)

皇帝のこのような意見を、陸楫などと同じく奢侈容認論としてまとめることには慎重であるべきだろう。「無理に禁じようとすれば騒擾が起こりかねない」という治安上の憂慮と、「奢侈的消費が下層民にも収入をもたらし繁栄のもととなる」というポジティブな経済的思考とは、やはり違いがあると思われるからである。雍正帝の父親の康熙帝は、南方巡幸で蘇州を訪れたとき、虎丘において侍臣に対し、「さきに蘇州は繁華なところと聞いていたが、今その風土を見ると、おおむね表面の華やかさであり、逸楽に甘んじている。末業に従事する者が多く農耕に勤しむ者が少ない。その結果、家に蓄えが少なく、人情も軽薄になるのだ。為政者はまさに奢侈を去って素朴に帰り、本業に努めさせるべきで、そうすれば、人々は豊かになり、退廃した風俗を改めることができるだろう」と述べたと記録されている。(38) 雍正帝においても、やはり「奢侈を去って素朴に帰る」ことが少なくとも建前上はあるべき姿と考えられていたのだろう。ただ、いずれにしても彼らは、貧富の大きな格差が存在するという現状を所与のものととらえ、その構造のなかで貧民の収入の道を断つことは現実的でない、と考えていたのである。

それに対し、やや時代は下るが、清末の光緒一〇（一八八四）年ごろに、蘇州府元和県周荘鎮在住の陶《とう》煦《く》という知識人が述べた意見は、そのような現状を所与と見なす論じ方自体を問題化したものであった。その大意は以下の如くである。

全国の都会から農村までさびれはてている現在の状況は何によるのか。……思うに原因は農民問題にある。もし農民に余剰があれば、必要な日用品を買いに彼らは農村市場に集まってくるので、農村市場の手工業者や商人は利益をあげることができ、そうして農村市場の人々に余剰ができれば、その余剰は都会に運ばれ、都会の手工業者・商人は利益を受ける。……もし余剰が金持ちの手に集中しているならば、数千数百の農家が日用品の購入に使うべき額がすべて一家の所有に帰することになるが、一家が日用に使う額は限られており、もしそれ以上に消費しようとする場合は、無用の贅沢品を買って浪費するほかはない。それと比較すれば、農民の余剰保有が農民以外の人々にあまねく利益を与えるほうが、はるかによい方法ではないだろうか。したがって、現在の不況を解決する道は、小作料を下げることなのだ。(39)

「経済の活性化において富裕層の奢侈的消費の有効性は大衆の日常的消費に及ばないので、奢侈的消費に期待するよりも大衆の収入を増加させるべきだ」というこの考え方は、素朴な表現ながら、現在のいわゆる「トリクルダウン理論」――富裕者に富が集中しても、富裕者の投資や支出を通じて貧困者も自然にその富に均霑できる――をめぐる議論と重なり合うところがある。陸楫らの奢侈容認論者がトリクルダウン効果、即ち富裕者の支出により下層民の収入が増加するという連関に注目しているとすれば、陶煦は、トリクルダウン効果に否定的で、貧困者に有利な所得の分配を行うことによってこそ経済は活発化する、と主張しているわけである。このような対立する議論がいずれも蘇州経済の観察を通じて導き出されているということは興味深い。蘇州という地域における繁華と貧困の格差は、陸楫や陶煦といった在地の下層知識人にも、単なる盛世の謳歌や倫理的譴責とは一味違った独特の経済的視点を与えていたというべきだろう。

おわりに

アヘン戦争後の上海の開港と、太平天国反乱での荒廃により、蘇州の経済的な地位は一九世紀半ば以後、低落した。蘇州に代わり、商工業の中心として成長したのは上海であった。中国の経済が世界経済に直接結び付く形で再編されるに伴い、国内の商品流通の要であった蘇州の経済力は、相対的に減退せざるを得なかった。全国的な米市場としての地位も、蘇州城の西北三〇キロメートル余りの常州府無錫《むしゃく》県、及び安徽省南部の長江沿いの蕪湖《ぶこ》に奪われた。

しかし、その後百数十年、社会主義時代を経て一九八〇年前後の改革開放政策開始後、蘇州市（地域的に清代の蘇州府と完全には重なっていないが）は工業を中心として急速な経済成長を達成し、二〇一八年現在、「市」のレベルで比較すると、そのＧＤＰは上海、北京、深圳、広州、重慶、天津についで、全国で第七位である。特に改革開放初期の郷鎮企業の発展期においては、集団所有を特徴とする「蘇南モデル」は、個人経営の「温州モデル」と並んで注目を集めた。その後、蘇州でも「温州モデル」に倣った民営化が進み、「蘇南モデル」は変更を迫られたようであるが、蘇州の地理的位置と歴史的な伝統——農村工業の伝統、都市・農村間の関係の密接さ、交通システムの発達、教育水準の高さなど——はおそらく、現在でも経済成長の背景となっているのであろう。そして、明清時代の繁栄の面影を残す旧城内外や水郷の古鎮も、中国を代表する観光都市の一つとして、現代の蘇州経済の一端を支えていると考えられる。

(1) 本節で述べる蘇州の地理・歴史の概要については、特に一々参考文献を挙げることはしない。日本語による蘇州の通史的概説書としては、伊原弘『蘇州　水生都市の過去と現在』講談社現代新書、一九九三年、がある。明清時代の蘇州に関する代表的な学術書としては、王衛平『明清時期江南城市史研究：以蘇州為中心』人民出版社、一九九九年、夏維中・范金民『蘇州地区社会経済史』（明清巻）南京大学出版社、一九九三年、などがある。そのほか、明清時代の蘇州に関連する学術書は枚挙に暇がないが、范金民『江南社会経済史研究入門』復旦大学出版社、二〇一二年、に日本語文献も含めてかなり網羅的に紹介されている。

(2) 王『明清時期江南』、李伯重「工業発展与城市変化：明中葉至清中葉的蘇州」（中）『清史研究』二〇〇二年第一期、など。

(3) 康熙『長洲県志』巻八。地方志とは、省・府・県などの行政単位ごとに、地方官と地方の知識人が協力して数十年に一回編纂される書物で、その地方の地理や風俗、税・徭役などの制度、歴代の地方官やその地方出身の有名人物の伝記などが記してあるものである。

(4) 遼寧省博物館蔵。図4〜図7の図版は『姑蘇繁華図』香港・商務印書館、一九八八年、を使用した。

(5) 范金民（岩井茂樹訳）「清代蘇州都市文化繁栄の実写——『姑蘇繁華図』」『都市文化研究』二号、二〇〇三年、一四九頁。

(6) 范「清代蘇州都市文化」。なお「姑蘇繁華図」については、神奈川大学21世紀COEプログラム「人類文化研究のための非文字資料の体系化」の成果報告書である福田アジオ他『東アジア生活絵引　中国江南編』二〇〇八年、において、同画巻に描かれた事物に網羅的に説明を附した「絵引」が作成されている。

(7) 『二希堂文集』巻七、「与浙江黄撫軍開米禁書」。

(8) 鄭光祖『一斑録附編』一、権量。鄭光祖は一九世紀前半の蘇州の人。

(9) 范毅軍『伝統市鎮与区域発展　明清太湖以東地区為例、一五五一－一八六一』中央研究院・聯経出版事業股份公司、二〇〇五年、二〇六頁。

(10) 長江デルタの市鎮の空間構造については、川勝守『明清江南市鎮社会史研究――空間と社会形成の歴史学』汲古書院、一九九九年、が詳しい。また建築史の立場からの研究として、高村雅彦『中国江南の都市とくらし――水のまちの環境形成』山川出版社、二〇〇〇年、が興味深い。

(11) 安部健夫『清代史の研究』創文社、一九七一年、五一〇頁。

(12) 楓橋鎮の交易活動を具体的に示す史料は少ないが、例えば嘉慶一七（一八一二）年の「蘇州府示諭楓橋米市斛力碑」は、長江中流域から米を運んできた商人が楓橋鎮で米を売る場合に米の計り賃として慣例的に支払っていた「斛力」と呼ばれる費用について、額や支払い方を定めたものである。王国平・唐力行主編『明清以来蘇州社会史碑刻集』蘇州大学出版社、一九九八年、五九九～六〇〇頁。

(13) 清代中期の長江デルタでは、本地産の米が良質のものとして価格も高かったのに対し、長江中流域の米（楚秈などと呼ばれる）は価格が安く、庶民の食糧となっていたことについて、安部『清代史の研究』、四八〇頁など参照。

(14) 当時の中国の一石は約一〇〇リットル、米の重さに換算すると約八〇キログラムである。

(15) Han-sheng Chuan and Richard A. Kraus, ***Mid-Ch'ing Rice Markets and Trade: An Essay in Price History***, Harvard

University Press, 1975, p.77. 安部健夫や呉承明もほぼ同様に、長江ルートの米の交易量を七〇〇万石～一〇〇〇万石ないし一五〇〇万石と推計している。安部『清代史の研究』、五〇九頁、呉承明『中国資本主義与国内市場』中国社会科学出版社、一九八五年、二五六～二五七頁。

(16) Sui-wai Cheung, ***The Price of Rice: Market Integration in Eighteenth-Century China***, Center for East Asian Studies, Western Washington University, 2008. 著者によれば、一八世紀前半は一時的に長江の米貿易が特に活発化した時期であったという。

(17) 乾隆十六年七月十三日、永貴奏摺。国立故宮博物院編『宮中檔乾隆朝奏摺』第一輯、一九八二年、一四三～一四五頁。

(18) 乾隆十六年十一月二十三日、荘有恭奏摺。同前書、第二輯、三二一～三二二頁。

(19) 乾隆十七年四月七日、荘有恭奏摺。同前書、六一七～六一八頁。

(20) 乾隆十七年四月二十二日、荘有恭奏摺。同前書、七四三～七四四頁。

(21) 故宮博物院編『史料旬刊』第二十九期、「江蘇蘇松等処聚衆阻糶案」、譚行義摺。北京図書館出版社影印本、二〇〇八年、第三冊、六七九～六八〇頁。

(22) 宮崎市定「明清時代の蘇州と軽工業の発達」（原著一九五一年）『宮崎市定全集』一三、岩波書店、一九九二年、八四～八七頁。

(23) 康熙『長洲県志』巻三、風俗。引用文は、田中正俊の訳文による。田中「中国における地方都市の手工業――江南の製糸・絹織業を中心に」（原著一九八二年）『田中正俊歴史論集』汲古書院、二〇〇四年、一五七～一五八頁。引用文内の括弧による補足も田中によるものである。

(24) 江蘇省博物館編『江蘇省明清以来碑刻資料選集』新華書店、一九五九年、五～七頁。訳文は、谷川道雄・森正夫編『中国民衆叛乱史 4 明末～清Ⅱ』平凡社、一九八三年、七三頁の夫馬進の訳文による。

(25) 谷川他編『中国民衆叛乱史』四六～五四頁参照。

(26) 李伯重「工業発展与城市変化」(中)(下)『清史研究』二〇〇二年一、二期。
(27) 顧炎武『日知録』巻十「蘇松二府田賦之重」。
(28) 詳しくは、田中正俊『中国近代経済史研究序説』東京大学出版会、一九七三年、所収の関連の諸論文を参照。
(29)『潜書』下篇下、教蚕。ここでは養蚕製糸の普及を提唱する趣旨のため、養蚕製糸の利点を強調しているが、他の史料では養蚕製糸の労働の過酷さやリスクを指摘するものも多い。
(30) 谷川他編『中国民衆叛乱史』、四八頁。
(31) 署両江総督江西巡撫鄂容安・江蘇巡撫荘有恭連名の乾隆一八(一七五三)年四月九日の奏摺によれば、雍正九(一七三一)年には蘇州の踹坊(棉布つやだし業の作業所)は四五〇か所余り、労働者の人数は一万人余りであったが、乾隆一八年時点ではそれぞれ三三五か所、九千人余りであったという。『宮中檔乾隆朝奏摺』第五輯、六三三頁。
(32) 宮崎「明清時代の蘇州」、八八〜八九頁。
(33) 代表的な研究としては、巫仁恕の一連の著作(『品味奢華——晩明的消費社会与士大夫』中央研究院・聯経出版事業股份有限公司、二〇〇七年、『優游坊廂——明清江南城市的休閑消費与空間変遷』中央研究院近代史研究所、二〇一三年)が挙げられる。著者は、イギリスの歴史学界における「消費革命」説にも言及しながら、「このような現象は明末時期にもまた見られたものである。……明末の消費現象の特徴、即ち、市場での購買頻度の上昇、奢侈品の日常用品化、奢侈消費の普及、流行ファッションの形成、身分制度の崩壊と奢侈観念の新思考などは、……過去に統治階層或いは富民階層に限られていたものが明末の奢侈風気に至って初めて社会の下層にまで波及したことを説明している」とする(『品味奢華』四一頁)。蘇州文人の趣味の世界を具体的に示すカタログ的な書物としては、明末蘇州の人、文震亨が著した『長物志』があり、邦訳も出版されている(荒井健他訳注『長物志　明代文人の生活と意見』全三冊、平凡社、一九九九〜二〇〇〇年)。
(34) 顧公燮『消夏閑記摘抄』巻上、「蘇俗奢靡」。

（35） 銭泳『履園叢話』巻一、「安頓窮人」。

（36） 陸楫『蒹葭堂雑著摘抄』所収。文章のタイトルは、一般に「禁奢辨」と称されている。陸楫をはじめとする明清時代の奢侈容認論に言及した研究は数多いが、代表的なものとして、林麗月『奢倹・本末・出処：明清社会的秩序心態』新文豊出版公司、二〇一四年、所収の関連の諸論文を参照。

（37） 雍正二年六月八日、鄂爾泰奏摺。国立故宮博物院編『宮中檔雍正朝奏摺』第二輯、一九七七年、七三五頁。

（38） 中国第一歴史檔案館整理『康熙起居注』中、中華書局、一九八四年、康熙二十八年正月二十八日条。ただ実際には、康熙帝や乾隆帝の南方巡幸に伴う華やかなイベントは、長江下流域都市の観光都市としての発展に大きく寄与することとなった。

（39） 岸本美緒『清代中国の物価と経済変動』研文出版、一九九七年、四三四頁。

第2章　プネー　インド西部における政治都市の経済発展
——マラーター同盟下の一八世紀

小川　道大

はじめに

近年のインド史研究では、インドの植民地化を再考する新たな潮流が生まれている。インドの植民地化は一七五七年のプラッシーの戦い後に本格化し、一八五七年のインド大反乱までにインド亜大陸の大部分がイギリスの直轄領または藩王国とよばれる保護領となった。そのために従来の研究ではインドの植民地化が進む一八世紀は「暗黒の時代」とされてきたが、実証的な研究に基づいて一八世紀におけるインドを分析し、この時代を再考する論文集が、二一世紀に入って相次いで出版され[1]、「一八世紀問題」と称される新たな研究動向がうまれた。この一連の研究によると、一七世紀にほぼインド亜大陸を統一したムガル帝国がアウラングゼーブ（Aurangzeb）帝の死（一七〇七年）後に急速に衰退し、これに乗じてイギリス東インド会社がインドに進出したという従来の見解は改められ、一七〇七年以降にムガル帝国が衰退する中で一八世紀前半に台頭した地方政権によってインドの地方経済は活発化し、地方社会が成熟したと主張されるに至った。これを受けて、一八世紀後半に始まるイギリス東インド会社の植民地化によって、一八世紀前半のインド発展の流れは断絶したのか、継続したのかが盛んに議論されるようになった。このような議論の中でイギリス東インド会社による植民地統治も見直され、会社統治がムガル帝国の統治システムの影響を大いに受けて、ある意味ではそれを継承するものであったという見解も出てきた。[2] インドの植民地化とそのプロセスがこのように再解釈される中で、ムガル帝国などイスラーム支配を中世、植民地支配を近代とするイギリス植民地官僚が打ち出した時代区分は修正され、[3] ムガル帝国がインド亜大陸をほぼ統一した一六八〇年頃から、地方政権の台頭を経て、イギリス東インド会社が統治システムを継承した「長い一八世紀」をインド史上の近世とする新たな時代区分論が展開された。[4]

新たな研究潮流の中で飛躍的に研究が進んだ一八世紀のインドでは、ムガル帝国崩壊後の地方政権の都として地方都市が発展した。このような地方都市の中で、ラクナウやハイダラーバードはムガル帝国の地方都市として台頭し、一八世紀に地方政権の都となって発展した都市であったのに対し、マイソールやプネーは一八世紀に地方政権の都として新たに台頭した都市であった。ラクナウやハイダラーバードが州都であるように、現在の南アジアにおける地方都市の多くは一八世紀に台頭または発展した都市であり、一八世紀はインド都市史を考える上で極めて重要な時期であることがわかる。一八世紀に興隆した地方政権の中で最も広い領域を支配し、イギリス東インド会社に対峙した最大のライバルとなったのがインド西部を本拠地とするマラーター同盟であった。一八世紀インド最大勢力であったマラーター同盟の都プネーは、一八世紀に台頭した近世の新興都市の典型といえる。本章は、プネーを考察の対象として、第1節でその興隆の歴史を概観し、第2節で一八世紀におけるプネーの経済発展を議論する。

1　プネーの台頭

本節ではプネー台頭の歴史を一八世紀以前に遡って概観する。プネーは、インド西部のデカン高原に位置し[5]（標高約五六〇メートル）、現在はマハーラーシュトラ州に属している。同市は旧市街、新市街、デカン地区、郊外地区からなり、旧市街は前植民地期（一三世紀末〜一八世紀）、新市街は植民地期（一九〜二〇世紀前半）、デカン地区はインド独立（一九四七年）以降、特に一九九〇年代に発展した。一九九一年の経済自由化後の高度経済成長によってプネーの人口は飛躍的に増大して市域も大きく拡大し、周辺のピンプリ・チンツワード（村）がプネーの郊外地区として都市的な発展を見せている[6]。

プネーはムラー川とムター川に囲まれた地域に発展した都市で、両河川の合流地点付近（現在のカスバー・ペート）が同市で最も古い地区と言われている[7]。伝承によると、七世紀に、現在のプネーの地に一五軒ほどの家からなる小村があった。これ以降、プネーを含めてデカン地方に関する記録が極めて乏しくなるが、アフガニスタンのムスリム勢力であったガズナ朝（九七七〜一一八七年）の北インド侵攻を契機とし、デリーを都とした五つのムスリム王朝（デリー・スルターン朝：一二〇六〜一五二六年）の下で北インドのムスリム支配が確立すると、ペルシア語等で記録が残されていくこととなる。プネーに関する記述もこのような状況下で再び確認されることとなる。一二九〇年にデリー・スルターン朝のハルジー朝（一二九〇～一三二〇年）のアラーウッディーン・ハルジー（Alauddin Khalji）によってプネーが占領された。プネーの統治を任されたアラブ軍人は、泥壁に囲まれた①町（カスバ）を建設し、アラブ人ら征服者は主に壁内に居住した（以下の①～⑱は後出の図1に対応）。これが現在のカスバ・ペートの原型であり、プネーは泥壁によって守られた城塞町として誕生したのである。デカン地方は、その後にデリー・スルターン朝の一つであるトゥグルク朝（一三二〇～一四一四年）、そしてトゥグルク朝より独立したデカン地方のムスリム政権であるバフマニー朝（一三四七～一五二七年）の支配下に入り、ムスリム支配が確立する。ムスリム支配下では、砦を中核として壁に囲まれた町（カスバ）が各地につくられ[8]、在地の政治軍事拠点となった。両王朝支配下のプネーもこのような町の一つであり、他の町々と大きく異なる特徴を有したわけではなかった。

バフマニー朝が一五世紀末に五政権に分裂すると、プネーはその中でニザーム・シャーヒー朝（一四九〇～一六三六年）の領内に入った。一五九五年に、同王朝に仕えていたマーロージー・ボーンスレー（Maloji Bhonsle）にプネーとその周辺地域が封録（ジャーギール）として与えられた。封録は、出仕する軍人に対して国王が給与の代わりに土地又は一定の領域の徴税権を与えたもので、ムスリム政権を中心に前植民地期に広く見られた給与制であった。封録とともに砦の経営権が与えられることが多く、俸禄を得た軍人は砦に入城し、封録として徴税権を与えられた地域の防備を担当した。このようにして前植民地期の政権は軍人へ俸禄を与えると同時に地方支配を展開していった。封録（ジャーギール）制は制度的には徴税権のみの施与であったが、実際には駐屯した軍人がしばしば徴税担当領域を領土化し、プネーもマーロージー・ボーンスレーの領土に組み込まれていった。マーロージー・ボーンスレーとは、マラーター王国を建国したシヴァージー・ボーンスレー（Shivaji Bhonsle）の祖父であり、プネーがボーンスレー家の領土になったことはプネーの発展にとって決定的な意味をもつ。マーロージー・ボーンスレーの領土は息子のシャーハジー・ボーンスレー（Shahaji Bhonsle）に継承されたが、一六世紀初頭のプネーとその周辺領域は、バフマニー朝から成立したアーディル・シャーヒー朝（一四九〇〜一六八六年）とニザーム・シャーヒー朝の係争地帯となり、プネーは両軍から略奪にあい、大いに荒廃した(9)。デカン北西部に位置していたニザーム・シャーヒー朝は、北インドで勢力を拡大したムガル帝国の北からの侵攻を受け、一六三六年に滅亡した。シャーハジーは一時的にプネー周辺の領土を失うが、アーディル・シャーヒー朝に出仕し、同王朝の下で一六三五年にその領土を彼の俸禄として安堵され、プネーを彼の領土の中心に位置づけた。シャハージー・ボーンスレーの妻は、プネー町（現：カスバ・ペート）南部に「赤い宮殿」と呼ばれる居を得て、そこで彼の息子であるシヴァージーが幼少期を過ごした。マラーター王国建国者シヴァージーの故地として、プネーは政治的重要性を帯びることとなる。この頃、プネーにガネーシャ寺院が作られた。ガネーシャはゾウの頭をもつヒンドゥー教の神の名である。プネーは現在でも、ガネーシャ信仰の強い地域である。ムスリム支配下の政治・軍事拠点であったプネーにヒンドゥー教の寺内町という性格が加わることとなった。

シャーハジーからプネーの封録の領土経営を任されたシヴァージーは一六四七年頃からアーディル・シャーヒー朝からの独立を目指して動き始めたが、ムガル帝国では、皇子時代にデカン総督を務めていたアウラングゼーブが一六五八年に帝位を継承し、デカン侵攻を推進した。一六六二年にはムガル軍はプネーを攻略し、その支配下でプネー町（現：カスバ・ペート）の東方に②火曜市場（マンガルワル・ペート）地区が建設された。名称が示す通りに火曜日に定期市が立ち、市場に集まる人と商品がプネーの都市機能を発達させた。シヴァージーはプネーに侵攻して一六六七年にプネーとその周辺地域を奪還し、一六七四年にマラーター王国の建国を宣言した。シヴァージーの死後（一六八〇年）、アウラングゼーブはデカン地方で攻勢に転じて、一六八五年に再びプネーを支配下に置き、シヴァージーの息子で二代国王のサンバージー・ボーンスレー（Sambhaji Bhonsle）を一六八九年に処刑し、その息子シャーフー・ボーンスレー（Shahu Bhonsle）を幽閉した。マラーター勢力はデカン以南のインド南部まで後退し、プネーを含めたデカン地方にはムガル帝国のデカン六州が置かれ、プネーも同帝国の統治機構に組み込まれた。ムガル帝国支配下の一七世紀末にプネー町の南西方向に市域が拡大し、③土曜市場（シャニワル・ペート）地区、④マハーシャナーバード（後にブドワール・ペート（水曜市場）と改称）地区、⑤日曜市場（ラヴィワール・ペート）地区が建設された。一七世紀のプネー町は複数の政治勢力の係争地であったが、最終的にムガル帝国の支配下で町境を越えてその領域を拡大させていった。

ムガル皇帝アウラングゼーブの死（一七〇七年）後、幽閉されていたシャーフー・ボーンスレーは釈放され、一七〇八年にサタラで戴冠してマラーター王位につき、王宮をサタラに置いた。彼はデカン地方からムガル勢力を駆逐することを目指してプネーの支配権を主張し始め、後に宰相（Peshwa）となるバーラージー・ヴィシュワナート（Balaji Vishwanath）をプネーに駐在させた。他方でムガル帝国の代官もプネーに駐在しており、一八世紀初頭にプネーはマラーター王国とムガル帝国の二重支配下に置かれた。二重支配下に両勢力の軍事抗争や略奪が続き、プネーは荒廃した。ムガル帝国とマラーター王国の取決めに基づいて一七二〇年にプネーでマラーター王国の単独支配が始まった。

プネーは一七三〇年代以降にマラーター王家宰相との関係で本格的に発展した。前述のプネー代官バーラージー・ヴィシュワナートは、一七一三年にマラーター王国の宰相となって内政・外交で手腕を発揮し、一七二〇年に宰相職を継いだバーラージー・ヴィシュワナートの息子であるバージーラーオ（Bajirao）一世はマラーター王国の権力を握るにいたった。バージーラーオ一世は一七三〇年に土曜宮殿（シャニワール・ワーダー）を土曜市場地区に建設して、政務を同宮殿で行なうようになり、宰相職を彼の子孫が世襲した。宰相の政府が成立したことにより、プネーはマラーター王国の政治都市として台頭した。マラーター国王シャーフーはサタラに留まったが、その死（一七四九年）後、宰相が名実ともにマラーター王権の実権を握るようになった。マラーター勢力は一七二〇年代以降、ムガル帝国に対して攻勢に転じ、インド中央部、北部、東部の一部にその領土を拡大させていった。領土拡大に功があったマラーター武将は征服地に駐屯し、名目的にはマラーター国王に、実質的には宰相に忠誠を誓うマラーター同盟の体制が一八世紀の第二四半世紀に築かれるに至った。マラーター同盟の都は名目的にはマラーター国王が居住するサタラであったが、実質的には宰相の政府が置かれたプネーであり、広大な領土を支配した政治勢力の実質的な中心都市となったことがプネーの都市発展を考える上で極めて重要である。

プネーの政治的重要性が高まった一八世紀の第二四半世紀は、プネーの都市域が大きく発展した時期でもあった。まず一八世紀初頭に二重支配下で荒廃したプネーの再建が行なわれ、一七四〇年代には新たな市場地区（ペート）の建設が始まり、⑥金曜市場（シュクラワール・ペート）地区、⑦木曜市場（グルワール・ペート）地区が建設され、プネーの市域は南へ大きく拡大した（図1参照）。他方で東部へも拡大を見せて、一七五八~五九年に⑧ニヤーハール[10]市場地区が、一七六〇年代末までに⑨ガネーシャ市場地区、⑩ガンジュ[11]市場地区、⑪ムザーファルジャング[12]市場地区、⑫月曜市場地区（ソムワール・ペート）が建設された。一七六七年には⑬新市場地区（ナヴィー・ペート）が形成され、一七六〇年代に東部と南部に市域が拡大したのがわかる。ムザーファルジャング市場地区を、マラーター国王の宮殿があるサタラとプネーを結ぶ街道が通過しており、同市場地区内には関税徴収所が置かれた。そして新市場地区には、内陸の棉布・棉花流通の中心であるソーラプール町とプネーを結ぶ街道があり、新市場地区にも関税徴収所が設置されていた。小谷は、プネー内に出入する物品に対して入出市税が課されたと指摘する。[13]このことはプネーが互いに無関係な市場地区の集合ではなく、一つの経済空間を形成していたことを示唆しており、この経済空間を出入する商品流通には、入出市税という形である程度の制限が課されたことがわかる。

一七七〇年に⑭サダーシヴ市場地区、一七七二~三年にその北に⑮ナーラーヤン市場地区が建設された。これにより西側はムター川岸まで開発が進み、現在の旧市街の西側と同様の外形となった。[14]一七八〇年代には再び市域の東側が拡大し、一七八六年に⑯ラステー市場地区、一七九〇年に⑰ナーナー市場地区が建設された。さらに⑱ゴールパデー市場地区が建設され、同市場地区は隣接するムザーファルジャング市場地区を吸収し、後者の市場地区は現存していない。宰相マーダヴラーオ・ナーラーヤン（Madhavrao Narayan）の治世（一七七四~一七九五年）に市域はさらに東に拡大し、この時期に建設された三市場地区（⑯~⑱）は、いずれも創設者の名前が市場地区につけられている。すなわちラステー市場地区は、宰相政府の軍人であり、有力銀行家であったアーナンドラーオ・ラステー（Anandrao Raste）が建設した市場地区である。ナーナー市場地区は、宰相マーダヴラーオ・ナーラーヤンの後見人であるナーナー・ファ

図1　13〜18世紀におけるプネー市域の拡大

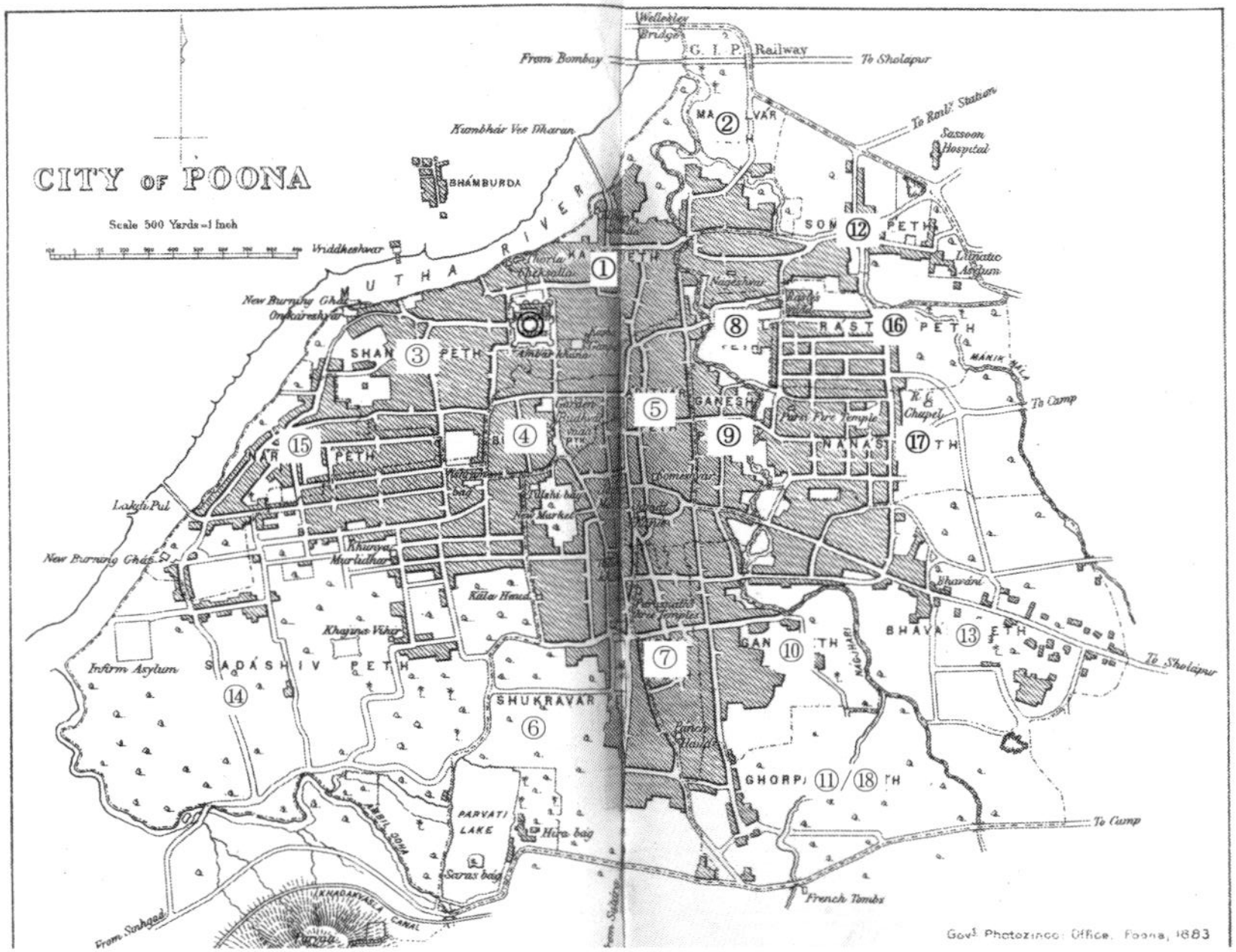

①プネー町
②火曜市場地区
③土曜市場地区
④水曜市場地区
⑤日曜市場地区
⑥金曜市場地区
⑦土曜市場地区
⑧ニヤーハール市場地区
⑨ガネーシャ市場地区
⑩ガンジュ市場地区
⑪ムザーファルジャング市場地区
⑫月曜市場地区
⑬新市場地区
⑭サダーシヴ市場地区
⑮ナーラーヤン市場地区
⑯ラステー市場地区
⑰ナーナー市場地区
⑱ゴールパデー市場地区
◎土曜宮殿

出典：J. M. Campbell, ***Gazetteer of the Bombay Presidency, Vol. XVIII, Poona, part 3***, Bombay: Government Central Press, 1885, pp. 266-267より著者加工。

ドニース（Nana Phadnis）が、一七八九～九〇年にプネーの市場に出入りする商人の居住地を新たに建設するように命じ、この居住地区がナーナー市場地区と命名された。(15) ゴールパデー市場地区は、マーロージー・ゴールパデー（Maloji Ghorpade）が建設して同家の騎馬隊が駐屯しており、(16) 彼の名にちなんで名付けられた。ゴールパデー市場地区が建設されたことにより、プネーの一八市場地区がすべてそろい、現在のプネー旧市街が形成された。

本節ではプネーの都市成立とその拡大を概観したが、同市の発展は四段階に整理できる。（一）一三世紀末に町（カスバ・ペート①）が成立して都市の原型ができた。（二）一七世紀後半のムガル帝国の支配の下で定期市を主体として都市が拡大したが（②～⑤）、係争地帯としてプネーは幾度かの危機を迎えた。（三）一七三〇年以降は、宰相政府の拠点として安定成長期を迎え、この時期も定期市の増加が都市域拡大の主体であったが、二市場地区は有力者によって設置されたものであった（⑥～⑬）。（四）一七七〇～九〇年には、宰相政府の権力者および有力者によって市場地区が建設されてプネーが拡大し（⑭～⑱）、一八世紀末に前植民地期のプネーが完成した。地理的拡大に注目すると、町（カスバ・ペート）から外へ都市域の拡大は確認できるが、規則性はなく、小谷が指摘するようにプネーは「アメーバー状に（無定形的に）」建設された都市であり、(17) 計画都市とはその様相を異にしていたことがわかる。総じてプネーの発展を考えると、第二段階以降の安定的な都市の成長および第四段階における権力者・有力者による都市の拡大は、宰相政府がプネーに置かれたことに起因する。その意味で、プネーは第一義的に政治都市であったと言える。

2　一八世紀におけるプネーの経済発展

政治都市として発展したプネーはどのような経済発展を遂げたのであろうか。定期市の増加が示すように、一八世紀のプネーは、インド西部内陸の商業中心地であり、市内に様々な市場が立っていた。プネー内の一八市場地区は特定の商品に特化する市場から市民の生活を支える市場など様々で、扱う商品は日用品・食品（棉布、米などの穀物、塩、粗糖などの食料加工品）から馬・ラクダなどを含む贅沢品にまで及んだ[18]。馬やラクダは運搬の他に軍事にも利用されており、マラーター同盟の中心地プネーの防備のためにも多くの馬やラクダが移入され、取引されていた。さらに宰相政府はイギリス、フランス、ポルトガルと一七八二年に貿易協定を結んでおり[19]、多くのヨーロッパ商人もプネーを訪れていた。T・T・マハーザンはヨーロッパ商人の中では特に、ボンベイからやってくるイギリス人商人が多かったと指摘している[20]。プネーは国際性も帯びながら内陸の商業中心都市として一八世紀後半に本格的に発展していったと考えられる。

さらにマラーター同盟の中心地であり、宰相政府が置かれたために、プネーは政治都市としての経済機能を備えるようになる。つまり政治都市プネーは、マラーター同盟の各地から送金された税の最終目的地であり、税収の貯蓄や財政執行を通じて金融機能がプネーに備わることとなったのである。プネーが一八世紀に金融機能を備えるに至った背景には貨幣経済が浸透し、都市のみでなく農村においても様々な場面で貨幣の使用頻度が高まったことがあり[21]、これに伴って農村での税の金納化や都市への送金システムの発達が見られた。この変化をより深く理解するために、本節では一八世紀デカン地方の貨幣制度に注目し、その上で金融都市としてのプネーの発展を考察する。

（1）近世期におけるデカン地方の貨幣流通

近世前期（一七〜一八世紀）のインド亜大陸では北部で銀貨が流通し、南部で金貨が流通しており、その下で銅貨や子安貝が零細額面貨幣として日常生活で用いられていた。北インドと南インドの中間に位置するデカン地方では、金貨と銀貨が共に流通していた。デカン地方における金貨・銀貨の単位は一様ではなかったが、銀貨の中で最もその勢力が強く、汎用性が高かったのがルピー貨であった[22]。さらにルピー貨に関しても名称・価値が異なる様々な種類が流通しており[23]、地域・用途によって用いられるルピー貨の種類が異なっていた[24]。このような状況下では、ある種類のルピー貨が通用しない地域において、当該地域で受け入れ可能な別種のルピー貨に交換する必要があった。さらに宰相政府の国庫ではチャンドワーニー・ルピーのみが受け入れられており、納税の際には最終的にチャンドワーニー・ルピーに両替する必要が生じた。在地の金工師（Sonār）や両替商（Shroff/Sarāf）がルピー貨両替の役割を担い、その際に手数料（Baṭṭā）を徴収した[25]。この手数料は、ルピー貨の銀含有量が損なわれていた場合、両替の際に両貨幣の間で銀含有量（価値）が異なる場合にも徴収された[26]。すなわち両替時の手数料として、両替行為の代価以外に複数の意味合いをもっていた。郡役人や村役人など地方役人も納税のために両替商にルピー貨両替を依頼し、手数料を支払っていた。村役人の記録から手数料には、「政府関係の手数料（Sarkār Baṭṭā）」と「市場の手数料（Bāzār Baṭṭā）」の違いがあることが明らかになった[27]。一八一八年にイギリス東インド会社が宰相政府を破ってインド西部の大部分が英領となると、インド西部の各地にイギリス人行政官が送られ、現地人役人の補佐により在地の社会経済制度の調査が行なわれた。両替取引の手数料もその例外ではなく、一八三〇年にソーラプール町で、同町の両替商と金工師に対して行なわれた聞き取り調査で得られた供述は、現地人役人によって現地語（マラーティー語）で記録された(28)。下記にその全文邦訳を付す。

「貨幣間の価値の差に対する手数料(Baṭṭā)(29)についての記録」

町の試金役人(Potdār)、両替商、町の店主(30)、金細工師に対して：アフマドナガル県ソーラプール郡ソーラプール町のシュフール暦一二三一年・ファスリ暦一二四〇年［すなわち西暦一八三〇年］

質問：

一(31)．上記郡において、市場流通貨は何であり、公庫受入れ貨は何であるか。それは何年からであるか。

二．市場で流通しているルピー貨と現在、公庫で受け入れられているアンクーシュ・ルピーに対する増額または減額の価値の差はいくらであるのか。

三．両替に用いられるルピー貨に関して、燃焼による測定をした場合にルピーの純銀含有量はどれほどであるのか。［純銀含有量の］基準値に対して、どの種のルピー貨が何マーシャ(32)ほど少なく、どの種のルピー貨が何マーシャほど多いのか。

上記の件について自身の文書、知識、経営状況を踏まえて詳細に書くこと。

日付：（西暦）一八三〇年八月三〇日

貨幣毎に、ルピー貨一二マーシャ分を燃やすとその中に純銀はどれほど含まれているものであるか。

回答：

ルピー貨［の種類］毎の銀含有重量に関する詳細は下記の通りである。[33]

一．遠い昔からファスリ暦一二〇〇年［西暦一七九一年］までの公庫受入れルピー貨と市場流通ルピー貨はともにアルコット・ガンジコート・ルピーであった。このルピー貨の一二マーシャ分を燃焼して、純銀がどれほど含まれているかを測定した。〇・二五マーシャが［純銀ではない］損失分として溶け出して、一一・七五マーシャが純銀として残った。

二．ファスリ暦一二〇一年［西暦一七九二年］からファスリ暦一二一〇年［西暦一八〇一年］までの公庫受入れルピー貨と市場流通ルピー貨はともに［アルコット・］プルチェリー・ルピーであった。このルピー貨の一二マーシャ分を燃焼して、純銀がどれほど含まれているかを測定した。その結果、三グンジュ[34]が［純銀ではない］損失分として溶け出して、一一マーシャ五グンジュが純銀として残った。

三．ファスリ暦一二一一年［西暦一八〇二年］からファスリ暦一二一九年［西暦一八一〇年］まではチャンドワーニー・ルピー、別名、タプガーオ・ルピーが公庫受入れルピー貨であるとともに市場流通ルピー貨であり、両者は同一種であった。このルピー貨を量って取り出した一二マーシャ分を燃焼して、純銀がどれほど含まれているかを測定した。その結果、七グンジュが［純銀ではない］損失分として溶け出して、一一マーシャ一グンジュが純銀として残った。

四．ファスリ暦一二二〇年［西暦一八一一年］からファスリ暦一二三〇年［西暦一八二一年］までの公庫受入れルピー貨と市場流通ルピー貨は、ベールパトリー・ルピー、別名、バリーワハールディー・アンクーシュ・ルピー、またの別名、モートバルディー・アンクーシュ・ルピーであった。このルピー貨は二つの別名をもっているが、実際は同一の貨幣である。このルピー貨の一二マーシャ分を燃焼して、純銀がどれほど含まれているかを測定した。その結果、七グンジュが［純銀ではない］損失分として溶け出して、一一マーシャ一グンジュが純銀として残った。

五．ファスリ暦一二三一年［西暦一八二二年］からファスリ暦一二四〇年［西暦一八三〇年］の上記日付［西暦八月三〇日］までの公庫受入れルピー貨はアンクーシュ・ルピーで、市場流通ルピー貨はベーラプリー・ルピーであった。(35) ベーラプリー・ルピーの一二マーシャ分を燃焼して、純銀がどれほど含まれているかを測定した。その結果、二マーシャが［純銀ではない］損失分として溶け出して、一〇マーシャが純銀として残った。

以上のように貨幣毎の銀含有量に関して回答が記された。しかしこれらのルピー貨とアンクーシュ・ルピーが通用している場合に、双方の間の両替手数料がいくらであったかが記載されるべきであったが、上記の時期［すなわち一七九一年から一八三〇年までの期間］にこの徴税区において、(36) アンクーシュ・ルピーを［帳簿に記載して］管理する業務は行なわれていなかった。そのために交換手数料がいくらであったのかは誰も知らない。当時の台帳や文書に基づいて述べるべきであるが、ファスリ暦一二一〇年［西暦一八〇一年］にバールクリシュナ・ガンガーダルの騒乱が生じ[37]、ファスリ暦一二二七年［西暦一八一八年］にイギリス政府と宰相政府の戦争が起こった。これらの争いのために［台帳や文書が］失われた。このために文書は一貫してそろってはいない。両替の［価値の差による］手数料に関して以前からの詳細な記録は見つからなかった。現在のアンクーシュ・ルピーに対する貨幣毎の手数料は、同貨よりも高価ゆえに生じる手数料と安価ゆえに生じる手数料が存在する。その詳細は下記の通りである。

アンクーシュ・ルピー一〇〇に対する［両替貨幣の］価値の高さゆえに生じる手数料[38]

一．アルコット・ガンジコート・ルピー：［売却時］五［購入時］五・五[39]

一．［アルコット・］プルチェリー・ルピー：［売却時］四・五［購入時］五

アンクーシュ・ルピー一〇〇に対する［両替貨幣の］価値の低さゆえに生じる手数料

一．チャンドワーニー・ルピー、別名、タプガーオ・ルピー：［売却時］五［購入時］一・五[40]

一．ベーラプリー・ルピー：［売却時］九［購入時］九・五

以上のように、売却時と購入時における価値の高低差ゆえに生じる手数料が、貨幣の種類にしたがって記載された。現在、ベールパトリー・ルピーはアンクーシュ・ルピーとの間に差がなく、これら

の貨幣が市場流通ルピー貨となっている。このような状況において貨幣毎の重量は下記の通りである。

一．アルコット・ガンジコート・ルピーの重量：一一マーシュ一グンジュ
一．ベールパトリー・ルピーおよびアンクーシュ［・ルピー］の重量：一一マーシュ
一．［アルコット・］プルチェリー・ルピーの重量：一一マーシュ一・二五グンジュ
一．タプガーオ・ルピーおよびチャンドワーニー・ルピーの重量：一一マーシュ
一．ベーラプリー・ルピーの重量：一一マーシュ
計五種類の貨幣の重量

以上のように、各項目について台帳および知識から得られた情報は極めて限定的であったが、それを書き留めて、回答として提出した。

西暦一八三〇年八月三〇日

この書類の写しは下記の人物へ送られる。
一．バーラージー・ジーバージー
一．ナルシーヴ・ヴィッタル・ナーバーロー
一．ラーマージー・ラーグナート・サラーフ
一．ニーマージー・ヴィスワン・サラーフ

一．カーデー・シンハ・ラーイー・サラーフ
一．アッパー・カレー・カーラドカル
一．バーグ・ヴァトマー・ソールカル・ソーナール
（署名）ゴーヴィンドラーオ・クリシュナ・デーシュパンデー（ソーラプール郡）

以上の記録から、近世期における貨幣の流通の在り方についていくつかの点が明らかになる。第一に、少なくとも地方の町においては、市場流通貨と公庫受入れ貨が基本的に同種であった点である。前述したように、宰相政府の国庫ではチャンドワーニー・ルピーのみが受け入れられていたが、地方行政に目を向けると、例えばソーラプール町の公庫では別種のルピー貨が受け入れられており、それは必ずしもチャンドワーニー・ルピーではなかった。ただし一八二一年〜一八三〇年においては市場流通貨と公庫受入れ貨が別種であることから、両者が制度的に同種になるように設定されていたわけではないと考えられる。公庫受入れ貨がどのように選定されたかについて、本史料からは明らかにならなかった。第二に、市場流通貨と公庫受入れ貨が時代とともに変化していった点である。上記の四〇年が、一八一八年の宰相政府の崩壊とイギリスによるインド西部の植民地化に前後する混乱期であることは考慮すべきであるが、公庫受入れ貨および市場流通貨は一七九二年以降、およそ一〇年に一度の頻度で変化していた。一七九一年以前の市場流通貨・公庫受入れ貨がアルコット・ガンジコート・ルピーで安定していたか否かは、記録が不十分であり[41]、今後、確認する必要がある。さらに全体の傾向として公庫受入れ貨の銀含有重量は徐々に減少していた。この傾向に関して一九世紀前半はインドにおける銀流通量が減少しており、銀含有量の減少がイ

ンドの全体的な傾向を反映している可能性や、一般的な事象として「悪銭は良銭を駆逐する」というグレシャムの法則がソーラプール町という限られた市場空間の中で働いた可能性が考えられるが、公庫受入れ貨や市場流通貨がどのように設定されたかが明らかになっておらず、銀含有重量の低いルピー貨へと公庫受入れ貨が変化した原因を現段階では示すことは不可能である。

第三に公庫受入れ貨や市場流通貨のみが在地で流通していただけでなく、先に指摘したように複数のルピー貨が流通していた点である。一七九一年以降に公庫受入れ貨となった全六種のルピー貨は、一八三〇年の時点でソーラプール町において流通していたと考えられる。そして貨幣の流通に関して、本史料はあくまで公庫受入れ貨および市場流通貨のみを扱っているため、六種以外のルピー貨が同町で流通していたことを本史料は否定していない。流通が明らかになっている六種の中で四種のルピー貨の銀含有重量の基準値は同値であり、必ずしも銀含有重量によってその種類が判別できるわけではなかった。六種の中には、広くインド西部で流通したルピー貨や行政的に特別な役割を果たしたルピー貨が含まれていた。例えば、一八〇二〜一一年でソーラプール町の市場流通貨となっていたチャンドワーニー・ルピーは先述したとおり宰相政府の国庫で唯一受け入れられた貨幣であり、同貨幣は行政取決めのみで用いられたわけではなかった。アンクーシュ・ルピーは象（アンクーシュ）が刻印された銀貨で、プネー近郊のチンツワード町で最初に鋳造されたとされ、その後、インド西部で広く用いられた(42)。アンクーシュ・ルピーは商取引のみでなく、行政上も重要視され、プネーの宰相政府があまりに多様化したルピー貨を整理するために、その使用を推進したのがアンクーシュ・ルピーであり、プネーの複数の鋳造所で同ルピー貨が造られた(43)。アルコット・ルピーはイギリス東インド会社が鋳造した貨幣である。アルコットはインド南部のムガル帝国太守

（ナワーブ）が独立した地方政権の都で、マドラスに根拠地を置くイギリス東インド会社マドラス管区は、アルコットのナワーブからルピー貨鋳造権を一七四二年に獲得し、マドラスで鋳造を始めた。イギリス東インド会社によって様々な種類のアルコット・ルピーが鋳造され、在地勢力がこれを模倣するようになった。マラーター同盟領南端部のガンジコートの地方官がアルコット・ルピーを模倣して鋳造したのがアルコット・ガンジコート・ルピーである。[44] 様々な模造貨幣を伴いながら、アルコット・ルピーは全インドで流通していた。他方、プネーの北二〇〇キロメートルに位置する都市ナーシクで鋳造されたチャンドール・ルピーは、インド西部で広く流通し、アンクーシュ・ルピーと同様に各地の地方行政で用いられるなど、財政上も重要な役割を果たしていたが、[45] ソーラプール町では公庫受入れ貨にチャンドール・ルピーは指定されていなかった。同ルピー貨がソーラプール町に流通していたか否かは定かではないが、公庫受入れ貨の選定には地域差があったことがわかる。

第四に、ルピー貨の銀含有重量が変動していた点である。本史料前半部では、各種ルピー貨の試銀時の銀含有重量が示され、本史料末部では一八三〇年時点での各種ルピー貨の銀含有重量が示されている。両者を比較すると同一種のルピー貨であっても、その含有重量が異なっていたことがわかる。東インド会社が鋳造したアルコット・ルピーから、マラーター支配下でアルコット・ガンジコート・ルピーが生まれたように、一八世紀のインド亜大陸における群雄割拠も通貨を多様・複雑化した要因となっていた。[46] このような状況において、宰相政府下の鋳造所では同一種のルピー貨の銀含有重量に一定の基準を設けて、ルピー貨の標準化が図られていた。ただし銀含有重量が一定の基準を満たしていなかった場合も多く、宰相政府から改善命令が出ていた。[47] 本史料のルピー貨の標準的銀含有重量は明らかになっていないが、上記の各種ルピー貨の銀含有量が通時的に標準化されておらず、変動していたことが上記の比較から明らかになる。第五に、両替時の貨幣価値の差から生じた手数料が、両替商に対する貨幣の購入時と売却時で異なっていた点である。この差額から、一般に両替商は、より銀含有重量の大きいルピー貨を手元に置く傾向があったことが読み取れる。ただし銀含有重量が等しいアンクーシュ・ルピーとチャンドワーニー・ルピーの間でも交換手数料が生じ、その差額は、国庫に受け入れられるチャンドワーニー・ルピーに対する両替商の高い需要を示した。他方でベーラプリー・ルピーもアンクーシュ・ルピーと同等の価値（銀含有重量）を有していたが、売却時と購入時の手数料の差はアンクーシュ・ルピーを両替商が好む傾向を示していた。宰相政府の国庫では、チャンドワーニー・ルピーのみが受け入れられていたことが同ルピー貨に付加価値を与えていたと考えられる。単に銀含有重量のみで貨幣の価値を図ることができなかったことを、この事例は示している。同様に、宰相政府が使用を推奨したアンクーシュ・ルピーも何らかの付加価値を帯びていたと考えられる。個々のルピー貨の銀含有重量の差に加えて、ルピー貨の役割に応じた需要と供給が貨幣の両替取引に影響を与えており、両替商はこうした様々な状況に対応できる知識と経験をもった専門家であったといえる。本史料の末尾には七名の人物にその写しを送っており、その氏名の中に両替商(Shroff/Sarāf)や金工師(Sonār)の名を確認できる。他の人物が両替商であったか否かは定かではないが、少なくとも四名の両替の専門家がソーラプール町において、貨幣流通を支えていたことがわかる。ソーラプール町のような地方町でさえ、市場流通貨幣が変化し、その流れに対応することが求められた。これを踏まえると、金融都市プネーの流通貨の状況はより複雑であったと考えられ[48]、プネーでは種々の金融取引を行なう銀行家が活動していた。次項では、銀行家の活動に注目し、近世期におけるプネーの金融機能を論じる。

(2) プネーにおける銀行家の活動と金融都市プネーの発展

T・T・マハーザンは一八世紀インドにおける銀行家の役割を①預金の受入れ、②国家、商人、軍人、その他個人への貸付け、③貨幣および地銀・地金の売買、④貨幣の両替、⑤貨幣の試金・試銀、⑥為替の取り扱いの六点で整理した。[49] 上記の③〜⑤の機能を各地の両替商が担っていたのは先に検討した通りである。それに加えて宰相政府が置かれたプネーでは、②の機能である国家への貸付けが非常に重要であり、このためにプネーでは一八世紀に複数の銀行家が台頭した。一八世紀のプネーを研究したB・G・ゴーカレーは一七四〇〜六九年の宰相政府の財務文書を分析し、プネーで活動し、宰相政府に貸付けを行なった九一名の銀行家を見出し、その中で主要銀行家として一一家をリストに挙げている。[50] 本項ではそのリストの中から、三家の銀行家に注目し、彼らの活動を通じて金融都市プネーの発展を描く。

第一の銀行家は、宰相政府が台頭し、プネーが発展し始めた一七三〇年以前から活躍していたバープージー・ナーイク・ジョーシー（Bapuji Naik Joshi）である。彼の家系はインド西海岸のコンカン地方のケラーシー村を祖地とし、元々は占星術師（Joshi）として代々活動していた。この家系は宰相の家系と同じチトパーヴァン・バラモンのカーストに属した。古代ヒンドゥー社会において、人々はバラモン（僧侶）、クシャトリヤ（王族・戦士）、ヴァイシャ（庶民）、シュードラ（奴隷）の四ヴァルナ（「身分」の意）に大別された。やがて各身分が出自や職業等を基に細分化され、ジャーティという下位区分がうまれ、ジャーティはカースト（ポルトガル語由来）とも呼ばれてきた。チトパーヴァン・バラモンは、バラモンの下位集団で、一つのカーストを形成している。[51] さらにバープージー・ナーイクの家系は宰相の家系と同じコンカン地方の出身であることなど、宰相家と出自に関する複数の共通点があった。シャーフーがマラーター国王に即位した一七〇八年の時点で彼の家系は銀行家として成功しており、一七二〇年以前に彼の父がシャーフー王と宰相バーラージー・ヴィシュワナートに多額の貸し付けを行なっていた。バープージー・ナーイクの弟は同宰相の娘ビーウバーイー（Bhiubai）と結婚し、宰相家とのつながりを強めた。バープージー・ナーイクとその一家は、プネー郊外のバラーマティ町を本拠地としたが、プネーの土曜市場地区に居を構え、[52] そこを彼および彼の弟の銀行業の中心とした。[53] 同一家は、一七三〇年代以降に支配領域を拡大していったマラーター同盟を財政面で支えた。さらにバープージー・ナーイクは宰相政府より多額の俸禄（ジャーギール）を得て、彼の本拠地であるバラーマティ町以外に同盟領内の各地の徴税権を与えられていた。[54] 俸禄地から集められる地税を中心とする税収は、バープージー・ナーイクの主要な収入源となっていた。それと同時に宰相政府にとってバープージー・ナーイクは同盟領南部を守る重要な軍人でもあった。[55]

第二の銀行家は、一七三〇年代以降のマラーター同盟および宰相政府の興隆期に活躍したビカージー・ラステー（Bikaji Raste）である。彼の家系はコンカン地方のグハガール郡を祖地とし、占星術師・市場書紀（Mahājan）・在地の徴税請負人（Khot）を兼職していた。この家系も宰相家と同じチトパーヴァン・バラモンのカーストに属していた。シャーフー王が即位した一七〇八年にラステー家はマラーター王宮が置かれたサタラ近郊に居を構えた。ビカージー・ラステーは、サタラのマラーター王宮の主たる銀行家となり、同時にシャーフー王より五二〇〇ルピー相当の俸禄地を与えられた。シャーフー王の勧めで、ビカージー・ラステーの娘は、後に宰相となるバーラージ・バージーラーオと一七三〇年に結婚し、続く二代の宰相となるマーダヴラーオ（Madhavrao）とナーラーヤンラーオを生んだ。ラステー家は宰相家の姻戚となることで、宰相政府の主たる銀行家となった[56]。それと同時にビカージー・ラステーの息子たちは甥にあたる宰相らの信任を得て宰相政府の要職に就き、さらに合計で一五〇万ルピー以上の俸禄が与えられ、インド亜大陸西側の広範囲に点在する村・郡の徴税権を有した。銀行業の収益に加えて、軍人としての俸禄収入がラステー家の収入の多くを占めていた。ラステー家は宰相との結びつきの強さを保つためにプネーに居を移した。さらに同家は、一七八六年に前述のラステー市場地区を建設し、さらに九〇万ルピーの費用をかけて近郊のカンダヴェ村からプネーへ水を供給する水路を建設した[57]。これらの事例は銀行家の台頭とプネーの拡大を結び付ける好例である。

第三の銀行家はディクシト・パトワルダン家で、同家も一七四〇～六〇年代における宰相政府の主たる銀行家であった。同家もコンカン地方のグハガール村の出身であったが、一七〇一～一〇年に内陸デカン地方の都市ナーシクに移住し、この時には、小規模であるが銀行業に従事していた。宰相政府の要職を歴任していた有力貴族のペテー家の仲介で宰相の知遇を得て、その後プネーに移り、ディクシト・パトワルダン家のドゥルガーバーイー（Durgabai）が宰相バーラージー・バージーラーオの息子であるヴィシュワスラーオ（Vishwarao）と結婚した。同家はプネー町（カスバ・ペート）に銀行の本店を置いて活動の拠点とし、ナーシク、アウランガバード、ボンベイ、ビージャプール等のインド西部の主要都市に支店をもった。同家の銀行業のスタイルは、上記の銀行家と異なり、本店と支店との関係を基軸としており、同時代のヨーロッパ商人による銀行業に類似し、競合するものであった。一七四七年において支店も含めた預金口座数は九〇〇〇口にのぼり、前二者よりも広域に銀行活動を展開していた。同年の年間総売上高は約六五〇万ルピーであった(58)。

三家の代表的な銀行家の事例は、プネーで活躍する銀行家に関するいくつかの共通点を示している。三家の銀行家はともに海岸部コンカン地方出身のチトパーヴァン・バラモンであり、その出自は宰相家と共通していた。プネーの主要銀行家一一家の中で九家はチトパーヴァン・バラモンに属していたが、同バラモンは主に海岸部コンカン地方の出身で、インド史においては宰相家の台頭によって歴史の表舞台に現れた新興勢力であった。宰相政府がプネーに置かれたことにより、多くのチトパーヴァン・バラモンがコンカン地方から移住しており(59)、銀行家の移住も同カーストの大きな人口移動の中に位置づけることができる。チトパーヴァン・バラモンの有力銀行家は、同じカーストに属する宰相家や宰相政府の有力貴族と縁戚となることで、その結束を強めていった。上記三家は宰相家や有力貴族との関係を確固なものにするために活動拠点をプネーに移し、同カースト以外の有力銀行家も宰相政府や有力貴族・軍人とのつながりを求めてプネーに移住した。彼らは以下に示すような様々な文脈で、プネーに金融機能を付与したが、ラステー家がラステー市場地区を建築したように、有力銀行家はプネーの都市空間・機能自体の拡充のために資金を用いており、特にプネー発展の第四段階（一七七〇～九〇年）は有力銀行家からの支援によるところも大きかった。

さらに前二者の銀行家は、銀行業に従事すると同時に、宰相政府の有力軍人としてインド西部のかなり広域に徴税権を有していた。彼らは銀行業の拠点をプネーに置き、軍人としての農村からの俸禄収入をプネーに送らせ、銀行業に運用する場合もあった。これにより銀行業とは異なるプネーへのマネー・フローが生じて、それがプネーの金融都市機能を強化する役割を果たしていた。バラモン出身の銀行家で、彼らと同様にプネーを拠点としたトゥルシーバーグワレ家は、少なくとも一七四五年から一八一三年までプネーが位置するプネー州の長官であり[60]、同職からの収入が、同家の銀行業にも用いられていた。この事例は軍人のみでなく中央官僚・地方役人としても銀行家が活動し、プネーへ資金が流れていたことを示唆している。チトパーヴァン・バラモンが宰相として官僚機構の中心に確固たる地位を築き、さらに同カーストが軍事・銀行業の双方に従事したことが、プネーを政治都市と同時に金融都市として発展させることとなった。換言すれば一八世紀におけるチトパーヴァン・バラモンの多方面における活動がプネー発展の重要な要因となっていた。「一八世紀問題」の議論に先行してベイリーとスブラマニアムは、ムガル帝国が興隆した一六世紀後半以降に徴税を請負い、在地の農産物取引に関わり、軍事的手段を動員し、時にはインド洋貿易にも参入するなど、多様な領域で活躍した中間層が台頭したことが「近世期における政治経済の発展」の特徴であったと指摘し、この中間層をポートフォリオ資本家（Portfolio Capitalists）[61]と名付けた[62]。彼らの議論を踏まえると、本章で検討したバープージー・ナーイクやビカージー・ラステーなどもポートフォリオ資本家の要素を備えており、プネーは、近世の担い手が金融都市として発展させた近世的都市としての側面を多分に有していた。

ベイリーとスブラマニアムは、一七〜一九世紀のポートフォリオ資本家の台頭と衰退を下記のようにまとめる。すなわち一六世紀後半に興隆したムガル帝国下の政治・軍事機構の中で、軍人・政治家の中から蓄財してムスリム等の商人層が台頭し、彼らは俸禄（ジャーギール）制度の中でその勢力を伸長していった。一八世紀にムガル帝国が崩壊する中で、ムガル帝国下の行政機構の様々な場面で台頭した中間層、新たに台頭した商人層などがポートフォリオ資本家として地方政権で活躍した。新興商人には、インド北部・現ラジャスターン州マールワール地方出身のマールワール商人とインド西部・現グジャラート州出身のグジャラート商人が含まれ、彼らは出身地域を出て全インド的に活動し、商業だけでなく金融業にも従事した。やがて東インド会社を中心とするヨーロッパ勢力の伸長とともに、ヨーロッパ商人がインド人のポートフォリオ資本家に取って替わり、最終的に植民地支配の下で東インド会社政府が制度的に同資本家を排除していった(63)。この議論の中での一八世紀のポートフォリオ資本家は徴税請負など行政機構を通じて蓄財して、行政制度とは距離を保って、より自由な立場で商業等に参入したのに対し、プネーのポートフォリオ資本家であるバープージー・ナーイクやビカージー・ラステーは、俸禄の受給者として、マラーター同盟の行政機構の下で勢力を伸長しており、行政機構との関係で両者に違いがあった。本章で注目したプネーの銀行家は上記の議論では、一六世紀後半以降のムガル帝国下に台頭した中間層に近い存在であった。上記議論における一八世紀のポートフォリオ資本家が在地の農業取引・開発に積極的に関わったのに対し、例えばバープージー・ナーイクは在地では、あくまで俸禄を得た軍人として、地税の受益者として振る舞い、開発や商取引に積極的に関わることはなかった(64)。すなわち、このことは、ムガル帝国と同様の強国であるマラーター同盟が台頭するに及んで、再び軍事・行政制度に根差した中間層（ポートフォリオ資本家）が現れたと考えるべきであり、ムガル帝国崩壊以降に「一八世紀問題」で議論される発展をインドが単線的に経験したわけではなく、一八世紀のポートフォリオ資本家は、ベイリーやスブラマニアムが見通した以上に多様であったと考えられる。

さらに一八世紀のポートフォリオ資本家に挙げられるマールワール商人とグジャラート商人は全インド

で活動したが、両商人集団のプネーでの活動が史料上で顕著になるのは一八世紀最後の四半世紀のことであり[65]、この登場はインドの他地域よりも遅い。これらの商集団にかわって、チトパーヴァン・バラモンを中心とするバラモンが金融業を担っていたことが、プネーとその周辺の特徴であった。統治機構に裏打ちされたバラモンによる政治・軍事・金融の統合は、一八世紀のインドにおいてマラーター同盟にみられた特徴的な現象であり、このことが他の近世都市と異なる特徴をプネーに与えることになった。

前二者と異なり、ディクシト・パトワルダン家は宰相家と姻戚関係となった後も軍事に携わって財を成すことはなく、支店による銀行ネットワークを広げることで農村からの資金調達を行ない、プネーへのマネー・フローを生み出していた。このようにプネーに台頭した銀行家の中には、徴税や軍事を用いたネットワークの拡大ではなく、金融ネットワーク自体を発展させる銀行家もあり、一八世紀のプネーにおける銀行家の台頭は、プネーを金融ネットワークの中心に位置づけることとなった。

一八世紀のインドにおける金融ネットワークを考える際に不可欠となるのが、フンディ（Hundī）と呼ばれた為替手形である。先に紹介したように、T・T・マハーザンは「⑥為替の取り扱い」を銀行家の役割の一つに位置づけている。為替手形は、遠隔地での取引を決済するために、一七世紀のムガル帝国下で、インド北部を中心に広く用いられていたことがわかっている[66]。一八世紀には地方政権内で、または地方政権の領域を越えて為替手形が用いられていた。マラーター同盟下では政府の国庫・公庫を資金源として政府が組むワラート（warāt）と呼ばれる政府の為替手形が存在し、俸給制度によって地方の徴税権を与えられていた軍人へは、地税等がワラートを用いて送金されていた。ビカージー・ラステーやバープージー・ナーイクの俸給もワラートによってプネーへ送金されており、彼らが軍人として地方で得た俸給も金

図2　マラーター同盟領とプネーの金融ネットワーク

出典：筆者作成。

融ネットワークを通じてプネーへ集められた。ワラートの制度が発達していたマラーター同盟下では、フンディは民間の為替手形を意味しており、銀行家のネットワークを基に手形が組まれた。マラーター同盟領とその周辺では、プネー、シュリランガパッタム、ボンベイ、パイターン、アウランガバード（図2参照）などがフンディの発行・取引のセンターであった。この中で宰相政府の都であったプネーが最重要であり、プネーの銀行家、特にディクシト・パトワルダン家、トゥルシーバーグワレ家、カースギーワレ家[67]はフンディの取引を通じてインド各地の銀行家とつながっており、彼らが発行するプネーのフンディが好まれたのみでなく、プネー発行のフンディによってのみ支払いが認められる取引も存在した[68]。さらにプネーの銀行家は北インドのカーシー（ヴァーラーナシー）、東インド（ベンガル地方）など同盟域外ともフンディで通じていた[69]。すなわちプネーはマラーター同盟領内のフンディ取引における中心都市であったばかりでなく、その金融ネットワークは同盟領を越えて東インド・北インドまで通じていたのであり、一八世紀を代表する金融都市であったといえる。

おわりに

本章では一八世紀に台頭したインド西部の都市プネーに注目し、その経済発展の在り方を考察した。プネーは一三世紀末に今日の都市の原型となる町が形成されたが、都市として本格的に発展を遂げるのは一七三〇年代にマラーター同盟宰相政府がプネーに樹立されてからであり、その意味でプネーは政治都市であった。政治都市としての発展と前後して、プネーは一七世紀後半より定期市の増加によって都市域が拡大しており、一八世紀にはインド西部内陸の商業中心地となっていた。そして宰相政府が置かれたことにより、プネーはマラーター同盟における諸税の最終目的地となり、この政治都市としての発展がプネーに金融機能を付与した。マラーター同盟領内のソーラプール町の貨幣流通事情が示すように、インド西部では様々なルピー貨が流通しており、地方から税収が送金されたプネーの貨幣事情はより複雑なものであったと考えられる。本章では、複雑な貨幣事情に対応し、さらに宰相政府の財政支援を行なったプネーの有力銀行家に注目した。有力銀行家はプネーの金融機能を拡張するとともに、新たな市場地区を建設したり、水路を設置したりと、プネーの都市インフラの整備に投資しており、彼らの功績によりプネーは一八世紀末にさらなる発展を遂げて、今日の旧市街が形成された。

本章で焦点を当てた三名の有力銀行家はいずれも海岸部コンカン地方のチトパーヴァン・バラモンであり、出自を宰相家と同じくした。彼らは婚姻により宰相家との結束をさらに強め、三名の有力銀行家の中で二名は、宰相政府の有力軍人となっていた。この二名を含めたプネーの複数の有力銀行家が宰相政府の軍人や官僚として蓄財し、その資金を用いて銀行業に従事していた。彼らは、多様な領域で活躍し、インドの近世的発展の担い手となったポートフォリオ資本家に含めることができ、彼らが資金をもたらして金融が発展したという点において、プネーは近世的金融都市であったと言える。プネーへの送金は為替手形（フンディやワラート）によって行なわれ、本章で注目したディクシト・パトワルダン家などプネーの有力銀行家が裏書きした為替手形は、マラーター同盟領を越えて、信頼できる手形として流通していた。金融都市プネーは、軍人・官僚であったポートフォリオ資本家によってマラーター同盟の支配機構の中で発展したが、その金融ネットワークは同領を越えて広がっており、プネーは一八世紀インド最大の金融都市の一つに成長した。

最後に近世的金融都市プネーの終焉を概観する。少なくともプネーに宰相政府が置かれていた一八一八年までは、プネーは近世の金融都市としての重要性を保っていた。しかし一八一八年に宰相政府がイギリス東インド会社に第三次アングロ・マラーター戦争で敗れてマラーター同盟が崩壊し、インド西部で植民地支配が始まると、インド西部の政治の中心はプネーから東インド会社の管区都市ボンベイに移り、これにともなってボンベイがインド西部における税収の最終目的地となった。プネーはマラーター同盟の支配機構の中で得た金融機能を失うこととなり、一八四〇年代にはボンベイがインド西部の金融都市として台頭した[70]。このように近世的金融都市としてのプネーの歴史は幕を閉じるが、一八一八年に宰相政府が滅亡してからボンベイが金融都市として台頭するまでに約二〇年を要しており、インド西部における金融都市の地位が容易に移ったわけではなかった。この問題に関しては東インド会社政府の通貨政策も視野に入れる必要がある。東インド会社政府は、本章で分析したような、多様なルピー貨が流通する複雑な状況を整理するために、一八三五年法律一七号によって英領インドで流通するルピー貨の統一を決定した。一八四〇年代にボンベイに設立されたのは統一ルピー貨で決済を行ない、イギリス等へ国際送金を行なう近代的・国際的銀行であった。上記の金融都市の地位の移転は、近世的金融（プネー中心・多様なルピー貨・ポートフォリオ資本家である銀行家）から近代的金融（ボンベイ中心・統一ルピー貨・国際的な銀行）へと質的な大きな変化を伴うものであり、多くの年数を要するものであった。そしてルピー貨統一はインド西部において即座に完了せず、一八四〇年代以降も複数のルピー貨が流通していた[71]。多様なルピー貨の流通に対処できたのは、ボンベイの近代的銀行ではなく、近世的インド人銀行家であり、ルピー貨統一の遅れは彼らの活躍の場が一八三五年以降も存続していたことを示している。一八一八年の宰相政府の滅亡によってプネーは近世的金融都市としての性格を失ったが、インド西部が容易に近代化したわけではなく、プネーの発展を担った近世的銀行家は植民地支配下でもしぶとく活動を続けていた。彼らの植民地期の動向に関する研究は発展途上であり、筆者の今後の研究課題である。

（1）　Seema Alavi ed., ***The Eighteenth Century in India –Debates in Indian History and Society***, New Delhi: Oxford University Press, 2002. J. Marshall ed., ***The Eighteenth Century in Indian History -Evolution or Revolution?***, New Delhi: Oxford University Press, 2003.

（2）　水島司『前近代南インドの社会経済構造と社会空間』東京大学出版会、二〇〇八年、四頁。

（3）　これは、インド史をヒンドゥー教が栄えた「古代」、ムスリムが侵入した「中世」、植民地「近代」に区分し、ムスリムの圧政からヒンドゥーを解放し、文明化するという植民地支配を正当化する思想を背景とする植民地期以来の歴史観を指す。

（4）　デヴィッド・ルッデンは農業および徴税制度に注目し、植民地支配が始まる時に用いられていた徴税・農業関係の用語のほぼすべてがムガル帝国期に由来することに注目し、ムガル帝国前期の一五五〇年代から一八五〇年代の期間をインドの近世と位置付ける。David Ludden, ***Agrarian History of South Asia, The New Cambridge History of India***, IV–4, Cambridge: Cambridge University Press, 1999, pp. 122–128.

（5）　デカン高原は、インド中西部に広がる標高三〇〇〜六〇〇メートルの台地で、西海岸とは西ガート山脈、東海岸とは東ガート山脈で隔たれた内陸にある。デカン地方が乾燥地帯であるのに対し、西ガート山脈を隔てた西海岸部のコンカン地方はモンスーンの影響を強く受ける多雨地帯である。

（6）　プネーの人口は二〇一一年の人口統計（Census）によると都市自体が三一二万四四五八人で、郊外も含むプネー都市域が五〇五万七七〇九人である。都市郊外に位置し、行政的に村でありながら、社会経済的に都市に取り込まれた「都市・農村の溶融空間」の発展は、近年のインドにおける経済成長の一つの特徴といえる。都市・農村のダイナミックな変化を考察した論集の中で、柳澤悠はプネーの現代の変化に言及している。柳澤悠「引き続く課題――格差社会の構造」水島司・柳澤悠『現代インド2　溶融する都市・農村』東京大学出版会、二〇一五年、三〇五〜三二九頁。

（7）　本節におけるプネーの発展の歴史に関しては下記の小谷の論考を基とする。本節で、特に小谷の主張・論考に注目する時は、改めてその論拠となる箇所を注記する。小谷汪之「第二章　インド的都市の類型論――「ヒンドゥー的」都市とムスリム都市」『インド社会・文化史論――「伝統」社会から植民地近代へ』明石書店、二〇一〇年、六四～七二頁。

（8） Michihiro Ogawa, "Internal Structure of Qasba (Town) in the Maratha Kingdom with Special Reference to Qasba Indapur in Pune Suba (District)," ***International Journal of South Asia Studies***, Vol. 7, 2015, p. 137. ムスリム王朝の地方支配は下記に詳しい。深沢宏「アーディル・シャーヒー王国（西暦一四八九―一六八六年）の地方支配に関する一研究」『インド社会経済史研究』東洋経済新報社、一九七二年、二二一～三一一頁。

（9） J. M. Campbell, ***Gazetteer of the Bombay Presidency, Vol. XVIII, Poona District, part*** 3, Bombay: Government Central Press, 1885, p. 403.

（10） ニヤーハールは、プネーの有力銀行家であったカースギーワレ家（後述）の家来の名であり、宰相バーラージー・バージーラーオ（Balaji Bajirao）が、ニヤーハールのために新たな建物を一七五五年に用意したことが、同市場地区の開発の契機となった。James Campbell, ***Gazetteer of the Bombay Presidency, Vol. XVIII***, p. 275.

（11） ガンジュは、ペートよりも小規模な市場や店舗を指す言葉である。プネー内で非常に重要な塩の店舗があったために、この市場地区はガンジュ市場地区と命名された。James Campbell, ***Gazetteer of the Bombay Presidency, Vol. XVIII***, p. 279.

（12） ムザーファルジャングは、マラーター王家の支流であるゴールパデー家に仕えた有力者と伝えられ、この市場地区を建設した人物である。James Campbell, ***Gazetteer of the Bombay Presidency, Vol. XVIII***, p. 279.

（13） 小谷汪之『インド社会・文化史論』、七一頁。

（14） サダーシヴ市場地区の名は、同地区の建設者であり、宰相のバーラージー・バージーラーオの従弟であったサダーシヴ・バウ（Sadashiv Bhau）の名にちなんでいる。ナーラーヤン市場地区は、宰相ナーラーヤンラーオ（Narayanrao）の治世（一七七二～一七七三年）に同市場地区が建設されたため、宰相の名がつけられた。James

Campbell, ***Gazetteer of the Bombay Presidency***, Vol. XVIII, p. 280.

（15）G. C. Vad ed., ***Selections from the Satara Rajas' and the Peshwas' Diaries***, Vol. 8, Sawai Madhavrao Peshwa, Vol. 3, Poona: The Poona Deccan Vernacular Translation Society, 1911, p. 66. James Campbell, ***Gazetteer of the Bombay Presidency, Vol. XVIII***, p. 275.

（16）James Campbell, ***Gazetteer of the Bombay Presidency, Vol. XVIII***, p. 279.

（17）小谷汪之『インド社会・文化史論』、六四～六五頁。

（18）T. T. Mahajan, ***Industry, Trade, and Commerce during Peshwa Period***, Jaipur: Pointer Publisher, 1989, pp. 143–144.

（19）T. T. Mahajan, ***Industry, Trade, and Commerce during Peshwa Period***, pp. 157–158.

（20）T. T. Mahajan, ***Industry, Trade, and Commerce during Peshwa Period***, p. 143.

（21）T. T. Mahajan, ***Maratha Administration in the 18th century***, New Delhi: Commonwealth Publishers, 1990, p. 194.

（22）A. R. Kulkarni, "Money and Banking under the Marathas Seventeenth Century to AD 1848," in Amiya Kumar Bagchi ed., ***Money and Credit in Indian History from Early Medieval Times***, New Delhi: Tulika Books, 2002, pp. 100 and 103.

（23）ルピー貨は貨幣が鋳造された場所の名前、または鋳造された時の為政者の名前にちなんで名づけられることが多かった。A. R. Kulkarni, "Money and Banking under the Marathas," p. 104.

（24）A・R・クルカルニーは、宰相政府が一八世紀前半に領土を北へ拡大するに及んで、飛躍的に増大する軍事費を賄うために、同政府が新たな政府の鋳造所を作るのみでなく、有力者等に鋳造所の開設を認め、様々な種類の貨幣が鋳造されたことを指摘する。すなわちマラーター勢力の拡大自体がデカン地方における貨幣の在り方に影響を与えたとする説である。A. R. Kulkarni, "Money and Banking under the Marathas," pp. 94–95.

（25）A. R. Kulkarni, "Money and Banking under the Marathas," p. 104.

（26）T. T. Mahajan, ***Industry, Trade, and Commerce during Peshwa Period***, p. 78.

（27）Puruṣīsh Baṭṭā Bājārī, Shuhūr San 1187 and Baṭṭā Kharcha Sarkārī, Shuhūr San 1187, Puṇe Jamāv Rumāl no. 708,

Maharashtra State Archives, Pune.

（28）Letter no. 5, Faḍke (Bundle) no. 3, Paimaush Daftar Rumāl no. 5, Maharashtra State Archives, Pune.

（29）上述したように、手数料（Baṭṭā）には複数の意味があるが、本史料の内容から「貨幣間の差額に対する手数料」の意味を見出し、訳出した。

（30）ソーラプール町には常設市があり、常設市を構成する店舗の持ち主であったと考えられるが、その人数は史料からは明らかにならなかった。

（31）原史料では質問文は一段落で続けて書かれていたが、筆者が書かれた順に項目番号を付して整理した。項目を整理するに際して、文の順序は一切、変更していない。

（32）マーシャは全インド的に用いられた金属の重量単位で、基本的に銀貨の測定のために用いられた。植民地期の記録では基準は一マーシャ＝二トロイ衡（＝一二九・五九七八二ミリグラム）とされるが、前植民地期は時代・地域によって重量は異なっていた。

（33）マラーター同盟下での試銀の基準は、貨幣一枚につき純銀がどれほど不足しているか、すなわち純銀以外の混合物の含有重量で決められていた。G. C. Vad eds., ***Selections from the Satara Rajas' and the Peshwas' Diaries***, Vol. VIII, Sawai Madhavrav Peshwa, Vol. III, Poona: The Poona Deccan Vernacular Translation Society, 1911, pp. 237–238.

（34）グンジュはマーシャの下位単位で八グンジュ＝一マーシャであった。

（35）ベーラプリー・ルピーは、二種のアンクーシュ・ルピーの別名であったが、西暦一八二二〜一八三〇年の記載では別々に書かれていた。この項目で記されているアンクーシュ・ルピーが、上記二種のアンクーシュ・ルピーであるかが明らかではなく、この項目に関して両ルピー貨を同一とみなすことは原史料のみからでは不可能であった。

（36）前植民地期には、地方の行政単位とは別に徴税区（Mahāl）の語がしばしば用いられた。マラーター同盟下の農村部では、徴税区の範囲は、ほぼ郡に一致した。

（37）最後の宰相バージーラーオ（Bajirao）二世の宰相位をめぐって一九世紀初頭にマラーター同盟内に内紛が生じており、その騒乱を指すと考えられる。バールクリシュナ・ガンガーダルがどのような人物であったかは明らかにならなかった。

（38）同項目下に記載された二種のアルコット・ルピーは、アンクーシュ・ルピーよりも銀含有量が多い。ここには、両替時に両種のアルコット・ルピーがアンクーシュ・ルピーよりも価値が高い故に生じる手数料が記載されている。

（39）［売却時］五は、アルコット・ガンジコート・ルピーを両替商に売却し、アンクーシュ・ルピーを購入する際に両替商が受け取る手数料がアンクーシュ・ルピーの取引額の五％であることを示している。［購入時］五・五は、アルコット・ガンジコート・ルピーを両替商から購入し、アンクーシュ・ルピーを売却した場合に両替商に支払う手数料がアンクーシュ・ルピーの取引額の五・五％であることを示している。

（40）［販売時］と［購入時］の手数料の差異は、チャンドワーニー・ルピーを両替商に売却し、同ルピー貨よりも価値の高いアンクーシュ・ルピーを購入することが、その逆の取引よりも手数料が多くかかり、困難であったことを示している。

（41）史料の「遠い昔」という表現は、マラーター史料上において時期が特定できないときに用いられることが多く、字義通りに「太古の昔から長い間ずっと」ということを意味しない。

（42）K. K. Maheshwari and Kenneth W. Wiggins, ***Maratha Mints and Coinage***, Bombay: Indian Institute of Research in Numismatic Studies, 1989, pp. 21–22.

（43）Frank Perlin, ***'The Invisible City' Monetary, Administrative and Popular Infrastructure in Asia and Europe, 1500–1900***, Hampshire Variorum, 1993, pp. 211–212, and 217–218.

（44）Frank Perlin, ***'The Invisible City'***, p. 218, and K. K. Maheshwari and Kenneth W. Wiggins, Maratha Mints and Coinage, p. 175.

（45） Frank Perlin, '***The Invisible City***', pp. 217–218.

（46） フランク・パーリンは、ムガル帝国という統一政権をもった一七世紀インド亜大陸との比較で、一八世紀のルピー貨の多様化を指摘している。Frank Perlin, '***The Invisible City***', p. 217.

（47） G. C. Vad eds., ***Selections from the Satara Rajas' and the Peshwas' Diaries***, Vol. VIII, pp. 237–238.

（48） 本史料が提出された少し後の一八三五年のプネーでは、アンクーシュ・ルピーをはじめとして様々な種類のルピー貨が流通していたようであるが、その詳細は明らかになっていない。File no. 20, Vol. 2 of 1835, Financial Department, Maharashtra State Archives, Mumbai.

（49） T. T. Mahajan, ***Industry, Trade, and Commerce during Peshwa Period***, p. 89.

（50） Balkrishna Govind Gokhale, ***Poona in the Eighteenth Century, An Urban History***, Delhi: Oxford University Press, 1988, pp. 130–131.

（51） インドのカースト形成の歴史に関しては下記の序章・第一章を参照のこと。山崎元一・佐藤正哲（編）『叢書カースト制度と被差別民第一巻　歴史・思想・構造』明石書店、一九九四年。

（52） マラーター国王のシャーフー王がバープージー・ナーイクの父に土曜市場地区の土地を一七二〇年に与え、その地が彼らのプネーでの拠点となった。Balkrishna Govind Gokhale, ***Poona in the Eighteenth Century***, p. 132.

（53） ビーウバーイーはナーイク家の資金をもちいて、土曜宮殿地区内にヒンドゥー寺院のアムリテーシュワル・寺院を建立した。Balkrishna Govind Gokhale, ***Poona in the Eighteenth Century***, p. 117.

（54） 一七六九年の時点で、種々の郡に属する約六〇村の徴税権が与えられていた。Faḍke (Bundle) Bāpūrāv Sadāshiv, Ghaḍnī Rumāl no. 454, Maharashtra State Archives, Pune.

（55） 本章のバープージー・ナーイク・ジョーシーに関する記述は、主に下記による。Balkrishna Govind Gokhale, ***Poona in the Eighteenth Century***, pp. 117–118 and 130.

（56） 宰相政府にラステー家が貸し付けた総額は明らかにならなかったが、一七四〇〜一年、一七五七〜八年、一七六〇～一年の三年で合計三九万四四二〇ルピーをラステー家が宰相政府に貸し付けていた。

（57）本章のラステー家の記述は主に下記による。Balkrishna Govind Gokhale, ***Poona in the Eighteenth Century***, pp. 118–119.

（58）Balkrishna Govind Gokhale, ***Poona in the Eighteenth Century***, pp. 133–134.

（59）Balkrishna Govind Gokhale, ***Poona in the Eighteenth Century***, p. 110.

（60）Balkrishna Govind Gokhale, ***Poona in the Eighteenth Century***, p. 122.

（61）金融・投資分野において、ポートフォリオは様々な異なる分野への分散投資や、異なる資本の構成や種類を意味する。本文中の議論での中間層は、徴税請負人、銀行家、軍事財務官など様々な役割を果たすことで、さながら分散投資のようにリスクを減らしながら、事業全体を拡大させていた。そのために彼らを形容する語として、ポートフォリオの語が選ばれたと筆者は考える。金融・投資分野での意味を活かすために、本章ではPortfolio Capitalists に対して、ポートフォリオ資本家という訳語を当てた。

（62）Sanjay Subrahmanyam and C. A. Bayly, "Portfolio Capitalists and the Political Economy of Early Modern India," in Sanjay Subrahmanyam ed., ***Merchants, Markets and the States in Early Modern India***, Delhi: Oxford University Press, 1990, pp. 259–260.

（63）Sanjay Subrahmanyam and C. A. Bayly, "Portfolio Capitalists and the Political Economy of Early Modern India," pp. 256–264.

（64）バープージー・ナーイクは彼の本拠地であるバラーマティ町に近いインダプール郡で軍馬の育成を行なっており、放牧地の確保に対策を講じているものの、農村開発や農産物取引きに積極的に関わっているわけではなかった。Michihiro Ogawa, "Mapping the Transition of the Land Revenue System in Western India from the Pre-Colonial to the Early Colonial India: Evidence from to Indapur Pargana（1761–1836）," ***Journal of Asian Network for GIS-based Historical Studies***, Vol. 3, 2015, pp. 17–18.

(65) Balkrishna Govind Gokhale, ***Poona in the Eighteenth Century***, p. 134.

(66) Tapan Raychaudhuri and Irfan Habib eds., ***The Cambridge Economic History of India***, Vol. I, New Delhi: Orient Longman/Cambridge University Press, 1982/2007, pp. 362-363

(67) カースギーワレ家は宰相政府の貴族であり、その名から元々は宰相家の財産管理人（「カースギーワレ」の意）であったと考えられる。少なくとも一七五二年には金融業に従事しており、プネー内の土曜宮殿の近くにその根拠地があった。Balkrishna Govind Gokhale, ***Poona in the Eighteenth Century***, p. 122.

(68) A. R. Kulkarni, "Money and Banking under the Marathas," pp. 113-114.

(69) T. T. Mahajan, ***Industry, Trade, and Commerce during Peshwa Period***, p. 99.

(70) 一八四〇年にイギリスの国王特許状を付与されたボンベイ銀行が創設され、一八四二年にウェスト・インディア銀行（オリエンタル銀行の前身）がボンベイで営業を開始した。一九世紀中葉のボンベイの金融機能の発展に関しては、下記が詳しい。川村朋貴「オリエンタル銀行の起源と香港進出——はじまりはボンベイから」『マハーラーシュトラ』近刊。

(71) 少なくとも一八五七年までは、プネー県内で宰相政府時代のルピー貨が流通していたことを地誌は報告している。J. M. Campbell, ***Gazetteer of the Bombay Presidency, Vol. XVIII, Poona District, part 2***, Bombay: Government Central Press, 1885, p. 104.

第3章　バタヴィア　ハイブリッド・シティの発展と変容(1)

——一六〜一九世紀半ば

太田　淳

はじめに

バタヴィアは、一六一九年にオランダ東インド会社がこの地にアジア本部を置いた時に、そう呼ばれるようになった。一八一六年からこの都市はオランダ領東インド（以下、蘭印）の首都となり、蘭印が第二次世界大戦後に独立してインドネシア共和国となってからは、ジャカルタの名に改められた。現在のジャカルタは、発展めざましい現代東南アジアのメガシティの一つである。

このように過去も現代も政治的・経済的に重要な役割を果たしてきたバタヴィア（ジャカルタ）であるが、その歴史を簡潔に語ることは、存外むずかしい。現代のインドネシアでは、ジャカルタの「創立」は一五二七年六月二二日と定められている。しかし、後に述べるように、これは既に存在した町がジャカルタ（当時はジャヤカルタ）と名付けられたとする故事に基づくもので、町が建設された日を指すものではない。この日をジャカルタの創立日とするのは、この地がバタヴィアと呼ばれる前から、そこに現地人の設立した町があったと強調するナショナリスティックな考えに基づいている。しかしジャヤカルタがバタヴィアとなるのは、単に名称が変わっただけでなく、町が全く生まれ変わり、性格が変容したことを意味した。比較的小さな港町ジャヤカルタは、バタヴィアと改名された時から、オランダ東インド会社のアジアにおける支配地域と本国とを結ぶ長距離貿易の拠点となった。さらにバタヴィアは、東南アジア・東アジア一帯の港から物産が集荷される港湾都市としての機能に加え、会社が軍を維持し各地に派遣する軍事機能、さらに後背地の農産物を輸出する物流拠点としての機能も持つようになった(2)。

このような意味でバタヴィアを、外部支配者が作り上げた植民地都市と理解することは誤りではない。しかし、そこでオランダ人が現地人を支配し、生産と隔絶した行政首都を作り出したと考えるのは誤りである。バタヴィアはオランダ東インド会社に支配されるようになった時から、多様な出自の人々と文化が混淆したハイブリッド・シティとして成立したのであり、その混淆の範囲や程度は絶えず変化しながら、街の性格を規定した。バタヴィアの周辺では、都市住民の食料を供給する近郊農業と国外市場向けの輸出農業がさかんであり、首都と緊密に結びついた地域分業が行われた。この地域分業もまた、混淆し合う人々の移動と相俟って変容した。このような特徴は、世界各地の植民地都市に程度の差はあれ共通する。従ってバタヴィアにおける混淆と地域分業の様相を確かめることは、この都市の歴史の深い理解と、他の植民地都市との比較を可能にするであろう。

本章は、現代のジャカルタに位置する町が資料に現れるようになる一六世紀から、(3)バタヴィアのハイブリッドな性格が明確になる一九世紀半ばまでを取り扱う。まず第1節で、植民地都市としての誕生過程を検討し、第2節では異なる出自の人々が市内で混淆したようすを検討する。第3節では、蘭印内外の経済状況の変容とともに、バタヴィアとその周辺地域の地域分業が変容し、経済構造もハイブリッド化したことを論じる。

1　バタヴィアの成立

(1) オランダ人の到来まで

ジャワでは一五世紀になるまで、海岸部でなく内陸部高地に人口や国家の中枢が集中していた。内陸部は全般に気候が冷涼で、火山性の肥沃な土壌と湧水に恵まれた地域では古代より灌漑水田を基盤とした社会が発展した。ジャワでは一五世紀まで土着信仰と混淆したヒンドゥー教が有力であったため、国家は天上の神とつながる聖なる山の近くに都を置いた。一二～一六世紀頃に西ジャワ一帯を支配したヒンドゥー王国パジャジャラン(Pajajaran)もまた、バタヴィアから約六〇キロ遡った現在のボゴール近郊にあるパクアン(Pakuan)を都とした。

一五一二年頃にジャワを訪れたポルトガル人のトメ・ピレスは、当時西ジャワを支配したスンダ国(パジャジャランの別名)にある港の中で、カラパ(Calapa—ジャカルタの旧港で現在のスンダ・クラパSunda Kelapa)が最も重要であると述べた。ジャカルタが「公式に」創立される一五二七年よりも前から、その地は港町として機能していたのである。注目に値するのは、パジャジャラン国王は、「ごく少数のものを除いてはイスラム教徒が国内にいることを認めない。それはかれらの奸計によって、ジャオア（引用者注―中・東部ジャワを支配するマジャパヒト（Majapahit）王国のこと）で行われたことが国内で起こるのではないかと恐れているためである」とピレスが述べていることである。[4]「ジャオアで行われたこと」とは恐らく、北岸のジュパラ（Jepara）やデマック（Demak）などの港の支配者がさかんにイスラーム商人と貿易を行って経済力をつけ、イスラームに改宗しマジャパヒトからほぼ独立したことを指している。このような展開はまさに当時発展しつつあった「商業の時代」を特徴付けるものであり、それはジャワの経済空間を変えつつあった。イスラーム商人は川を遡って首都に赴くよりも海岸部の港で取引することを好んだため、内陸国家の首都よりも海岸部の港市が繁栄するようになり、経済の中心は内陸部から海岸部へと移った。デマックの支配領域の西端は、ピレスの来航時点でパジャジャラン国境まで及んでおり、その影響が自国に浸透することをパジャジャラン国王は恐れていたのである。

イスラームの浸透を警戒するパジャジャラン王国にとって、同じ頃にインドネシア諸島で勢力伸張を図ったポルトガル人は、魅力あるパートナーに見えたに違いない。というのも、商業に加えてキリスト教の普及も目標としたポルトガル人は、アジア各地でムスリムの国王や商人と激しく対立し、抗争を繰り返していたからである。スンダ国のサミアン（Samian）王は、一五二二年にポルトガルの使者エンリケ・デ・レメ（Henrique de Leme）をスンダ・クラパに迎え入れると、彼と協定を結び、この地にポルトガルが要塞を備えた貿易拠点を築くことと胡椒の独占的取引の権利を持つことを認めた。[5]

ポルトガル人がその協定に従って一五二七年に戻って来ると、現地の政情は既に一変していた。その時までに、デマック王の支援を受けたイスラーム教師ファレテハン（Faletehan）が、二〇〇〇人のジャワ兵士を率いてスンダ・クラパ西方の港市バンテン（Banten）の支配権を掌握し、かつスンダ・クラパを服属させていたのである。ファレテハンは、上陸しようとしたポルトガル人を攻撃して追い返し、その西ジャワ進出を断念させた(6)。ここまではポルトガル語資料『アジア史（*Da Asia*）』に記される内容である。バンテン王国の王朝史『サジャラ・バンテン（*Sadjara Banten*）』はスナン・グヌン・ジャティ（Sunan Gunung Jati）というイスラーム教師がよく似た経緯を経てバンテンの支配者となったことを述べており(7)、彼がファレテハンと同一人物であることはほぼ間違いない。

その後のスナン・グヌン・ジャティの活動については、ヨーロッパの資料には言及がなく、ジャワ語資料だけが情報源となる。『サジャラ・バンテン』は、その後スナン・グヌン・ジャティはチレボンに移住し、彼の息子のハサヌッディンが王としてバンテンの町の建設に専念したと述べている(8)。興味深いことに、ジャカルタへの改名やその街作りについては、少なくとも文献学的考証が十分行われた古い写本には言及されていない。管見の限り、ジャカルタ建設について述べるジャワ語文献は、西ジャワのチレボンで一九七〇年代に「発見」された『プルウォコ・チャルバン・ナガリ *Purwaka Caruban Nagari*』と『ノゴロクルトブミ *Nagarakretabhumi*』という二点の「一八世紀資料」である。これらの資料は、バンテン王国を建設したファタヒラー（スナン・グヌン・ジャティ）が、一五二七年にポルトガル人の追放に成功した際に、その町をジャヤカルタ（Jayakarta ―「偉大な都」の意味）と改名したと記している(9)。

しかし筆者が他で述べたように、これらの資料は様式上一八世紀には見られない特徴が多々あり、信憑性に問題がある(10)。この資料の「発見」が、スハルト政権によって都市の誕生日を制定し祝福することが推奨された一九七〇年代であったというのも、偶然というには話が出来すぎている。当時の政権が強力に推進した国民統合のための歴史語りに合わせて、バタヴィアとバンテン王国建設の歴史が描き直された可能性は否定できない。いずれにしても、この資料の「発見」後、ジャカルタの創立日は一五二七年六月二二日と定められ、かつて植民地政庁が置かれオランダ権力の象徴でもあったスタットハウス広場はファタヒラー広場の名に改められた。

次に現在のジャカルタが資料に現れるのは、一七世紀初頭に華人商人の張燮によって著された『東西洋考』である。この資料には、「加留粑」が隣国バンテンの支配下に置かれていると記されている。[11] 加留粑はスンダ・クラパを指すと考えられ、ファタヒラーによるジャヤカルタの改名が、少なくとも華人商人には十分浸透していなかったことを窺わせる。ただしこの資料も、スンダ・クラパ——現代のジャカルタ——がバンテンの支配下に置かれていたと述べる点では、上記のチレボン資料と一致している。

(2) バタヴィアの設立

ポルトガル人に次いでジャワ進出に関心を持ったヨーロッパ人は、オランダ人であった。香料を中心とする貿易品を求めて東インドに航海したオランダ人は、一五九七年に西ジャワのバンテンに上陸し、その繁栄ぶりに感嘆した。[12]

バンテンやジャカルタが位置するジャワ北西岸には、当時、貿易の発展を促す地政学的要因があった。一六世紀初頭まで東南アジア最大の貿易港であったマラッカが一五一一年にポルトガルによって制圧されると、自由な貿易を阻害されたアジア各地の商人たちは、他の港での取引を求めた。これによって台頭したのがスマトラ北端のアチェ、バンテン、南スラウェシのマカッサルなどである。中でもスンダ海峡に近いジャワ北西岸のバンテンは、中国、南西アジア、ヨーロッパから来る商人がマルク諸島など東南アジア各地に向かう航路が交差する位置にあり、香料や互いの商品を取引するのに最適であった。そのためアジア人に加えてポルトガル、イギリス、オランダの商人がバンテンでの取引を求めたが、バンテン王朝は彼らと巧みな外交を行って経済的自立を堅持し、一勢力による独占を認めなかった。(13)

しかしオランダ東インド会社はジャワ北西岸に拠点を築き、そこでヨーロッパやアジアのライバルに妨害されることなく商品を取引・備蓄し、会社船の修理と補給を行い、さらに軍事要員を駐屯させる必要があると考え、この目的のためにジャヤカルタ（オランダ人はジャカトラと呼んだ）に注目した。当時のジャヤカルタはバンテンの支配下に置かれていたが、その領主はバンテンの軛を逃れ独立することを望んでいた。そこでオランダ東インド会社は一六一〇年にジャヤカルタ領主と交渉し、この地に会社の拠点を築くことを認めさせる協定を結んだ。一六一八年には、ジャヤカルタ支配の強化を図った会社総督ヤン・ピーテルスゾーン・クーン（Jan Pieterszoon Coen）が、この地にヨーロッパ式の堡塁を備えた要塞を建設した。(14)

オランダ要塞の建設によって、イギリス、バンテン、さらに中東部ジャワで勢力を拡大しつつあったマタラム（Mataram）王国との間で緊張が高まり、これらの三者は兵を派遣して要塞を包囲した。しかし、三者は強い相互不信から合同軍事作戦を実行できず、本格的戦闘に至ることなく撤退した。守備に成功したオランダ人は、一六一九年にジャヤカルタの地をバタヴィアと命名し、要塞を会社のアジア本部（以下、オランダ東インド会社政庁）とすることを会社幹部に認めさせた。そしてイギリスと協力したジャヤカルタ領主をバンテンに追放すると、ジャヤカルタの町を破壊し尽くした。これにより従来の住民はすべて逃亡した(15)。

このようなオランダ拠点の建設に対して、当時ジャワをほぼ二分した強国であるバンテンとマタラムは激しく抵抗した。マタラム王国は一六二八年と二九年に二度の遠征軍を派遣し、バタヴィア市街を囲む城壁の外から包囲した。しかし主に補給上の失策から、マタラムの遠征は二度とも失敗した。一方バンテンは、数十年にわたって何度も奇襲をしかけ、会社はバンテン湾を海上封鎖して対抗した。抗争は膠着し、バンテンによる攻撃のため、バタヴィア住民が城壁の外に出られない状態が長く続いた。最終的にバンテンの脅威が取り払われたのは、同国が内乱に陥り、会社の介入によってそれが終結した一六八三年のことであった(16)。

こうして市外では抗争を継続しながらも、オランダ東インド会社は城壁の内部では都市建設を急いだ。ジャングルが切り開かれ、オランダ式の直線道路と運河が、街を縦断するチリウン（Ciliwung）川の両岸に築かれた。運河は運送だけでなく、低平な中心部の排水にも用いられた。街の周囲の城壁には堡塁が築かれ、城門で人の出入りを制限した。このようにして作られたバタヴィアの街は、一六八〇年代には「アムステルダムよりも美しい街」と言われるようになった(17)。

バタヴィアの街作りを市内の人口から見た場合、その最大の特徴は、現地住民が存在しないことである。設立直後よりバンテンやマタラムと激しい抗争を繰り返したオランダ人支配者は、土着のスンダ人とジャワ人を全く信頼せず、彼らを市内および近郊地域から追放して、居住を認めなかった。また、後にすぐ述べるように、オランダ人の植民にも失敗したため、会社は主にアジア各地から、建設労働者など彼らの目的に適う人々を連れてきた。[18] こうしてバタヴィアは、現地社会と完全に切り離され、かつヨーロッパ風の外観を持ちながらほとんどアジア各地の人々から構成される植民地都市として設立された。

初期のバタヴィアはどのような人々から構成され、どのような社会が創り出されていたのか。次節ではまず人口グループごとに見ていくことにしたい。

2　バタヴィアの人々と文化的混淆

(1) 初期バタヴィアの人々

ア．オランダ人

バタヴィアを建設した総督クーンは、現地住民を追放し、代わりにオランダ人を移民させて都市人口の中核にしようと考えた。ところが、オランダ東インド会社は民間人による貿易を認めず（規制はその後緩められ、まず華人やインドネシアの商人が、次いで民間のオランダ人も貿易に参加するようになる）、また熱帯の気候がオランダ人の馴染んだ農業に適さないことが知られるにつれ、来航する民間オランダ人は一六二〇年代に一度ほとんど途絶えた。そのため当初バタヴィアに在住したオランダ人はほとんど東インド会社関係者で、その上級職員は市参事会を通して行政も支配するなど、人口では少数ながら都市の支配階級を構成した（表1および図1）。参事会メンバーには有力民間人も含まれたが、その決定は東インド会社（より正確には、その幹部で構成される東インド評議会）の承認を必要とし、会社の権力は絶対であった。[19]

1729	1739	1749	1759	1769	1779	1789	1797
14,760	11,068	8,717	10,046	9,163	6,636	4,063	4,339
1,633	1,039	1,328	1,555	898	676	479	533
199	241	187	514	677	343		
118	58	101	210	354	78		
					280	539	862
4,856	4,199	1,590	2,419	2,220	1,826	1,508	1,978
612	421	677	606	861	160	257	307
1,523	1,276	1,541	1,564	1,271	839	545	478
23,701	18,302	14,141	16,914	15,444	10,838	7,364	8,497
15,729	13,254	15,246	17,111	21,635	34,018	32,906	
6,393	5,247	5,531	5,069	4,306	3,749	2,507	
48,277	37,728	44,583	63,387	60,555	90,914	73,031	
425	650	782	1,188	1,557	1,306	1,521	
7,463	10,574	10,042	23,615	26,064	30,637	32,626	
438	504	513	467	363	287	256	
232	272	318	335	388	304	492	
78,957	68,229	77,015	111,172	114,868	161,215	143,339	

図1　バタヴィア市内のグループ別人口、1673〜1797年

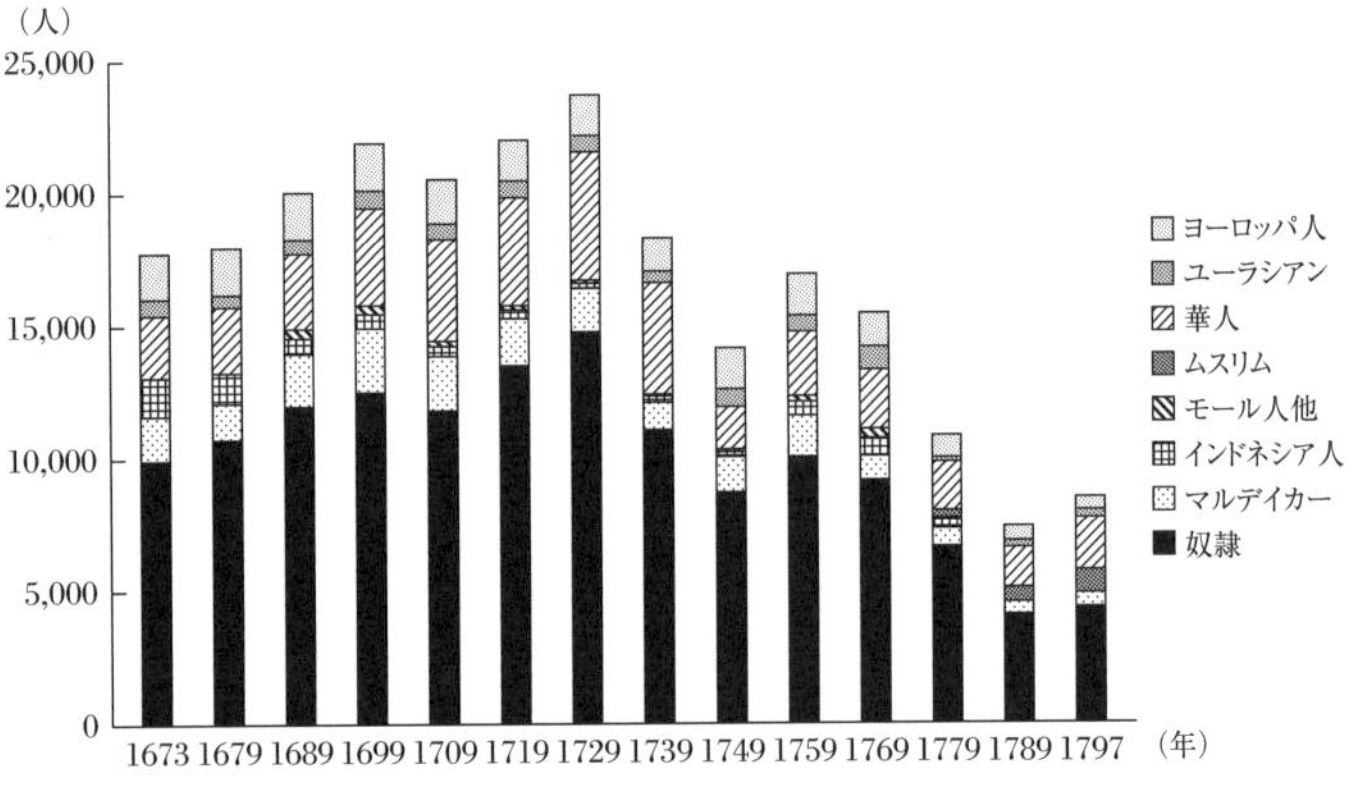

出典：表1。

表1　バタヴィア市内およびオンメランデンの人口、1673〜1797年

	1673	1679	1689	1699	1709	1719
バタヴィア市内						
奴隷	9,938	10,731	11,985	12,505	11,819	13,503
マルデイカー[1)]	1,682	1,370	1,980	2,407	2,046	1,773
インドネシア人[2)]	1,449	1,145	579	537	376	331
モール人他[3)]			354	330	189	152
ムスリム						
華人	2,335	2,484	2,836	3,679	3,853	4,091
ユーラシアン	625	449	543	670	590	630
ヨーロッパ人	1,711	1,781	1,774	1,783	1,671	1,541
計（人）	17,740	17,960	20,051	21,911	20,544	22,021
オンメランデン						
奴隷	3,343	5,264	14,183	13,216	13,929	12,471
マルデイカー	3,680	4,834	5,658	5,515	6,903	6,634
インドネシア人	1,482	2,450	22,199	24,635	26,920	36,504
モール人他[4)]			367	945	645	1,329
華人	392	522	2,333	4,395	6,392	7,550
ユーラシアン	101	170	422	507	380	640
ヨーロッパ人	313	353	388	475	412	308
計（人）	9,311	13,593	45,550	49,688	55,581	65,436

注：1）1779年以降は“Asian Christians”と示される。
　　2）ジャワ人、マレー人、アンボン人、ブギス人、マカッサル人、バリ人などインドネシア諸島各地およびマレー半島出身者が含まれる。
　　3）1689年から1769年において、コロマンデル海岸出身のヒンドゥー商人を指す「異教徒（gentiles）」が、ごく少数含まれる。
　　4）1759年から1789年において、少数のヒンドゥー教徒が含まれる。
出典：Remco Raben, “Batavia and Colombo: The Ethnic and Spatial Order of Two Colonial Cities 1600-1800,” Ph.D. dissertation, Leiden University, 1996, pp. 306-332.

オランダ人住民をさらに細分すると、東インド会社職員、船員、兵士、および民間人に区別出来る。会社職員は必ずしも社会的地位の高い家庭の出身者ばかりではなかったが、職位に応じた給与を得て身分も保障され、私貿易の機会も開かれていたことから、バタヴィアで比較的安定した生活を送っていた。会社の幹部職員は当初はすべて本国から派遣されていたが、やがてバタヴィアなどアジア各地に定住した人々からも採用されるようになり、現地で昇進した。それに比べると船員と兵士は貧困家庭の出身者が多く、会社内での地位や給料も低く、生活は不安定だった。彼らは貧しく、しばしば路上で泥酔し、会社の支配層はそれを強く懸念した。少数者に過ぎないオランダ人は、自らが高い文明を持つ優秀な人種として印象づけることによって、他の多数の住民を支配することを正当化する必要があったからである。オランダ人が泥酔し貧困に喘ぐ姿を他の住民に知られることは、オランダ人にとって彼らの支配基盤を揺るがしかねない由々しき問題であった。このような理由から、会社はオランダ人とキリスト教徒向けに貧民院や孤児院を設立していた。[20]

イ．華人

外部からの襲撃に備えつつ、城壁や道路、運河などを建設して都市のインフラを整備するためには、多くの肉体労働者が必要であった。そのためにクーンをはじめとするオランダ東インド会社政庁幹部が依存したのは、主に華人であった。彼らは当初、東南アジアの華人居住地域や中国南部からしばしば強制的に集められて、バタヴィアの建設工事に従事させられた。[21]

やがて都市建設が一段落すると、華人労働者の中から商工業に従事する者が現れ、商人も来航・定住するようになって華人人口が増加した（表1および図1）。ヨーロッパ人と異なり、華人は早くから積極的に私貿易を行うことが推奨され、彼らのバタヴィアにおける貿易量は、一六二五年には少なくともオランダ東インド会社の帰り荷全てに匹敵した。華人が得意とした手工業には鍛冶、家具・煉瓦製作、アラック（ヤシ酒）の醸造などがあり、やや大規模なものとして砂糖生産があった。これらの製品の流通・販売を担ったのも華人であり、加えて彼らは飲食業でも中心的な地位を占めた。さらに市内で流通や小売りに従

図２　オンメランデンのグループ別人口、1673～1789年

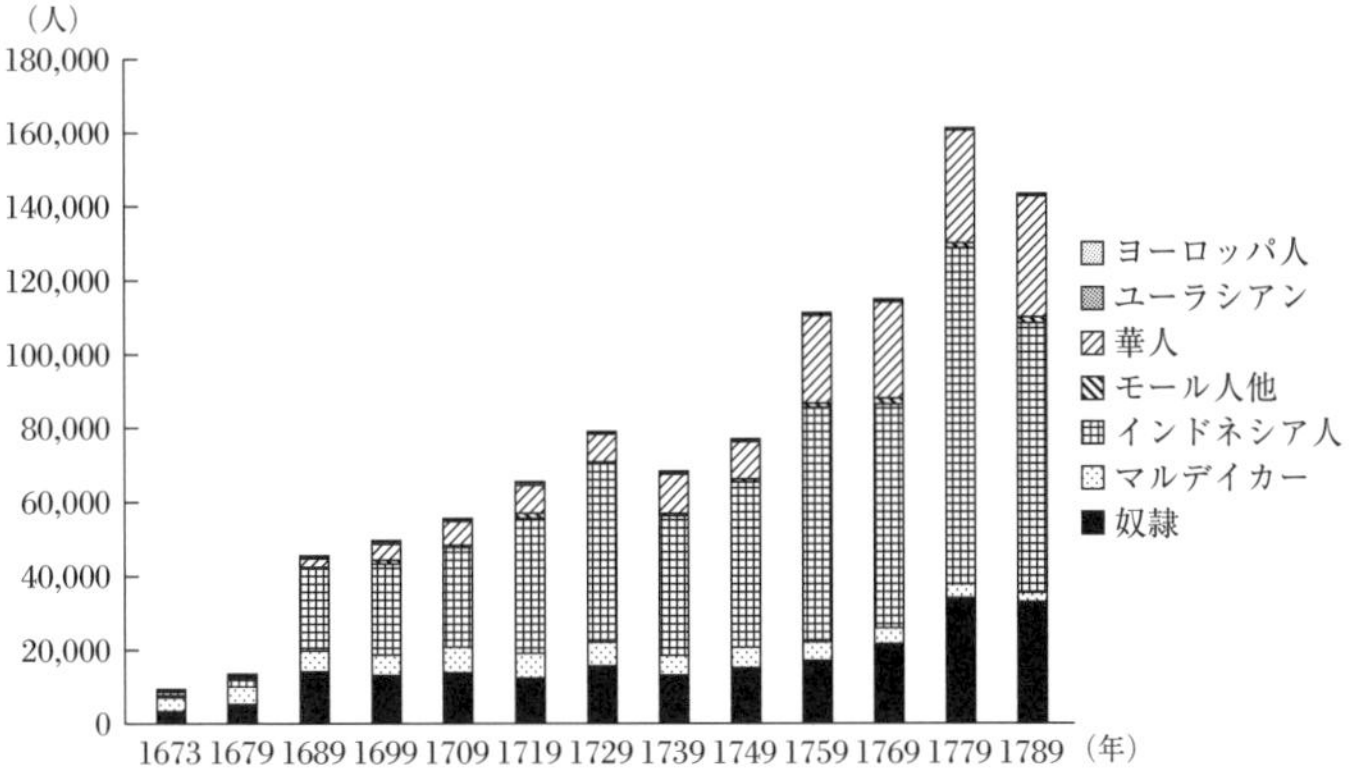

出典：表１。

事した者の中には、外部から来るジャンク船から茶、絹、磁器などの中国産品を輸入し販売する者も現れた。華人は市内のあらゆる場所に居住し、商工業で主要な役割を果たした。一七二〇年代にオランダ人聖職者のフランソワ・ヴァレンタイン（Francois Valentijn）は、「華人がいなければ、バタヴィアは必需品もなく死んだ街となるだろう」と述べた。一六八三年にバンテンとの戦争が終結し市外の治安が改善されると、城壁外の地域であるオンメランデン（Ommelanden ─オランダ語で「周囲の土地」）で農業に従事する華人も現れた。彼らは当初小規模に市内で消費される野菜などを耕作していたが、やがて大規模に華人移民を組織して砂糖農園を経営する者も現れ、オンメランデンの華人人口が増加した（表１、図２）[22]。

華人は概して、東インド会社政庁と良好な関係を結んだ。市内に定住する華人のコミュニティは自治組織を形成し、その首長は政庁から承認を受けてカピタン（Kapitan）やリューテナント（Lieutenant）といった軍人の称号を授与された。華人たちは人頭税を納める代わりに、兵役を免除された。そのような華人組織は公館と呼ばれる建物を所有し、その執務室で組織の高官たちが紛争の調停、墓地の確保と運営、伝統行事の開催、病院や孤児院の経営といった業務を取り仕切った[23]。このような自治組織は決して特別なものでなく、東南アジア各地の華人コミュニティで多く見られた。

ウ．ユーラシアン

アジアまでの船旅は長く危険で、現地での生活も不安定であったことから、初期バタヴィアのヨーロッパ人人口は、きわめて女性が少ないいびつな構造だった。オランダ東インド会社は職員および船員や兵士が、泥酔その他の問題行動を起こさないためにも、妻帯して家族を形成することが重要と考えた。会社幹部は当初オランダ人女性を招致する計画を立てて実行にも移したが、きわめて貧しい家庭の出身者を除くと希望者が非常に少なく、この方針はまもなく放棄された[24]。

そこで東インド会社政庁が着目したのが、バタヴィア在住もしくは外部から来るアジア系女性であった。トラブルが生じがちな奴隷や売春婦との関係よりも、政庁はオランダ人男性が法的手続きを取ってアジア系女性と結婚することを奨励した。他のアジアの植民地と異なり、バタヴィアではそうした結婚相手にヨーロッパ人とほぼ同等の法的地位が与えられた。また、アジア人女性が改宗や婚姻を経ずにオランダ人男性の現地妻（現地の言葉でニャイ nyai）となることも奨励された。アジア人女性は夫の低賃金にも耐え、帰国したがることもなく、さらにオランダ人女性よりも丈夫な子どもを産むと考えられた[25]。このことが、多くのオランダ人男性とアジア系女性の婚姻を生じさせ、その間に生まれた混血の人々（ユーラシアン）は、ヨーロッパ人と同等ではないものの社会的に高い地位を保ち、独自の文化を創り出す要因となった。

この点については次項で詳説したい。

エ．奴隷

表1から分かるように、一八世紀末までバタヴィア市内の住民で最大のグループは、「奴隷」であった。ジャワ人やスンダ人は奴隷としても市内に居住することが許されず、自由労働者も不足していたため、家庭内やオランダ東インド会社の様々な労働に、ジャワ島外からの奴隷が求められた(26)。

奴隷の出身地は時代とともに変化した。当初はオランダ東インド会社が複数の商館を設置したインド南東部のコロマンデル海岸が最大の供給地であった。この地域には既にポルトガルの影響が浸透していたため、住民にはポルトガル語の話者が多かった。そのためオランダ東インド会社が連れてきたインド系奴隷の多くはポルトガル語話者であり、その結果、バタヴィアの非オランダ人の間では、一七世紀までポルトガル語が主な共通語となった。一七世紀後半になると、オランダ東会社がインドの拠点を次第に失う一方でジャワ以東のインドネシア諸島に支配を強め、それに従って奴隷の主な出身地もインドから、バリ、スラウェシ、小スンダ列島出身者へと移った(27)。

奴隷の所有者は、当初はオランダ東インド会社と会社のオランダ人高官で、特に後者にとって家庭で奴隷を所有することは富の象徴であった。やがて経済活動がより広いグループへと拡大すると、まず華人に奴隷所有者が現れ、次いでインド系、アラブ系の裕福な商人にも増えていった。奴隷をほとんど家内労働に使ったヨーロッパ人などと異なり、華人は彼らを主に糖業やアラック製造の労働に用いた。自由労働者の不足から、奴隷の貸出もまたビジネスの一つになった。奴隷はしばしば逃亡し、市外で暴力集団を形成

1837	1844	1878	1888	1895
1,957	1,365			
39,685	38,744	68,822	64,810	76,169
569	565	890	1,836	2,955
18,096	17,207	23,466	25,579	26,889
2,687	2,969	4,427	7,302	8,533
62,994	60,850	97,605	99,527	114,546

図3　バタヴィア市内のグループ別人口、1815〜1895年

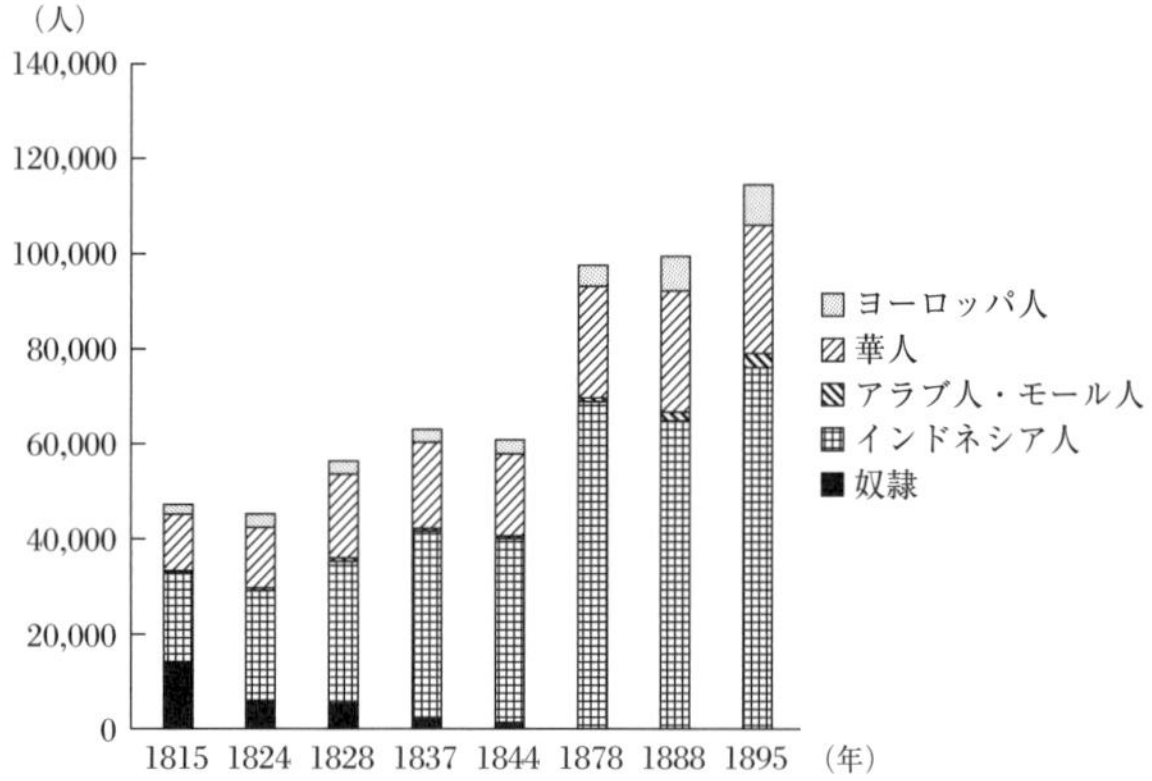

出典：表2。

して襲撃を行うこともあり、人々の暮らしを脅かした。こうして市内の奴隷が減少する一方で、郊外の人口は増えた(表1および図1、2)。奴隷は逃亡し再生産も少ないことから、一九世紀に入ってもバリやマカッサルから届けられていたが、その流入が完全に止まり彼らが社会に吸収されるのは、一八一二年の奴隷貿易終焉以後のことである(表2および図3)[28]。

オ．マルデイカー(解放奴隷)

マルデイカー(mardijker)という語は、マレー語のムルデカ(merdeka—自由、独立)

表2　バタヴィア市内の人口、1815〜1895年

	1815	1824	1828
奴隷	14,239	5,991	5,290
インドネシア人	18,659	23,108	29,974
アラブ人・モール人	437	601	756
華人	11,854	12,708	17,587
ヨーロッパ人	2,028	2,810	2,767
計（人）	47,217	45,218	56,374

注：この表における「バタヴィア市内」は、城壁内の旧市街と、ウェルテフレーデン周辺に発展した新市街から成る。

出典：Susan Abeyasekere, “Woman as Cultural Intermediaries in Nineteenth-Century Batavia,” in Lenore Manderson (ed.), ***Women’s Work and Women’s Roles: Economics and Everyday Life in Indonesia, Malaysia and Singapore*** (Canberra: The Australian National University, 1983), p.18.

から派生し、バタヴィアでは解放された奴隷を意味した。奴隷は、キリスト教に改宗するか、あるいは主人が所有権を放棄することによって解放された。初期の奴隷はポルトガル語話者のインド系住民が主流であったことから、マルデイカーは「黒いポルトガル人」と呼ばれた時期もあった。彼らはポルトガル語で生活し、ヨーロッパ風の服装が認められた。彼らはその服装、特にヨーロッパ風の帽子を着用することに誇りを持ち、強いアイデンティティを保持した(29)。

マルデイカーは一七世紀までは農業の他、小売業や不動産業で一定の役割を果たした。しかしその後は、次第に増加する華人など他のグループとの競争に敗れて貧困化し、一八世紀以降に経済活動で強い存在を示すことはなくなった(30)。

彼らのコミュニティは現在でもトゥグ地区と呼ばれるバタヴィア旧市街の東部に残っていて、今もポルトガル教会と呼ばれるカトリック教会で礼拝し、マルデイカーの子孫であることを自認している。彼らはクロンチョン（keroncong）と呼ばれる、西洋楽器を用いた音楽を継承するなど、様々な文化慣習を通じても強いアイデンティティを維持している(31)。

カ．その他

これ以外にも、バタヴィアにはいくつかの特徴的なグループが居住していた。オランダ語資料でモール人（Moors）と記されるのは、主に北西インドのスーラト出身のイスラーム教徒である。彼らの多くは市内に住み、商業に従事した。オンメランデンには、バリ、アンボン、マカッサル、バンダなどの出身者（本章では、これらの人々を「インドネシア人」と呼ぶ）が、東インド会社政庁の管理下でそれぞれのコミュニティを作った。彼らの多くはオランダ東インド会社が雇った傭兵で、必要な時は各地の戦闘に招集されたが、平時には与えられた土地で農耕などをしながら生活した。現在のジャカルタ市内にカンポン・ムラユ（マレー語で「マレー人の集落」）などの地名が残るのは、そうしたコミュニティの名残である。傭兵の中には、遠くフィリピンや日本からも来る者がいた。(32)

（2）社会集団のハイブリッド化

ここに示したようなグループの区分は、決してそのまま長く維持された訳ではない。特に一八世紀から一九世紀半ばにかけては、グループ間の混淆が一般的となり、社会集団のハイブリッド化が進んだ。

まず、先に挙げた傭兵集団は、最も容易に混淆が進んだ。彼らのコミュニティは小規模で女性が少なかったため、華人を含む他集団との混血・混住が行われた。インドネシア諸島出身者の多くがイスラーム教徒で、文化や言語的にも比較的近かったことも、その促進要因であったと考えられる。一八世紀末からは政庁の監視をかいくぐって、ジャワの他地域からジャワ人やスンダ人が流入して、郊外で発達する農園などで働いた（本章では、これらの人々も「インドネシア人」に含める）。混淆が十分に進む前から、彼らはコミュニティ間の意思疎通にマレー語を用い、それはやがて市内でも、ポルトガル語に代わってもっとも一般的な共通語となった(33)。マレー語はそれ以前から商業用語としてインドネシア諸島の各地、特に沿岸部に浸透していたため、多くの人々にとって既に馴染みのある言語であったのであろう。

インドネシア人の間では、文化面でもハイブリッド化が進んだ。インドネシア諸島の出身者にはイスラーム教徒が多かったが、華人との混血・混住が進むにつれて、中国寺院（この中に既に観音信仰と道教の混淆が見られる）とモスクの一体化も起きた。バタヴィア北部のアンチョル（Ancol）地区に建てられた中国寺院とモスクは同じ敷地内に建てられ、両方の宗教の信者が礼拝を行った。境内には漢字の墓標を持つイスラーム様式の墓もあり、異なる文化が混然となっていた様子が窺える。西部のアンケー（Angke）地区には、イスラームに改宗したバリ人たちによって一七六一年にアンケー・モスク（Mesjid Angke）が建てられた。この建物は華人の建築家によって作られたが、入口の扉とその外の階段は典型的なオランダ様式で、彫刻の装飾はバリ様式であり、屋根の形状はジャワの様式で構成されている(34)。

このようにインドネシア諸島各地や華人の文化が混淆する中で、混血の進む社会の人々は、そのハイブリッド文化に強い誇りとアイデンティティを見出すようになった。このような人々は一九世紀から次第にブタウィ（Betawi ―「バタヴィア」の転訛）と呼ばれるようになった。市の設立以来きわめて現地住民が少なかったバタヴィア社会において、彼らは自分たちこそがバタヴィア土着の住民であるとの意識を持つようになった。彼らの言語はインドネシア諸島各地の語の影響が見られるマレー語で、これは今でもブタウィ方言と呼ばれ使用されている。イスラームの強い信仰もまた、ブタウィ・アイデンティティの重要な側面となった。もっとも実際には、その中に異なる宗教の影響も見られるのは先に見た通りである。彼らの住居にもまた、バリ、マカッサル、華人、オランダ人の建築様式が混淆した。彼らはさらにオンデル・オンデル（ondel-ondel）と呼ばれる野外劇やタンバリンを用いたルバナ（rebana）音楽など、独自の大衆文化を展開した(35)。

オランダ人を頂点とする行政機関からほとんど保護を得られなかった彼らは、一九世紀になっても西洋教育を拒否し、ムスリム学校を設立して子弟を通わせた。彼らの多くは主に華人が所有する私領地の小作農で、簡単な手工業やサービス業に従事する者もいたが、総じて貧しく、社会的地位は低かった(36)。ただ、後に述べるように、貧困化したマルデイカーを多く受け入れたのはブタウィ社会であった。ブタウィは強いアイデンティティを有しながら、異質な人々を受け入れる柔軟性も持っていたと言える。ブタウィ化したユーラシアンの中から後に民族主義運動の重要人物が現れたことを考えても、彼らがインドネシアの歴史的に果たした役割は大きい。

様々なハイブリッド集団の中でも、バタヴィア社会で最も強い影響力を持ったのはユーラシアンである。女性が少ないオランダ人社会では、先に述べたように、オランダ東インド会社職員や次第に増加する民間人の男性は、インドネシア諸島出身者や華人などアジア系の女性と結婚することが推奨された。やがてオランダ東インド会社は、ユーラシアンの職員が自分の子女をヨーロッパに送る支援を拒否するようになったため、彼らのバタヴィア定住が進んだ(37)。オランダ人と正式に結婚したユーラシアン女性はヨーロッパ人とほぼ同等の法的地位が得られたことから（差別は根強く残ったが）、そのような女性を出すアジア系家族が、バタヴィア社会で有力な地位を築くようになった。現地社会とのつながりを持たない新来のオランダ人男性は、バタヴィア社会に強固な基盤を持つ家系の女性を現地社会における有力なコネクションと見なし、進んで彼女たちと結婚しようとした。オランダ人男性は不慣れな気候の中で早死にするものが多かったが、夫を失ったアジア系女性が、新たにバタヴィアに来たオランダ人男性と再婚または再々婚することも頻繁に起こった。このような女性を提供する家系は、親族ネットワークを通してバタヴィア社会に強い影響力を持つようになった(38)。オランダ東インド会社が一七九九年に解散しても、一八七〇年に私企業の自由な活動が認められるまではオランダ人男性の多くは政府機関に勤務しており、彼らの出世が妻の家族の影響力に大きく依存する状況はあまり変わらなかった(39)。

このようなユーラシアン家系は、常に新来のオランダ人男性を迎え入れて、オランダの血統と文化を取り入れようとした一方で、生活スタイルにおいては現地文化の影響をより大きく受けた。彼らは日常的にマレー語を話し、マレー風の衣服や食事を常用した。教会などに外出する時には多くの従者を引き連れ、傘を差し掛けられて行進した。身分の高い女性はしばしば客人を自宅に接待したが、そうした社交の際にはしばしばビンロウが供せられた。本国から来て間もないヨーロッパ人は、そのような習慣を嫌悪した。一七五四年にはバタヴィア政庁が贅沢取締令を発して、身分によって行進に付き沿う従者の数や衣服の種類を限定するなど、地位の顕示行為を制限しようとしたが、十分な効果を得られなかった(40)。イギリス統治期（一八一一～一六）には、ジャワ副総督ラッフルズの妻が、バタヴィアの「ヨーロッパ人」女性にジャワの服装をやめさせヨーロッパ流の「エレガンス」を注入しようとして失敗している(41)。一九世紀に入ってヨーロッパ人の人口が増えても、家ではサロン（腰巻き布）を着て昼寝をするといった習慣が、裕福なヨーロッパ人にまで広がった(42)。

このようなユーラシアンのアジア的文化傾向は、女性の間でいっそう強かった。当時の裕福な家庭では、両親が子どもの世話をしないのが一般的であったので、ユーラシアンの子どもは、インドネシア諸島各地から来た乳母や使用人によって日常の世話がされていた。従ってそうした子どもたちは、インドネシア各地もしくはブタウィの文化に幼少時から親しんだ。ユーラシアンの男子は教育のためにオランダに送られることもあったが、女子は通常家庭の中で育てられ、十分な学校教育も受けないまま新来オランダ人男性の花嫁候補とされた。従って彼女たちはほとんどオランダ語やオランダ文化を知ることなく成長し、しばしば一二〜一三歳で結婚してオランダ人の妻となったのである(43)。

そのようにして家庭を築いた裕福なユーラシア人女性は、夫が属するオランダ人サークルよりも、近隣の友人女性——ユーラシアン、現地化した華人女性、または様々なインドネシア出自の女性——と交際することを好んだ。彼女たちは互いを頻繁に自宅に招き、ビンロウを噛みながらカードゲームなどに興じ、あるいは華人の宗教行事やマレーやアラブの音楽、クロンチョンの演奏などに一緒に出かけた。こうした女性のほとんどはマレー語を第一言語とし、サロンとクバヤ（ジャワで発達した、レースを用いた上着）をまとった。このような交際を通じて、中国、ヨーロッパ、インドネシアの文化が混淆し、ユーラシアン文化はいっそうインドネシア化した。女性たちはこのように、異文化の仲介とハイブリッドな文化の形成において、中心的な役割を果たしたのであった。裕福なユーラシア人男性もまた、ヨーロッパ人や華人の有力者を自宅に招待し、多様な音楽の演奏家や様々な出自の踊り子を呼んで盛大なパーティーを催したが、そうした発想の契機は、彼らのパートナーにあったのである(44)。

華人の場合もユーラシアンと同様に、女性が高い地位を維持し、文化的混淆に重要な役割を果たした。

プラナカン（peranakan―数代にわたってインドネシアに居住する、現地化した華人系住民）の話す言葉にはマレー語とオランダ語が強く影響し、衣服にはインドネシアの様式が混淆した。伝統的中国式学校が十分普及しなかったこともあって、彼女たちの間に儒教の伝統は弱く、纏足は行われず、社会的に高い地位に就く女性も珍しくなかった[45]。裕福な女性は上層のユーラシア人やインドネシア人との交流を通じて、ハイブリッド化した大衆文化を楽しんだ。ガンバン・クロモン（gambang kromong）と呼ばれる音楽や、それに合わせたチョケック（cokek）と呼ばれる舞踊は、華人とインドネシアの要素を組み合わせて発達したものである[46]。

ユーラシア人や華人と結婚したインドネシア人女性も社会的に活躍し、文化混淆においても中心な役割を果たした。一八四八年までキリスト教徒と異教徒の結婚が禁じられていたこともあって、一九世紀に入るとオランダ人や華人の間では、親族関係が複雑で費用がかさむユーラシアン女性との結婚よりも、現地妻（ニャイ）との内縁関係を選ぶ者が増えた。ニャイは、法的立場は弱かったとはいえ、家庭内を切り盛りし、パートナーの言語を習得し、しばしば彼らの事業においても重要な役割を果たした。ニャイは、パートナーの帰国や離婚によって財産を失っても、新たに事業を起こして成功することも多かった。一六四八年にバタヴィアの華人首長が亡くなった際には、そのバリ人の側室が彼の地位を引き継いでいる[47]。彼女たちもまた家屋に中華風やユーラシア風の装飾を施し、ガンバン・クロモン、クロンチョン、スタンボル（Stambol―ヨーロッパや中東の影響の大きい舞台劇）を好み、それらをブタウィ社会に仲介したのである[48]。

このような文化混淆の進行は、一八世紀から新たな移民の流入が減少したことの結果と言える。住環境の悪化や、行政機能・主要産業の郊外移転によって、ヨーロッパ人や華人の市内人口は一九世紀半ばまで頭打ちとなった（図3）。こうして移民によって祖国の文化が導入される流れが途切れたことに加え、女性の少なさが混血を促したことで、この時期には特にそれぞれの文化を維持する力が弱まったといえる。[49]

もっとも、ハイブリッドな社会集団の形成は、常に人々に豊かさをもたらした訳ではない。一七世紀後半以降にマルデイカーが増加し、さらにブタウィと混淆したことは、彼らの深刻な貧困化の原因であり結果でもあった。一六七〇年代末から一六八〇年代にかけてマルデイカーが増加したのは、当時流行した疫病がさらに自分の家族や農園労働者に広がることを恐れて、所有者が感染した奴隷を「解放」したためであった。そうした所有者が元奴隷の生活を世話することはなく、「解放」は自分の家族と農園を守る行為であって、実情は「追放」であった。「解放」された元奴隷の男性にはオランダ東インド会社の兵士になる機会があったが、女性にとっては農園労働者になるか裕福な家庭の使用人になるのが主な身の処し方であった。このようにして雇用された元奴隷女性の立場は非常に弱く、雇用者による虐待や暴力、性的搾取は全く珍しくなかった。雇用者に妊娠させられた女性の多くは、子どもとともに家から追放された。雇用者の側室になることは彼女たちの中では最も恵まれた境遇を意味したが、離別や死別の後は、あらゆる権利を剝奪されるのが常であった。こうした多くの元奴隷女性が、売春に生計を見出したのは決して不思議ではない。図1、2に見られるような、一八世紀における奴隷人口の郊外への移動は、かつて市内で暮らした奴隷が、「解放」後に市外に出て、会社の兵士、農園労働者、使用人、売春婦となったことを意味している。彼らのほとんどは貧困化しながらブタウィ社会に吸収され、多くがその最下層を形成した。[50]

このようなバタヴィア住民の間の関係は一九世紀半ば頃から次第に変容し、むしろ人々を分断する様々な要素がそれまで以上に顕在化した。植民地支配の深化と拡大とともに統治機構が整備されたが、公務員になれるのはヨーロッパ人だけであり、それは彼らが社会の様々な面で優位に立てることを意味した。次第に私企業の活動が認められ経済活動が拡大すると、その中で事務職の雇用や起業の機会を得るのは、オランダ人以外には比較的裕福な華人やユーラシア人であり、インドネシア人は実質的に排除されていた。宗教面でも、ヨーロッパ人宣教師による努力にもかかわらず、キリスト教はバタヴィアでは華人やインドネシア人に浸透せず、むしろ彼らとヨーロッパ人との分断が進んだ。ヨーロッパ人、華人、インドネシア人にはそれぞれ異なる法体系が施行され、特に華人は居住地域が制限されたこともあって、この三グループは別々の居住域を形成する傾向が強まった。その中では、貧しいインドネシア人が密集して住む地域の住環境の劣悪さが際立った(51)。現在でも、何らかの理由で社会が不安定化する時にインドネシア人が華人に反発を示す傾向があるのは、このような歴史に由来している。

3　地域分業の変容と経済構造のハイブリッド化

(1)　華人社会の変容

ここからは地域分業の変容と経済構造のハイブリッド化を、郊外（オンメランデン）も含めて考察したい。再び一八世紀前半に遡り、地域分業と経済構造の形成・変容過程において華人が重要な働きをしたことを検討する。

バタヴィアには一七世紀までに、行政の中枢であるオランダ東インド会社政庁を中心として、同心円状に地域分業が行われる構造が形成された。政庁の周辺には東インド会社の幹部職員が住み、その周囲にオランダ民間人や華人の商人が定住した。城外でも市街に近い地域には、都市に食料などを供給する近郊農業地域が形成され、ブタウィ人や華人農民などが定住した。さらにその郊外には砂糖農園が形成され、主に華人（彼らは製糖の技術職を独占した）とジャワ各地から集められた季節労働者が居住した。市内の華人は先述のように、首長を頂点とする自治組織に組み入れられ、会社とも良好な関係にあった。

このように組織化された華人コミュニティは、一七世紀後半から大きく変容した。そのきっかけは、糖業の発展である。砂糖はオランダ東インド会社にとって、ヨーロッパ、ペルシャ、インド西部などで大きな需要のある重要な商品であったが、有力な生産地域である台湾を一六六二年に失ったことで、貿易量が大きく減少した。そこで台湾に代わる生産地域として注目されたのがオンメランデンであった。一九世紀に入るまで、東・東南アジアの砂糖生産はほとんど華人によって行われた。彼らは畜力を用いてサトウキビから糖分を絞り出したり、それを煮詰めて砂糖を作ったりする工程において、他の人々が追随できない技術を持っていた。オンメランデンには糖業の発展とともに中国南岸から大量の華人労働者が移民したが、彼らは労働現場の近くで暮らすため、また市内で課される人頭税を避けるために郊外に住み着き、市内の華人組織に加入しない集団を形成した(52)。

こうしてバタヴィア郊外に、行政機構が管理できない華人社会が形成されるのは、オランダ東インド会社にとっても脅威であった。会社は海外の市況が悪い時には生産を制限して価格を維持しようとしたが、それは大量の失業者を生み出すことを意味し、その結果として治安が悪化することは会社幹部にとって頭痛の種であった。そこで会社政庁は一七四〇年、砂糖農園の余剰労働者をセイロンに移住させる計画を立てた。ところが華人労働者の間では、会社は嘘をついており、彼らは海上で海に投げ捨てられるという噂が広まった。そこで華人労働者たちは、移住計画への抗議と待遇改善の要求のために、市内へと行進を始めた。行進は平和的に始められたが、城壁に到着すると、一部の参加者は城門を打ち破ろうとするなどの破壊行動を始めた(53)。

この比較的小規模な抗議行動は東インド会社の兵士によって一蹴されたが、市内のオランダ人住民は、それを知ると恐怖に襲われた。彼らは市内に住む華人が、郊外から来た華人労働者に呼応して自分たちを殺戮しようとしていると想像して、パニックに陥った。根拠のない恐怖は、瞬く間に集団狂気へと転じた。彼らは自分たちと自分たちの街を「保護する」ために、つい先刻まで隣人としてつき合っていた華人たちを襲撃し、虐殺した。これが一七四〇年にバタヴィアで起きた華人虐殺事件である。オランダ人は華人の住居に放火し、隠れている女性や子どもを見つけ出し、逃れようとする者を刀剣や斧などで虐殺した。市内の華人はほとんどが商工業者や家事労働者であり、市外の砂糖農園労働者による抗議行動とは全く無関係であったことは言うまでもない。虐殺は三日間にわたり、死者は少なくとも一万人に及んだ。殺害を辛うじて逃れた華人のほとんどは、市外へ逃亡した(54)。

この事件は、バタヴィアの華人社会に決定的な影響を与えた。パニックが収まってもオランダ東インド会社政庁は華人の市内への帰宅を認めず、城壁南方のグロドック（Glodok）地区に新たな華人街を建設し集住させた。他方、バタヴィアの経済活動に華人との協力は欠かせず、その後政庁が徴税請負制度を本格化し、市場・賭場・アヘン窟などを開設する際には、特に華人有力者への依存を深めた。関係者間のこのようなつながりは、容易に地下経済化した(55)。そこでは莫大な利益が動くことからしばしば癒着が起き、それはスキャンダルとしてたびたび露見した。

華人虐殺事件とその後の経緯は、一九六五年や一九九八年に起きた華人に対する暴動・虐殺事件（一九九八年の事件の舞台はグロドック）や、スハルト政権下の華人企業家と政府との関係を想起させる。政府当局者も一般市民も日常的に華人と共存していながら、ひとたび社会不安が起こると、華人をスケープゴートにした暴力が繰り返される。政府は華人と非華人系市民との間にある潜在的な緊張関係を政治的に利用し、その緊張が日常的には地下経済の空間を作り出し、非常時には一般市民による暴力を引き起こす。異なる時代の間には多くの異なる要因も働いているとは言え、共通点は多い。

（2）市内環境の悪化と郊外の発展

一八世紀半ば以降、バタヴィア市内は環境の悪化に苦しめられるようになった。バタヴィアの環境悪化は糖業と密接に関係していた。一八世紀前半からバタヴィアでは森林の過伐採が問題となっており、東インド会社政庁はそれが糖業に起因していると考えた。糖業は農園を開くのに森林を伐採するだけでなく、糖液を煮詰めて砂糖を精製する際に大量の薪を必要としたからである。上流地域で森林伐採が進むと雨水が一気に川に流れ込み、土砂が河口付近に堆積して流れが滞った。さらに、河川流域で増えた住民がゴミを川に投げ捨てたこともあって水質が悪化し、飲用水として適さなくなった。運河もゴミ投棄によって水深が浅くなり、排水や運送の機能を果たさなくなっただけでなく、悪臭を放ち、蚊を大量に発生させてマラリアの流行をもたらした(56)。

このような住環境の悪化から、一八世紀後半から富裕層を中心に多くの住民が城壁の外へ移動し、商業機能も市外南方に移った。旧市街からさらに五キロほど南南東にあるタナ・アバン（Tanah Abang）が商業・流通の中心として発展し始め、バタヴィアとジャワの他地域との間の物流を結んだ。こうして一部の居住地や商業の中心地が市外南方に移動し、それまで郊外と見なされていたオンメランデン北部に新たな都市空間が形成された。最終的には、東インド会社からインドネシア諸島の領土を引き継いだ植民地政府が、一八〇九年に政庁を元の場所から三キロほど南南東にあるウェルテフレーデン（Weltevreden ―現在のムルデカ広場）に移して新たな行政の中心とし、その周辺に新市街が形成された(57)。

こうして都市が南方に拡大すると、それまでの農業地域はさらに郊外に移った。中でもオンメランデン西部のタンゲラン（Tangerang）地区では、主に華人の企業家がオランダ東インド会社から土地を購入して農園を開設し、一八世紀半ばから農業が発展した。彼らは都市化によって土地を追われた農業労働者を吸収し、バタヴィア住民向けの食料生産を行った。一八世紀半ばは比較的農産物の価格が高い時期であり、タンゲランは一七九〇年代までに農業の中心地となった(58)。

次いで一八世紀末からは、糖業がタンゲランにおける農業のもう一つの柱となった。一七五〇年代から、森林の消失を恐れる東インド会社は新規砂糖工場の建設を抑制しようとしたが、農園主たちは残った森林を求めてオンメランデン内で西へ移動しながら経営を続けた。一七七〇年代にはオンメランデン西部のタンゲラン周辺が糖業の中心となり、一七八〇年代からはさらに西端の国境であるサダネ川（Ci Sadane）を越えてバンテン王国領内で操業する砂糖工場も増えていった。これらの地域に砂糖精製工場が集中したのは、薪を確保するためであった(59)。

オランダ東インド会社は、糖業のためにバタヴィア周辺の森林が消失することを恐れ、サダネ川を五〇キロから七〇キロ余りも遡ったクリパン、ジャンティン、サデンなどを糖業用の薪の採集地として指定した。[60] ところがこの地は主要な砂糖工場から遠く離れていて不便であったため、よりタンゲランに近いグレンディン（Grending）が、会社の許可を得ない薪の供給地となった。タンゲランより下流の砂糖工場には、サダネ川西岸のバンテン王国領の森林から薪が供給された。一七八〇年代から胡椒輸出の減少や沿岸貿易の衰退によって収入減に悩まされたバンテン王国は、砂糖業者への土地の賃貸や木材伐採権の販売を新たな収入源とした。これによってサダネ川東岸の砂糖業者は経営を維持することが可能となり、一部の業者はサダネ川を越えてバンテン王国の領域にまで進出した。こうしてタンゲラン周辺には砂糖農園が集中し、タンゲランは糖業やその他の農業に従事する華人の多い地域として発展した。[61]

さらにタンゲランでは一七八〇年代から、バタヴィアの商品を糖業労働者や農民に供給する商業が発展し始めた。中でも糖業労働者に大きな需要のあるアヘンが、次第にタンゲランの主要な商品となっていった。

（3）糖業の変容と境界社会の成立

オンメランデンの糖業について先行研究は、一八世紀前半からの森林減少と、一七四〇年の華人虐殺事件によって衰退したと見なし、一八世紀後半について全く考察してこなかった。ところが同時期のバタヴィアの貿易統計を見れば、糖業は一七四〇年代末から急回復し、一七五〇年代から虐殺事件前の水準を上回ったことが分かる。[62] オランダ当局の作成した統計はオランダ東インド会社が輸出した分しか取り上げていないが、一七六〇年代以降はそれ以外にも民間のヨーロッパ人およびアジア人の商人によって、しばしば会社の輸出を上回る量が密かにインド北西岸のスーラトに運ばれていたことが分かっている。[63] 先述のように華人虐殺事件は、糖業労働者による抗議行動を発端としたとは言え、虐殺や放火が行われた場所はバタヴィア市内であって、郊外の農園は被害に遭っていない。従ってその後華人住民が戻ってきた時に、砂糖農園を旧状に回復させることはそれほど困難ではなかったと考えられる。オランダ東インド会社にとって砂糖は必ずしも利益の大きい商品ではなかったが、雇用を吸収し治安を改善するためには重要と考えられた。利益は少なくても、砂糖には船底に積むバラストとしての利用価値が常にあった(64)。

オンメランデンの糖業は、一七八〇年頃までほぼ完全に会社の管理下に置かれていた。第一に、生産された砂糖は全て、オランダ東インド会社が一定の価格で買い取ることが定められていた。第二に、砂糖農園経営者は労働者に供給するアヘンの全てを、オランダ東インド会社内の組織であるアンフィユン・ソシエテイトから買いつけることとされていた。アヘンは炎天下の農園や高温多湿の砂糖工場で働く労働者たちに欠かせない息抜きであり、農園経営者はそれを独占的に供給することで、労働者を重労働に縛り付けた。経営者は農園に併設した売店でアヘンを販売し、収入全体の五〇から六〇%をアヘン販売から得ることもあった。こうして砂糖とアヘンの独占取引を通じて、オンメランデンの糖業は東インド会社と一体化した経営が行われていた(65)。

ところが一七八〇年代に入ると、糖業経営者の業績は軒並み悪化した。砂糖の買取価格は低く抑えられていたにもかかわらず、労働者の食料としての米、薪、輸送などに関わる費用が増えたことと、アヘン価格の高騰がその原因である。インド東部のベンガル地方でイギリス支配が安定すると、オランダ東インド会社はイギリス政庁を経由せずにアヘンを購入することが困難になった。これによってオランダ東インド会社がアンフィユン・ソシエテイトを通じて販売するアヘンの価格も上昇した(66)。

しかし砂糖農園業者は、購入価格の上昇分を販売価格に上乗せして売り続けることはできなかった。一七八〇年代から労働者たちは砂糖工場の売店を避けて、「上流地域」にアヘンを買いに出かけるようになったからである。資料に述べられるこの「上流地域」とは恐らく、グレンディンと考えられる。というのもこの地域は、バタヴィア、オンメランデン、およびバンテン内陸部の間で行われる密貿易の拠点として知られていたからである。グレンディンは一七四七年にバンテン国王からオランダ東インド会社に割譲されたが、その後もかつての地域有力者が住民に影響を及ぼして、支配が定まらなかった。グレンディンには一七八〇年代からバンテンから胡椒の強制栽培を逃れた住民が移住し、薪の伐採と販売を行うようになって、人口が増えた。東インド会社やバンテン王国の支配が十分に及ばないこの地域では、やがて糖業労働者向けのアヘンなどの密輸が活発化した(67)。

一七八〇年代から糖業の経営が困難になると、砂糖農園の周囲に形成されていた多くの集落が貧困化した。それらの多くは華人の集落であったが、そのうちサダネ川河口周辺の海岸部に位置するクラマット(Kramat)、タンジュン・カイト(Tanjung Kait)、カラン・セラン(Karang Serang)およびクタパン(Ketapang)は、グレンディンとともに、バンテン王国北岸の港市タナラ(Tanara)を中心とする「密輸」ネットワークの拠点となった。やはり華人が多く居住していたタナラは、さらに海路を通じてバタヴィアや、「周辺の島々」とも貿易を行った。「周辺の島々」とは恐らく、サダネ川河口の北方に散在するプロウ・スリブ(Pulau Seribu)を含んだに違いない。この地には一八世紀末、ブギス人、マレー人、バタヴィア華人およびその他アジア人、さらにマレー半島やインドから来るイギリス商人の「海賊」や「密輸商人」が訪れて取引を行った。彼らが取引した品は、バンテンまたはランプン(Lampung—スマトラ南端部のバンテン領土）産と思われる胡椒、籐その他の森林産物、ツバメの巣、各種の海産物、さらにイギリス人のもたらすアヘンや武器弾薬などであった。胡椒とアヘンは東インド会社の独占商品であったため、これらの貿易は会社からすると密貿易であった。こうして糖業が次第に衰退する中で華人集落は、バンテン王国やオランダ東インド会社の監視が及びにくい国境地域で、密貿易に従事するようになった(68)。

華人集落を主な拠点としてこのような密輸ネットワークが発達したことは、単にオランダ東インド会社領土とバンテン王国における経済の問題ではなかった。それは東・東南アジア一帯における経済構造の変容と強く関連していた。一八世紀半ば以降の東南アジア島嶼部の経済は、中国とのつながりが急速に発展したことで特徴付けられる。揚子江下流域や華南地方などの経済先進地域ではこの時期に経済が成熟し、東南アジアで産出される錫、胡椒、ナマコ・フカヒレなどの海産物、ツバメの巣、籐・樟脳などの森林産物を大量に求めるようになった。ナマコやツバメの巣などは、それまで上流階級の食材でしかなかったが、経済力をつけた中間層が好んで求めるようになった。このような産品を求めて華人が東南アジア各地の主要な中継港を訪れ、マレー人やブギス人などの東南アジア商人が、それらを生産地から中継港にもたらした。そうした港には、ヨーロッパで需要の高い茶を広東で買いつけたいインド在住イギリス系私商人（カントリートレーダー）も訪れ、インド染織品・アヘン、武器と引き替えに中国向け産品を入手した。北西ヨーロッパ、中国沿岸部、そして東南アジアが大衆消費産品の貿易で結びつけられ、グローバルなダイナミズムが進展していたと言える(69)。

ところがそのような貿易に関与した商人は、オランダの干渉を避けて、その支配が及ばない港を利用する傾向があった。つまり、バタヴィアというオランダ東インド会社の拠点とそのネットワークを離れたところで、グローバル経済と結びついた貿易ネットワークが中国と東南アジアの間で形成されつつあったのである。オランダが支配したバタヴィア市内では人口が減少し、一八世紀末からはオランダ人だけでなく華人その他アジア人による貿易も減少する傾向にあった。ところがバタヴィアとバンテン王国の境界にあたるサダネ川流域とその海岸部においては、まさに先述のグローバル経済と結びついた中国・東南アジア貿易に対応した発展が起きていたと言える。

このようにして一八世紀末から、バタヴィアとその周辺の地域分業および経済構造が変容した。商工業地域や行政空間は城壁の南にまで広がり、そのぶん農業地域がタンゲランなどオンメランデンの周辺に押し出された。華人の経済活動の一つの中心がタナ・アバンに形成され、オランダ支配下のジャワ各地とバタヴィアを結びつけた。そして他方では、タンゲランからさらにサダネ川下流域の海岸部やそのさらに西方に、行政に把握されない華人ネットワークが広がり、オランダの支配が及ばない境界地域で「海賊」や「密輸商人」と呼ばれるアクターがグローバルな経済とつながりを作った。このことは、オランダ人が主導した保護主義的な経済に、華人住民とグローバル貿易が結びついた自由主義経済が完全に取って代わったことを意味するものではない。オランダ人が支配する経済構造が衰弱しつつもまだ機能している一方で、それに収まり切れない経済が形成され、経済構造のハイブリッド化が起きたのである。このハイブリッド経済の評価は困難で、本章では論じきれない。この点は今後の課題としつつ、ここではオランダの支配が弱まりバタヴィア経済が衰退の一途を辿ったのではなく、新たな経済構造を形成する動きが現地社会の中にあったことを指摘するにとどめたい。

おわりに

最後に、ここまで述べたバタヴィアのハイブリッド的性格の発展と変容の過程を整理しながら、その特徴を考察したい。バタヴィアは、その場所にかつて現地人が設立した町があったにせよ、オランダ東インド会社がそのアジア拠点を設立した時点で、それまでの歴史と大きく切り離された新しい都市として成立した。会社は、バタヴィア設立時に現地人を追放し、新たな住民を各地から招き寄せて街を創出した。この時点で、バタヴィアはハイブリッド・シティとなることが運命づけられていた。支配者であるオランダ東インド会社関係者以外にオランダ人は少なく、バタヴィア市内は、商工業者としての華人やアジア各地から連れてこられた奴隷などが住民の大半を占めた。市街を囲む城壁の外には、インドネシア各地から集められた傭兵集団と、農業に従事する華人が定住した。

ところがバタヴィアの住民は、オランダ人支配者が考えていた以上に広範囲に、そして急速に混淆した。市内では、オランダ人男性と華人・現地人女性の混血が進んでユーラシア人が形成された。彼らはさらに華人・インドネシア人と文化的に混淆し、独自の音楽や舞踊、舞台劇などを作り出した。バタヴィア郊外（オンメランデン）では、インドネシア各地から来た傭兵集団が次第に混住・混血して、ブタウィ人が形成された。彼らはブタウィ方言を用い、イスラームを強く信奉して、強固なアイデンティティを形成した。彼らの言語や音楽などには、インドネシア各地の要素が混淆した。

一七世紀末までにバタヴィアとその周辺では、市内に行政と商工業が集中し、城外で農産物が生産される構造が成立した。城外の城壁に近い地域では主に華人が都市向けの食料などを生産し、さらにその郊外では主に華人とジャワ各地から集められた季節労働者が砂糖を生産した。このようにしてバタヴィア内外には、同心円構造の地域分業が形成された。

このような地域分業システムは一八世紀に入ると動揺し始め、一七四〇年の華人虐殺事件で崩壊した。先行研究では、この後の時代は環境の悪化や社会混乱が強調され(70)、新たな地域分業形成はあまり論じて来られなかったが、本論からは以下のように説明できよう。一七四〇年に大半が逃亡した華人住民は、少なくともオンメランデンには大半が復帰した。しかし市域の拡張と環境悪化から、近郊農業地域はタンゲランへ、糖業地域はサダネ川沿岸とその河口周辺に移動した。糖業は一七八〇年頃から次第に衰退したが、糖業地域に定住した華人を中心とする住民は、密輸を含む商業に従事した。彼らはインドやマレー半島からもたらされるアヘンを主商品として取り扱い、糖業経営者に販売した。インドアヘンは、主に中国に輸出する東南アジア産品を求めたカントリートレーダーが東南アジアにもたらしており、このようなグローバルな貿易の一部にバタヴィア郊外の住民が対応したと言える。オンメランデンの砂糖の一部はスーラトなどインドに密かに運ばれていたが、このような密輸出はインドアヘン密輸入の別の側面とも言えるだろう。華人はバタヴィア住民の中ではもっとも組織され、市の行政の中に取り込まれていたが、華人首長を頂点とする組織に取り込まれない郊外の華人住民は、このような形でバタヴィア経済をグローバルな貿易と結びつけていたといえる。

オランダ人によって新たな性格を与えられたバタヴィアは、決してオランダ人の意図したような発展を遂げなかった。オランダ人の進めた人種別居住政策や分割統治は、住民の混血や混住によって、少なくとも本章が取り扱った時代には骨抜きにされた。行政・商業地域と近郊農業および輸出農業地域から成る地域分業も、輸出農業である糖業の不振や華人政策の失敗によって行き詰まった。一九世紀半ば以降になると統治機構の整備が進み、二〇世紀に入ると倫理政策やナショナリズムが「民族」間の対立を拡大した。交通・通信・出版の発達は祖国との頻繁な移動や文化的なつながりを強め、近代教育もその傾向を助長した。しかし一八世紀から一九世紀半ばの時期には、人々と文化のハイブリッド化が特に強く進み、後にバタヴィアの文化・経済活動やナショナリズム運動を支えるプラナカンやユーラシアン、ブタウィ人などを生み出した。オランダ人が促進した排他的な経済構造とそれに沿った地域分業は一八世紀半ばには行き詰まったが、その中で華人を中心とするサダネ川沿岸やバタヴィア北西海岸の住民は、密輸を通じてバタヴィア経済をグローバル経済と結びつけた。人々、文化、経済構造のハイブリッド化は、少なくともその始まりにおいては支配者にとって意図せざる結果であったが、その後のバタヴィアが政治・経済・文化的に重要な役割を果たす基盤が、本章で論じた時代に作られたと言えるだろう。

（1）　本章の第一節と第三節には、拙著『近世東南アジア世界の変容――グローバル経済とジャワ島地域社会』名古屋大学出版会、二〇一四年の一部を加筆修正したものが含まれる。また本章と比較的近い時代のバタヴィアを論じた研究に、宮本謙介「植民地都市バタヴィアの社会と経済」宮本謙介・小長谷一之編『アジアの大都市２　ジャカルタ』日本評論社、一九九九年、二七～五六頁、および島田竜登「会社のつくった都市バタヴィア――オランダ東インド会社時代、一六一九―一七九九年」村松伸・島田竜登・籠谷直人編『メガシティ３　歴史』に刻印されたメガシティ』東京大学出版会、二〇一七年、七五～九七頁があるので、合わせて参照されたい。

(2) 島田「会社のつくった都市バタヴィア」、七五〜八一頁。

(3) 現地の刻文資料（一一世紀 Sang Hyang Tapak 刻文の Sunda 王など）や漢文資料（一三世紀『諸蕃志』の「新拖」や一四世紀『島夷誌略』の「孫陀」など）は西ジャワ・スンダ地方の地名に言及しているが、それらを港市スンダ・クラパ（現代のジャカルタ）に比定するのは困難である。趙汝适（藤吉真澄訳注）『諸蕃志』関西大学出版部、一九九一年、七六〜七七頁。

(4) トメ・ピレス（生田滋ほか訳注）『東方諸国記』岩波書店、一九六六年、三〇一〜三〇三頁。

(5) João de Barros, ***Staat-zugtige scheeps-togten en krygs-bedryven ter handhaving van der Portugyzen opper-bestuur in Oost-Indie*** […] (Leyden: Pieter van der Aa, 1707), p. 62.

(6) Barros, ***Staat zugtige scheeps-togte en krygs-bedryven***, p. 66.

(7) Hoesein Djajadiningrat, ***Critische Beschouwing van de Sadjarah Bantĕn: Bijdrage ter kenschetsing van de Javaansche geschiedschrijving*** (Haarlem: Joh. Enschedé en Zonen, 1913), p. 87.

(8) Titik Pudjiastuti, "Sadjarah Banten: Suntingan Teks dan Terjemahan Disertai Tinjauan Aksara dan Amanat" (Ph.D. dissertation, Universitas Indonesia, 2000), pp. 334-335, 339- 341.

(9) Atja, ***Tjarita Purwaka Tjaruban Nagari: Sedjarah Muladjadi Tjirebon*** (Jakarta: Ikatan karyawan Museum, 1972); Atja, ***Beberapa Catatan yang Bertalian dengan Mulajadi Cirebon*** (Bandung: Lembaga Kebudayaan, Universitas Padjadjaran, 1973); Atja and Ayatrohaedi, ***Nagarakretabhumi 1.5: Karya Kelompok Kerja di bawah Tanggungjawab Pangeran Wangsakerta Panembahan Cirebon*** (Bandung: bagian proyek penelitian dan pengkajian kebudayaan Sunda (Sundanologi) direktorat jenderal kebudayaan departemen pendidikan dan kebudayaan, 1986).

(10) 太田『近世東南アジア世界の変容』、四六八頁。

(11) 張燮『東西洋考』北京：中華書局、二〇〇〇〈一六一七〉年、四四頁。

(12) ハウトマン、ファン・ネック（渋沢元則訳、生田滋注）『東インド諸島への航海』岩波書店、一九八一年、一六〇～一七二頁。

(13) J. Kathirithamby-Wells, "Banten: A West Indonesian Port and Polity during the Sixteenth and Seventeenth Centuries," in J. Kathirithamby-Wells and John Villiers (eds.), ***The Southeast Asian Port and Polity: Rise and Demise*** (Singapore: Singapore University Press, 1990), pp. 111–120.

(14) Johan Leonard Blussé van Oud-Alblas, ***Strange Company: Chinese Settlers, Mestizo Women and the Dutch in VOC Batavia*** (Dordrecht and Riverton: Foris, 1986), pp. 21–23; Susan Abeyasekere, ***Jakarta, A History*** (Singapore etc.: Oxford University Press, 1987), pp. 9–11.

(15) Abeyasekere, ***Jakarta***, pp. 11–12.

(16) Blussé, ***Strange Company***, pp. 24–25; Abeyasekere, ***Jakarta***, pp. 12–13; 太田『近世東南アジア世界の変容』、五二一～五三頁。

(17) Abeyasekere, ***Jakarta***, pp. 14–19.

(18) Abeyasekere, ***Jakarta***, pp. 13–15.

(19) Blussé, ***Strange Company***, pp. 24–26; Jean Gelman Taylor, ***The Social World of Batavia: Europeans and Eurasians in Colonial Indonesia*** (Madison: The University of Wisconsin Press, 2009 [1983]), pp. 9–10; Abeyasekere, ***Jakarta***, pp. 13–14.

(20) Taylor, ***The Social World of Batavia***, pp. 4–5, 7–8; Abeyasekere, ***Jakarta***, pp. 19–20; アジア植民地における貧困白人の問題は、アン・ローラ・ストーラー（永渕康之、水谷智、吉田信訳）『肉体の知識と帝国の権力――人種と植民地支配における親密なるもの』以文社、二〇一〇年、四四～四八頁を参照されたい。

(21) Blussé, ***Strange Company***, pp.25–26, 80; Abeyasekere, ***Jakarta***, p. 23.

(22) Blussé, ***Strange Company***, pp. 115–121; Abeyasekere, ***Jakarta***, pp. 23–25.

(23) Blussé, ***Strange Company***, pp. 82–83; Abeyasekere, ***Jakarta***, p. 23. バタヴィアの華人組織については、Mona

Lonanda, ***The Kapitan Cina of Batavia 1837–1942: A History of Chinese Establishment in Colonial Society***（Jakarta: Djambatan, 1994）; Leonard Blussé and Chen Menghong（eds.）, ***The Archives of the Kong Koan of Batavia***（Leiden and Boston: Brill, 2003）も参照されたい。

（24） Taylor, ***The Social World of Batavia***, pp. 12–14; Abeyasekere, ***Jakarta***, p. 14.

（25） Taylor, ***The Social World of Batavia***, pp. 15–17; Abeyasekere, ***Jakarta***, pp. 20–21; ストーラー『肉体の知識と帝国の権力』、六一～六六頁。

（26） Abeyasekere, ***Jakarta***, p. 21.

（27） Taylor, ***The Social World of Batavia***, pp. 18–19; Abeyasekere, ***Jakarta***, p. 21; Hendrik E. Niemeijer "Slavery, Ethnicity and the Economic Independence of Women in Seventeenth-Century Batavia," in Barbara Watson Andaya（ed.）, ***Other Pasts: Women, Gender and History in Early Modern Southeast Asia***（Honolulu: University of Hawaii Press, 2000）, pp. 176–178.

（28） Abeyasekere, ***Jakarta***, pp. 22–23, 64.

（29） Abeyasekere, ***Jakarta***, pp. 28–29.

（30） Abeyasekere, ***Jakarta***, p. 28.

（31） Abeyasekere, ***Jakarta***, p. 64.

（32） Abeyasekere, ***Jakarta***, pp. 28–31; Remco Raben, "Round about Batavia: Ethnicity and authority in the Ommelanden, 1650–1800," in Kees Grijns and Peter J. M. Nas（eds.）, ***Jakarta-Batavia: Socio-cultural Essays***（Leiden: KITLV Press, 2000）, pp. 95–97.

（33） Abeyasekere, ***Jakarta***, pp. 64–65; Raben, "Round about Batavia," pp. 97–100.

（34） Abeyasekere, ***Jakarta***, pp. 34–35; Adolf Heuken SJ, ***Historical Sites of Jakarta***, Sixth edition（Jakarta: Cipta Loka Caraka, 2000）, pp. 158–159, 177–180.

（35） Abeyasekere, ***Jakarta***, pp. 64–65; Raben, "Round about Batavia," pp. 99–104.

（36） Abeyasekere, ***Jakarta***, pp. 65–67.

（37） Taylor, ***The Social World of Batavia***, p. 17.

（38） Taylor, ***The Social World of Batavia***, pp. 71–75.

（39） Abeyasekere, ***Jakarta***, pp. 58–59.

（40） Taylor, ***The Social World of Batavia***, pp. 64–70; Abeyasekere, ***Jakarta***, pp. 35–36.

（41） Abeyasekere, ***Jakarta***, pp. 57–58.

（42） Susan Abeyasekere, "Woman as Cultural Intermediaries in Nineteenth-Century Batavia," in Lenore Manderson（ed.）, ***Women's Work and Women's s Roles: Economics and Everyday Life in Indonesia, Malaysia and Singapore***,（Canberra: The Australian National University, 1983）, pp. 21–22; Abeyasekere, ***Jakarta***, pp. 75–76.

（43） Taylor, ***The Social World of Batavia***, pp. 34–45, 64–66, 71–72; Abeyasekere, "Woman as Cultural Intermediaries," p. 22; Abeyasekere, ***Jakarta***, p. 76.

（44） Abeyasekere, "Woman as Cultural Intermediaries," pp. 18–26; Abeyasekere, ***Jakarta***, pp. 76–80.

（45） Abeyasekere, "Woman as Cultural Intermediaries," pp. 21–23; Abeyasekere, ***Jakarta***, p. 34.

（46） Abeyasekere, ***Jakarta***, p. 76–77.

（47） Abeyasekere, "Woman as Cultural Intermediaries," pp. 21–23; Abeyasekere, ***Jakarta***, p. 34.

（48） Abeyasekere, "Woman as Cultural Intermediaries," p. 23.

（49） Abeyasekere, "Woman as Cultural Intermediaries," p. 21.

（50） Taylor, ***The Social World of Batavia***, pp. 69–71; Abeyasekere, "Woman as Cultural Intermediaries," pp. 23–27; Niemeijer "Slavery, Ethnicity and the Economic Independence of Women," pp.181–184; Hendrik E. Niemeijer, "The Free Asian Christian Community and Poverty in Pre-modern Batavia," in K. Grijns and P. J. M. Nas（eds.）, ***Jakarta-Batavia:***

Socio-cultural Essays（Leiden: KITLV Press, 2000）, pp. 80–90; Eric Jones, ***Wives, Slaves, and Concubines: A History of the Female Underclass in Dutch Asia***（DeKalb : Northern Illinois University Press, 2010）. 東南アジアの女性が、しばしば語られるように常に歴史上高い地位を享受した訳ではなく、社会や家庭内で弱い立場に置かれることも多かったことは、バーバラ・ワトソン・アンダヤが強調している。Barbara Watson Andaya, ***The Flaming Womb: Repositioning Women in Early Modern Southeast Asia***（Honolulu: University of Hawaii Press, 2006）, pp. 125–27.

（51） Abeyasekere, "Woman as Cultural Intermediaries," pp. 26–27; Abeyasekere, ***Jakarta***, pp. 68–70.

（52） Blussé, ***Strange Company***, pp. 90–91.

（53） Blussé, ***Strange Company***, pp. 94–95; Abeyasekere, ***Jakarta***, p. 26.

（54） Abeyasekere, ***Jakarta***, pp. 26–27.

（55） Abeyasekere, ***Jakarta***, p. 27.

（56） Abeyasekere, ***Jakarta***, pp. 38–40; Peter H. van der Brug, "Unhealthy Batavia and the decline of the VOC in the eighteenth century," in Peter J M Nas and Kees Grijns（eds.）, ***Jakarta-Batavia: Socio-cultural Essays***（Leiden: KITLV Press, 2000）, pp. 43–74.

（57） Abeyasekere, ***Jakarta***, pp. 40–41.

（58） 太田『近世東南アジア世界の変容』、二九七～二九九頁。

（59） 太田『近世東南アジア世界の変容』、二九〇～二九二頁。

（60） Andries Teisseire, "Verhandeling over den tegenwoordigen staat der zuikermolens omstreeks de stadt Batavia, benevens de middelen tot derzelver herstel, en eenige verdere daar toe betrekkelyke aanmerkingen," ***Verhandelingen van de Bataviaasch Genootschap van Kunsten en Wetenschappen*** 5（1790）, p. 206.

（61） 太田『近世東南アジア世界の変容』、二二五、二九二、二九八頁。

（62） 太田『近世東南アジア世界の変容』、二八四～二八六頁。

（63）　Ghulam A. Nadri, "The Dutch Intra-Asian Trade in Sugar in the Eighteenth Century," ***International Journal of Maritime History*** 20-1 (2008), pp. 63-96.
（64）　太田『近世東南アジア世界の変容』、二八六〜二八九頁。
（65）　太田『近世東南アジア世界の変容』、二九五〜二九六頁。
（66）　太田『近世東南アジア世界の変容』、二九九頁。
（67）　太田『近世東南アジア世界の変容』二二五〜二二六、二九九〜三〇一頁。
（68）　太田『近世東南アジア世界の変容』、三〇一〜三〇三頁。
（69）　太田『近世東南アジア世界の変容』、二五〇〜二五五頁。
（70）　一八世紀末にオンメランデンで暴力が日常化していたことは多くの記録に残されており、オランダ東インド会社の支配力が衰退する中で治安が悪化していたことは恐らく間違いない。Raben, "Round about Batavia," p. 93.

第4章　シンガポールと東南アジア地域経済
——一九世紀

小林　篤史

はじめに——東南アジア経済史とシンガポール

本章では、一九世紀における東南アジア地域経済の発展について、シンガポールの貿易成長を通して検討することを目的とする。では、どのようにして一都市に過ぎないシンガポールの貿易から、より広い地理範囲をさす東南アジアの地域経済の姿をとらえることができるのだろうか。まずはこの点について説明しよう。

一八一九年の一月末、かつてシンガプラと呼ばれていたマレー半島南端の島に、イギリス東インド会社のトマス・スタンフォード・ラッフルズが上陸した。ラッフルズはその島を支配下に置いていたジョホール・リアウ王国のテメンゴン（宰相）と交渉し、そこに東インド会社の港を設置した[1]。こうしてシンガポールが誕生した。シンガポールはイギリス東インド会社の自由港として、一九世紀初頭から貿易を拡大させた。しかし、小さな島に過ぎなかったシンガポールでは、当地で生産し、輸出できる商品は限られていた。また、シンガポールの人口は一八二〇年代の約一万人から、二〇世紀初頭には移民流入によって約二三万人へ増加したが[2]、都市住民による消費の拡大だけが輸入の増加をもたらしたわけではなかった。一九世紀のシンガポール貿易は、地域間の貿易をつなぐ中継貿易を基盤として成長したのであった。

一九世紀におけるシンガポール貿易の基本構造は、近隣の東南アジア諸地域との貿易を、中国、インド、そして西欧との遠隔地貿易に接続させるものであった[3]。例えば、イギリスで工業生産された綿製品がシンガポールに輸入されたのち、その大部分はさらに周辺の東南アジア各地に再輸出された。その一方で、東南アジアの各地域で生産された錫やゴムといった工業原料はシンガポールに輸入されたのち、そのほとんどはイギリスへ再輸出された。つまりこの例では、シンガポールは東南アジア諸地域とのローカルな交易を、イギリスとの遠隔地貿易に中継していたのであった。同様に、東南アジアとインド、そして中国との間の遠隔地貿易においても、シンガポールは中継港として機能した（本書第8章参照）。このように、一九世紀のシンガポールは周辺地域とのローカルな交易を発達させ、それを遠隔地貿易に中継することによって、東南アジア地域が世界経済につながるときのインターフェースの役割を果たした。以上のように、シンガポールの中継貿易に注目することで、そこから広範囲にわたる東南アジア地域経済の発展を垣間見ることが可能となるのである。

では、貿易都市であったシンガポールから、一九世紀の東南アジア地域経済の発展をみることにはどのような意義があるのだろうか。まずは、先行研究が明らかにしてきたこと、そしてそこに生じた課題について説明しよう。従来の東南アジア経済史では、東南アジアの各国ごとに、植民地化に牽引された貿易成長が分析されてきた[(4)]。欧米諸国が主導した貿易の自由化、蒸気船航路の開通、港湾の整備などが、東南アジア各国の貿易成長を支えたことは間違いない。一九世紀の西洋植民地化の進展の中で、宗主国と植民地との政治経済関係の強化によって、東南アジア各国は世界経済の中に組み込まれていったのであった。一方で、植民地化を重視する観点をもった研究は、近世と近代の間の断絶を強調することになった。それは、一五世紀から一七世紀の東南アジアの広範囲でみられた、商品作物の生産拡大、港市国家の発達、マレー海事法の普及といった地域独自の経済システムは、一九世紀の東南アジアの貿易成長には何ら重要な役割を果たさず、東南アジアは分割された植民地ごとに世界経済に組み込まれたという認識につながった。近世に大きな発展を見せた東南アジア地域経済は、近代の西洋植民地化によって空間的にも時代的にも分断されたのだという考えが、批判を受けることなく定着したといえる。しかし、この認識に異議を唱える新たな研究があらわれた。

東南アジア近世史の泰斗であるアンソニー・リード（Anthony Reid）は、東南アジア経済の近世から近代への移行は断絶ではなく、連続的な発展であったことを主張している[(5)]。その中で、リードは未だ西洋植民地化が本格的に始動していなかった一八世紀末から一九世紀前半の東南アジアの輸出成長率は、植民地化が進んだ一九世紀後半以降の成長率に匹敵するものであったことを提示した。そして、一八世紀末から一九世紀前半、近世から近代への移行期の東南アジアの貿易成長は、中国経済の活性化、貿易の自由化、そして現地のアジア人商人たちの活動を基盤としたものであったと論じた。また、近代アジアの貿易史を専門とする杉原薫は、一九世紀前半のアジアでは、西欧との遠隔地貿易だけでなく、アジア域内での貿易も成長していたことを示し、一九世紀後半以降のアジア経済の発展における西洋進出の重要性を相対化することを試みている[(6)]。そして、リードや杉原の主張を裏付けるべく、一九世紀前半の東南アジア貿易の成長に焦点を当てた統計的研究も発表された[(7)]。このように、一九世紀後半以降の西洋植民地化に重きを置く視点から距離をとり、一八世紀末から二〇世紀初頭の「長期の一九世紀」という時代を設定することで、断絶ではない、連続的な地域経済の発展があったのか否か、という点を検証することが重要な課題になっているといえる。

以上の課題に取り組むうえで、シンガポール貿易の分析は有効な視角を提示できるといえる。第一に、一九世紀を通した貿易の変化を検証できるという利点があげられる。一九世紀の初頭に設立されたシンガポールは、その後二〇世紀の前半までイギリスの植民地として存続した。そして、我々は一九世紀のシンガポールに関して整理された歴史資料を用いることができる。大部分の東南アジア諸地域は、一九世紀後半以降の植民地化という政治的転換を経験し、そしてそれ以降の歴史(統計)資料しか利用可能でないという制約がある。つまり、シンガポールは、「長期の一九世紀」という視角から地域経済の発展を実証的に検討することを可能とする、限られた地域の一つなのである(その他にはオランダ領ジャワがある)。第二に、前述したように、シンガポールは東南アジア地域経済の貿易ハブとして繁栄したということが利点となる。東南アジア各地とのローカルな交易を基盤としたその貿易成長の考察からは、シンガポールにとどまらない、東南アジア地域経済の動態を捉えることができる。このように、シンガポールの貿易は、「長期の一九世紀」における地域経済の発展を検討するのに格好の対象であるといえるだろう。

以上のことから、本章では一九世紀のシンガポールの貿易を通して、東南アジア地域経済の変化を捉えるとともに、東南アジア経済史の課題である「長期の一九世紀」における地域経済の発展があったのか否か、ということも考察していく。シンガポール自体は一九世紀初頭に誕生した都市であったが、その貿易ハブとしての役割は、一八世紀の東南アジアで発達した中継港の機能を継承するものであったと考えられる。そのことを示すためにも、ここでは一八世紀末の東南アジア貿易の拡大から議論を始めよう。

本章は以下の構成となる。第1節では、一八世紀末から一九世紀初頭にかけてのアジア域内貿易の発達において、東南アジアがどのような位置づけにあったのか、そして中継港がどのような役割を果たしたのかを説明する。第2節では、一九世紀中葉のシンガポール貿易の成長の要因を解説する。第3節では、一九世紀末以降の東南アジアの一次産品輸出の成長に、シンガポールがどのような役割を果たしたのかを論じる。最後に、シンガポールの貿易を通して捉えられた、長期の一九世紀における東南アジア地域経済の変容についてまとめる。

1　アジア域内貿易と東南アジア産品——一八世紀末から一九世紀初頭

一八世紀後半以降になると、アジアにおいてイギリスの勢力が拡大していった。ムガル帝国・フランス連合軍とのプラッシーの戦い（一七五七年）の勝利を契機として、イギリス東インド会社はインドの本格的な植民地化を進めた。さらに、インドを拠点に東インド会社の職員でありながら、プライベートな貿易活動を許されたカントリートレーダーと呼ばれるイギリス人貿易商が、東南アジア、そして中国へ進出し始めた。その中で、カントリートレーダーたちが求めた商品が、茶や絹といった中国産品であった。それら商品が活発に取引された背景には、一八世紀後半にイギリスで茶や絹の輸入関税が大幅に引き下げられるとともに、大衆に喫茶という消費文化が普及したこともあった[8]。他方、カントリートレーダーは中国産品に対する支払いとして、銀を中国に輸入した。それら銀はスペイン帝国が支配するラテンアメリカ産の銀貨（スペインドル）であり、アジアでも貨幣として流通していた。それら銀はイギリスを経由してアジアに運ばれたものもあったが、より重要な銀の流通ルートとして、ラテンアメリカから太平洋を越えアジアに至る銀の輸出があった[9]。太平洋ルートのアジアへの銀の輸出は、スペインの植民地であったマニラ経由や、アメリカ人商人による北太平洋越えのルートで運ばれた[10]。

一八世紀のアジアの貿易を理解するうえで、イギリス勢力のアジアにおけるプレゼンスの拡大とともに、中国経済の活性化にも注目する必要がある。近年の研究は一八世紀の中国、特に長江地域の経済が、同時期のイギリス経済と同水準の発展段階にあったことを指摘している[11]。また、一八世紀に入るとそれまで貿易を禁じていた清朝が、港は限られていたが、海上貿易を許可するようになった。さらに経済活性化の原動力となっていたのが人口の増加であった。中国全体では一七世紀の段階で約一億であった人口が、一八世紀の間に三億に増えた。この人口増加を支えたのが、内陸山間部の開発、市場経済の活性化、そして外国からの商品輸入であったとされる[12]。そうした中国経済の動向は、東南アジアにおける貿易の拡大にも影響を与えたと考えられる。

一八世紀の東南アジアの貿易においては、その商品構成に大きな変化がみられた。一五世紀から一六世紀にかけて、「商業の時代」と呼ばれる地域経済の発展を経験した東南アジアでは、西欧、インド、中国といった文明地域へ、香辛料や希少な森林産物が輸出された。当時の東南アジア貿易は、奢侈品が主体となっていた。しかし、一八世紀に入ると奢侈品に限らず、木材、米、海産物といった、大衆が消費する多様な産品の輸出が拡大した。例えば、シャムで切り出された良質な木材は中国商人のジャンク船の材料となり、東南アジア島嶼部で採取されたナマコやツバメの巣は、食材として中国に輸出された[13]（本書第3章参照）。このように奢侈品から大衆消費財へという貿易商品の転換の背景には、前述したように、中国経済の活性化による東南アジア産品への需要の拡大があったといえる。購買力を高めた中国の大衆に、東南アジア産品は消費されるようになったと考えられる。こうした輸出品の転換を伴いながら、東南アジア貿易は一八世紀後半に成長した可能性が高い。では中国向け産品の輸出を増大させた東南アジアには、その対価として何が輸入されていたのだろうか。

近世の商業活動の活性化に伴って、東南アジアではインドの綿織物が流通するようになった。それらインド綿製品の輸入量は一七世紀前半にはおよそ年間一七〇〇着であったと推計されている[14]。この時期に東南アジアの服飾文化として浸透したインド綿製品は、現地住民に需要される最も重要な輸入品となった。その後、一七世紀後半に入るとオランダの独占貿易や気候変動による経済環境の悪化に影響され、東南アジアへのインド綿製品の輸入量も減少傾向にあった。しかし、一八世紀の半ばに底を打った輸入量は、その後増加していき、一九世紀初頭には、最盛期には及ばないものの、八〇〇着近い輸入量にまで回復したとみられる。やはり、一九世紀初頭まで、インド綿製品は東南アジアの現地住民に求められる重要な輸入品であったといえる。一八世紀の東南アジア産品の輸出成長は、同時にインド綿製品に代表されるような、現地の人々に消費されるアジアの産品の輸入を促進したと考えられる。

以上のように、一八世紀の後半にはイギリスの対アジア貿易も絡む、多角的なアジア地域内貿易の一角に東南アジアは組み込まれていた。それは次のような構造であった。インドからインド人商人やカントリートレーダーが、東南アジアにインド綿製品やアヘンを輸入した。それらインドの商品は、東南アジアの現地住民に供給され、引き換えに多様な東南アジア産品が市場にもたらされた。そして東南アジア産品は中国へ輸出され、茶や生糸などと交換された。それら中国産品は最終的にイギリスへ輸出されていった。イギリスからはアジア産品の輸入と引き換えに、ラテンアメリカ産の銀がアジアに輸出されるとともに、インドの植民地支配による収益も支払いに充てられた[15]。この時期、中国、インド、そしてイギリスの貿易は東南アジアを結節点としながら、有機的に連動していたといえる。その多角的な貿易をつなぎ合わせる結節点として機能していたのが、東南アジアの中継港であった。

近世の頃より、東南アジアには中継港を中心とした港市国家が発達していた。港市国家の典型例が一五世紀に繁栄したマラッカ王国で、世界中から商人が集まるマラッカでは、中国やインドの産品から、東南アジアの香辛料や森林産物まで、あらゆる商品が取引されていた[16]。しかし、一六世紀の初頭にマラッカはポルトガルにより占領され、その後、一七世紀にはオランダの支配下で独占貿易が行われたため、その貿易の中心性を失っていった。それでは東南アジア貿易が再び活性化の兆しを見せ始めた一八世紀には、どのような中継港が台頭したのだろうか。

一八世紀の東南アジア、主にマラッカ海峡近海では、マラッカ王国を継承したジョホール・リアウ王国が勢力を拡大した[17]。その中心地はビンタン島のリアウであり、一八世紀の中葉にはその貿易は大きな発展を見せたとされる。特にリアウの貿易において重要な役割を果したのが、ブギス人商人であった。ブギス人商人たちはボルネオやセレベスといった東方の島々を拠点に貿易を行い、森林産物や海産物をリアウに運び込んだ。こうして東南アジア各地から産品が集まる中継港には、自ずとそれら産品を求める中国商人、インド商人、そしてカントリートレーダーが訪れた。リアウを中継港として、インドの綿製品やアヘン、中国の茶や生糸、そして東南アジアの多種多様な産品が取引された。このように、一八世紀の多角的なアジア域内貿易の発達の中で、中国とインドの中間にあり、東南アジア各地にもアクセスできるマラッカ海峡の中継港が、各地の貿易をつなぐ結節点として機能した。

しかし、一七八四年にはオランダとの戦争によりリアウは崩壊した。それに伴いジョホール・リアウ王国の支配力が衰退したことで、マラッカ海峡には海賊が跋扈した。それ以後、マラッカ海峡周辺の貿易活動は混乱に陥った。一七八六年にはイギリス東インド会社がペナンを設立し、東南アジアの貿易をそこに集中させようと目論んだ(18)。しかし、ペナンは地理的にベンガル湾に面していたこともあって、東方諸島や中国から商人が訪れるには不便であった。その中継港としての求心力は限定的であったといえる。リアウの崩壊後には、マラッカ海峡周辺の小規模な貿易港が発展を遂げたが、有力な中継港は台頭しなかった(19)。そうした中で、一九世紀初頭に東南アジアへの進出を本格化させたイギリスによって、シンガポールが設立された。このイギリスの植民地港が、近世に発展した東南アジアの中継港の役割を継承したと考えられる。次に、シンガポールの設立とその初期の貿易成長について解説しよう。

2　イギリスの進出とシンガポール貿易の成長――一九世紀中葉

一九世紀初頭、ナポレオン戦争の中でオランダ本国がフランスに占領されると、オランダ領ジャワにも親フランス派の政府が立った。それに対して、フランスと戦っていたイギリスはジャワを攻撃し、一八一一年にはそこを占拠した。そして、東インド会社のトマス・スタンフォード・ラッフルズを首長としたイギリスのジャワ支配が始まった。ラッフルズはジャワにおける制度改革を積極的に進め、イギリスの東南アジア進出の拠点を築こうと尽力した。ジャワの統治期間中、ラッフルズはジャワに関する博物誌も残しているように、現地の状況を熱心に探索していた。[20]しかし、一八一五年に締結されたウィーン議定書により、オランダが植民地の支配に復帰することが決定されると、イギリスの勢力範囲はペナンまで後退し、東方進出への足掛かりを失った。その後、一八一九年、ペナンからマラッカを経由して東方へ航海しながら、貿易拠点に適した地を探していたラッフルズは、ジョホール・リアウ王国の領有するシンガポール島に上陸した。[21]当時一五〇人ほどが暮らす漁村であったシンガポール島に目をつけたラッフルズは、ジョホール・リアウ王国のテメンゴンと交渉して、そこにイギリス東インド会社の港を設置することに成功した。こうしてイギリス植民地港としてのシンガポールが誕生した。

シンガポールはマラッカ海峡の南端に位置し、中国からインド、そして西欧へ向かう船舶の通過地点であるとともに、東南アジア島嶼部から大陸部の沿岸にもアクセスが可能な好立地にあった。その地理的優位性に目をつけたラッフルズは、シンガポールを設立する際に二つの目的を持っていたとされる。[22]一つ目は、シンガポールを拠点にイギリスの対中国貿易をさらに拡大させることであった。二つ目は、シンガポールを自由港とすることで、周辺地域から商人たちをひきつけ、イギリスの経済的影響力を東南アジアに浸透させることであった。一つ目の目的に関しては、設立後のシンガポールは、インドのアヘンや東南アジア産品を中国に再輸出し、それと交換に中国から輸入された茶や生糸をイギリスに再輸出するという中継貿易を行っていたことからも、ある程度は達成されたといえる。しかしながら、イギリス、インド、そして中国をつなぐ中継港としての役割は、一八四二年に中国に設立されたイギリスの植民地、香港によって担われるようになった。むしろ、一九世紀を通して、シンガポールはラッフルズが目論んだ二つ目の野望、東南アジアの貿易中心地として大きな発展を遂げたのであった。

それでは、一九世紀におけるシンガポール貿易の成長とその構造を統計データから把握しよう。図1は一八三〇年代から一九一三年にかけてのシンガポールの実質的な輸出成長率と、その輸出の地域別構成を示している。地域別の輸出先は、東南アジア、東南アジア以外のアジア、そして欧米諸国というカテゴリーで分類した。まずシンガポールの輸出成長をみると、一八三一年から一八七〇年代初頭にかけて輸出規模はおよそ四倍に増えたことがわかる。その後、一八七〇年代初頭から一九一三年にかけても、同様に四倍の成長を遂げた。このように、シンガポールの貿易は一九世紀を通して継続的に成長したのであった。

さらに図1からは、シンガポールの輸出先として東南アジアと欧米が重要であったことがわかる。一九世紀から二〇世紀前半にかけてのシンガポールの輸出先としては、東南アジアは四〇%ほどの比重を占め続けた。そして、欧米向けもシンガポールの輸出の四〇%近くを占めていた。これら東南アジアへの輸出も欧米への輸出も、基本的にはシンガポールに輸入された商品の再輸出であった。その詳細な構造は後で

図1　シンガポールの地域別輸出額（1831～1913年）

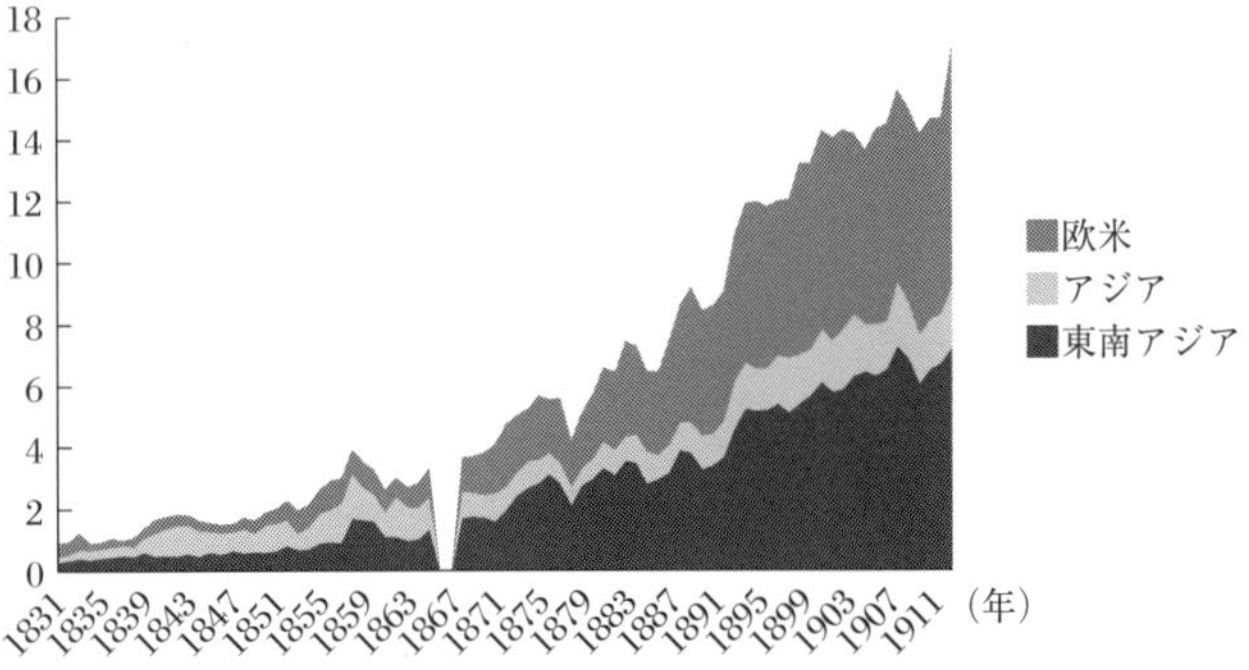

注：1831年を1とする指数。シンガポールの名目輸出額を輸出物価指数でデフレートし、実質成長率を算出した。実質成長率の指数に占める地域別の比率は、各年度の輸出額の比率を適用した。

出所：1831年～1865年は***Tabular Statements of the Commerce and Shipping of Singapore, 1839-1865***, Calcutta: Military Orphan Press; 1868年～1913年は***Blue Book for the Colony of the Straits Settlements, Trade Returns for the years, 1868-1913***, compiled by the Government of the Straits Settlements, Singapore. より。

図2　シンガポールの地域別輸入額（1831～1913年）

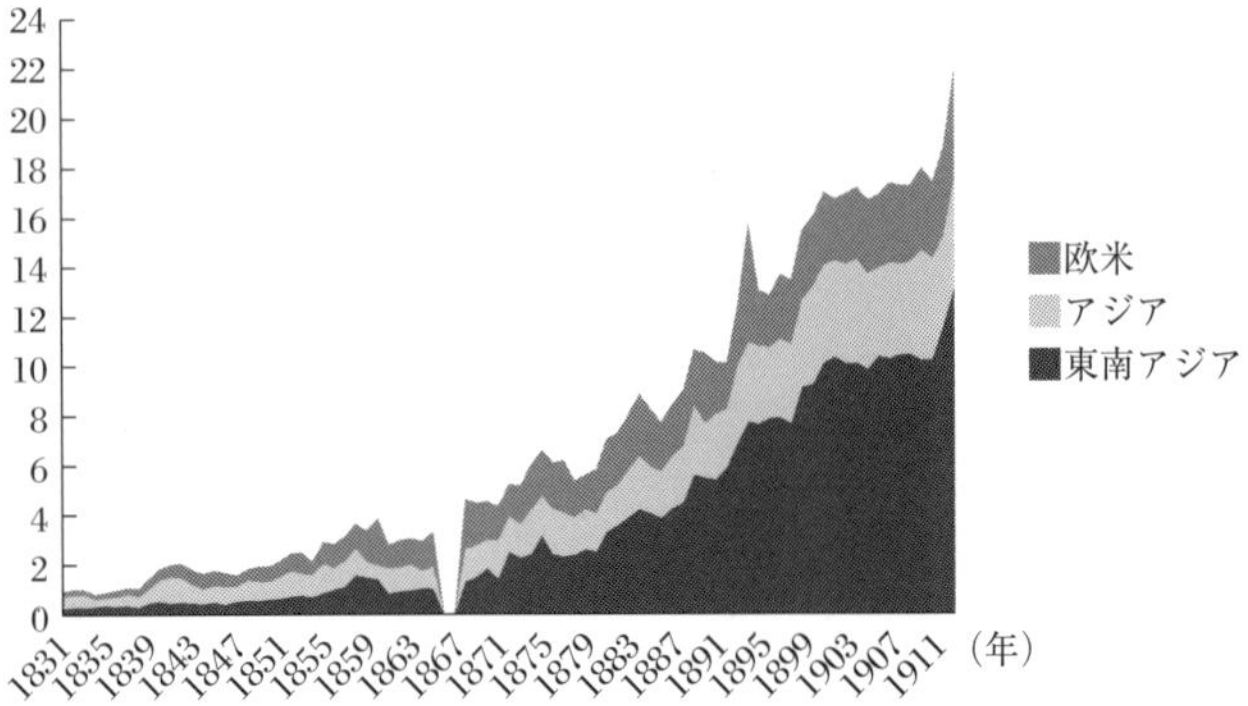

注：1831年を1とする指数。計算方法については図1注をみよ。

出所：図1に同じ。

商品構成を見ながら解説するが、シンガポールは周辺の東南アジア地域と欧米との間をつなぐ中継港として機能していた様子が、このデータから読み取れる。

さらに、シンガポール貿易にとっての東南アジアの重要性は、輸入の地域別構造において際立っていた。図2はシンガポールの実質的な輸入成長率と、その地域別構成を示す。シンガポールの輸入は一八三一年から一八七〇年代初頭にかけて五倍増加し、その後一九一三年までにおよそ四倍の成長を遂げた。輸出よりも成長率が高くなっているのは、都市としてのシンガポールが急速に発展し、増大する人口のための消費財が輸入されていたからであろう。また、その地域別の比率をみると、特に一八七〇年代以降に東南アジアからの輸入が最も大きなシェアを占めていたことがわかる。基本的に一八八〇年代以降は、東南アジアは輸入全体の五〇％以上を占め続けた。一九世紀を通してシンガポール貿易は成長し、そこでは対東南アジアとの貿易が基盤となっていたといえる。それでは次に、一八七〇年代初頭までのシンガポール貿易の成長の要因について考察しよう。

一八三〇年代から一八七〇年代初頭までのシンガポールの貿易は、どういった商品の流通を基盤として成長したのだろうか。図3は一八三四年から一九一三年にかけてのシンガポールの対東南アジア輸出の商品構成を示す。ここからは、一九世紀中葉のシンガポールから東南アジア各地へは、アヘンが主体となるアジア商品と、イギリスの綿製品が輸出されていたことがわかる。アヘンはイギリス支配下のインドからシンガポールに輸入され、東南アジア各地に再輸出された。同様に綿製品についても、イギリスの綿工業品が、シンガポールから東南アジア各地に再輸出されていた。こうした遠隔地から輸入された商品を、周辺の東南アジア各地に再輸出する中継貿易によって、シンガポールの貿易は成長した。特に一八七〇年代

図3　シンガポールの東南アジアへの輸出商品構成（1834〜1913年）

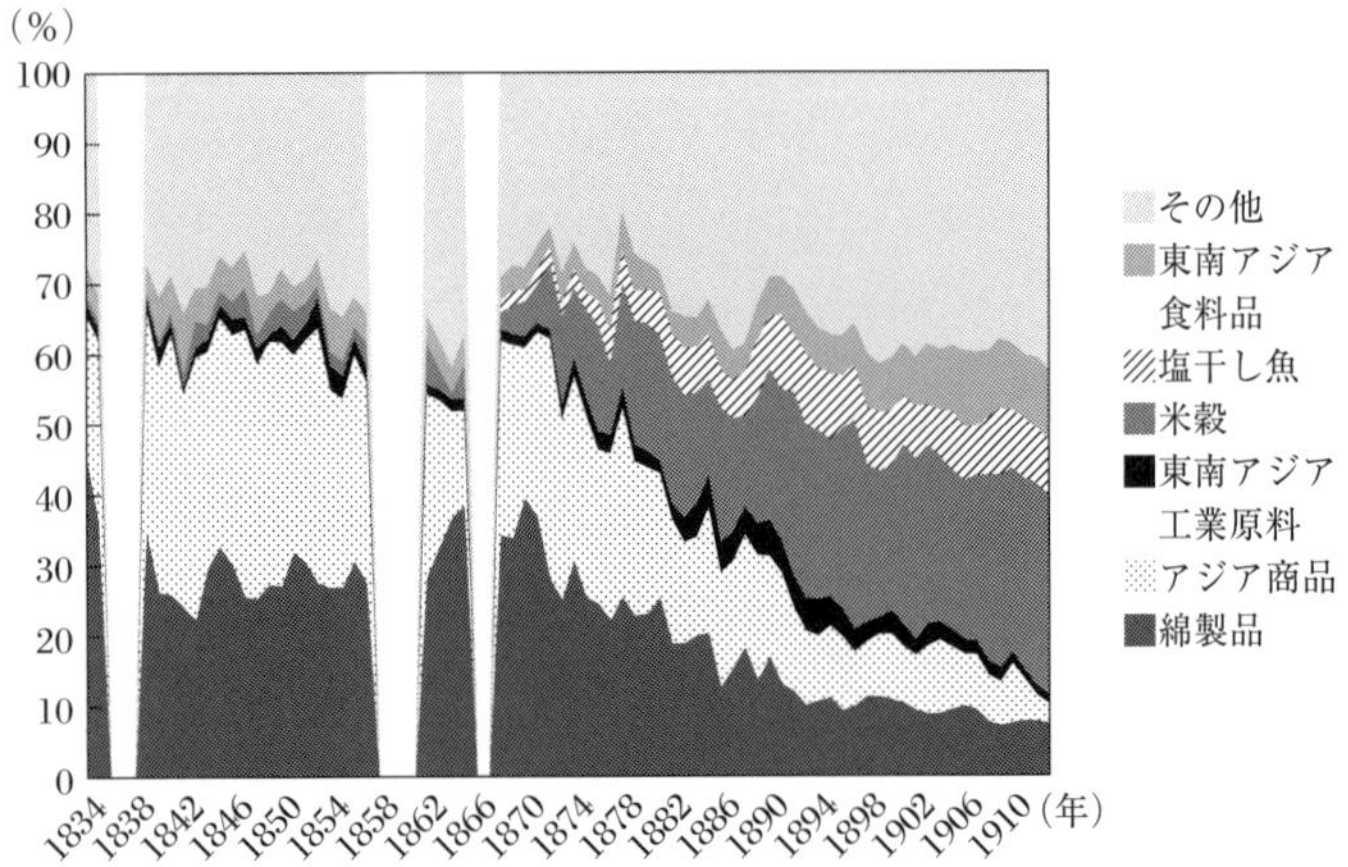

注：シンガポールから東南アジア諸地域（英領ビルマ、シャム、仏領インドシナ、マレー半島、英領ボルネオ、フィリピン、蘭領東インド）への輸出に占める主な商品の比率を示す。「アジア商品」は、アヘン、生糸、絹織物を含む。「東南アジア工業原料」は、石炭、石油、ガンビール、ラタン、グッタ・ペルカ、皮革、錫、コプラ、ゴムを含む。「東南アジア食料品」は、たばこ、茶、ベーテルナッツ、ココナッツ油、砂糖、サゴ、コーヒー、胡椒、タピオカを含む。

出所：1834年〜1835年は ***Singapore Free Press***, 3rd Dec. 1835-30th Nov. 1837, Commercial Tables, Showing the Nature, Quantities and Values of the articles Imported and Exported at Singapore, and the Places from and to, during the year ending 30th April 1834-1836; 1839年〜1858年、1862年〜1865年は ***Tabular Statements***, 1839-1865; 1868年〜1913年は Blue Book, 1868-1913より。

初頭までの貿易成長は、イギリス綿工業品という新たな商品の流入に促されたものであった。この点について詳しく論じよう。

一八世紀の産業革命を経て、イギリスでは工業品としての綿製品が誕生した。一九世紀初頭には、それまでインドから綿織物を輸入していたイギリスは、逆にインドに対して綿工業品を輸出するようになった。そして、一八二〇年代になると、シンガポールを中継して東南アジアにもイギリス綿工業品が流通し始めた。それ以前から、東南アジア

図4　シンガポールの東南アジアからの輸入商品構成（1834～1913年）

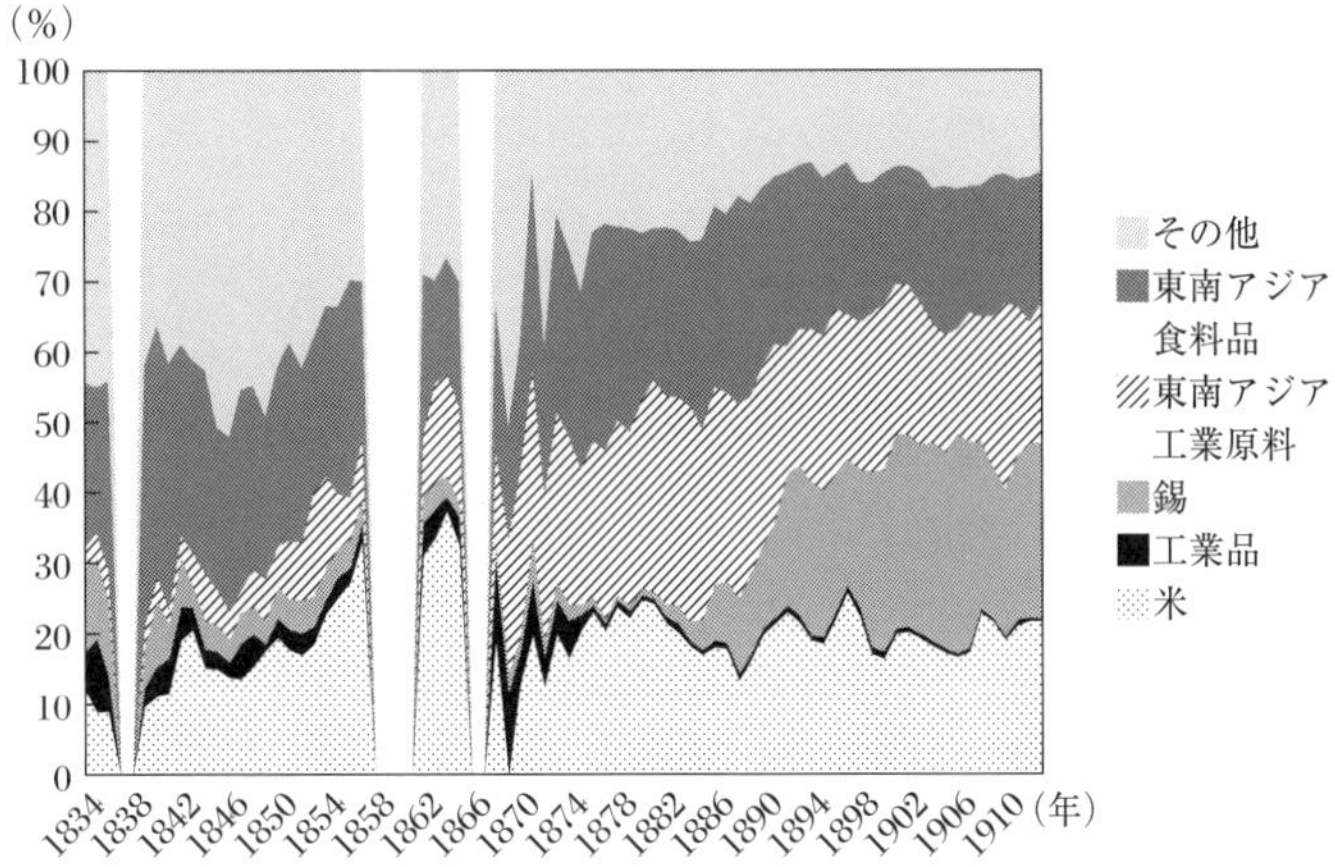

注：シンガポールの東南アジア諸地域（対象地域は図3に同じ）からの輸入に占める主な商品の比率を示す。「工業品」は、綿製品、アヘン、絹織物、生糸を含む。「東南アジア工業原料」と「東南アジア食料品」に含まれる商品は、図3に同じ。
出所：図3に同じ。

にはインドの綿織物が広く流通しており、重要な輸入品であった。イギリス綿工業品は、このインド綿製品の流通シェアを奪うことで流通拡大していった。しかし、最初の頃はインド綿製品の色合いや柄、そして耐久性を現地の住民が好んだため、イギリス綿工業品は簡単には流通シェアを拡大することはできなかった(23)。しかし、徐々に生産技術の向上によって耐久性が増し、また低価格となったことによって、一八四〇年代までにはシンガポールの貿易においても、インド綿製品に代わりイギリス綿工業品が圧倒的なシェアを有するようになった。さらに、シンガポールを中継した東南アジア市場へのイギリス綿工業品の輸出においては、イギリスにおける技術力の向上という生産側の要因だけでなく、東南アジア現地で起こった自由貿易の浸透と、商人ネットワークの構築という流通面での変化も重要であった。

一九世紀のシンガポールは無関税であり、港湾使用料も徴収しない自由港であった。自由港シンガポールには東南アジア各地から現地の商人たちがやってきて、イギリス綿工業品を各地の市場に輸出した。こうしたルートでのイギリス綿工業品の流通拡大に対して、ジャワを中心に東南アジアに植民地を有していたオランダが反発した。一八二四年の英蘭協定によって、マラッカ海峡の以北がイギリス勢力圏、以南がオランダ勢力圏に分割されると、オランダは植民地へのイギリス綿工業品の流入を防ぐために、差別的な高関税を設定した(24)。特に、オランダはシンガポール経由でのイギリス綿工業品の輸入を危惧し、イギリスから直接輸入されるよりも高い関税率をシンガポールからの綿製品輸入に課した。その関税率は最大で七〇%にまで達し、シンガポールからオランダ勢力圏へのイギリス綿工業品の輸出を阻む大きな障害となった。しかし、オランダの差別的な高関税は、英蘭協定の第二条(関税に関する取り決め)に違反するものであった。こうした条約違反に対して、イギリスは一八四〇年代初頭に本格的に外交抗議を行い、その結果、シンガポールからオランダ領へのイギリス綿工業品の輸入関税率は二五%まで引き下げられた。これ以降、シンガポールからオランダ勢力圏内の島々へのイギリス綿工業品の輸出は増加していったのであった。

シンガポールを中継したイギリス綿工業品の貿易は、どういった商人によって担われたのだろうか(25)。イギリスからシンガポールへ綿工業品を輸入したのはイギリス人商人や商社であった。さらに、シンガポールから東南アジア諸地域へイギリス綿工業品を輸出したのは、現地のアジア人商人たちであった。イギリス人商人たちが自ら東南アジア各地に綿工業品を運ぶには、情報不足や海難・海賊といったコストが大きかったためであった。そうなると、イギリス人商人たちは、シンガポールで東南アジア各地の商況をよく知る現地の商人たちに、その綿工業品を売り渡さなければならない。しかし、彼らは現地の商慣習をよく知らないし、現地語も話せなかった。他方、現地のアジア人商人たちの多くも、西欧商人との取引の経験は少なかった。そこで、両者との取引を行う仲介商人が求められたのであった。その役を果たしたのは、マラッカからシンガポールに移住した華人商人たちであった。彼らはマレー語に加え英語も操り、シンガポール政府の役職も担うなど、西欧人からも一目置かれる存在であった。イギリス人商人は、そういった信頼するに足る華人商人たちにイギリス綿工業品を掛け売りし、後日、対価として輸出用の東南アジア産品を得た。そしてイギリス綿工業品は、仲介華人商人からローカルな交易を担うアジア人商人たちに売り渡されたことで、シンガポールから東南アジア各地へ輸出されていった。仲介華人商人が多様な商人との取引を成立させることで、シンガポールには東南アジアの広域をまたぐ商人ネットワークが形成された。イギリス綿工業品の貿易は、こうした仲介華人商人を軸としたイギリス人商人から現地商人につながる商人ネットワークを基盤として成長したのであった。もう一つの主力輸出品であったアヘンも、同様の流通構造でインドからシンガポールを中継して東南アジアに輸出されたといえる。

こうして、イギリス綿工業品やアヘンといった遠隔地から輸入された商品が東南アジア各地に輸出され、それと引き換えに多種多様な現地の産品がシンガポールに輸入された。図4はシンガポールにおける東南アジア諸地域からの輸入商品構成を示す。ここでは一八三〇年代から一八七〇年までの商品構成に注目すると、米（主にジャワやシャムから）と東南アジア食料品が重要であったことが分かる。食料品には砂糖（主にジャワから）、コーヒー（主にスマトラから）、そして森林産物（主にスマトラ、ボルネオ、セレベスなどから）などが含まれる（詳しくは図4の注をみよ）。これら東南アジア産品は、アジア人商人たちがシンガポールに輸入し、さらに仲介華人商人からイギリス商社や中国人商人へ売り渡されることで、最終的には西欧、インド、中国といった遠隔地へ輸出されていった。

一八一九年にイギリスの植民地港として設立されたシンガポールは、その後五〇年間の間にイギリス、インド、そして中国との遠隔地貿易と、周辺東南アジア地域とのローカル交易とをリンクさせる中継港として発展した。その貿易成長は、イギリス綿工業品やアヘンといった、イギリスがアジアとの貿易拡大のために導入した新たな商品と、東南アジアの多種多様な産品との間の交換がベースとなっていた。そして、その時期に構造化されたシンガポールと東南アジア各地域との間のローカルな交易は、一九世紀末になるとさらなる発展を遂げた。次節では、一八七〇年代以降のシンガポール貿易の成長について論じよう。

3　東南アジアの一次産品輸出の拡大における域内交易の役割——一九世紀末

一九世紀後半に入ると、東南アジアにおける西洋諸国のプレゼンスが高まっていった。一八五〇年代の初頭には、イギリスが下ビルマを併合し、さらにシャムに貿易の開放を迫った(26)。また一八六〇年代にはフランスがコーチシナ（ベトナム南部）を植民地化し、元朝支配下で制限されていた海外貿易を開放した(27)。そして、一八六九年にスエズ運河が開通すると、東南アジアと西欧との間の海運の速度と規模は格段に向上した。そして、一九世紀の末までにはシャム王国を除く、東南アジアの全域が欧米諸国の植民地とされたのであった。こうした西洋進出がもたらした貿易の自由化や交通通信技術の発達は、東南アジアの貿易成長、特に比較優位を生かした一次産品の輸出を促進した。一九世紀末の東南アジア諸地域の一次産品輸出は大きく二つのタイプに分けられる。一つが東南アジア島嶼部でみられた欧米向けの工業原料の輸出であり、もう一方が東南アジア大陸部でみられたアジア市場向けの食糧の輸出であった。それぞれの特徴を捉えよう。

一九世紀末の東南アジア島嶼部では、マレー半島の錫、オランダ領東インドの砂糖やゴム、そしてフィリピンの砂糖やマニラ麻といった一次産品が欧米に向けて大量に輸出されるようになった[28]。これら一次産品は、錫であれば缶詰のメッキに、ゴムであれば自動車のタイヤに、そしてマニラ麻は建築材料に用いられた。欧米諸国での工業化、そして経済発展に伴って拡大した工業原料に対する需要に対応する形で、東南アジア島嶼部の一次産品輸出は成長した。そして、それら地域では古くから人口が希薄であったため、一次産品の生産を担う労働力として中国やインドから大量の移民が流入した。一八九一年から一九〇〇年の一〇年間に、東南アジアにやってきた中国人移民はおよそ一九〇万人、インド人移民はおよそ一四〇万人であり、そのうちの多くが錫鉱山やプランテーションの労働で蓄財したのち、帰国する還流移民であった[29]。こうした移民労働者たちは東南アジア島嶼部で一次産品の生産に従事し、その輸出成長を支えるとともに、衣食住に関する大きな需要を生み出すという側面もあった。特にマレー半島やオランダ領スマトラやボルネオでは、拡大した食糧の需要を満たすために、米を輸入する必要があった。また、移民労働者の流入は顕著ではなかったが、一九世紀初頭から現地民の人口が急増したジャワにおいても、一八七〇年代に食糧生産が人口増加に追い付かず、米の輸入が輸出を上回るようになった[30]。東南アジア全体の人口は、一八〇〇年の推計三三〇〇万人から一九〇〇年の推計八三〇〇万人に増加した[31]。東南アジア島嶼部では欧米向けの工業原料の輸出成長とともに、移民流入と人口増加に伴った食糧需要の拡大が起こったといえる。

東南アジアの大陸部では、一九世紀後半になると大河川のデルタ地帯の開発が進んだ[32]。ビルマのイラワジ・デルタ、シャムのチャオプラヤ・デルタ、そしてコーチシナのメコン・デルタは、水資源が豊富でありながら劣悪な住環境のため、一九世紀以前は人があまり居住しない土地であった。そこに、政府主導で土地開発や運河網の整備が進められると、徐々に現地民が移住した。そして各デルタでは現地住民による稲作が拡大し、その余剰米は諸外国に輸出された。一九世紀末にはビルマ、シャム、仏領コーチシナは米の一大輸出地域となったのであった。それら三つの地域の米輸出には若干の相違があった。まず、ビルマの米は主に西欧に輸出され、製紙業における工業用糊として利用された。ただ、一九世紀末になると隣国インドへの米輸出が拡大し、そこでビルマ米は食糧として消費された。シャムの米輸出は、まず香港やシンガポールといった近隣の中継港に輸出された。さらにシャム米は、香港から中国へ、またシンガポールから東南アジアへと再輸出され、食糧として消費された。シャム米はビルマ米やコーチシナ米よりも価格が高い高品質米として、アジア市場で取引された。仏領コーチシナの米は、一部は北部のトンキンに運ばれたが、多くは香港を経由して中国や日本に輸出されていた。しかし、二〇世紀に入ると、フィリピンやオランダ領東インドといった近隣の東南アジアへの輸出が拡大した。それら輸出先のプランテーション労働者に、コーチシナ米は消費されたといえる。三つの米輸出地のうち、最大の輸出規模を有したのはビルマで、一八六〇年代におよそ二九万トンであった輸出量が、四〇年後の一九〇〇年代には二〇〇万トンにまで増加した。シャムとコーチシナの米輸出の規模は同水準であり、一八六〇年代におよそ一三万トン程度であったのが、一九〇〇年代には七三万トンにまで拡大した。東南アジア大陸部では、デルタの開発に伴って、主にアジア市場向けの食糧の輸出が発展したといえる。

それでは、東南アジア各地が一次産品輸出の成長を遂げていた時期に、シンガポールの貿易はどのような展開を見せたのだろうか。まずは、シンガポールの東南アジア各地からの輸入商品構成の変化を図4からみよう。一八七〇年代以降もシンガポールには東南アジア各地から様々な商品が輸入されていた。引き続き米の輸入は大きなシェアを持ったが、その主な輸入先は一八六〇年代を境にオランダ領のジャワから、シャム、ビルマ、仏領インドシナに切り替わった。その背景には前述したように、一九世紀後半からの東南アジア大陸部の米生産と輸出の拡大があった。さらには、東南アジア大陸部からは塩干し魚（東南アジア食料品に含まれる）という新たな商品も輸入されるようになった。また、一八七〇年代以降のシンガポールにはマレー半島や周辺の島嶼部から、森林産物、ガンビール、胡椒といった一次産品が輸入された。そして、一八八〇年代以降には錫の輸入が急激に増加したこともわかる。これは、マレー半島での中国人労働者による錫鉱山の開発が進んだことによる。このように、シンガポールの東南アジア諸地域からの輸入は、一八七〇年代以降も引き続き現地の産品が主体であり、東南アジア島嶼部の工業原料の輸出拡大や、東南アジア大陸部の食糧輸出の成長を反映したものであったといえる。

一方で、シンガポールの東南アジア諸国への輸出には、一八七〇年代以降に大きな変化が起こった。シンガポールから東南アジア各地への輸出商品の構成を示した図3をみると、一九世紀前半には合わせて六〇％近くを占めていた綿製品とアヘンのシェアが、一八七〇年代以降になると低下した。それに代わってシェアを増加させたのが、米、塩干し魚、そして東南アジア食料品という現地で生産された食糧であった。米や塩干し魚は、東南アジア大陸部から輸入されたものが、シンガポールを中継してマレー半島や蘭領東インドといった島嶼部に再輸出された。また、東南アジア食料品の中に含まれる砂糖は、主に蘭領ジャワからシンガポールに輸入されたものが、近隣のマレー半島やシャムに再輸出された。つまり、一九世紀中葉までは、シンガポールから東南アジアに輸出されていた商品は、イギリスやインドで生産された工業品や加工品であったのが、一八七〇年代以降になると、東南アジア地域内で生産された食糧へと転換したのであった。

以上のシンガポールの対東南アジア貿易で起こった変化は、一九世紀末の東南アジアの一次産品輸出の成長と連動していた。まず、東南アジア島嶼部では欧米工業国向けの工業原料の生産が拡大した。その生産を支えたのが、中国やインドからやってきた移民労働者たちであった。また、現地の住民も商品作物や森林産物の採集を行い、それら産品と引き換えに消費財を購入するようになった。こうして東南アジア島嶼部では食糧や衣類といった必需品の需要が拡大した。他方、東南アジアの大陸部ではデルタの開発が進み、米や塩干し魚の生産が増大し、それら一次産品のアジア市場への輸出が成長した。そして、東南アジア島嶼部の食糧需要と、東南アジア大陸部の食糧供給を結びつけたのが中継港のシンガポールであった。シンガポールを中継して大陸部で生産された米や塩干し魚が、錫鉱山やプランテーションに供給されたことで、島嶼部各地は欧米向けの一次産品の生産に特化することができた。なにより、こうした地域内分業は、西洋進出が本格化した一八七〇年代以降に唐突に生まれたものではなく、一九世紀前半からシンガポールが中継港として構築していたローカル交易のシステムを基盤として形成されたものであった。一九世紀末の東南アジアの一次産品輸出の成長は、西洋主導の世界経済の拡大と、東南アジアの中継港を軸とした貿易システムとの相互作用によって実現したといえる。

ここで、シンガポールの中継港としての機能を支えた商人活動の変化についても指摘しておこう。一九世紀前半のシンガポールの東南アジアとの交易は、マレー人商人、ブギス人商人、そして華人商人といった多様な商人によって担われていた。そして、それら現地商人と西欧商人との間の商品流通をつないだのが仲介華人商人であった。しかし、一九世紀の後半に入ると、シンガポールと東南アジア諸地域との間の域内交易の担い手として、新たな中国人商人たちの台頭がみられた。(33) もともとマラッカで商売をしており、シンガポールに移住した仲介華人商人たちの出自は福建系が多かった。それに対して、一九世紀後半以降に中国からシンガポールに移住した中国人商人たちは、広東や客家系といった出自をもち、彼らは同郷同族のグループを形成して商売を行った（本書第８章参照）。特に幇という同郷集団は、仲間内では強い連帯関係を有し（外向きには敵対的）、商売の際には信用販売を用いたことで、シンガポールを拠点に東南アジアの広い範囲に商業活動を広げていった。その様子を記した二〇世紀初頭の記事の一部を抜粋しよう。(34)

中国から来た新客、すなわち還流移民は友人やその他融通してくれる知人から十分な資金を掻き集め、米、塩、塩干魚、煙草、灯油、マッチ、砂糖、ビスケット、綿製品といった必需品を購入する。そして最も近い貿易港から何マイルも離れた遠い村に向かい、そこで小屋を建て、彼自身の食糧を賄うための小さな菜園を作り、食料雑貨店を開くことで商売を始める。彼の故郷のお役所風の経験に倣い、彼はいつでもその村のプンフル（村長）や地位の高い人々に敬意を払い、そして村人の中でも品行方正な人には金を貸すのをいとわない。彼の店はすぐに、いつでもその場所で休みたい人や憩いたい村人たちのたまり場となる。そして、グッタペルチャ、沈香、ラタン、ダマル樹脂、アレカナッツといった森林産物を持っている村人には、彼は店の品物と物々交換をするのをいとわない。彼は非道なほどに重量や計算で村人をだますが、そういった行為を、気前よく快活に、且つ友好的な感じで行うため、めったに文句は上がらない。そうして集められた森林産物は慎重に保管され、数年かけて集めたものが二〜三台の荷車に一杯の量になると、店舗、のれん、商売道具を後任者に引き渡して、村を後に商品と共に貿易港に向かって出発する。ここ（シンガポール）で、彼は商品をできるだけ利益が上がるように売り捌き、債権者に返済をした後、家族と休暇を楽しむために中国へ帰国の途に就くのである（筆者訳、（）内は筆者注）。

以上の描写のように、長期間にわたり村落に滞在し、多くのリスクを抱える商売を行う上では、同郷集団内の連帯に基づいた長期の信用供与が不可欠であったと考えられる。そして、資金も持たずにシンガポールにやってきた中国人商人でも、上記のようなローカルな交易に参入し、商売を成功させるチャンスが与えられた。当時は、シンガポールと東南アジアとの間の域内交易は不確実性やリスクが大きく、そうした状況に対応するにはこうした中国人商人の商売のやり方が有効であったと考えられる。集団内での互助を生かした商売によって、中国人商人たちはマレー人やブギス人といった現地の商人が担っていたローカルな交易に進出していった。こうした新たな商人たちの勢力拡大を背景として、シンガポールは東南アジアの中継港として更なる貿易成長を遂げたのであった。

おわりに——長期の一九世紀における東南アジア地域経済の変容

ここまで、一八世紀末の東南アジア貿易における中継港の役割に始まり、一九世紀のシンガポールの貿易成長について論じた。ここまでの中継港に焦点を当てた議論を、東南アジア地域経済の発展という広い視野からまとめ直してみよう。その際に、東南アジア地域の域外との貿易関係と、地域内の貿易関係という二つの側面に焦点を当てよう。

一八世紀に中国経済の活性化、そして中国の産品を求めたイギリス勢力の拡大に影響を受けて、東南アジアでも貿易の拡大が起こった。東南アジアからは主に中国市場に向けて胡椒、林産物、海産物といった現地の産品が輸出され、他方でインドからインド綿布やアヘンが輸入された。そして東南アジア産品やラテンアメリカ産の銀が輸入された中国からは、茶や生糸がイギリスに向けて輸出された。こうして、イギリスの対アジア貿易の拡大を背景として、アジア域内の多角的な貿易が発達すると、その中に東南アジアは組み込まれていった。そして、東南アジアのインドや中国との貿易は、主にマラッカ海峡近辺で繁栄した中継港に集約された。中継港には、現地の商人たちによるローカルな交易によって多種多様な東南アジア産品が輸入され、一方でインド綿布やアヘンが東南アジア各地に輸出された。東南アジアには広範囲に小規模な市場が散在しており、遠隔地貿易でそこに直接アクセスするよりも、遠隔地貿易は中継港までで、そこからはローカルな交易によって地域内に商品を流通させたほうが、効率的であったのだろう。こうして東南アジア各地の市場は、中継港を介して中国やインドと貿易関係を結んだといえる。一八世紀末までの東南アジア地域経済は、地域外に対してはアジア域内貿易に組み込まれ、地域内においては域外との窓口となる、中継港への貿易の集中が進んだのであった。

東南アジアの中継港を結節点とした域外との貿易関係は、一九世紀初頭のシンガポールの設立によって変化をみせ始めた。一八一九年に設立されたシンガポールは、東南アジア産品をイギリス、インド、中国といった域外の諸地域に再輸出する中継港の役割を継承しながらも、新たにイギリス綿工業品を地域に供給する拠点となった。イギリス産業革命によって誕生したイギリス綿工業品は、シンガポールを経由して東南アジア各地に輸出され、高い価格競争力でインド綿製品の流通シェアを奪った。また、シンガポールからはインド産アヘンも東南アジア各地に輸出された。その生産と販売はインドのイギリス植民地政庁によってコントロールされ、収益の一部は植民地政庁のものとなった。こうしてシンガポールの貿易におけるイギリスの影響力が増大していくと、イギリス綿工業品やインド産アヘンと交換にシンガポールに輸入された東南アジア産品は、そこからイギリスへ再輸出される比重が大きくなっていった。一九世紀前半から中葉にかけて、シンガポールを中継港とした東南アジア地域経済は、それまでのインドや中国との貿易関係を維持しながらも、イギリスとの貿易関係の強化が進んだといえる。

一方で、シンガポール設立後も、中継港と東南アジア諸地域との間のローカルな交易は継続した。東南アジアの多様な生態環境から生み出される様々な産品は、各地に散らばる市場に集荷されたのち、そこから現地商人による海上貿易によってシンガポールに運ばれた。シンガポールに輸入された、米、胡椒、海産物といった伝統的な産品は、中国市場へ再輸出された。他方、砂糖、コーヒー、錫など、一九世紀に入って新たな生産体制で作られるようになった商品の多くは西欧へ輸出された。シンガポールで流通した東南アジア産品の種類を細かくみていくと、そういった仕向け地の違いが垣間見える。しかし、東南アジア各地の市場・港市からみると、中継港とのローカルな交易を通して、域外との遠隔地貿易につながるという基本的な貿易構造は継続していたといえる。一九世紀の前半から中葉にかけて、新たな中継港としてのシンガポールを中心に、東南アジアの貿易構造は再構築され、地域内の交易はさらに発達したのであった。

一九世紀末の東南アジアでは、西欧諸国による植民地化が本格化し、中継港の貿易にもさらなる変化が起こった。まず、植民地化が進んだことで東南アジア諸地域では、欧米諸国への一次産品輸出の拡大がみられた。例えば、ジャワからオランダへの砂糖輸出、フィリピンからスペインへのマニラ麻の輸出、またビルマからイギリスへの米の輸出などが成長した。そして東南アジア地域経済の一次産品の輸出は、中継港を経由するルートでも成長した。マレー半島で採掘された錫は、シンガポールに運ばれ、そこで精錬加工されたのちイギリスに輸出された。また、島嶼部の熱帯雨林で採集されたグッタ・ペルカという天然樹脂は、シンガポールを経由して西欧に大規模に輸出された。この天然樹脂は、一九世紀末に世界各地に張り巡らされた、海底電信ケーブルの保護材に用いられた。こうして東南アジアの域外との貿易関係は、西洋植民地化の中で、西洋諸国への一次産品の輸出成長へ向かった。東南アジア地域経済は、植民地化による宗主国と植民地との間の直接の遠隔地貿易というルートと、中継港を介した西欧との遠隔地貿易というルートの両方を介して、工業国との国際分業体制に組み込まれていったといえる。

しかし、一九世紀末の東南アジア貿易においては、重要な変化は域内の交易関係においても起こっていた。東南アジアの島嶼部では、欧米工業国向けの一次産品を生産するために、一八七〇年代以降、インドや中国から大量の移民労働者が流入し始めた。彼らは錫鉱山や砂糖プランテーションで働き、一次産品を生産するとともに、衣類や食糧を消費した。こうして島嶼部の労働人口の増大によって消費財の需要が拡大した。そして一九世紀後半以降、デルタの開発を進めた東南アジア大陸部では米生産が拡大し、それをアジア市場に輸出し始めた。それら大陸部から米や塩干し魚といった食糧が、シンガポールを経由して島嶼部に輸出され、移民労働者たちの食糧需要を満たした。また、シンガポールを経由して島嶼部に輸出された米は、移民労働者だけでなく、一次産品の生産に従事した現地住民たちにも供給された。欧米工業国の一次産品への需要は、東南アジア島嶼部の生産拡大、そして移民や現地住民の購買力の向上をもたらした。さらに、島嶼部で生じた消費財の需要拡大は、食糧の輸入を通じて大陸部の生産者の購買力の増大へと連鎖したと考えられる。こうした島嶼部の一次産品生産と、大陸部の食糧生産の間の域内分業、そして対欧米貿易から生じた利潤の域内での分配は、中継港シンガポールを介して起こった。この地域経済の発展は、一九世紀前半からのシンガポールと東南アジア諸地域との間の交易関係の蓄積の上に、成り立っていたといえる。

東南アジア地域経済では、一八世紀までに中継港を結節点とした貿易システムが発達し、一九世紀の西欧進出の下でもそれは失われなかった。そして、シンガポールという新たな中継港を中心にそのシステムは再編され、遠隔地貿易と域内のローカル交易が有機的に連動したことで、地域全体の貿易は成長した。東南アジア独自の貿易システムの発展は、世界経済への統合と同時に、地域内部の経済関係の強化にもつながったのであった。シンガポールの貿易成長からは、長期の一九世紀を通したグローバル経済の拡大に対する、東南アジア地域経済による独自の対応と変化が読み取れるのである。

（1）C. M. Turnbull, ***A History of Singapore 1819–1975***, London: Oxford University Press, 1977, p. 10.

（2）岩崎育夫『物語　シンガポールの歴史――エリート開発主義国家の二〇〇年』中公新書、二〇一三年、三二一頁。

（3）Lin Ken Wong, 'The Trade of Singapore 1819–69', ***JMBRAS***, Vol. 33 (4), 1960, pp. 1–135.

（4）C. D. Cowan (ed.), ***The Economic Development of Southeast Asia: Studies in Economic History and Political Economy***, New York: Frederick A. Praeger, Publisher, 1964; Anne Booth, 'The Economic Development of Southeast Asia: 1870–1985', G. D. Snoos, Anthony Reid, and J. J. Pincus (eds.), ***Exploring Southeast Asia's Past***, Melbourne: Impact Printing, 1991, pp. 20–52; Angus Maddison and Ge Prince (eds.), ***Economic Growth in Indonesia, 1820–1940***, Dordrecht: Foris Publications, 1989.

（5）Anthony Reid, 'A New Phase of Commercial Expansion in Southeast Asia, 1760–1840', Anthony Reid (ed.), ***The Last Stand of Asian Autonomies: Responses to Modernity in the Diverse States of Southeast Asia and Korea, 1750–1900***, New York: St Martin's Press, 1997, pp. 57–81.

（6）杉原薫「一九世紀前半のアジア交易圏――統計的考察」籠谷直人・脇村孝平編『帝国とアジアネットワーク――長期の一九世紀』世界思想社、二〇〇九年、二五〇～二八一頁。

（7）Kaoru Sugihara and Tomotaka Kawamura (eds.), 'Introduction: Reconstructing Intra-Southeast Asian Trade, c. 1780–1870: Evidence of Regional Integration under the Regime of Colonial Free Trade', ***Southeast Asian Studies***, Vol. 2 (3) Special Focus, 2013.

（8）Earl H. Pritchard (first publish in 1936), ***The Crucial Years of Early Anglo-Chinese Relations, 1750–1800***, London: Routledge, 2000; 角山栄『茶の世界史』中央公論新社、一九八〇年。

（9）Michael Greenberg (first publish in 1951), ***British Trade and the Opening of China 1800–42***, London: Routledge, 2000; Pritchard, ***The Crucial Years***, 2000.

（10） Dennis O. Flynn and Arturo Giraldez, 'Cycles of Silver: Global Economic Unity through the Mid-Eighteenth Century', ***Journal of World History***, Vol. 13（2）, 2002, pp. 391–427.

（11） Kenneth Pomeranz, ***The Great Divergence: China, Europe, and the Making of the Modern World Economy***, Princeton: Princeton University Press, 2000.

（12） 岡本隆司編『中国経済史』名古屋大学出版会、二〇一三年、一九九頁。

（13） Nola Cooke and Tana Li（eds.）, ***Water Frontier, Commerce and the Chinese in the Lower Mekong Region, 1750–1880***, Singapore: Rowman & Littlefield Publishers, Inc, 2004; Eric Tagliacozzo, 'A Necklace of Fins: Marine Goods Trading in Maritime Southeast Asia, 1780–1860', ***International Journal of Asian Studies***, Vol. 1（1）, 2004, pp. 23–48; Robert Hellyer, 'The West, the East, and the Insular Middle: Trading Systems, Demand, and Labour in the Integration of the Pacific, 1750–1875', ***Journal of Global History***, Vol. 8（3）, 2013, pp. 391–413; 太田淳『近世東南アジア世界の変容――グローバル経済とジャワ島地域社会』名古屋大学出版会、二〇一四年。

（14） Anthony Reid, 'Southeast Asian Consumption of Indian and British Cotton Cloth, 1600–1850', Giorgio Riello and Tirthankar Roy（eds.）, ***How India Clothed the World: The World of South Asian Textiles, 1500–1850***, Leiden: Brill, 2009, pp. 31–51.

（15） Kirti N. Chaudhuri, 'Foreign Trade and Balance of Payments（1757–1947）', Dharma Kumar and Meghnad Desai（eds.）, ***The Cambridge Economic History of India***, Vol. 2, Cambridge: Cambridge University Press, 1983, Chapter 10, pp. 804–877.

（16） Anthony Reid, ***Southeast Asia in the Age of Commerce 1450–1680 Vol. 2: Expansion and Crisis***, Chiang Mai: Silkworm Books, 1993.

（17） Leonard Y. Andaya, ***The Kingdom of Johor, 1641–1728***, Kuala Lumpur; London: Oxford University Press, 1975; Carl A. Trocki, ***Prince of Pirates: The Temenggongs and the Development of Johor and Singapore 1784–1885***, Singapore: NUS

Press, 1979.

（18）　Nordin Hussin, ***Trade and Society in the Straits of Melaka: Dutch Melaka and English Penang, 1780–1830***, Singapore: NUS Press, 2007.

（19）　小規模な中継港として、例えばマレー半島東海岸のトレンガヌなどが発展した。Shaharil Talib, 'The Port and Polity of Terengganu during the Eighteenth and Nineteenth Centuries: Realizing its Potential', J. Kathirithamby-Wells and John Villiers（eds.）, ***The Southeast Asian Port and Polity: Rise and Demise***, Singapore: Singapore University Press, 1990, pp. 212–230.

（20）　Thomas Stamford Raffles, ***The History of Java, Volume 1 and 2***, London: Black, Parbury, and Allen, 1817.

（21）　Turnbull, ***A History of Singapore***, 1977, pp. 7–10.

（22）　白石隆『海の帝国――アジアをどう考えるか』中公公論新社、二〇〇〇年。

（23）　小林篤史「一九世紀前半における東南アジア域内交易の成長――シンガポール・仲介商人の役割」『社会経済史学』第七八巻三号、二〇一二年、八九～一一一頁。

（24）　Alfons van der Kraan, ***Contest for the Java Cotton Trade, 1811–40: An Episode in Anglo-Dutch Rivalry, Occasional Paper No. 32***, The University of Hull, Centre for South-East Asian Studies, 1998.

（25）　シンガポールの商人活動については、J. H. Drabble and P. J. Drake, 'The British Agency Houses in Malaysia: Survival in a Changing World', ***Journal of Southeast Asian Studies***, Vol. 12（2）, 1981, pp. 297–328; Wong 1960; 小林「一九世紀前半における東南アジア域内交易の成長」より。

（26）　Nicholas Tarling, ***Imperial Britain in South-East Asia***, Kuala Lumpur: Oxford University Press, 1975.

（27）　菊池道樹「サイゴン開港の歴史的意義」『東南アジア――歴史と文化』一七号、一九八八年、三～三七頁。

（28）　それぞれの植民地の一次産品輸出については以下の研究をみよ。Lin Ken Wong, ***The Malayan Tin Industry to 1914***, Tucson: The University of Arizona Press, 1964; Anne Booth, W. J. O'Malley, and Weidemann Anna（eds.）, ***Indonesian***

Economic History in the Dutch Colonial Era, New Haven: Yale University Press, 1990; Norman G. Owen, ***Prosperity without Progress: Manila Hemp and Material Life in the Colonial Philippines***, Berkeley; Los Angeles; London: University of California Press, 1984.

（29） 杉原薫『アジア間貿易の形成と構造』ミネルヴァ書房、一九九六年、二九八頁。

（30） 大木晶「インドネシアにおける稲作経済の変容――ジャワと西スマトラの事例から」加納啓良編『岩波講座　東南アジア史　第六巻　植民地経済の繁栄と凋落』岩波書店、二〇〇一年、二二六～二二七頁。

（31） R. E. Elson, ***The End of the Peasantry in Southeast Asia: A Social and Economic History of Peasant Livelihood, 1800–1990s***, London: Macmillan Press LTD, 1997.

（32） 東南アジア大陸部各国のデルタ開発と米輸出については以下の研究をみよ。Siok-Hwa Cheng, ***The Rice Industry of Burma 1852–1940***, Kuala Lumpur: University of Malaya Press, 1968; James C. Ingram, ***Economic Change in Thailand 1850–1970***, New Edition, Stanford: Stanford University Press, 1971; 高田洋子『メコン・デルタの大土地所有――無住の土地から多民族社会へ　フランス植民地主義の八〇年』京都大学学術出版会、二〇一四年。

（33） シンガポールの中国人商人・コミュニティについては以下の研究をみよ。Poh Ping Lee, ***Chinese Society in Nineteenth Century Singapore***, Kuala Lumpur: Oxford University Press, 1978; Ching-hwang Yen, ***A Social History of the Chinese in Singapore and Malaya, 1800–1911***, Singapore: Oxford University Press, 1986.

（34） Tek Soon Tan, 'Chinese Local Trade', ***The Straits Chinese Magazine***, Vol. 6 (23), 1902, pp. 89–97.

第5章　〝満洲〟と中国本土を繋ぐ都市
——一八～一九世紀の山東半島登州府

荒武　達朗

はじめに

〝登州〟という地名はおそらく一般の読者にとって聞き慣れたものではあるまい。では〝蓬莱〟となればどうだろう。街中の看板あるいは書籍の中で目にしたことはないだろうか。そもそも蓬莱とは中国の神仙思想の説く三神山の一つ、東方にある蓬莱山に由来し、そこには不老不死の薬があると考えられた。ここを日本になぞらえる言い伝えもあり、それ故に始皇帝の命を受けた徐福がその仙薬を求めて海を渡ったという物語は日本人にもなじみ深い。現在、山東半島北岸にある蓬莱という港町がこの伝説にどのように関わるかは検証しようもないのだが、まさにここが徐福出帆の地と考える人もいる。徐福ゆかりの地が日本

図1　山東半島登州府と南満洲地域

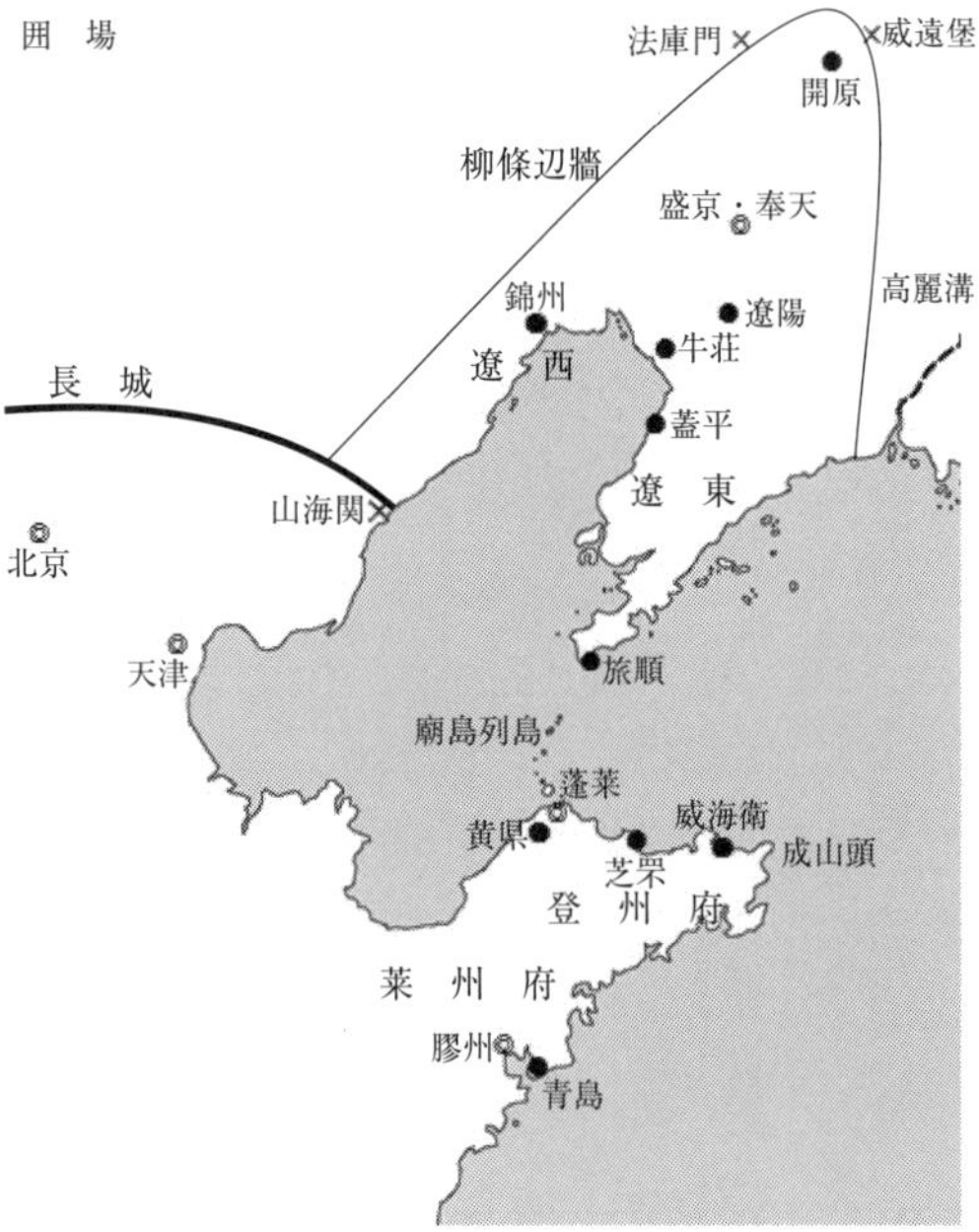

にも幾つかあるように、その出航の地も諸説あるようだ。現実の蓬莱は中国四大名楼の一つ〝蓬莱閣〟、さらには渤海に浮かび上がる蜃気楼によって国内外に知られた観光地である。明治期以降に大陸に足を踏み入れた日本人もしばしばこの地を訪れて、漢詩にも詠われるその景観をたのしんだ。蓬莱とは、「中国的な」「それらしい」地名というイメージを伴うからこそ、中華料理屋や中国物産を商う店など中国に関わる企業や店舗に屋号として採用される。かくも蓬莱とは我々日本人の暮らしにも関わりがあるのである。

　登州とは即ちこの蓬莱であり、両者は同じ港町のそれぞれ異なった呼称である。ただしこれは一つの港湾都市を指す狭義の登州というべきものであり、それとは別に広義の登州という概念が存在する。清朝の統治下、蓬萊（狭義の登州）を首府とし、さらにその後背地の黄県と福山、半島中部の内陸にある萊陽、棲霞、招遠、半島北東岸から先端にかけての寧海州、文登、栄成、南東部の海陽、合計九県一州で構成される行政区画があった。その名を登州府と称し、これが広義の登州と位置づけられる。一つの地名が県全体の名前と県庁所在地の双方に兼用されるのを想起すれば分かりやすい。以下の記述においては府全体を指す場合は登州府と称し、登州という港町を指す場合には蓬萊と称する。なお山東半島の付け根部分は萊州府という行政区分であり、半島全体をさして〝登萊〟と併称されることもある。

本章の叙述においては登州の対岸に位置する中国東北地方、かつて満洲と呼ばれた地域も重要な意味を有している。満洲とは本来民族呼称、国号であった。それが一九世紀前半までに日本人やヨーロッパ人によって地名として採用されるようになった。さらに二〇世紀半ばに至る日本の大陸進出の中で、人びとは否応なくこの満洲を地名用語として認知するようになった。筆者は〝満洲〟と呼ばれるようになった時期に関心があるので、様々な異論があるのを承知の上でこの呼称を用いる。この点、読者の諒解を請いたい。

さて中国本土とその北側の満洲・モンゴルとを分けるのが現在世界遺産の一つに数えられる長城（万里の長城）である。長城が渤海に接する地点に山海関という関門、関口がある。この外側（北東側）、つまり本章で言う所の満洲は、清代の呼称では一般に〝関外〟〝関東〟〝口外〟とも呼ばれていた。この内側の北京を擁する直隷（現、河北省）、山東など中国本土各省が〝関内〟である。関内から関外へ向かうことを〝出関〟と称した。この満洲にも長城に似た障壁がある。それは柳條辺牆《りゅうじょうへんしょう》という柳の木を植えて作った垣根のようなものである。この内側を〝辺内〟、外側を〝辺外〟と称する。辺内は当時の呼称で奉天・盛京、現在の遼寧省の領域にほぼ重なる範囲である。辺外は西側がモンゴル、東側が吉林将軍管轄区であり、その両者の間にも辺牆が設けられていた。この吉林将軍の管轄区は現在の吉林省・黒龍江省の一部とロシア沿海州を含んでいる。辺内の盛京と奉天は同一の地域の異なる呼称であり、簡単に言えば〝盛京〟将軍の下につながる八旗・旗人の世界と〝奉天府〟府尹（府の長官）につながる州県制度に所属する民人の世界の二つを指している。所属する系統が異なる旗人と民人は原則としては居住地も分けておくことが理想であったが、移民の増加と双方の交流の結果、実際は入り交じって暮らしていた。日本の大学生を例に説明すると、大教室にいる受講生たちは外見上どの学部に所属しているか分からない。ところがそれぞれの学生に問うてみれば、所属する学部ははっきりしており、卒業要件など適用されるルールも異なっている。清代中期の旗人と民人との関係も同様で、日常生活においては表面上差異を見出すことは難しい。ただし所属と身分については明確に区別されているのである(1)。

以上が本章の扱うフィールドの簡単な説明である。続いて現代より時間を遡行し山東半島とその周辺の関係をまとめつつ、本章の目的を述べることとする。近年、中国の世界経済における存在感は無視できないものとなっている。中華人民共和国の歴史を振り返るならば、現在の動向を形作った直接の転機は一九七八年の改革開放政策の開始、一九九二年一月〜二月の鄧小平の南巡講話による改革の加速にある。山東半島では一九九二年八月の中韓国交回復により対岸の韓国との経済関係が緊密の度合いを高めたことの影響が大きい。黄海を挟んだ物的・人的交流の活発化、韓国企業の山東半島への進出はこれまで片田舎だった地域の経済成長にも刺激を与えた。

一九七〇年代から時間を遡るとこの交流の海は一転して断絶の海へと姿を変える。一九五〇年代から七〇年代末までは米国、韓国、日本と対峙する位置関係により、山東半島は国防の最前線なおかつ辺境という位置づけを強いられた。人びとは対岸の東北地方（本章で言うところの満洲）へと渡り生計を立てるのを伝統としていたが、これすらも私的な人口移動を認めない体制の下では非合法であった。ましてや朝鮮半島や日本との交流は望むべくもなかった。この断絶と対立は一九四五年の第二次世界大戦終了後に起こる国民党・共産党の内戦と一九四九年の中華人民共和国建国によって形成され、一九五〇年から五三年の朝鮮戦争によって決定的なものとなった。米韓軍と対峙する為に沿岸や島嶼には軍事基地が設けられ緊張関係が長らく続いた。

ところがこれより前、一九四〇年代以前の山東半島はむしろ外へと開かれた場、対外交流の結節点であった。古田和子によれば一九世紀後半に上海を中心として国境を越えた流通網、「上海ネットワーク」が形成されたという。一九世紀末から二〇世紀初にはこのネットワークとは別個に、上海を経由せずに日本、朝鮮、満洲、華北を結ぶ地域経済圏が形成された。これを「黄海経済圏」と称する（本書第6章参照）。その主体となったのは山東半島の人びとであり、彼らは積極的にその地域外へと進出していったのである。(2)

この古田の研究の後、黄海経済圏およびそこで活動する人びとに関する研究が数多く現れた。この中で山東人、中でも登州府の人びとが重要な役割を担っていたことが明らかになっている。そもそも一八世紀には彼らの行動範囲は山東から満洲や北京にかけての地域が中心であったが、特に一九世紀後半から末にかけてその活動は遥かに広範に拡がっていった。例えばサヴェリエフによれば満洲に隣接する極東ロシアでは一九世紀半ばにその姿が見られるようになった。また黄海を挟んだ対岸の朝鮮については李正熙・石川亮太が山東人を含む中国人たちの活動の詳細を明らかにしている。一八八〇年代以降商人をはじめ様々な職種の人びとが当地に足を踏み入れ、朝鮮内部、並びに東アジアと朝鮮を結ぶ物流・金融などの領域で重要な役割を演じたという。さらに彼らの足跡は日本にも至っている。大阪の川口居留地については早くから研究されているが、近年では蒋恵民・上田貴子が具体的な事例を紹介している。大阪では一八九五年に山東商人が独立して商会を築き、日露戦争後に活発な活動を展開したとされる。以上の諸研究は必ずしも山東人の専論ではないけれども、一九世紀後半以降に山東人が中国本土の華北から満洲、極東ロシア、朝鮮、日本へと活躍の場を広げたことが明らかとなった(3)。

ここで地域間交流の興隆と衰退という視点に立つならば、一九五〇年代~七〇年代の断絶はむしろ一時的な中断と位置づけられる。安易な類型化は慎まねばならないし、現状が過去の再版であるとは言えない。ただ渤海と黄海が再び交流の海へと回帰したことは大きな潮流として間違いないだろう。二〇世紀後半期の極東ロシアや韓国、そして日本において生業を営む中国人の姿を見ることは稀であった。だが読者自身が今まさに見聞きし、実感しているように、近年、国境という枠組みを超えた人びとは決して例外的な存在ではなくなっている。

一九世紀後半以降の中国人ならびに山東人の活動領域の拡大について興味をもたれた読者は、上記の諸研究とそこに引用される先行研究を参照されたい。本章はそれより時間をやや遡った一八世紀から一九世紀前半という時期を対象とし、この近代の黄海という場を中心に活動する山東人が産み出された背景を議論することを目的とする。この間に当地の社会経済はいかなる様相を呈し、変容したのだろうか。

1 清代登州府の地域経済――地方志に書かれた世界

本節では山東半島登州府とはどのような場であるのかを〝地方志〟と呼ばれる地理書に基づいて考察する。地方志とは地理だけではなく、沿革、各種制度や慣行をはじめ、著名人の伝記、文集など多岐に亘る情報を収集しており、伝統中国の地域研究にとって欠くことのできない史料である。本章で引用する地方志は断らない限り『中国地方志集成（山東府県志輯）』鳳凰出版社、二〇〇四年所収の史料である。まずは登州府全体の概況について、一九世紀後半の光緒年間の『登州府志』には次のように記されている。

「登州府に属するところはすべて山地であり、小さな海がその外側を囲んでいる。境域の内には五十里（約二五キロメートル）四方の平坦な土地も無い。」（光緒『重修登州府志』小序）

山東半島の地形は山地・丘陵を基調としており、現在膠東丘陵とも称される。ここには華北平原のような広大で平坦な土地は見られない。程方に拠れば山東省西部と北部の平原部（魯西魯北平原）では総面積中の耕地の割合は六四・一％であるが、山東半島では三五・六％、山東省中部山地では三五・二％にとどまる。また耕地を上地、中地、下地と等級で分けると、上地の割合は各地域で一八・五％～一九・七％と殆ど開きがない。ところが平原部では中地が五二・八％と最も多数を占めているのに対して、半島部と中部山地では下地がそれぞれ四七％、五九・九％というように痩せた土地の割合が高い(4)。

所属の各県の情況を見ると、一九世紀前半の道光年間、登州府の首府の蓬莱は、

「県全域に地は少なく土はやせており、豊作の年でも消費量をまかなうことができない。ひとたび凶作の年になれば、なおさら食糧を（満洲の）奉天省に頼らなければならないが、これはすべて土地にその理由があるのだ。」（道光『重修蓬莱県志』巻五・食貨志・土田）

当地も農地が不足しており、豊作の年であっても生産量は当県の需要を満たすことができない為、対岸の満洲から食糧を輸入する。ここで述べられる状況は以下の各県でほぼ共通している。例えば清代前期の一七世紀後半の康熙年間、蓬莱の後背地にある黄県では、

「黄県は地が狭く人が多く、土地持ちは家を数えるほどもなく、それぞれの家の耕地も畝を数えるほどもない。」（康熙『黄県志』黄県志略(5)）

またやや時間を遡り清代初期の順治年間、一七世紀中葉の招遠県では、

「耕地には沙と石が多く、税金を完納する分を控除すれば、おおむね生きて行くには足らない。」（順治『招遠県志』巻四・風俗・稼穡）

その結果人びとは商品作物の栽培や農業以外の生業に生計の路を探すのである。副業に従事することは当然としても、登州府において生きる路とは地域の外へ出て行くことであった。一九世紀前半の道光年間、栄成県の地方志には次のように記される。

「地は痩せ民は貧しく百倍に勤苦しても得る所は十分ではなく、農民の下層の者は生計を立てるのに苦労する。不作の年になればためらいもなく故郷を離れ、北京、遼東（満洲）、長城の北へと赴き、甚だしい場合には家族全体を引き連れ逃げていく者もいる。」（道光『栄成県志』巻三・食貨志・戸口）

当県でも農業からの所得は人びとを養うのに足らず、人びとは故郷から離れざるを得ないという。以上、登州府の農村経済にはまず山がちの地形、狭く痩せた土地、加えてこれに起因する人口過剰と農業生産量の不足というイメージが付きまとう。食糧の不足分は満洲に供給を仰ぎ、人びとは収入を補塡すべくやむなく外地へと向かう。

一方、この人口流出については、ある頃からむしろ肯定的、積極的な側面が記されるようになる点にも注目したい。先に取り上げた黄県の状況を再び見てみよう。一七世紀後半の黄県の地方志（康熙版）では土地の少なさと耕地の狭さが強調されていた。ところがその後一九世紀後半の地方志（同治版）の記述はこれとやや異なる。

「黄県は地が狭く人が多く、それ故に人びとは利益を四方に追い求めて往々にして財産を築く。遠く北京に行き、危険を冒して大海を漂い、奉天・吉林（満洲）の四方万里（約五千キロメートル）の地にはみな黄県の民の足跡がある。」（同治『黄県志』巻一・疆域志）

「豊年の穀物は一年の食に足らず、木棉は江南より船で運び、食糧は遼東（満洲）よりきたり、民が供給を仰ぐ所である。その外地に商売を営むのは、遼東が多く、北京がこれに次ぐ。ここは遼東を隔てること数千里だが、船帆が風を得れば数日で至ることが可能であり、頻繁に往来があって、平地を行くようなものであり、常に巨利を得る。大商人であれば自分で船を建造し商売の利益はとりわけ多い。そこで人びとは互いに羨望の眼で見て奔走するものが日ごとに多くなった。総じて黄県の民は農民が十の三、士人（科挙受験生以上の資格を有する者）と職人が十の二、商人が十の五である。」（同治『黄県志』巻三・食貨志）

この一九世紀後半の同治版『黄県志』もまた「土地の狭小さ」と「生産物の不足」を枕詞のように用いている。時代がかわっても食糧はやはり北の満洲に供給を仰いでいた。登州府は満洲との間に僅かに海を挟むだけであり、人びとは海を渡って頻繁に往来して生計を立てるのだが、そのイメージに悲壮感はない。彼らは満洲へ、そして北京へと赴いて商業を営み巨利を得た。正確な数字は疑わしいにせよ、人口の半分を商人が占めていたという。同じく同治版『黄県志』冒頭の序文には次のように記されている。

「近年来、東の海の富裕な地区について言えば、濰県と黄県であるという。その科挙合格者と文物の美名、官僚を輩出する家族の繁栄はまたこの二つの県を最高のものとする。しかし濰県はなお国土の中にあるが、黄県は絶海の片隅に位置し都会からさらに遠い。その民は商売の利を得ることに慣れ、海を越えて遠方へと渡り故郷をたやすく離れるのである。」（同治『黄県志』重修黄県志序）

山東省内では黄県と中部の濰県の繁栄が他県を凌駕していた。黄県の場合、その富の源泉は人びとの外地での商業、出稼ぎにある。ここに言う「遠方」とは満洲など長城の北、北京を指している。満洲において最も多数を占めていたのは山東人、とりわけ登州府出身者であった。北京では当地居住の山東人の内、三九％が登州府人であったという(6)。中国南部広東・福建の華僑たちの故郷を〝僑郷〟と称するが、山東半島登州府もまた北の華僑の僑郷としての性格を有していた。

この一九世紀後半の同治版『黄県志』の論調に比較して、これに先立つ一七世紀後半の康熙版『黄県志』の記述が比較的淡泊であったことを想起されたい。おそらくこの間、一七世紀後半から一九世紀後半にかけての時期に何らかの変化があったと推測できよう。その具体的な時期は一八世紀後半から一九世紀にかけて、特に乾隆年間から嘉慶年間へと代わる一九世紀初頭の頃であろうと筆者は考えている。後に詳論するが満洲をめぐる人びとの経済活動がこの時期より量的に拡大し、登州府と外地との交易、人びとの移動も活発化するのである。

2　登州府をめぐる物流と人口移動

一般的な理解では中国の王朝は大運河による物流を重視していたとされ（本書第1章参照）、一九世紀中葉に海運へと転換したという。だが実際はそれ以前においても渤海・黄海に突き出た登州府にとって、沿海航路の発展はとりわけ重要な意味を持っていた。清初以来福建・台湾の海域で清朝に抵抗していた鄭氏政権が力を失い消滅するにつれて、人びとの出海と沿海部への居住を禁止する政策が徐々に解除された。鄭氏政権滅亡の翌年、康熙二三（一六八四）年以降禁令はほぼ撤回され、これを契機として沿海航路の成長が始まった。その当時山東半島では登州府所属の蓬莱（登州）と萊州府所属の膠州が、重要な港町であった。現在の膠州は今の青島にほど近く、膠州湾の奥に位置する地方都市に過ぎず、港湾は土砂の堆積で見る影もない。だがまだ青島が小さな町であった頃、ここは南北を繋ぐ沿海航路の重要な中継点であった。以下は一八世紀初、康熙年間の末頃の情景を描いている。

「『重修小橋隄岸記文』に曰く、膠州は海に臨んでおり、それ故に三江（江蘇、江西、浙江）両浙（浙東、浙西）、福建省の八府の商人は皆その貨物を船で運び集まるのだ。」（道光『重修膠州志』巻三十九・金石）

膠州の港に華中・華南の沿海各省の商人たちが集まっている様が窺える。後のことであるが一九世紀末にドイツが膠州湾を租借し青島を建設すると、膠州の交易港としての地位は低下し、やがて主港の地位を奪われることになる。続いて蓬莱（登州）の情景をみると、一八世紀半ばから後半の乾隆年間には、

「登州衛の水城とは新たに開かれた港であり、海浜に近接している。北城は蓬莱島であり、島のそばが即、水城である。水城を出れば直ぐに大洋があり、南から来る者は、或いは岸沿いに、或いは海を横切って、皆、ここに集まる。北へ向かう者は、或いは旅順へ、或いは天津・通州を範囲とし、皆ここから出発する。」（乾隆『莱州府志』巻五・兵防・海汛）

とある。蓬莱には渤海沿岸の天津、満洲の旅順へ向かう各地の船が集まってきた。〝皆ここから出発する〟とあるように当地もまた中継点としての位置にあった。膠州と蓬莱の間の航海は必然的に山東半島先端の成山頭をまわらねばならない。雍正一〇（一七三二）年に河東総督の田文鏡はこの南北を往来する船舶の道筋について次のように報告している。これは清朝の〝檔案〟と総称される公文書から引用した記述である。なお本章で用いる檔案は『内閣大庫檔案』（台湾・中央研究院蔵）、『宮中檔奏摺』（台湾故宮博物院蔵）、『上諭檔』（台湾故宮博物院蔵、また第一歴史檔案館編『乾隆朝上諭檔』檔案出版社、一九九八年、同編『嘉慶道光両朝上諭檔』広西師範大学出版社、二〇〇〇年として影印出版）、『軍機檔奏摺案録副』（台湾・故宮博物院蔵／北京・第一歴史档案館蔵）である。

「福建、広州、江蘇、浙江の商船が北へ向かい貿易をする者は、南風によって成山頭から一気に北上

する。戻る時になればまた北風によって一気に南下して大海原を帆を張って通り過ぎ、多くは回り道をして廟島へと入るということはない。中には島に入って暫く停泊する者もいるが、それもまた風を避け給水するのみである。風を得ればたちまち船を操って去り、長く留まる者はいない。(7)」

この史料によれば成山頭からは直接満洲へと北上するという。蓬萊とその北の廟島列島には風を避け給水する為だけに立ち寄るだけだ、と記される。ただし満洲側の主要港湾が遼河河口の牛荘（本書第6章参照）をはじめ遼東半島北西岸にある以上、蓬萊、廟島列島を経由して遼東半島先端の旅順口へ向かうルートにそれほどの距離的な迂回があるとは考えられない。例えば一八世紀半ば頃、蓬萊の東にある威海衛へ寄港する船舶について次のように記されている。劉公島はちょうど威海衛の街の沖合に位置している。

「劉公島は成山頭から一四〇里（約七〇キロメートル）余り、島の東西の長さは二〇里、一〇〇隻余りを収容できる。凡そ岸沿いや海を渡って来る者はみな成山頭を通るが、必ずここに停泊し、他に路はない。」（乾隆『萊州府志』巻五・兵防・海汎）

この〝他に路はない〟という表現から成山頭からは必ず当地を経由したと理解できる。中には成山頭より直接北上する船舶もあるにせよ、半島北岸の諸港への寄港もまた少なくはなかったと考えられる。

さてこのように華南・華中と満洲を結ぶ沿海航路の中継点として、山東半島の蓬萊（登州）と膠州は重要な位置にあった。この航路に関しては先行研究も多く(8)、早くも戦前において加藤繁と周藤吉之が満洲と華北の間の物流について論じている。足立啓二は満洲の大豆粕が沿海航路を経て華中・華南へ運ばれ商業的農業の発展に寄与したことを明らかにした。中国でも例えば許檀はその物流をより包括的に整理した。北貨（南下貨物）の大宗は豆貨と総称される満洲産の大豆・豆粕・豆餅であり、加えて満洲から山東へは穀物が運ばれ、登州府の食糧不足を充たしていた。一方、南貨（北上貨物）は、江南から北へ向かう棉花、棉布、日用品など比較的多様な物品が流通した。この交易の活発化により山東省内の経済重心は従来の大運河沿いの各都市から沿海地区へと徐々に移転した。さらに農村の経済も刺激を受け農家経営の商業化も進展したという。

特筆すべきは松浦章の一連の研究成果である(9)。これらは航運史にかかわる研究動向と史料の紹介も兼ねつつ、この沿海航路を通る船舶、物資、人の流れを総合的に解明した。例えば順治元（一六四四）年から光緒一一（一八八五）年にかけて朝鮮半島に漂着した中国船に対する取り調べ記録一八二件を分析し、その時期的な増減を明らかにした。それによると康熙年間（一六六二〜一七二二年）・雍正年間（一七二三〜三五年）には一年間に約〇・五隻の割合で遭難していたが、乾隆年間（一七三六〜九五年）に入ると一年約一隻遭難するようになる。この数字は嘉慶年間（一七九六〜一八二〇年）に一年約二隻の割合へと増加し、一つのピークに到達する。その後、遭難数は減少し、道光年間（一八二一〜五〇年）に一年〇・八〜〇・九隻、咸豊年間（一八五一〜六一年）に再び増加して一年約一・七隻と第二のピークに達した。続く同治年間（一八六二〜七四年）、光緒年間（一八七五年以降）は一年一隻強と減少した。これが全体の傾向を反映したものとすれば、一九世紀初頭に沿海航路を通る船舶数は隆盛の極に達したと考えられる。またその船の出身地は満洲二五、山東七〇、江南八四、福建三四、その他一三というように、山東と江南の出身の船が他を圧倒して多かった(10)。

松浦章はこのように往来する船舶に沿海各省の人びとが乗り込んで移動している情景も活写している。朝鮮王朝の「問情別単」は漂着者に対する一問一答の取り調べ記録であるが、そこからは乗組員の他に多くの〝借乗〟する人びとの存在が明らかとなった(11)。村上衛や豊岡康史によれば華南の福建省の人びとまでもがその交易活動や沿海漁業での優位性を背景に、商業、海運業、漁業、時には海賊稼業の為に、遠く渤海沿岸にも姿を現していたという(12)。彼らの中で満洲沿岸にまで進出した福建人については、次節にて再び言及することとする。

沿海諸省の中でも、特に大規模に展開した人口移動が山東・満洲間のそれである。清朝歴代皇帝の治世の出来事を年月日順に記した『清実録』に次のような記述がある。

「今、辺外を巡幸するに、どの場所にもすべて山東人がいるのを目にする。あるいは行商し、あるいは土地を耕し、数十万人の多さに達している。」(『清実録』康熙四六年六月戊寅條)

康熙四六(一七〇七)年に長城の北の蒙古地方へと巡幸した康熙帝は、当地に数多くの山東人が暮らしているのを目の当たりにした。本来、これらの地域への漢民族の入域、定住は制限されていた。蒙古に隣接する満洲では、故郷での許可証の発給と関門・海港での検査に加え、満洲側での戸籍への編入や治安組織(保甲)への登録がなければ送還することを原則とした。家族を伴った者は、定住指向が強いと考えられるので、特に厳しい取締を受けた。要するに清朝は漢民族の流入を管理下に置くことを試み、その枠組みから外れた人びと（流民）の存在を認めなかったのである。これを一般的に封禁政策という。なお俗に満洲への流入を厳禁するというイメージがあるが、それは誤解である。政策が整備されるのが乾隆五（一七四〇）年のことであり、これ以後の実録、並びに実録執筆の基となった檔案にはこの時の議論を踏まえた記事が多数見られる。少なくとも乾隆三〇年代まではこのときに定められた規定に忠実であろうとする姿勢が強く見られた。しかしながら実際は、山東半島の人びとは地縁や血縁などの関係を頼りとして対岸の満洲へと渡っていった。なおこの移動は一方通行ではなく、当初は山東・満洲間の往還運動という様態を見せる。人びとは満洲各地で出稼ぎ、小商い、その他の生業を営み、やがては故郷へと環流し、家族を養った。この往復の中からやがて満洲に居住する人びとが出現し、それによって両地にまたがる血縁組織が形成され、それが更に人びとの移動を促進するネットワークを強化したのである(13)。以下、その具体例を幾つか提示する。

まず満洲の海城県に仮住まいをしている黄県の民の例を紹介する。彼は乾隆一六（一七五一）年に殺人事件を起こし、その審理の過程が檔案の中に残された(14)。

「王九の供述によれば次のとおりである。私は山東登州府黄県の民で、今年三六歳、以前は海で蝦を捕って暮らしを立てておりました。（被害者の）趙三は前から見知っておりましたが、憎み合う間ではありません。今年（乾隆一六年）四月四日私は新屯地方へ借金取りに出かけ趙三に偶然会いました。（そして二人は酒を飲み口論から殺人事件に発展した。）」

登州府の民が対岸の満洲に暮らす事例は各種檔案の中に散見される。この事件で興味深いのは、続いてみるように犯人の王九が故郷に養うべき家族を残していないかを調べている点である。もし老親がいればその扶養の為に刑の執行は見合わされるのだが、

「族長王志学、郷約王緒曾、保正王子璽、村長王従克、牌頭王従起らの供述によれば、王九の父母は已に二人ともなく、家にはわずかな土地もなく、また兄弟妻子もおりません、という。」

と、故郷の族長、民衆組織の長の郷約、治安組織の長の保正、その下役の牌頭らの証言を取得し、彼に情状酌量の余地がないことを確認した。結局、王九には身寄りはいなかったのだが、登州府の民が家族を故郷に残して満洲側へと渡ってくることは十分に想定されたのである。このように満洲側で事件を起こした犯人の家族関係を故郷側に確認するという事例も少なくない。

次の史料は皇帝の下した〝上諭〟より引用した。嘉慶一〇（一八〇五）年ある男が皇帝に直接献策、訴え出るという不遜な振る舞いをして逮捕された。嘉慶帝もまたこれに対してコメントを附したという関係上、事件の記録が『上諭檔』に収録された。

「山東民人の申有道を訊問し、その供述によれば次のとおりである。私は日照県の人で、年は四四歳、父母はともになくなっており、兄の申祥は家で土地を耕しており、まだ妻を娶っておりません。私には遼陽州で薬屋を営んでいる従兄弟の申廷詔がおりまして、私は乾隆五九年一〇月に家を出発し、関

東に来て従兄弟の薬屋に住みました。[15]」

彼は乾隆五九（一七九四）年に山東南部の日照県を発って従兄弟を頼って遼陽州へと向かった。嘉慶五（一八〇〇）年に北京、その後山東に一度戻り、嘉慶六年に再び遼陽州へ移った。今年になって皇帝の巡幸があると聞き及び直訴しようとして拘束された。上の記述からは人びとが先行する親戚を頼って満洲に赴いていることが読み取れる。山東側と満洲側の双方に血縁組織が拡がり、それが人びとの移動を促進しているのである。

満洲へ向かう人びとはどのように規制をかいくぐったのだろうか。海路と陸路、それぞれの越境について個別事例を提示する。まず蓬萊県の船戸が人びとの非合法の輸送にたずさわった様を見てみたい。乾隆四〇（一七七五）年〝彭字三一号〟という登録番号の船が許可を得ない流民を乗せて奉天へ赴こうとして検挙され、併せてその出航を許した蓬萊県の官吏も失察の罪で処分された。この檔案はその経緯についての報告である。

「（舵取りの宋国棟たちが）乾隆四〇年九月一七日蓬萊県に出港許可証を受け取りにいった。……。（その後検査を受けて）九月二〇日空船にて天橋口の港を出たが、すぐ北風に吹き戻されて山西口の港外の海面に停泊した。宋国棟は乗客六二名を乗船させたが、その内ただ五人だけが許可証を持っており、その余の五〇人並びに婦女七人は許可証をもっていなかった。九月二六日奉天寧海県龍王塘の港に到り、捕らえられた。[16]」

規定では出港する船も許可証が求められ検査を受けることになっていたようである。最初はその通りに行動したのだが、別の港に行き、許可証を持たない人びとを乗せてから満洲へと出航した。

山東の各府では乾隆三九（一七七四）年から五八（一七九三）年にかけて毎年のように流民の不法渡航についての報告がなされた[17]。だが実際に捕縛された事例はごく少数であり、報告書の末尾は「現在商人、船戸及び沿海の民人は皆公に尽くし法を守ることを知っており、およそ船舶の出港はすべて検査を経た上で出発し、家族を引き連れ群れを成し、並びに単身の許可証を持たない流民が奉天へ勝手に渡っていくということはなかった」という定型句で結ばれていた[18]。この年次報告は現実と明らかに乖離していたのである。

続いて陸路での出入境について次の乾隆二九（一七六四）年、登州府福山県民の事例から検討する。

「張起の供述によれば次のとおりである。私は山東登州府福山県の者で、年は四八歳、県城の西北、佔献村に住んでおり、家中には父母と妻がおります。私は布を売って生計をたてておりました。……。（今年七月私は）当地で布を買って船で（満洲の）蓋州へ行き売りました。人が薬用人蔘の利益がとても大きいというの聞き、私は（辺外の）吉林に行き薬用人蔘を買って売ろうと思い立ちました。……。一〇月二〇日吉林を発ち、二六日の夜、威遠堡の柳條辺牆の破れたところを密かに越え、一一月八日、（遼西の）中後所地方に到り、もともと見知っていた山東萊州府掖県の人、王大に偶然会いました。……。」

禁制の人蔘を持って長城の関門を越えることはできない。そこで張起は王大に道案内を頼み長城の壊れた所を抜けることとした。ところがそこで巡邏の緑営兵に会い、抵抗したが捕まってしまった[19]。乾隆年間半ば、長城の幾つかの部分は壊れていて、容易に越えることが出来たようである。同じく乾隆二九年の檔案に次のような記述がある。

「山海関の城壁は……所轄の城壁が合計四九六里（約二四八キロメートル）あるが、その間に、倒壊している所は一二六箇所あった[20]。」

このように長城は各所で崩れ防壁の役目を失いつつあった。陸路においても海路同様、人びとの満洲侵入を押しとどめることはできなかったと考えられる。

この満洲への人口移動は乾隆年間から活発になり、嘉慶年間に更なる量的拡大を遂げる。この一九世紀初頭は画期の一つであり、上述の沿海航路がこの時に頂点に達したのとも無関係ではあるまい。次節で当該時期の満洲内部に目を向け、満洲社会の変容、その中での登州府人の活動について考察を深める。

3　一九世紀初の転換点——清朝の曲がり角の満洲

康熙、雍正、乾隆の三人の皇帝の治政下で、所謂「清朝の平和」という安定局面が出現した。中国の人口は急増し、清初の一億数千万の人口が約百年で三億に達し、一九世紀の前半には四億を突破したと考えられる。一八世紀後半、乾隆年間には中国本土の人口増加と土地不足が顕在化し、四川、台湾、満洲などのフロンティアへの人口移動が大きな流れとなって出現した（本書第9章参照）。だが乾隆年間の終わる頃、一八世紀末の四川や台湾西部では土地資源はもはや無尽蔵ではなく開発は飽和状態に達しつつあった。これに対して満洲の事情は些か異なる。漢民族の赴く先は乾隆年間には柳條辺牆の内側、辺内が中心であった。ところが嘉慶年間、一九世紀初以降は辺外への進出が加速していく。満洲への流入はこの後もとどまることはなく一九世紀末以降は人口が十年で二倍になる「十年一倍」という急増現象が起こった。つまり満洲は四川や台湾西部が飽和状態を迎えた一八世紀末・一九世紀初以降においても、これらに比して遥かに大きな開発の余地と人口の収容力を有していたのである。

この満洲の一九世紀初頭の変化、漢民族進出の拡大について改めて史料に即して述べる。まず大きな枠組みでは先述のような辺内から辺外へ、南から北へという開墾地の拡がりが看取される。筆者はこれを第一の変化と考える。乾隆二〇～三〇年代（一七五五～七四年）、吉林、伯都訥、寧古塔等で流民が発見され、清朝はその対応を迫られた。彼らについては伯都訥へと移してそこで登録し税糧を徴収することとした。この他、阿勒楚喀、拉林では雍正四（一七二六）年から乾隆二二（一七五七）年まであわせて二〇〇戸存在していたと報告されている。(21) この約二〇年後、乾隆四五（一七八〇）年二月に吉林将軍が上奏するところによると、吉林においては、

「また仮住まいをする民人一九三戸を査出したが、その中には以前からの流民が一六五戸いた。乾隆

四三年に調査を行って以来、新たにやってきた流民は二八戸で、それぞれ入籍させるか追い払った。[22]」

というように乾隆四三年度以降に二八戸の増加が確認された。乾隆五五（一七九〇）年度、辺外に位置する吉林、寧古塔、伯都訥、三姓、阿勒楚喀の各地で登録された民人の戸数と総人口についての統計も残されている。[23]

吉林	実在民人	二万三七八一戸	合計	一二万五八四七人
寧古塔	実在民人	一四二八戸	合計	五二九二人
伯都訥	実在民人	四一九九戸	合計	二万四三三二人
三姓	実在民人	五三戸	合計	二九八人
阿勒楚喀	実在民人	七四戸	合計	一四〇人

このように古くから開けていた吉林（船廠）や寧古塔、乾隆二〇～三〇年代に流民を受け容れた伯都訥にはまとまった数の民人がいたが、三姓・阿勒楚喀ではその存在は殆ど確認されない。もちろんこれは登録を受けた人の数であり、実際はこれより多数に上ったと考えられるが一つの参考となるだろう。総じて一八世紀末までは辺外への流民の数も頻度も目立つものではなかったのである。

　ところがこの二五年後、嘉慶一五（一八一〇）年には吉林に一四五九戸、長春に六九五三戸の流民が新たに発見された。[24]上に提示した史料では、乾隆年間に一度に査出された流民の数は数十戸から二〇〇戸程度であったが、嘉慶年間には流民の規模が大きくなっているのである。少なくとも乾隆年間末年までは、辺内と辺外の間に建設された柳條辺牆という障壁はまだその意味を失っていなかった。以下、具体的な事例をもって別の角度からこの点を検証してみよう。

乾隆年間中頃、柳條辺牆の西側、蒙古との境界では奉天の民人の法庫辺外への進出が散見されるようになった。乾隆三七（一七七〇）年、蒙古のカラチン王は次のように述べた。

「蒙古の領域では、さきには民人が土地を耕すということはなかったが、今や放牧の場所はみな耕される土地となってしまった。柳條辺内の民人は朝に（柳條辺牆を）出て暮れに返ってくること（朝出暮返）ができる。[25]」

かつてこの法庫門外の蒙古では民人が土地を耕すということはなかったが、今、これらの放牧地はすべて開墾地となっていた。しかしながら〝朝に出て暮れに返る（朝出暮返）〟という表現からは、民人の居住地が柳條辺牆の内側にあり、その開墾地はそのすぐ外にあったと考えられる。続いてその約三〇年後、世紀をまたいで嘉慶一一（一八〇六）年にほぼ同じ地域の法庫門外の民人が提出した陳情書には、急速に進展する開墾の情景が描かれている。

「嘉慶七（一八〇二）年に民を招いて荒地を開墾させる許可を得てから四年が経ち、仮住まいをする者はすでに数万人になった。その民人らが申すには『日用品・農具などは辺外には市場がないので開原県まで買いに行かねばなりません。計算するに法庫門の辺門より出入りすれば往復四〇〇〜五〇〇里（二〇〇〜二五〇キロメートル）、威遠堡辺門より出入りすれば更に遠回りになり、実に農民にとって不便です。調べてみると当地は直接開原県まで路が通じていれば僅かに二〇里余り離れているだけです』という。(26)」

この史料からは一九世紀に入り民人の活動、居住領域が辺外へと拡がっていたことが確認される。嘉慶七年にこの地域への居住が認められた後、そこで生活の場を築く者が増加していた。これらの民人は生活の便のため法庫門と威遠門の間に新たに辺門を設けて欲しいと申し出たのだが、結果としてこの陳情は拒絶されている。

続いて第二の変化として一つの地域内においても、従来の未墾地が開墾され、その既成事実が追認されるようになったことが挙げられる。遼東南部の岫巌庁の五塊石地方では乾隆二六（一七六一）年以降に山東からの流民が入り込み簡素な住宅を建てていたという。そこにはもともと兵丁の為の官有牧場があったのだが、彼らはこの土地を密かに開墾していたのである。乾隆四〇（一七七五）年その処遇について議論し次のように取りはからうこととなった。

「これらの民人は規定に照らして罰する外、なお彼らに耕作させ規則に照らして租税を徴収することとする。流民の生計において身の置き所を失わせないようにさせる。……（牧場は）大孤山地方へと移す。(27)」

本来牧場であったところに不法に侵入したことに対しては処罰するが、民人の生計の路を絶つことはできない。結局は彼らの定住を許し税糧を納めさせることとした。牧場は別の場所に移すことで事態の円満な解決を図ったのである。さらに嘉慶四（一七九九）年に皇帝の降した上諭の中に、奉天の牧場（馬廠）の開墾許可を見ることができる。

「奉天の馬廠はもともと旗人の放牧の用としていたのだが、今、当所の村落から比較的遠いところは既に久しく放牧されておらず、これらの沃土は荒れるに任せていた。まことに惜しいことである。」(28)

それ故、これまで旗人の牧場として確保されていたが利用されていない土地については、人びとに開墾させて徴税するという方針を打ち出した。筆者はこの開発の主体となるものこそ山東登州府を中心とした関内より流入してくる民人であったと考えている。以上のように嘉慶年間、一九世紀初以降開墾地は辺外へ、そしてそれぞれの地域の中の空白地を埋めるように拡大していったのである。

以上の二つの変化は水平方向という性格を有している。これに対して垂直方向、平地から山地への進出が見られるようになったのもこの時期の特徴である。これを筆者は第三の変化と考えている。山本進が明らかにしたところに拠ると清朝と朝鮮の国境地帯にある山岳地帯は薬用人蔘などの希少な資源の産地として知られ、一七世紀後半の康熙年間よりその密採を目的とした人びとの侵入が見られるようになった。康熙二四（一六八五）年に朝鮮人が越境して清朝の官員を殺害するという三道溝事件が発生、両国とも国境地帯の無人化で事態に対処した。しかし康熙四〇(一七〇一)年以降、特に康熙六〇(一七二一)年以降に顕著となるのだが、国境の河に馬尚船という小型船が出現し、それに乗った小グループの密採が頻発するようになった。さらに雍正五(一七二七)年四月には相当の資本をもった山東人孫鉄嘴による密採及び官憲との衝突が起こった。これを義州事件という。その後山東・山西・奉天人の密採が増加、大規模化するが、しかし乾隆一一(一七四六)年以降突如として密採者はほとんど姿を消してしまう。山本の推測に拠れば、これは恐らくは人蔘資源の枯渇によるものであるという。この後、乾隆・嘉慶年間には殆ど越境問題が発生せず「乾隆・嘉慶の平和」とも言うべき平穏な時勢が続いたが、道光年間(一九世紀中葉)後期には再び山東人を中心とする集団の侵入が出現した(29)。ただし今回は人蔘の密採ではなく、木材を盗伐しその伐採後に農地を開き私墾するという経済活動を目的とするものへと転換したのである。

この人蔘から木材へ、小さな規模から大きな規模へという転換が第三の変化として注目に値する。人蔘の密採は一過性のものであり、その枯渇という事態を招くにせよ、環境を根本的に変えてしまうものではない。対して木材の伐採と開墾は、これまで漢民族の姿を見ることのなかった山地への進出と居住地の拡大を意味している。満洲の山岳地帯もまたこれ以降漢民族の世界へと組み入れられていくのである。山本は道光年間に盗伐が大規模化するという事実を指摘しているが、筆者は一九世紀初頭の嘉慶年間に柳条辺牆外の清朝領域内にてその兆候が見られた点に着目している。その代表例が嘉慶八(一八〇三)年に起こった高麗溝事件であるが、これは満洲のみならず山東や直隷(現、河北省)、さらに朝鮮国にも波及し、査察を怠ったとされる官員の処分など朝廷内をも騒がせた。この事件後、清朝は満洲や長城北の森林資源の保護に注意を向けるようになる。本節の後半では高麗溝事件を通じて山東人、とりわけ登州府出身者の満洲進出について考察することとする。

まずこの背景に中国本土での木材資源の枯渇があることを指摘しておきたい。宮殿造営などの為に必要とされる木材はかつて四川から搬出されていた。康熙二一（一六八二）年の『清実録』には次のようにある。

「皇帝に謁見した四川松威道の王騭が四川の楠の木は採取と運搬が困難であり、停止・削減すべきですと上奏した。皇帝は『四川はしばしば戦禍を被り、人びとの苦しみは既に極まっており、朕はこれを甚だ哀れんでおる。どうして苦しみを重ねることができようか。今、長城の北の松の木は、大きくて使い得るものが甚だ多い。もし宮殿の材木とすれば数百年の間支えることができよう。どうして楠の木を必要とするだろう』と仰り、四川省の採取運搬を停止した。」（『清実録』康熙二十一年正月辛亥條）

四川からの木材供給は一七世紀後半にはすでに調達に困難をきたしていた。そこで代わりに注目されたのが長城の北、熱河の木蘭囲場の松木であった。だがこれも一八世紀を通じて雍正年間の円明園建設、乾隆年間の承徳外八廟などの大工事が続いた為、森林資源の減少が問題視されるようになった(30)。嘉慶九（一八〇四）年の『清実録』の記事の中で、嘉慶帝は失われつつある木材資源について次のように語っている。

「囲場（熱河の木蘭囲場）は武技を習う重要な地であり、査察を密にして木材の盗伐や鹿の密猟などをなくすべきである。今、毎年大工事がある為に官有木材を伐採している。だがその責任者は方策が不味く、盗賊が勝手に入り込んで密かに掘っ立て小屋を建て、隠れて盗伐し、運び出して暴利を貪るのを見過ごしている。その未だ運び出されていない材木は道の傍らに山積みになっており数え切れない。……。ここで国家百有余年の間、秋季に狩猟を行ってきた囲場は、遂に盛京の高麗溝で伐採場が密かに設置されているのと変わらなくなった。」（『清実録』嘉慶九年七月戊申條）

宮殿造営の為の木材供給、旗人の武芸を磨く為の狩猟を行う木蘭囲場の樹木が明らかに減少しつつあった。この中で〝高麗溝と変わらぬ〟という趣旨の言葉がある。これはその前年の嘉慶八年に表沙汰となった満洲の高麗溝事件を指しており、熱河の囲場もまたその二の舞になるのではないかという強い懸念を読み取ることができよう。この記事だけではなく、その後、辺外地域で盗伐事件が発生する度に〝高麗溝〟が教訓のように振り返られるようになった。(31) 換言すれば高麗溝事件はそれほどまでに清朝朝廷に強い衝撃を与えたのである。この高麗溝は盛京（奉天）の興京庁に属し、柳條辺牆の外側、朝鮮との国境にほど近い山岳地帯の中にあると考えられる。具体的な地点の特定は難しいが、現在の吉林省通化市の南方に〝高麗溝〟という地名が散在している。

先に述べたように封禁政策は乾隆五（一七四〇）年に形式を整備された。その後、実際の効果はともかくとして、乾隆年間を通してそれぞれの官僚が意識して取り組んだと言えるだろう。ところが乾隆五七（一七九二）年に直隷一帯で大災害が発生したのを契機として、この封禁という原則は一時的に撤回された。多くの被災民が長城を越えて満洲へ赴こうとして山海関へ押し寄せた。封禁という原則はあるが、人民生活の安寧と被災民の救恤という理想を対置させることで彼らの出関を認めたのである[32]。ところが災害の後も人びとの満洲への流出は続いた。この事態が公となり大問題へと発展したのが嘉慶八（一八〇三）年三月一四日、嘉慶帝が山海関副都統、及び盛京将軍・奉天府府尹にそれぞれ降した上諭以降のことである。後者に対する上諭に、

「（盛京工部侍郎）巴寧阿が報告するに次のようにある。この前奉天より京師へ帰還する途中、山海関の路上にて出関していく民人が甚だ多いのを見ました。その中には単身で荷物を携え貧窮民が関外へ出て生計を立てようとする者もおり、また車に荷物を積み家族を連れて行く者もいました[33]。」

という報告が引用されている。この後、果たして難民か否か、というやりとりがあったことが三月二二日、二八日の上諭から確認される。

四月になり概ね次のようなことが明らかになった。本来、民人の出関には許可が必要であったが、乾隆五七年に京師南部の災害を契機に、「財産を持たぬ貧民が出関し食を求めるのは一時的な便宜である」という名目で皇帝の恩寵として黙認した。その後、豊作が続き、嘉慶五（一八〇〇）年まで貧民が出関するということはなかった。ところが六年七月に直隷に水害が発生、再び貧民の出関が発生した。その翌年の七年は豊作であったにもかかわらず八年春に到るまで人びとの出関は続いた。この対処を誤ったことによりその時山海関副都統の任にあった韋陀保は処分を受けた[34]。

六月二八日、内閣に対する上諭では、直隷・山東に対して民人らはこの度期限を定めた後は、家族を連

れて出関し禁令を犯してはならない、とした。七月一一日に直隷総督、山東巡撫、山海関副都統等に降した上諭には、新たな禁令を公布しても、しばらくはそれを知らない民が関門に押し寄せるかも知れず、追い返せば往復の旅路が徒労に終わるだろう、故に本年一〇月一日までは出関を許す、とした。

以上は陸路、山海関経由の出関の取締の要請である。同時に海路の取締についても七月二八日に山東巡撫に対して指示が下った。その中に次の様な説明がある。

「以前聞いたところでは、山東の民人が奉天に赴くに、多くは海路を通って行き、陸路に比べて近道であるという。今、山海関の規定が非常に厳しくなり、民人が家族を携え出関するのに不都合となった。そこで今後は小船に乗るものが必ず多くなり、それが次第に増えるのを防ぐことは不可能だろう。(35)」

故に厳しく取り締まらなければならないということだが、前節での検討の通り、それは現実的に困難であったと考えられる。

山海関で発見された流民の群については、この後議論の場から急速に姿を消していく。ところが事態は思わぬ方向へと転じていった。一連の議論が収束に向かい始めたと思われた頃、七月一四日の上諭に出現する高麗溝での伐木事件である。(36)

「(戸部尚書) 禄康が次のように上奏した。福建省の龍巖州の人連任率が、興京の高麗溝地方で二万人余りが樹木を伐採し売りさばいているということを書状を投じて告発した。あわせてその連任率の供述によると『六月に当地に至り、二万人余りが掘っ立て小屋六百余りを建てて、鍛冶や炉を設けて大きな船を造って木材を運んでおり、官兵もそれを禁止できないのを目撃しました。並びにその首領となっているのが劉文喜、秦士雷、鮑有祥、張九、孫有交、顧学彦の六人であると探り得ました』という。」

この情報を受けて、折良く満洲の錦州一帯に発生したイナゴの害を視察する為に派遣していた欽差副都統の策抜克(37)に、そのついでに盛京経由で高麗溝へと向かい調査と犯人の逮捕を行わせることとした。さらに告発してきた福建人の連任率に対しては

「連任率が京師に来て告発したことについては、或いは言いがかりをつけて争いを起こそうとしているか、或いは仲間に入ることを企図したが叶えられず恨みに思って訴え出たのかも知れない。」

という疑惑があるので真相を確かめるべく訊問することとした。

八月一日の上諭に依れば、高麗溝の調査を悟られぬよう実施せよと指示すると共に、

「恐らくは奸民らは木材を天津などの港へと運び売却しているだろうから、沿海一帯の旗・民の地方官に厳しく取締を行わせる。(38)」

と、直隷総督及び山東巡撫を通じて天津、山東の登州府・莱州府・青州府の各港町、各地方官にも通達を下した。八月一四日の上諭では木材の盗伐が高麗溝だけではなく各地に拡がっていることが判明し、対処が求められた。おそらくは八月になってから高麗溝に調査の手が及び現地より第一報が届いた。八月二〇日の上諭によれば、

「すでに掘っ立て小屋二〇軒余りが焼かれており、犯人一〇名余りを捕らえたが、その外の奸民二千人余りは獐子島へと逃れ、並びに官兵らが賄賂の銀両をもらって予め情報を伝え彼らが逃げかくれるのを許したという。(39)」

と記される。嘉慶帝はこの知らせ怒り、関係する官僚に処分を下した。嘉慶帝が官吏の不正と無能に責を求めるロジックは高麗溝に限らずその他の案件にも見られる。獐子島は朝鮮王朝の領域内にあり（具体的な地点は不明）、これによって高麗溝事件は満洲、直隷・山東のみならず朝鮮にも波及し国際問題となった。

八月二五日の上諭に策抜克からの報告が掲載されている。捕らえた者に対する訊問により、これらの盗伐犯人が悉く山東人であることが分かった。

「盗伐犯人孫有交、すなわち孫義爵は山東人であり、姓名不明の人の山東船に乗って八月六日に鳳凰

城から出発した。又、鮑有祥も山東人であり、私人の船を操って木材を積んで八月七日に出発し、みな山東へと逃げた。この他、伐採の出資者の韓二、榜杵子、陳玉璽、趙顕忠もまた山東人であり、みな逃亡した。顔検はおそらく天津へと逃れた。既にその所轄において捕縛を命じている。」

他、先に名前の挙がっていた劉文喜らについても、

「恐らくは海を渡り登州などのところに潜んでいる。(40)」

と述べられる。実際のところ、彼らが朝鮮領内の獐子島に潜んでいるのか、或いは登州府へと逃れたのかは分からない。劉文喜は結局逮捕されることはなかったのである。だがここで彼らが山東（おそらく登州府）人で、渤海を囲む地域を活動範囲としていたことが明らかになった。彼らは密かに海を渡り高麗溝で盗伐を行い、そして河を下って遼東半島の南岸へと伐採した樹木を運び出したのである。(41) そして八月一日の上諭に記される通り材木は天津で売却されたと考えられる。なおこのような辺外での盗伐は乾隆五六（一七九一）年に始まると推察された。(42)

九月二八日の上諭に、朝鮮王国からの公文書が引用されている。

「（朝鮮国）義州府尹の報告文に依れば、朝鮮王国は龍川府使の崔朝岳らを従役三百名とともに派遣し、岫巌巡海官兵とともに獐子島で捜索を行い余犯の劉青山、蔡法の二名を捕縛し、防御の富海に護送さ

せた、という。」

朝鮮王国は清朝の官兵と協力し獐子島で犯人の捕縛に成功した。この約一カ月後の一〇月二六日の上諭に朝鮮国王の手紙が引用される。その二日前の二四日、諸国との関係を職掌とする礼部に対する上諭にも朝鮮国の対応を賞賛する旨が記されている。次の実録の記事はこの朝鮮王国とのやりとりを要領よくまとめている。

「朝鮮国王李玜が言うには、『盛京の高麗溝の木材を盗伐する悪党の劉文喜ら六名が密かに朝鮮国へ来ております。地方官に命令して取り締まらせて、犯人劉青山、蔡法の二名を捕まえましたが、劉文喜らは隙を見てまた逃げました。すでに龍川府使らを査問の為拘束しております』という。皇帝は朝鮮国王のことばが恭しく慎み深いことをよろこび、そして主犯を既に山東にて捕らえているので、礼部を通して朝鮮国王に、査問にかけた官員を寛大に扱うよう伝えた。」（『清実録』嘉慶八年十月丁亥條）

劉文喜らは獐子島へと逃亡していたが、その内劉青山と蔡法の二名を逮捕した。だが劉文喜らは再び逃亡したので、それを逃した官を処分した。これに対して清朝側は主犯を山東にて捕らえた旨を通知し、査問にかけられた官の処分を寛大にするよう要請した。ただし劉文喜（劉廷宣）が捕らえられたという史料は見当たらない。彼はいずこかへ姿を消してしまったのである。この後、一一月の前半は事件の処理にかかわる檔案が数多く見られるが、一一月一二日以降、高麗溝事件については檔案からほぼ見られなくなる。

ここで改めて確認したいのは、事件のそもそもの発端が福建人の連任率の告発によることである。今一度先に引用した七月一四日の上諭を見ると、彼らは「言いがかりをつけているのか、仲間に入ろうとしたが失敗したのではないか」という疑いを持たれていた。この頃、福建人たちはすでに渤海沿岸に居住地を構えていた。彼らの居住が問題になるのが乾隆五六（一七九一）年四月七日である。同日の上諭に巴寧阿の報告が載っている。

「私は乾隆五一年（一七八六年）に山海関で収税を行っておりましたが、錦州・蓋州・牛荘等の港町に毎年福建の商船がやってきて貿易をしております。そこで財産をもたぬ福建人がそこに居住し、あるいは掘っ立て小屋を建てて居住し、あるいは福建商人の為に売買の仲介をし、あるいは魚を捕らえ薬を採取することを生業とし、次第に集まり次第に多くなり数を数えることも出来ません。[43]」

沿海航路の発展とともに、福建人たちが渤海沿岸にまで居住地を拡げ、海賊を含めた様々な活動に手を染めていた。また当時、奉天・錦州の沿海で海賊行為を働く福建人の存在も問題となっていた。そこで沿海一帯に居住している福建人たちについても治安上差し障りがあるので登録を行うこととした。彼らの活動は大体乾隆五一年ごろから活発化していたことが分かる。六月二二日の『軍機檔奏摺案録副』によれば、彼らを治安組織である保甲に編入し、リーダーの保長を設けてその下に管理させること、それを望まぬ者は福建に帰らせることを決めた。[44]翌年四月の報告に依れば、昨年夏季には一四一三名、冬季に七一四名それぞれ福建人を査出したとある。[45]

この高麗溝事件は、沿海航路を通って北の海に現れた福建人グループと、もともとこの一帯での勢力を築いていた山東人おそらく登州府人のグループとの対立もしくは協調という関係を背景の一つとしている。加えて満洲の山地へと天然資源をもとめて進出する人びとの経済活動の潮流と相乗して発生、拡大した。それ故にこの事件は一九世紀初頭の変化を特徴づける性格を具えていたといえる。

中国全土に目を向ければこの同時期に幾つかの反乱、騒擾事件が発生していた。直接の発生原因も規模も地点も異なるのだが、主なものとして四川・湖北・陝西省境の山岳地帯における嘉慶白蓮教徒の反乱、広東・福建・台湾沿岸の嘉慶海寇の乱を挙げることができる。この二つは斜陽の清朝を特徴付ける事例として言及されることもある。そしてこれらと期を同じくして満洲・朝鮮山岳地帯に高麗溝事件が発生した点は興味深い。これらは四川省境地帯の山地、広東・福建・台湾の海域、そして満洲・朝鮮国境（本書第10章参照）の山地を舞台としている。それぞれがこれに先立つ一八世紀後半の乾隆年間に人口流動の激化したフロンティアの一角を構成していた。四川の山岳地帯では一八世紀末までに既に飽和状態になっており、成功者たちによる資源の独占に対する異議申し立てという形で貧窮者による反乱が勃発した。華南の沿海では人口の増加による貧困化が進行していった。人びとを受け入れてきた台湾もまた西部の開拓が終了しようとしていた。その中で行き場のない人びとが海賊へと身を投じていったという側面がある。(46)この内、沿海航路で結ばれた北の山と南の海でそれぞれ木材の盗伐と海賊という異なる性質の事件が起こり、その双方に福建人が関わっている点は注目に値するだろう。

ただし高麗溝事件はこの二つと異なり清朝の治安を大きく乱す反乱、騒擾事件とはならなかった。朝廷にとってもちろん望ましいことではなかったが、高麗溝事件は山東や満洲の民生を乱すことはなかった。

流民は木材を盗伐し、官憲の取締があるや雲散霧消して朝鮮や故郷の山東へと逃げ散ったに過ぎない。彼らの活動はあくまでも非合法な木材の伐採と搬出、売却という経済活動に限定されている。では何故一九世紀初頭の満洲では反乱へと転じなかったのか。これも様々な要因が考えられるだろうが、おそらくは満洲という広大なフロンティアの存在と無関係ではあるまい。人びとはその活動領域を広げることで生計を立てることができたのである。満洲への移民とその開発はその後二〇世紀前半まで持続し、その規模をさらに拡大させた。少なくとも一九世紀初頭の段階では関内の人びとに生きる糧を提供するだけの資源が満洲には存在したのである。

おわりに　登州の終焉――煙台・芝罘と青島

今日の蓬萊（登州）にはもはや重要な港湾都市という面影を見ることはできない。雲集する船舶、海を渡っていく人びとの姿、満洲と中国本土を繋ぐ港町としての繁栄は過去のものである。山東の主要な港湾は第一に青島であり、煙台がそれに次ぐ地位にある。煙台は登州府下の福山県にあり、外国人の間では芝罘《チーフ》と呼ぶのが一般的であった。一九世紀後半から二〇世紀初にかけて旧港の膠州と蓬萊に代わって、まずは芝罘、そして青島が山東省の主港となった（本書第6章参照）。芝罘の開港は咸豊一一（一八六一）年のことだが、それ以前に既に芝罘は蓬萊よりも多くの船舶が経由する港となっていた。蓬萊は廟島列島を外港として抱えていても、泊地の広さでは芝罘に及ばなかったのである。

「芝罘島は福山県に属している。……。島内は広々としており数百艘の船を収容できる。外洋船の廟島に往来するものは多くがここで停泊し、暴風を避けることが出来る。」（同治『即墨県志』巻十二・雑稽・海程）
「往事、商店は僅かに三〇、二〇家にすぎなかったが、継いで帆船がだんだんと多くなり、道光年間の末（一九世紀中葉）には商店は既に千余りあった。この時、帆船には広州幇、潮州幇、福建幇、寧波幇、関内幇、錦州幇といった種類があった。咸豊八（一八五八）年に天津条約が結ばれ、蒸気船の天津・上海間を往来するものはみな必ずここに停泊した。」（民国『福山県志稿』巻五・商埠・縁起）

許檀の推計に拠れば、芝罘の開港直前の咸豊九（一八五九）年の山東省各港の税収の中で登州府は省全体の四五・五四％を占めていた。その内、福山（芝罘＝煙台）が二八・六七％であったのに対して黄県が四・七六％、蓬莱が三・五六％にとどまっている。明らかに芝罘は蓬莱を凌駕するようになっていた(47)。

この芝罘もまた二〇世紀初、膠州に代わって主港となったドイツ租借地の青島にその地位を奪われる。膠済鉄道により内陸に接続され、近代的な港湾施設を備えた青島は、陸上交通手段を持たない芝罘に比べて有利な立場にあった。芝罘は渤海沿岸、並びに山東半島北岸を中心とする経済圏の一港湾という地位に甘んずることとなった。

しかしながら主要港が蓬莱と膠州から芝罘へ、そして青島へと移り変わったとしても、一七世紀以来形成されてきた登州府人たちのネットワークは消滅しなかった。蓬莱の後背地、黄県は二〇世紀初頭においても黄県商人の本拠としての地位を堅持した。一九二一年在芝罘の日本領事館の報告に、

「黄県は又富豪巨商の叢淵にして山東内は勿論東三省各地に於ける商工業に対し直接支店等を出すか或は投資せるもの頗る多く実に金融界の一大勢力たり。……。事実上黄県並其附近一帯の地方は少なくとも山東半島部に於ける経済的の一大中心にして芝罘、龍口或は青島に取りても之を其勢力圏内に容るると否とは以て諸港の消長に至大なる関係を及ぼすものにして、……」(48)

とある。青島の繁栄が芝罘を抜き去った後においても、かつての登州府人の拠点であった黄県の商人達の影響力は山東のみならず満洲（東三省）にも拡がっていた。本書冒頭で述べたような極東ロシア、朝鮮、日本における山東人グループ、中でも登州人のグループの活動は一定の勢力を保持し続けたのである。

（1）漢民族の満洲移民と満洲社会の状況については以下の研究を参照されたい。荒武達朗『近代満洲の開発と移民——渤海を渡った人びと』汲古書院、二〇〇八年。同「嘉慶年間（一七九六—一八二〇）満洲地域社会の構成——杜家驥編『清嘉慶朝刑科題本社会史料輯刊』の分析を中心に」『近現代東北アジア地域史研究会ニューズレター』二一号、二〇〇九年。同「『琿春副都統衙門檔案』より見た一八世紀後半の琿春地方の流民」『近現代東北アジア地域史研究会ニューズレター』二三号、二〇一一年。同「嘉慶年間南満洲の郷村役——近代前夜の地域社会と郷村統治」『徳島大学総合科学部人間社会文化研究』二三号、二〇一五年。同「嘉慶年間中国本土の郷村役——南満洲地域との比較」『徳島大学総合科学部人間社会文化研究』二四号、二〇一六年。

（2）古田和子『上海ネットワークと近代東アジア』東京大学出版会、二〇〇〇年。

（3）ロシア沿海州についてはイゴリ・R・サヴェリエフ『移民と国家——極東ロシアにおける中国人、朝鮮人、日本人移民』御茶の水書房、二〇〇五年。朝鮮については李正熙『朝鮮華僑と近代東アジア』京都大学学術出版会、二〇一二年と石川亮太『近代アジア市場と朝鮮——開港・華商・帝国』名古屋大学出版会、二〇一六年。日本については蒋恵民（上田貴子訳）「中国山東省黄県人の商慣習」『民俗文化』二三号、二〇一一年。上田貴子「奉天・大阪・上海における山東幇」『孫文研究』五四号、二〇一四年。以上を参照されたい。

（4）程方『清代山東的農業与民生研究』天津人民出版社、二〇一二年、五五・八〇頁。

（5）当史料は『中国地方志集成』に収録されていない。内閣文庫所蔵の版本を用いた。

（6）満洲の山東人の分布については荒武『近代満洲の開発と移民』第五章、北京のそれについては郭松義「清代北京的山東移民」『中国史研究』二〇一〇—二、二〇一〇年を参照。

（7）田文鏡「奏陳防護沙門等島之事宜摺」雍正一〇年二月一六日（『宮中檔雍正朝奏摺』一九輯、故宮博物院、一九七九年、四四三〜四四六頁所収）。

（8）加藤繁「康熙乾隆時代に於ける満洲と支那本土との通商について」一九四三年、同「満洲に於ける大豆豆餅生産の由来に就いて」一九四八年（ともに後、同『支那経済史考證』下巻、東洋文庫、一九五二年所収）。周藤吉之「清代の満洲に於ける糧米の漕運に就いて」一九四〇年（後、同『清代東アジア史研究』日本学術振興会、一九七二年所収）。足立啓二「大豆粕流通と清代の商業的農業」一九七八年（後、同『明清中国の経済構造』汲古書院、二〇一二年所収）。許檀「清代前中期的沿海貿易与山東半島経済的発展」『中国社会経済史研究』一九九八—二、一九九八年、同『明清時期山東商品経済的発展』中国社会科学出版社、一九九八年。

（9）松浦章『清代上海沙船航運業史の研究』関西大学出版部、二〇〇四年。同『清代帆船沿海航運史の研究』関西大学出版部、二〇一〇年。同『近世中国朝鮮交渉史の研究』思文閣出版、二〇一三年。

（10）松浦『近世中国朝鮮交渉史の研究』第三部第二章、一八四〜一八五頁（原論文は一九八二年）。

（11）松浦『清代帆船沿海航運史の研究』第一編第一章（原論文は一九八四・八五年）、第二編第二章、三一四〜三一九頁（原論文は一九八五年）。

(12) 村上衛『海の近代中国――福建人の活動とイギリス・清朝』名古屋大学出版会、二〇一三年、五九頁。豊岡康史『海賊からみた清朝――十八～十九世紀の南シナ海』藤原書店、二〇一六年、二〇四頁。
(13) この封禁政策下の移民については荒武『近代満洲の開発と移民』第I部を参照。
(14) 「題覆籍隷山東登州府黄県流寓海城県民王九因趙三令其背負不従起釁将趙三殴傷身死審実依闘殴殺人律擬絞監候秋決」『内閣大庫檔案』乾隆一七年三月七日(登録番号・075255)。
(15) 『上諭檔』嘉慶一〇年八月二八日。なお嘉慶二五年七月二四日の『上諭檔』にも同様の性格の史料があり、登州府招遠県から長城の北に向かった者の行動を記している。
(16) 「題覆山東蓬莱県李劉興船隻私渡流民六十二名赴奉応将失察之巡査官登州府海防同知于殿琰及守口官前署蓬莱県丞沈世楷例議処」『内閣大庫檔案』乾隆四一年六月一七日(登録番号・054671)。
(17) 荒武『近代満洲の開発と移民』五六頁参照。
(18) 一例として「奏為臣厳禁流民偸渡奉天事具奏」『軍機檔奏摺案録副』乾隆五五年一二月一四日(台湾故宮博物院・046610)。
(19) 「奏為私販人蔘偸越辺牆拒傷巡兵従重擬斬監候秋決」『内閣大庫檔案』乾隆二九年一二月一〇日(登録番号・025113)。
(20) 「奏覆山海関修理辺牆設立水門柵欄事並議定指引逃匪出関者応加問擬」『内閣大庫檔案』乾隆二九年一二月一二日(登録番号・025167)。
(21) 荒武『近代満洲の開発と移民』五一～五五頁参照。
(22) 「奏為遵旨査辦流民地畝銭糧併咨査吉林新来流民是非航海私渡以期核実辦理事」『軍機檔奏摺案録副』乾隆四五年三月二七日(台湾故宮博物院・026818)。
(23) 「奏呈乾隆伍拾伍年年分吉林寧古塔伯都訥三姓阿勒楚喀地方実在民人総数」『軍機檔奏摺案録副』乾隆五五年一一月二〇日(台湾故宮博物院・046777)。

(24) 荒武『近代満洲の開発と移民』六九頁参照。
(25)「奏為奴才等前未及詳査即蒙昧奏請派員査勘奉天民人在法庫辺外開墾一案請交部察議由」『軍機檔奏摺案録副』乾隆三七年八月二八日(台湾故宮博物院・017971)。
(26)『上諭檔』嘉慶一一年七月一四日。
(27)「奏覆岫巌城流民私墾馬廠地畝照例治罪並按則徴租」『内閣大庫檔案』乾隆四〇年二月一七日(登録番号・026628)。
(28)『上諭檔』嘉慶四年一一月二〇日。
(29) 山本進『大清帝国と朝鮮経済――開発・貨幣・信用』九州大学出版会、二〇一四年、第一章。
(30) 鄧亦兵「清代前期竹木運輸量」『清史研究』二〇〇五―二、二〇〇五年及び周林「清廷塞外木植採辦」『古今農業』二〇一一―二、二〇一二年。囲場の機能、天然資源の密採と保護については趙珍『資源、環境与国家権力:清代囲場研究』中国人民大学出版社、二〇一二年が詳細である。
(31)『上諭檔』嘉慶十年二月四日、十二月十九日などが高麗溝の一件を触れつつ、伐木の禁止を述べている。
(32) 荒武『近代満洲の開発と移民』五八～六七頁。
(33)『上諭檔』嘉慶八年三月十四日。
(34) ここまでの下りは『上諭檔』嘉慶八年三月二十二日、二十八日、四月五日、十一日、十二日、五月二日。
(35)『上諭檔』嘉慶八年七月二十八日。
(36)『上諭檔』嘉慶八年七月十四日。
(37)『上諭檔』嘉慶八年七月九日。
(38)『上諭檔』嘉慶八年八月一日。
(39)『上諭檔』嘉慶八年八月二十日。
(40)『上諭檔』嘉慶八年八月二十五日。

(41) 後の史料であるが河を下り材木を運ぶ様をうかがうことができる。「この度調達するところの木材は柳條辺牆の外側の紅土崖等の処にある。近くの外江(鴨緑江)は内河に通じておらず、必ず渾江、艾江を下り、高麗溝を通って、岫巌の大孤山の港へ至り、船に乗せ換えて運べば障害となるものはない。もし山場から牛荘の港へ運んだならば、その途中には山嶺が間を阻み谷間も非常に多く、回り道をして行き難い。」(『清実録』道光二年十二月辛酉條)。
(42) 『上諭檔』嘉慶八年十月十六日。
(43) 『上諭檔』乾隆五六年四月七日。
(44) 「査辦流寓閩人名時宜」『軍機檔奏摺案録副』乾隆五六年六月二二日(北京・登録番号16-1245~1247。北京第一歴史档檔案館所蔵、16はフィルム番号、以下はコマ番号である)。
(45) 「査辦流寓閩人」『軍機檔奏摺案録副』乾隆五七年四月二九日(北京・登録番号19-1935~1937)。
(46) 四川については山田賢『移住民の秩序――清代四川地域社会史研究』名古屋大学出版会、一九九五年、第Ⅱ部、福建台湾については豊岡『海賊からみた清朝』一八〇~一八一頁・三二〇~三二七頁参照。
(47) 許檀「清代前中期的沿海貿易与山東半島経済的発展」三七頁参照。
(48) 外務省通商局『在芝罘日本領事館管内状況』外務省通商局、一九二一年、三二二頁。
〔付記〕 本章では一般読者の便宜を考え、史料の引用に際して原文を省略し訳文のみを掲載した。史料の原文を確認されたい場合には、本章の一部を改稿した荒武達朗「一九世紀初頭満洲地域社会の変容――高麗溝事件に見る満洲の陸と海」『徳島大学総合科学部人間社会文化研究』二六号、二〇一八年を参照のこと。

第6章　上海　交易と決済、市場と国家
――一八〜二〇世紀初頭

古田　和子

はじめに

筆者が最初に上海を訪れたのは一九七九年夏であった。一九四九年に成立した中華人民共和国は、一九六六年から七六年まで一〇年に及ぶ文化大革命に終止符を打ち、政治的過渡期を経て一九七八年に改革開放路線へと大きく舵を切った。その翌年である。それまで一般の人が個人の資格で中国に入ることはできなかったが、日本の旅行会社がはじめてツアーを募集したので、大学院生だった筆者は指導教授の研究室でアルバイトをさせてもらい、現在の中国ツアーでは考えられないほどの高額な代金を払ってはじめて中国に足を踏み入れた。あとで知ったことだが、この時の外国人受け入れには西側と東側という二重レート

が存在したらしい。参加者は名目的に「訪中団」を結成し、北京郊外では人民公社を訪問したし、誕生したばかりの郷鎮企業も見学した。上海ではバンド（外灘）を中心とする旧租界や豫園などの旧華界を巡った。もちろん黄浦江を挟んでバンドの対岸に位置する浦東には今のような目立った建物はなかった（上海の経済発展は浦東に陸家嘴金融貿易区が国家開発区として指定された一九九〇年以降のことである）。上海での滞在でもう一つ心に焼き付いているのは、街ですれ違う人の日本人を見る目であった。その突き刺さるような冷ややかな視線は北京では感じなかったことであった。一九三七年七月七日、北京郊外盧溝橋で起きた戦火は、八月一三日上海に飛び火し（八・一三事変、第二次上海事変）、日中の全面戦争に発展した。上海戦は上海全域を巻き込んで三か月におよぶ激戦となり、一一月には租界以外の上海市が日本軍に占領された。一九四一年一二月にアジア太平洋戦争が始まると、英米勢は徐々に退却し、上海は事実上日本の支配下に置かれることになった。

中国史ではアヘン戦争を「近代の開始」とする見方が長い間一般的であった。アヘン戦争で敗れた清は、一八四二年イギリスと南京条約を結び、翌年の虎門寨追加条約とあわせて、イギリスが標榜する「自由貿易」を強制される形で不平等条約体制へ編入された。公行の廃止や上海以南の五港（広州、厦門、福州、寧波、上海）の開港が決まり、上海は一八四三年に開港された。後背地に江南（長江下流デルタ地域）の経済先進地が控え、主要輸出品の産地から至近の上海はほどなくして広州を抜いて中国第一の貿易港に発展した。上海県城の北側には租界が形成され、欧米の貿易商社・汽船会社・外国銀行などがいっせいに進出した。現在に至る上海バンド（外灘）の景観は、イギリスに続いて各国と締結された一連の不平等条約のもとで欧米に進出された「受け身としての上海」を象徴するものである。

しかし、これでどれくらいの「上海」を語ったことになるだろうか。上海をできるだけそのままに「主体」として語ることはできないだろうか。本論ではこうした問題意識をもって、一八世紀から二〇世紀初頭（一七〇〇年～一九一〇年代半ば）までの上海を検討していく。時代で言えば、清代中期から末期、そして一九一二年に成立した中華民国の初期に相当する時期である。分析の時期を一八世紀まで広げたのは、上海の成り立ちを検討することでアヘン戦争を近代の開始とする見方を相対化するためである。また、対象時期を二〇世紀初頭まで伸ばしたのは、一九三〇年代に始まる日中間の国家間戦争の淵源の一つが、二〇世紀初頭の上海―日本間の東アジア地域経済をめぐるせめぎ合いにあったことを示唆するためである。

以上を踏まえ、次の三つを具体的な論点として設定した。①一八～一九世紀初頭の上海はどのような都市であったのか？ ②一九世紀後半の上海は、アジアの経済関係のなかでどのような役割を果たしていたのか？ 世界経済と東アジア地域経済をどう繋いだのか？ ③二〇世紀初頭の上海は、大陸進出に向かおうとする日本にとってどのような存在だったのか？ 本章ではこれらの点について、交易と決済、市場と国家の観点から検討していきたい。

1　上海の成り立ち

上海の成り立ちを簡単に振り返っておこう(1)。長江デルタの東の端に位置する上海（滬）はもともと漁村であったが、唐代以降、青龍鎮が海上交易の拠点となり、南宋の時代に開発が進んで大いに発展し貿易を管理する市舶司の分司が置かれた。元代には市舶司が設置され、一二九二年に昇格して上海県となった。

漁業や塩業に加え、棉花も栽培されるようになった。明代（一三六八～一六四四年）には一四〇〇年ごろ黄浦江と蘇州河の河川工事が行われ、この時の黄浦江の拡張によって上海の港としての環境が整った。東シナ海における後期倭寇の活動が活発になると、その来襲を受けるようになり、一五五三年には防御のために城壁が築かれた。後期倭寇は前期の倭寇と異なり東アジアのさまざまな海域民から成る武装私貿易集団であったが、かれらが扱う中国生糸と日本銀は東アジアの政権の行方を左右する商品でもあったのでその交易は莫大な利潤を生んだ。

明から清へ交替する一七世紀は、東アジアの政治経済体制が大きく動いた時期であった(2)。清代初期は中国各地で反清勢力が割拠し、なかでも東南沿岸を拠点に日中貿易で巨大な資本を手にした鄭氏は、九州の平戸、上海の南に位置する乍浦《さほ》、台湾の台南（本書第9章参照）、華南の厦門、マカオ（澳門）、東南アジアのマニラやマラッカ（本書第4章参照）を繫ぐ交易を行う一大勢力に成長し清朝に対抗した。一六六一年、清は沿海の東南五省に遷界令を敷いて、福建や広東を中心に住民を内地に移住させて鄭氏との交流を絶った。中国大陸に拠点をもたないオランダや日本は台湾を出会い貿易の地点とし、オランダは台湾南部の安平に一六二四年にゼーランディア城を築いていたが、鄭成功は台湾からオランダを駆逐しジャワのバタヴィア（本書第3章参照）に退かせた。鄭成功の死後も一族による台湾占拠は続いたが、資金源となる海上交易活動が打撃を受け、一六八三年鄭氏は投降、ここに清朝の政治支配は確立を見た。清は翌年展海令を出して海禁を解除し、交易をあずかる海関《かいかん》を上海（江海関）、寧波（浙海関）、厦門（閩海関）、広州（粤海関）に設置した(3)。

図1は一八世紀半ば、清代中期の上海である（丸く囲まれた部分が上海県城）。清代中期の上海は海運

図1　上海県城と黄浦江

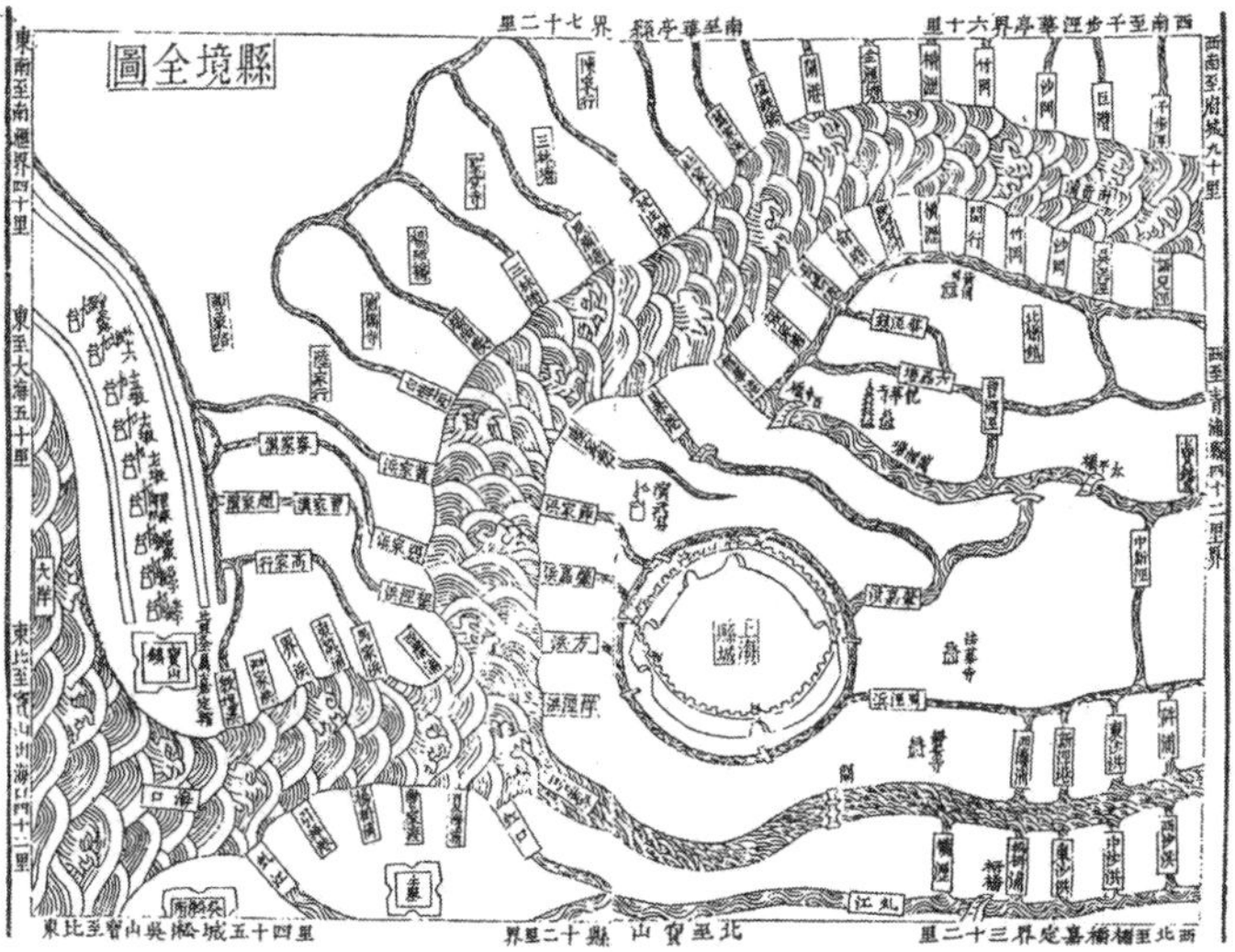

出典：『上海縣志』十二巻首一巻　乾隆十五年刊本景印。

を中心に交易、仲買、金融業で栄えた。各地から多くの沙船（喫水の浅い平底の帆船）が集まり、港は船頭・舵取り・水夫・埠頭労働者で賑わった。沙船の同業団体の一つである商船会館（一七一五年、崇明県出身）をはじめ、一八世紀半ばから一九世紀初頭の乾隆・嘉慶年間には内園銭業公所、泉漳会館、徽寧会館、潮州会館、四明公所などの同業・同郷団体が設立され、二七万の人口のおよそ八割は各地から集まってきた外来者であった。[4]

なかでも浙江省の寧波《ニンポー》や紹興から来住した人々は、上海の歴史を形作るうえで重要な役割を果たした。図2にあるように、杭州湾の南に位置する寧波は帆船の良港として古くから名を馳せた所であり、[5]清代には北へ向かう北洋海運と、長崎へ向かう東洋海運（銅銭の鋳造に必要な銅を日本から輸入する対長崎貿易）の基地として栄えた。寧波はまた、過《か》

図2　上海と寧波の位置関係

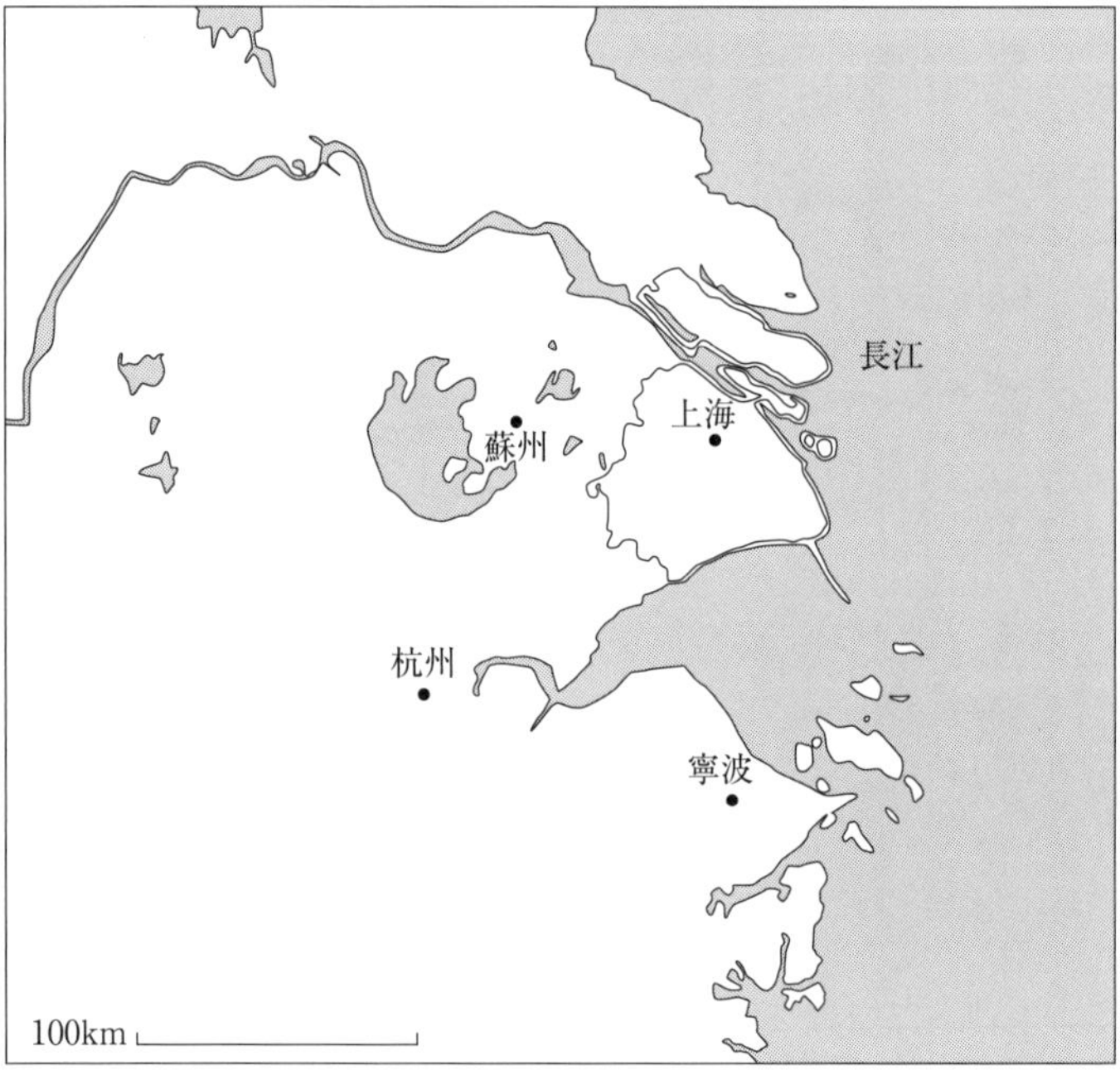

帳《ちょう》という現金授受のない帳簿決済を活用して金融業（銭荘《せんそう》業）でも頭角を現した。この寧波から、乾隆年間に商人が大挙して上海に移り草創期の上海の経済発展に大きな役割を果したのである。一七七六年には、有力銭荘の同業団体である内園銭業公所が正式に公認され、建物は上海県城内の城隍廟の内園に置かれた(6)。さらに一七九七年に上海県城北門外に、上層の商人に限らず浙江省寧波府下の七県出身者ら一般の人々も対象とした同郷会館として四明公所が建てられたことも、その後の寧波幇の上海での勢力拡大を支える力となった。江南デルタの都市のなかでその頂点を占めていたのは蘇州（本書第1章参照）と杭州であった。長江と大運河が交差する立地の良さがその理

由であったが、大運河に固執する歴代の政策に支えられて両都市がその命脈を繋いでいる間に、しだいに沿海海運の比重が高まり、寧波や上海などの海港が重要性を高めていった。その変化のプロセスにうまく乗って上海にも進出し新たな拠点を形成していったのが寧波幇であった(7)。

上海における寧波幇については多くの研究があり、厳信厚、朱葆三、叶澄衷、虞洽卿、宋漢章、方椒伯、秦潤卿、劉鴻生、項松茂、方液仙、蕢延芳、王伯元、李康年、盛丕華など多くの寧波出身者が商工業界・金融界で活躍し、開港後の上海経済の根幹を担う存在となった(8)。

上海開港後の一八四五年一一月、初代駐上海イギリス領事ジョージ・バルフォア（Sir George Balfour）は上海道台の宮慕久と第一次土地章程を結び、「洋涇浜以北及び李家場以南」、すなわち上海県城の北に位置する黄浦江沿いの低湿地に居留地用の土地を得た。バルフォアはこの土地を清政府とイギリス政府との賃借関係であるコンセッション（concession）としようとしたが、上海道台の反対によって、清政府が外国人居住地として許可したセツルメント（settlement）となった。そのためこのイギリス租界から発展した上海の共同租界は International Settlement と呼ばれる。一八五四年には第二次土地章程で租界が拡張され、その後数次の拡張を繰り返し最終的にフランス租界と共同租界とが出来上がった。租界には外国汽船会社、貿易商社、外国銀行などが進出し、その買弁としてあるいは洋雑貨商として多くの広東人も上海に来住した(9)。また、太平天国の戦乱で発生した難民の流入が続き、租界にも中国人が居住・定着することになった。華界・租界ともに人口は増大し、租界に居住するごく少数の外国人の他は各地から流入した人々からなる「中国人の都市上海」が成立した。人口は二〇世紀初頭に一〇〇万人を数えた(10)。

2　一九世紀後半東アジアのエンポウリアム――交易中心としての上海

本節では、一九世紀後半の上海がアジアの経済関係のなかでどのような役割を果たしていたのかを概観しておこう。中国経済史では生産や分配、その基礎となる人口も含め統計データを集めることはそれほど容易いことではない(11)。そのなかで中国の開港場における輸移出入貿易のデータ China. Imperial Maritime Customs Statistics（海関統計）は時系列にそった統計が残されている数少ない例である。もちろんいくつかの留保を付けたうえでではあるが、筆者もこの海関統計を使ってきたし、木越義則の近年の成果は本統計を用いて近代中国の市場圏をマクロに検討した詳細な研究である(12)。ところでこの輸移出入統計が残された背景には、外国人の税務司によって貿易統計が作成されたことが関係していた。海関の行政を外国人が行う外国人税務司制度は、脱税が横行していた上海でそれを食い止めるために一八五四年に創設され、その後ほかの開港場にも導入されたものである。この制度は不平等条約下に置かれた清朝が外国からの圧力に抗しきれずに採用したという理解が一般的であったが、近年の研究ではむしろ、太平天国の脅威を間近に感じた上海において、外国人税務司制度の徴税の確実性を重視した清朝が清朝側の手でこれを全条約港に一律に導入することにした点が強調されるようになった(13)。

(1)　対外貿易港としての上海

上海の第一の特徴は対外貿易港としての重要性である。上海港の輸入額が中国全体の輸入総額に占める割合は、一八八〇年代半ばまで六五～七〇％強を占めて圧倒的である(14)。一八八〇年代半ば以降、上海の割合はやや減少して五〇数％になるが、南京条約時に五港であった開港場は数が増えて一八九九年には三五になったことを勘案すれば、上海の輸入港としての重要性は一九世紀末まで一貫していると言える。輸出については、輸出総額に占める上海の割合は四〇数％である(15)。地理的にみると、広東はじめ華南の港では直接の対外貿易が進展していたが、華北・東北（以後、満洲と表記）・長江沿いの諸港については外国との直接貿易は一八九〇年代前半までほとんど進まなかった。とりわけ輸入貿易は上海が一手に引き受ける状態が続き、華北・満洲諸港は上海を経由して外国品を入手することが多かった。華北最大の港・天津も外国からの直輸入が中国全体の輸入総額に占める割合は一～二％で推移していた。この点については第3節で再度触れることになる。

上海の主要な輸出品は生糸、輸入品はアヘンと外国製綿製品である。生糸は上海の後背地である江南の農村で生産され、明代末から清代をとおして農家の副業として家計を支える重要な手工業品であった（本書第1章参照）。江南では男子が農耕、女子が製糸（生糸）や綿織物生産に従事する世帯内分業が進展していた(16)。生糸は絹織物の原料として高価格で取引され、それゆえにたぶんに投機的な商品でもあった。一九世紀後半には主要な供給地も中国、日本、フランス、イタリアなど複数あり(17)、かつ絹織物の風合などの消費市場の流行やファッションに左右されることが多かったので(18)、江南を主産地とする中国生糸（江浙糸）の相場は上下し、一八七三、七四年に低落した価格水準は上昇することはなかった(19)。

アヘン貿易はイギリスによるインド植民地化が進展するなかで、イギリスが中国から茶を輸入するために作り出した決済貿易として出発した。アヘンはインドから香港に輸入されて中国各地に密輸されるもの

表1　上海における輸入アヘンの種類別消費と再輸出

(piculs)

	マルワ・アヘン		パトナ・アヘン		ベナレス・アヘン	
	地元消費	再輸出	地元消費	再輸出	地元消費	再輸出
1869年	1,316	25,786	7,140	1,038	2,740	620
1870年	1,363	28,720	7,730	1,395	2,534	684
1871年	1,179	27,585	7,957	1,606	2,452	364
1872年	1,826	27,356	8,017	1,095	2,406	392
1873年	1,592	27,852	7,532	1,365	3,658	770
1874年	1,216	29,072	7,723	1,971	2,444	817

資料：China. Imperial Maritime Customs, ***Returns of Trade at Shanghai***, 1869, p. 19; 1870, p. 17; 1871, p. 18; 1872, p. 19; 1873, p. 21; 1874, p. 21.

が多かった[20]。したがって統計に記載された輸入量は海関で合法的に輸入手続きを経たものだけであるが、こうしたアヘンだけで上海の外国品輸入額の相当額を占めた[21]。表1は上海における輸入アヘンを種類別に示したものである。インド・アヘンは、ベンガル・アヘンとマルワ・アヘンに大別される。ベンガル・アヘンはイギリス東インド会社が一七七三年に敷いた専売制によってベンガルで生産を開始したアヘンである。一八六〇年代にはインド政庁が農民への前貸し金によってケシ栽培とアヘン生産を誘導し、販売も含めて政府が独占していた。ベンガル・アヘンにはパトナとベナレスの二種類があり、カルカッタに運ばれ競売に付された。インド国内消費を除いて、中国方面を中心に海峡植民地やジャワ、セイロン島などに輸出された。これに対して、マルワ・アヘンは中央インドにあったいくつかの藩王国で古くから生産されていた。ケシ栽培やアヘン抽出は個人投資家の前貸し金を受けた農民が自由に生産し、マルワリ商人などが運んでボンベイ港から輸出された。表からは上海ではマルワ・アヘンの輸入量が格段に多かったこと、しかしその多くがほかの港に再輸出されていたことが分かる[22]。パトナとベナレスは上海およびその周辺での消費が中心であった。一方、上海には国内各地で生産されたアヘンが入ってきた。国産アヘンの生産は一八七〇年代になって急速に増加した[23]。主要な産地は南西内陸部の雲南・四川・貴州である。なかでも四川省は最大の生産地となった[24]。内陸部で生産されたアヘンは長江を下って上海に運ばれたり、脱税するために途中で長江から離れて陸路で各省に運ばれたりした[25]。アヘンの消費市場は価格とともに品質や嗜好にも左右された。一般にパトナ・アヘンは香りが高く刺激もマイルドで品質管理も優れていた。マルワは刺激が強く粗雑でワイルドであった[26]。国産アヘンはさらに粗雑で香りも劣っていたが、一八七〇年代に入ると上海市場などでは四川アヘン、雲南アヘンというブランド名を付けてインド産アヘンと競争していた。それでも国産の市場価格は輸入アヘンの半額だったので、消費者の社会階層や嗜好を考慮しても国産アヘンの価格競争力は高かった[27]。カントリー・トレイダーとしてアヘンで資本を蓄積したジャーディン・マセソン商会（Jardine, Matheson & Co. 一八三二年マカオで設立）は、後にバグダード系ユダヤ人サスーン一族（David Sassoon & Sons）との輸入アヘンの競争に敗れ、さらに中国アヘンを扱う中国人アヘン商人（土行）との競争にも敗れて最終的にはアヘンから手を引くこととなった[28]。在上海イギリス領事は農民のケシ栽培が盛んになり、この勢いで栽培が拡大すればいずれインド・アヘンの輸入は消滅するだろうと予測したが[29]、事実、外国産アヘンの中国への輸入量は一八七九年にピークを迎えたのち減少に転じた[30]。国産アヘンによるインド産アヘンの輸入代替はある意味見事に進展したのであった[31]。一八七〇年代はそのターニング・ポイントであった。

一方、外国製綿製品の輸入は増大していた。その中核はイギリス製の機械製綿織物であった。機械製綿織物は世界の工場としてのイギリスがアジア市場向け輸出に力を入れていた商品で、当該期の中国、日本、朝鮮において輸入品の大宗をなしていた。上海では一八五八年、輸入綿布を専門に扱う同業団体（振華堂洋布公所）が新たに結成された。また、上海には輸入綿布のオークション市場が出現し、中国各地からその買い付けに客商が集まった。そのなかには日本の神戸や長崎、朝鮮の仁川の中国商館から注文を受けて、日本や朝鮮向けに外国製綿布を買い付ける商人も出てきた[32]。こうして、上海は中国内地だけでなく、東アジアの開港場を繋ぐセンターとしての役割も帯びるようになった。

（2）東アジア開港場を繋ぐ上海

日本の開港場や後に日本が力を背景に開国を迫った朝鮮の開港場には、中国各地から自由に進出してきた中国商人が多数来航し活発な通商活動を展開した。こうした状況は東アジアの開港が「欧米への開港と同時にアジアへの開港」としての意味を持っていたことを示している[33]。近世以来日本の対中輸出品としてきわめて重要であった海産物（俵物・その他）は、明治期にも長崎や箱館（函館）に進出した中国商人によって盛んに上海に輸出され、上海から中国各地に転売された。上海に輸入された上述の外国製綿布も上海の商人がオークションなどで買い付け、神戸・長崎・仁川・元山に居留する中国商人に再輸出された。一九世紀後半の上海は当時の世界商品の輸入と再輸出をとおして、世界経済と東アジアの地域経済とを接合する役割を果たしていたと言える。

上海を中心とした中国商人のネットワークは、長江に沿って鎮江・蕪湖・九江・漢口、東南沿海を南に寧波・温州・福州、北に芝罘・天津、そして満洲の入口の牛荘などの中国国内だけでなく長崎・神戸・仁川にも延びて、国境を越えた流通網が東シナ海を囲むように形成された[34]（図3）。なお、牛荘は天津条約（一八五八年）で開港が決まったが、遼河の土砂堆積によって貿易港として不適だったため、牛荘にかわ

図3　東アジアの地図

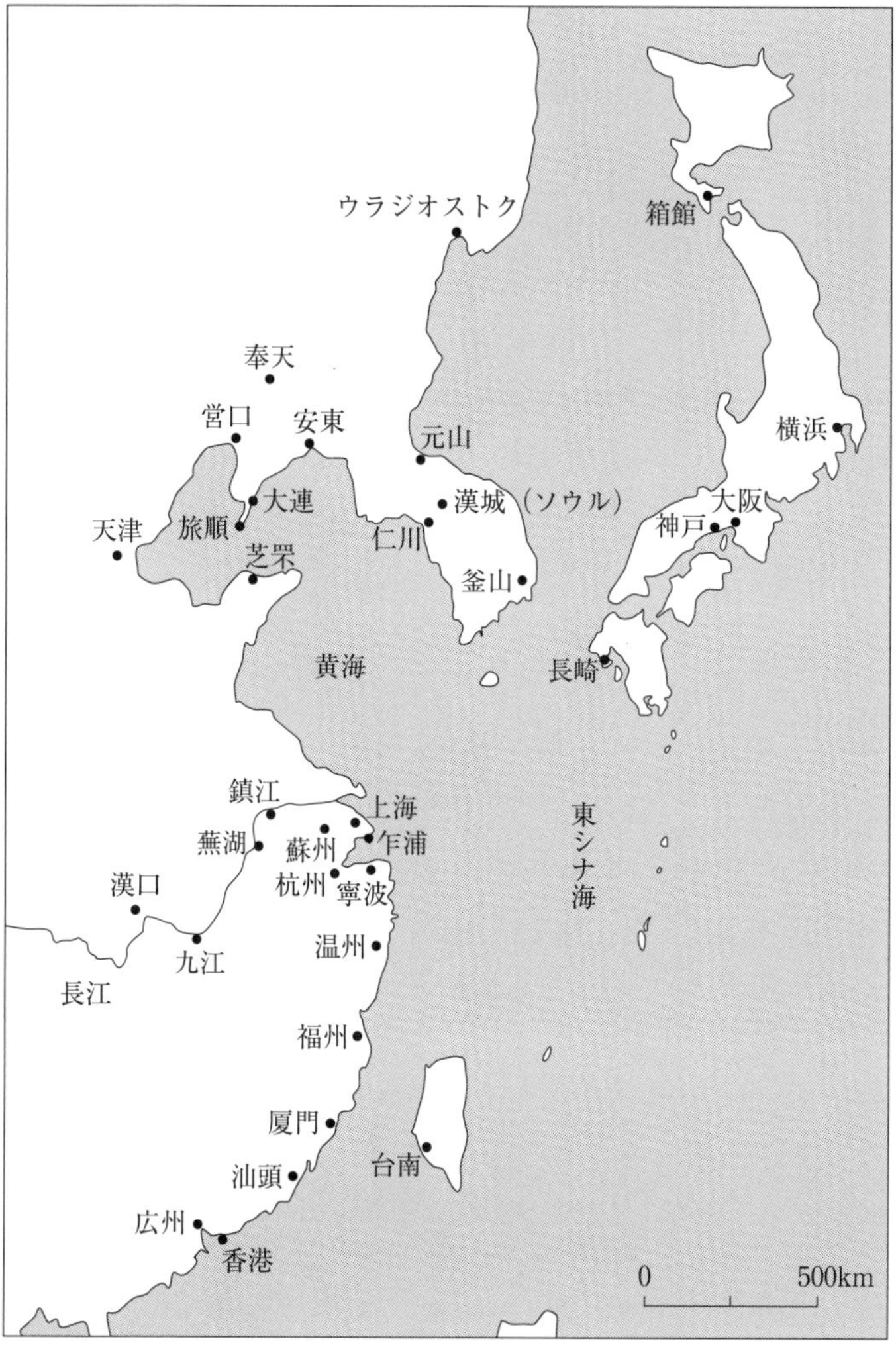
ウラジオストク
箱館
奉天
営口
安東
元山
大連
旅順
天津
芝罘
漢城（ソウル）
仁川
釜山
横浜
大阪
神戸
長崎
黄海
鎮江
上海
蕪湖
蘇州
乍浦
杭州
寧波
漢口
東シナ海
九江
温州
長江
福州
厦門
台南
汕頭
広州
香港
0
500km

って営口が一八六一年に開港された。China. Imperial Maritime Customs では条約文にしたがって「牛荘」という名称がそのまま使用されてきた経緯がある。営口は遼河河口の左岸に位置し、遼河の水運や馬車で満洲各地から集まる大豆やその加工品を中国の他地域に移出する港として、すでに一九世紀前半（一八三〇年ごろ）には重要な交易港となっていた[35]。

上海―仁川―大阪の間には、在朝中国商人と在朝日本商人による韓銭（銅銭）の授受をとおして、商品（外国製綿布と米・大豆など）と金・銀を媒介とする密接な連関が存在した。一八九〇年代初頭の現地報告によれば、仁川の中国商は上海から外国製綿製品や中国製絹織物を輸入、その対価として上海に向けて主に金（砂金）を輸出した[36]。ところが、上海からの入超はなかなか埋まらず、中国商人の手元には輸入品の販売で朝鮮商人から受取った韓銭が貯まる一方であった。彼らはその消費に苦慮したという。つまり上海からの輸入品の売れ行きがよい時、韓銭相場は下落し金融は緩慢になるのであるが、ここで大阪からの朝鮮米の需要が高まると、在仁川の日本商はその仕入れのために韓銭が必要になるので中国商人の手元から韓銭が引き出され、仁川の金融は逼迫することになった。日本から持ち込んだ円銀は中国商の手に渡り、かれらはその銀を直ちに中国諸港に輸送し、もしくは上海為替を購入して債務の決済にあてた[37]。朝鮮の広東系中国商館・同順泰を検討した石川亮太は、同順泰が上海の取引先からの輸入に対して恒常的に債務を抱えており、その債務は最終的に上海への送金で決済していたとしている[38]。

（3）再配分センターとしての上海

上海の第三の特徴は商品の再配分機能が際立って高かったということである。たとえば上海に輸入された外国品の輸入総額の七割から八割強が、国内外の開港場への再輸出に回されていた。同様に国産品についても、いったん上海に集められた国産品の八割強が国内外に再輸出されていた(39)。なお、国産品の流通については、海関統計から算出できる再輸移出に加えて、海関統計が把捉しない中国型帆船（ジャンク）による交易が一九世紀後半にいたってもなお相当量存続していたことは念頭に置いておかねばならない(40)。第1節で紹介したように、一七～一九世紀初頭の上海には、大豆・大豆粕を扱う山東幇や関東幇（遼東半島）の関山東公所をはじめとして、福建・台湾産の砂糖や木材を持ち込む福建省泉州・漳州人の泉漳会館、広東の砂糖・タバコそしてアヘンを扱う広東省潮州の海陽・澄海・饒平県人の潮州会館、茶を扱う徽州府・寧国府商人の徽寧会館、紙・芭蕉布を扱う福建の建寧・汀州人らの建汀会館、砂糖・タバコ・アヘンを扱う広東潮州・恵州人の潮恵会館など、多くの同郷会館が設置されていた(41)。多様な国産品が集まる集配センターとしての上海の役割は一九世紀後半にも引き継がれている。

次に上海港の貿易収支を見ておこう。ここで言う「貿易」には、上海港が海外・国内を問わず上海以外の他の地域との間で行う輸出入と移出入のすべてが含まれており、一八八二～一九〇一年の期間をとおして上海の出超が確認できる(42)。金銀貿易の収支については図4を参照されたい。図4は一八八八～一八九九年における上海の金銀貿易収支を表したものである。黒色で示した棒グラフは金の収支、灰色の棒グラフは銀の収支である。これらを換算して金銀貿易収支の動向を示したものが折れ線で表されており、おおかたの年で金銀貿易収支は入超であったことが分かる。すなわち上海は上海以外の他の地域（海外・国内を問わず）に対して債権者の立場にあったということである。

図4　上海の金銀貿易収支（1888〜1899年）

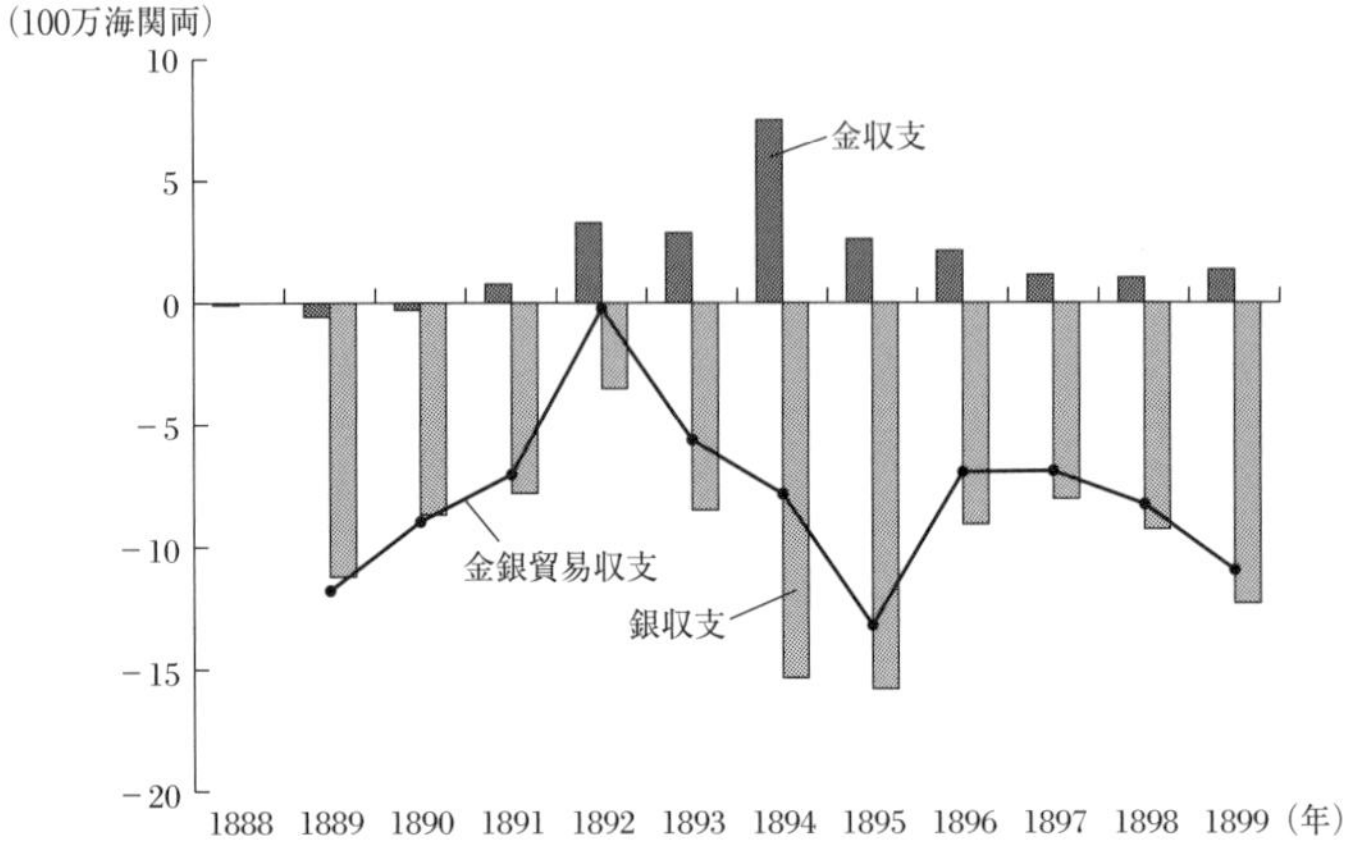

資料：China. Imperial Maritime Customs, ***Returns of Trade at the Treaty Ports and Trade Reports***, Shanghai Trade Returns, 1888-1899. Table No.1. Treasure.

（4）金融センターとしての上海

ここで興味深いのは、図4の時期、金は上海から出ていく傾向があったのに対して、銀は上海に入っており、かつ金の出超を埋め合わせるのに十分な銀の入超が見て取れることである。こうした現象を理解するためには、中国の貨幣制度について説明しておく必要がある。

中国では清代から中華民国初期にかけて多様な貨幣が流通していた。基本となる貨幣は銅銭と銀で、ほかに紙幣（一種の手形）があった。銅銭は日常の小額取引や一定の地域内での取引に用いられ、政府が鋳造する計数貨幣であった。それに対して、銀は納税手段のほかに、主として高額取引に用いられ帝国内の遠隔地交易や海外貿易の決済手段である。銀（銀両）は民間の両替商などが鋳造する秤量貨幣である（銀両の「両」は重さの単位で一両＝三七グラム）。銀両にはいろいろな形態のものが存在した。図5はその一種で馬蹄銀と称され広く流通していた。

たとえば同源という民間の銀炉が馬蹄銀を鋳造し、そこに「同源銀爐」という店名と重量・品位を刻むと通貨になるという具合である。その店は当然鋳造にかかる手数料を差し引くから、銀塊の実際の重さは四九・五両であることもあるが、市場では五〇両として受領される。

銀両に対して、洋銀とは外から入ってきた銀貨のことであり、スペイン銀貨（ピアストル銀貨やカルロス銀貨）とメキシコ銀貨が重要であった。スペイン銀貨は地域によって偏差があったが、一八世紀末までには流通していたことが知られる。中国側はこの銀貨を銀塊として受け入れるのであるが、質も一定で品位も高くばらつきがないので鋳潰して銀両とする必要のないことに気づき、そのままの形で流通するようになった。とくにカルロス銀貨やピアストル銀貨などのスペイン銀貨はその品位の高さからしだいに退蔵されてプレミアムが付くようになっていた。図6の鷹が刻印されているコインはメキシコ銀貨である。メキシコ銀貨は一八二〇年代にメキシコが独立して以降に鋳造された銀貨であり、一八五〇年代から一九一〇年代まで中国を中心に東アジアで広範に流通した。

銀と銅銭という二重構造はなぜ必要だったのだろうか。不思議なことに、清朝政府は銀の流通に対して責任をもたない代わりに介入もしないというスタンスをとった。その背景には帝国内の銀がすでに一四世紀ごろから枯渇し始めていたという事情

図5　銀両の一形態　馬蹄銀

資料：支那経済研究会（三井銀行上海支店内）『上海ノ通貨』（支那経済研究、第6編）、1928年。

図6　洋銀貨の一種　メキシコ銀貨

資料：支那経済研究会（三井銀行上海支店内）『上海ノ通貨』（支那経済研究、第6編）、1928年。

があった。政府にとっては銀貨を鋳造することよりも国際的な銀の流れを地金のままスムーズに帝国内に取り込むことこそが最重要課題であった。けれども銀を帝国の外に依存することは、地方市場における大きな不安定要因となりうる。したがって政府による銅銭の鋳造は地方における貨幣量を安定させるという重要な意味をもっていた(43)。

中国の貨幣制度を「雑種幣制」と言う場合、貨幣が統一されず近代的な制度が未成熟な幣制という意味合いがあるが、見方を変えて、さまざまな貨幣の間で毎日建てられる相場が「一連の為替相場群」を形成していたと捉えればそれほど不可解なわけではない。雑多な貨幣はそれぞれの需給に左右されて市場での相場が決まった。銅銭と銀、銀と金、銀と銀(44)（そのなかには、銀両と洋銀貨、上海両と各地の両など）の間の為替がそれぞれ変動しており、個別の商人にとっては扱う商品と取引相手地域によってどの為替に注目しなければならないかが異なってくる。商人に限らず生産物を市場で売る農民にとっても、日々変動する複数の為替相場はかれらの経済生活に重要な意味をもっていた(45)。筆者が中国の歴史的市場を「情報」の観点から分析する必要性を指摘する理由の一つはこの点にある。

図７　銀両と洋銀貨の相場：上海の洋厘

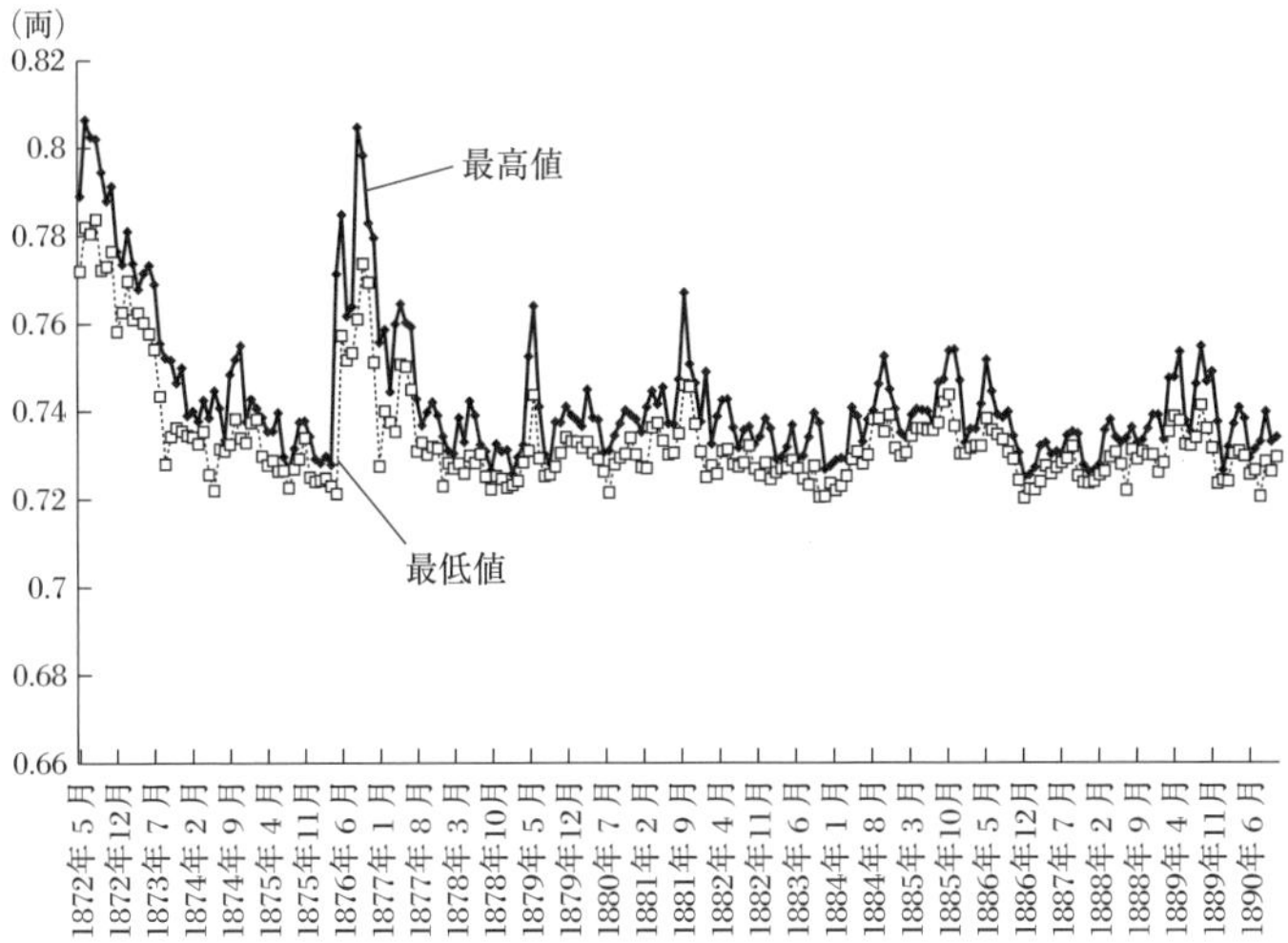

注：1872年５月～1917年５月は『申報』に記載されたデータに依拠。
資料：「洋厘按月最高最低及平均行市統計表」中国人民銀行上海市分行編『上海銭荘史料』上海：上海人民出版社、1960年、610～615頁から作成。

農民からの農産物の買い付けや農民への輸入綿製品の販売では銅銭が用いられたので、銅銭と銀の比価は人々の生活を左右する重要な意味をもった。銀と銅銭の間には銀一両＝銅銭一〇〇〇枚という公定相場が一応は存在したが、相場を決めるのは市場であってそれは日々上下した[46]。

一方、イギリスなどの金貨圏との貿易を行う場合には、金と銀の為替が重要になる。銀価の変動を中国海関両の対ポンド為替相場で見ると、銀価は一八七〇年代初期から長期にわたって下落傾向にあり、一時上昇したあと九〇年代前半に急落した[47]。一九〇〇年代後半も銀の下落が問題になるが、これについては第３節で詳しく触れたい。

中国の幣制をさらに複雑にしているのは、銀と銀の間に建つさまざまな相場の存在であった。図７は一九世紀後半上海における銀両と洋銀貨（メキシコ銀貨）の為替相場のデータから作成したグラフである。この相場がなぜ重要なのかと言うと、たとえば輸出用の生糸の買い付けには洋銀貨を必要とした。生糸は長江デルタの農村地帯で生産され、集散地の市場町では洋銀貨でなければ生糸を売ってもらえない。そこで毎年六月初頭に新しい生糸が市場に出てくる直前、上海では洋銀貨をめぐって激しい争奪戦が繰り広げられた。その結果、洋銀貨一元を銀両で示した為替相場（これを「洋厘」という）は季節的に高騰することになるのである。一九世紀後半から二〇世紀初頭の上海経済にとって、銀両—洋銀貨相場である洋厘はきわめて重要な経済指標となった。

銀と銀の間に建つもう一つの相場は、中国各地の銀両間の内国為替である。銀両は銀塊を平（秤・重量）、色（品位）、兌（除数）の三要素で計った計算単位として機能していた。たとえば上海両は、平は上海で使用される秤の一つである申漕平、色は紋銀標準をとり、兌は九八兌の慣行があった[48]。甲地と乙地の為替相場は両地方の銀両の平、色、兌の差を計算して決まる。したがって具体的な取引では、これに手数料を加え、期日支払いであればその地方の利息を加算ないし控除して決まってくるし、支払い期日の長短、為替出合の状況によって変動することになる[49]。

一八世紀半ばに上海に設立された内園銭業総公所は、一九世紀末に南市銭業公所と北市銭業公所に分かれた。二〇世紀初頭には、南市と北市の二か所で毎日二回（七時から一〇時の早市と一二時に始まり一五時に引ける午市）、大型の銭荘（滙劃銭荘と呼ばれる）が集まって相場を定めた。北市銭業会館は上海の河南北路と塘沽路の角に広大な敷地を占めていた[50]。個別の銭荘は上海の南京東路と北京東路の間の周辺に軒を連ね、個々の資本規模は決して大きくはなかったが、荘票という約束手形を発行して資本の数百倍もの金融を手掛けた。一八六〇年代以降は銭荘と外国銀行との関係も生じ、外国銀行の中国人買弁を通じて荘票を担保にした銭荘への貸付（chop loan）も行われた。荘票の所持人は所定の期日に発行者に呈示してこれを現金と引き換えることができたのはもちろんであるが、荘票はそのまま裏書なしで当事者の承諾のもとに「恰も紙幣の如く轉々流通する所の約束手形の一種」であった[51]。荘票には振出人たる銭荘名を記し捺印する。また決済方法を示す「滙劃」という捺印があるものは、銭荘の組合間手形交換によることを示している。しかしながら荘票は準備金不十分の紙幣と同様であるため、一度市場に恐慌が起きると銭荘の連鎖倒産を引き起こし商取引が滞ることもあった。

このようにさまざまな貨幣間で一連の為替相場群が形成されていた状況のもとでは、為替出合の機会が多ければ、為替変動に左右される危険性はそれだけ減ることになる。上海は為替出合の最も多いところであり、為替差益を最大化し差損を回避すれば金融の決済は自ずと上海に集中した。また、債権を留め置くのに最も適した場所は上海ということになるのである[52]。

3　二〇世紀初頭の上海と日本

本節では論点の③を念頭に、分析の時期を一九世紀末から二〇世紀初頭に移して、東アジア地域経済における上海の役割を検討したい。周知のとおり、中国、朝鮮、日本にまたがる境界領域は、アジアにおける後進帝国主義が展開される場となるのであるが、この時期の上海は大陸進出に向かおうとする日本にとってどのような存在だったのだろうか。交易・決済中心としての上海の何が変わり、何が変わらなかったのかを考えてみよう。

(1) 工業品としてのアジア製品貿易の登場

一八九〇年代後半から一九一〇年代半ばは、欧米製品に限られていた東アジアの工業品貿易に、アジア製品が登場した時期として重要な意味をもつ。アジアにおける近代紡績業は一八七〇年代にインドのボンベイで始動し、八〇年代にはアジア初の工業品としてインド綿糸が中国市場に輸出された。日本でも大阪を中心に紡績工場が次々と設立され、機械製の日本綿糸は国内市場での需要を満たしたのち、一八九〇年代後半には中国に輸出されるようになった。一八九〇年代後半はまた、上海でも実業ブームを背景に近代紡績業が勃興し、紡績工場で生産された上海綿糸が上海周辺の華中で需要された。こうして上海には、それまでのイギリス製を中核とする機械製綿布・綿糸の輸入市場の他に、「工業品としてのアジア製品」であるインド綿糸、日本綿糸、上海綿糸の市場が成立することとなった。

日本綿糸は天津を中核とした華北を輸出市場のターゲットの一つとしていた。インド糸とイギリス糸が占有していた天津の綿糸市場に日本糸が登場したのは、日清戦争直前の一八九三年、上海から二八二担が転輸されたのが最初であった。日本糸の割合は一八九七年以降しだいに増加し、一八九九年にはその市況について詳細な調査が行われた。それによると、いま日本糸を天津に輸入する場合、上海経由なら運賃・諸費は四円三五銭、日本から直接輸入する場合のそれは二円一〇銭であったにもかかわらず、綿糸の大集散地である上海の綿糸相場は天津に比して安価なので、上海を経由して天津に輸入する場合も日本から直輸入する場合も、天津市場に出たときの日本糸価格には大差がないのが現状だという[53]。天津には主要な綿糸商が一二あったが、「當港綿絲商賈の重なる者は悉く店員を上海に派して綿絲の買付に従事し」とあるように、いずれも店員を上海に派遣してイギリス糸、インド糸、日本糸の買い入れに当たらせていた。それに対して、天津在留の外国商から直接綿糸を買い入れる商店は、いずれも取引額の少ない小規模店であった。隆聚號や隆順號など一二の大規模商店は資金を拠出して共同で同和公というブローカー兼輸送機関を設立し、その支店を上海に置いて、天津から派遣された各店員が買い付けた綿糸に対してただちに金融の斡旋をするとともに、商品の天津への輸送業務も行っていた。

天津の事例が示すように、中国各地から上海に商品買い付けに集まる客商はこうした諸サービスを安価に享受することができた。上海はまた、ネットワークのセンターとして金融・取引環境の点で圧倒的な優位性を保有していた。したがって、日本が上海を通さず華北への直輸出を軌道に乗せるためには、この両方を上回るだけの価格と運賃の低廉化とそれを支える金融整備が不可欠ということであった。

こうして、日本政府のバックアップによって華北航路の再編強化が進められ、日本郵船の神戸・北清線は政府命令航路となり航路度数も増加した。横浜正金銀行の支店や出張所も、上海・香港に加えて一八九九年ごろから天津や牛荘に開設され[54]、三井物産などによる直輸出も強化されていった。満洲の場合には、歴史的に上海と強い関係をもっていた営口にかわって新たに大連を建設することとし、一九〇五年一月大阪商船が大連航路を開設し、朝鮮半島を通る陸からのルートに加えて海路からの満洲進出のルートができた（本書第10章参照）。朝鮮ではさらに積極的な海運・鉄道整備と抜本的な金融再編が進められ、日本市場との連結が構築されていった。一連の対応は、日本綿糸という自前の工業品を輸出するからには、上海を経由した中国商人による流通網から自立して、日本主導の流通網を形成することが不可欠という判断の結果でもあった。

(2) 東アジアにおける銀と金の乖離

一八九〇年代末から一九一〇年代半ばの時期は、それまで実質的には銀を本位としていた中国と日本の通貨体制が、銀と金に乖離した時期としても重要な意味をもつ。一八九七年、日本政府は日清戦争（一八九四~九五年）で獲得した賠償金の一部をもとに金本位制への移行を決定した。日本の金本位制は金準備の大きな部分をロンドンに置いた金為替本位制に近いものであったが、中国が銀を維持するなかで行われた日本の金本位採用は、近代東アジアが有機的な地域経済圏を作っていた前提条件の一つが無くなることを意味した。

以後、日本は韓国・満洲をはじめとする東アジア通貨圏の再編を考えるようになった。最初に着手したのは韓国を円為替本位制（日本銀行券を準備とした）に作りかえることであった（朝鮮は一八九七年一〇月に国号を大韓帝国とした。本稿では一九一〇年の日韓併合までを韓国と表記する）。その結果、それまで朝鮮の中国商人によって上海に輸出されていた金は、日本の政策的措置もあって世紀転換期にはその大半が日本に流れるようになった[55]。税関監視官・宮尾舜治は、一八九九年夏以来、韓国での金の買い入れにおいて日本商が清商を圧倒しつつある事態を報告している[56]。翌一九〇〇年、日本は八カ国連合軍の一員として列強とともに義和団事件鎮圧に出兵、事件後のロシアによる満洲占領の継続に対抗して一九〇二年には日英同盟を結んで、韓国において勢力を拡大するロシアと対峙する姿勢を強めた。一九〇四年に始まった日露戦争は、翌年日本がアメリカに講和斡旋を依頼してようやく終結を迎えた。日本は講和条約交渉の

図8　韓国で発行された第一銀行券

〈表面〉

〈裏面〉

資料：第一銀行『韓國ニ於ケル第一銀行』1908年。

なかでロシアからの賠償金と北樺太獲得を放棄するかわりに、韓国に対する日本の優越権および保護国化の承認を得るとともに、ロシアから旅順・大連の租借権、南満洲の鉄道（長春以南の東清鉄道を清の同意を得て日本に譲渡）、南樺太を獲得した。この間、一九〇二年には日本の一民間銀行である第一銀行が韓国で金円を額面単位とする銀行券を発行した（図8）[57]。第一銀行は一九〇五年に韓国国庫金取扱事務と貨幣整理事務を担当することになり、京城支店（ソウル）を韓国における中央銀行として開業した[58]。さらに日本は日韓協約を結び、一九〇七の第三次協約で韓国の内政を統監の指導下に置いたのである。
こうして、在朝鮮の中国商人は第2節（2）で述べた一八九〇年代前半の状況とは異なり、商品の支払い代金を第一銀行券で受け取るようになった。しかし、かれらのなかにはこの第一銀行券を同行に持ち込んで日本銀行券（金兌換券）に引き換え、日銀券を日本にもってきて金に兌換し、その金を上海に送る者も出るようになった[59]。つまり、日本が韓国の貨幣制度を円為替本位制にかえても、在韓国中国商人はそれを所与として対応し、上海に日本の円金貨を送金して債務の決済をしたり、上海の市場で盛んに金銀の相場を建てたりしているということである[60]。

韓国からの金吸収が日本の金準備に占める割合は大きいものではなかったが、二〇世紀初頭の日本は正貨準備高の不足で危機的な状況にあった。そのことを念頭に置くと、韓国からの金吸収の一部が、日本から上海に流出していることに日本政府が敏感になるのは理解できる。日銀総裁・松尾臣善は阪谷芳郎蔵相に宛てた一九〇六年の上申書で、正貨準備ははやければ一九〇八年、遅くても一九一〇年にはほぼ尽きると危惧していた[61]。横浜正金銀行頭取・高橋是清も上海への金流出を正貨問題として捉え警鐘をならしていた[62]。在上海の日本領事館は、上海海関の日報（daily return）から金と銀の貿易額を拾って、月に一度ないし二か月に一度という高い頻度でその数字を本省に上げるようになっており、この時期の日本から上海への金の流出は日本政府にとって高い関心事であったことがうかがわれる[63]。ちなみに、上海における金の輸移出入は金塊（条）と金貨の場合があり、輸入と移入を合わせた輸移入総額の過半を日本からの金貨が占めることが多かった。中国内地の開港場からは芝罘など華北から金塊が移入される頻度が高かった。一方、上海からの輸移出はヨーロッパへの金塊（条）輸出が主要な部分を占めていた。

上海には二〇世紀初頭（一九〇五年ごろ）、一か所に集合して金の取引を行う標金市場が整備された。標金は上海における標準金の金塊で、民間の金店で鋳造する長方形の形状をし、品位九七八、上海の秤（申曹平）で重量一〇両を一条としていた。[64] 日本の円は、金本位制下の各国通貨のなかで常に低い対外価値水準に維持されており、諸金貨のなかで最も兌換・現送されやすい位置にあった。また、金の現送費のなかで最大の費目である運賃の点で、上海に至近の日本は現送に最適であった。そのため当該時期、日本の金貨は上海の金市場に流入したということである。おりしも日本は、政府債務額の増大による財政悪化と経常収支悪化による正貨準備の危機に直面していた。政府債務額が日本のGDPに占める割合は日露戦争から一気に増加し、一九一〇年には七五％になった。[65] 金本位制の採用によって日本は金貨圏からの資本導入が容易になったが、その結果は日露戦争を外債で戦い、「日露戦後経営」と第二次企業勃興も外債に依存する財政構造を招いたのであった。当該期の日本にとって、「日露戦後経営」の継続と金本位制の維持を両立することはきわめて困難になっていた。

日露戦争後の一九〇〇年代後半には、満洲の通貨をどう再編するかという問題も浮上しつつあった。このまま銀にするか、それとも日本の経済力を扶植するために金（金円）にかえるべきか、という日本側のまことに身勝手な選択肢であった。ところが、満洲通貨再編問題で日本がはからずも直面することになったのは、金融決済地としての上海との対抗という問題であった。満洲の通貨については、関東都督府（一九〇六～一九一九年まで旅順に置かれた関東州・南満州鉄道附属地の行政機関）や南満洲鉄道株式会社などの大陸進出派は金建て（金円）を主張、一方、外務省や横浜正金銀行は銀建てを主張したことはよく知られるところである。金建て論は言うまでもなく満洲経済掌握のためには金円を根付かせるべきだという意見であり、金建て論者の間では満洲における銀の駆逐について、たとえば一九〇七年当時かなり楽観的な見通しが語られてもいた(66)。銀建て論の根拠は、東アジア経済の根幹は日清貿易・日満貿易の促進にあるべきで、そのためには現段階での円の実勢を考慮すれば満洲の通貨は銀建てで考えるべきだという所にあった。高橋は満洲での金円に反対し銀使用を主張した急先鋒であったが、上記の理由に加えて、これ以上正貨準備の不安要素を増やすわけにはいかないという切迫した現状認識があったことが自身の手になる以下の報告からもうかがわれる。

（五）本邦兌換制度維持ノ上ヨリ見テ金ノ使用ヲ不可ナリト思考ス　若シ満洲ニ於テ金本位ヲ取ルコトトセハ日本銀行ハ内地ニ於ケル必要ノミナラス外國ニ於ケル兌換券ノ準備ヲモ用意セサル可カラス此正貨準備ニ就キ果シテ十分成算アリヤ慎重講究ノ價値アリ……反之銀ヲ使用セハ其土地ニ於テ受取リシモノヲ以テ直ニ其地ニ使用スルノ便益アリ　又本邦兌換制度ニ何等ノ影響スルコト無カル可シ(67)。

実際、満洲で金円が使用されるのは満鉄料金や、大連に在住する日本人・満鉄関係者、軍・官吏関係者などの間に限られており、いったん中国商人と取引しようとすれば円を銀系貨幣に換える必要があった。安東（中韓国境に近い満洲の都市、現在の丹東）や大連でも日本人街以外では銀しか受領されないし、古くから満洲の重要都市であった営口はもちろん銀を基調とする経済であった。

営口には過爐銀《かろぎん》と呼ばれる独自の決済システムがあった。これは金融業者（銀爐）の帳簿上で現銀を介さずに決済を行うものである。営口から移出される満洲の大豆粕は江南や華南の農業にとって欠かせない肥料であり、第1節で議論した一八世紀にはすでに上海を中継地とする南北の沿海交易の重要な積み荷であった。一方、営口には上海から綿糸布や雑貨品が移入され、その額は営口から上海への移出を上回っていた。つまり、営口は上海に対して慢性的に入超であった。過爐銀のシステムは営口における恒常的な銀不足を背景に発達したものであった。過爐銀がその基礎となる現銀なしによく貨幣として機能しえたのは、過爐銀で上海為替を取り組むことができるからである。上海為替は一種の貨幣として決済手段になっており、そのことを通じて各地との決済が機能していた[68]。ちなみに一九〇七年、営口の巨商・東盛和が破綻したのは過爐銀の大暴落によって決済手段を失ったことが原因であった。営口の金融はその後も何度か破綻を経験し、そのたびに過爐銀への不信と制度変更の必要性が語られるが、過爐銀による決済システムが地方政府（張作霖奉天省政府）の滙兌券（東三省官銀号の紙幣）にとってかわられるのは、西義順の倒産を契機として営口の満洲における位置づけに変化が生じる一九一八年以後のことであった[69]。また、日本の政策によって、大豆・大豆加工品も大連港からの輸出が増え、営口は一九一〇年代末以降満洲の対外貿易額に占める比重を相対的に下げることになったが、中国国内の移出入貿易に関しては満洲最大の貿易港としての地位を一九三二年の満洲国成立まで維持した[70]。つまり、当分の間日本は、営口―上海関係が存続するなかで、それと並行して大連―日本関係を構築していく必要があったということである。

上海はこの時期を通じて外国と国内との中継貿易港としての機能を持ち続けるものの、その比重は一九世紀後半に比べて顕著に低下した[71]。中国全体の外国貿易額に占める上海の割合は一九〇〇年代後半には五〇％を割り込んだ。中国の開港場は四〇数か所に増加しているので上海の中核的位置に変わりはなかったが、長江沿江の漢口や華北の天津のように従来上海を経由していた諸港でも外国との直輸入・直輸出が進展し、貨物集散地としての上海の地位は蚕食されつつあった。[72] それに対して金融決済において上海はなおセンターの位置を占めていた。その背景には、二〇世紀に入ってさらに錯綜の度を増していた中国の通貨状況があった。一九世紀末以降、張之洞（両広総督、のちに湖広総督）による銀貨（龍の模様が付けられたことから龍洋と呼ばれた）の鋳造を受けて他省でも銀貨鋳造の動きが出てきた。しかしながら、それら銀貨一元の銀含有量には差があったので、通貨間に建つ為替相場の数はかえって増加し相互の関係は複雑さを増した。[73] また、銭荘などの民間金融業者のほかに、民間銀行、政府関係の銀行、民間商店や商人・企業家、外国銀行が紙幣を発行するようになっており、それらの紙幣が流通するかどうかは、政治権力との関係や発行主体の国籍で決まるのではなく、ひとえに銀との兌換性という要件が満たされているかどうかで決まった。[74]

加えて貨幣素材として重要であった銀は、国際的に取引される世界商品でもあったから、銀の価格はロンドン市場やインドの需要に大きく依存して変動した。銀塊相場の変動は上海における金の相場に影響を与えたので、上海における金銀比価は二〇世紀初頭の当該期には重要な経済指標となった。[75] 一九〇七年にはインドの凶作によってインド方面における銀需要が減少し、上海市場で銀価低落が続いていたちょうどその時、ニューヨークで金融恐慌が発生し銀価はさらに暴落した。未曾有の銀価低落は金価の暴騰を招き、その結果、盛んに「空売買」が行われ金を扱う商人間に破綻する者が続出することとなった。[76]

金本位制を採用し「世界の一等国」入りを選択した日本であったが、対中貿易は金と銀の乖離に影響される対上海為替相場によって不規則な変動を受けることとなった。[77] 投資分野での問題はさらに深刻であった。南満洲鉄道株式会社は金建て資本・金建て外債で設立され、営業は銀貨圏で展開し、支払いと配当は金貨圏に対して行うという矛盾を当初から抱えていた。このような問題を根本的に解決するためには、満洲通貨を金に統一し金円が一元的に流通する日本の排他的勢力圏を作ることが次の課題とならざるを得なかった。[78]しかし、二〇世紀初頭には、満洲を含む中国において市場に現れる通貨の種類は一九世紀までに比べてさらに増えており、それらの間の為替差損を回避するために上海が果たす金融・決済機能の役割は依然としてきわめて重要なものであった。

おわりに――交易と決済、市場と国家

本章で掲げた主体としての上海を描くという課題はどのくらい達成できただろうか。上海の成り立ちを振り返ってみると、都市としての興隆は一八世紀における海運・交易・金融業の発展によってすでにその土台が形成されていたと言うことができる。とりわけ金融業で頭角を現していた寧波商人の一八世紀中葉における上海への移動は、一九世紀半ばからの上海経済を支える重要な要素の一つとなった。一九世紀後半の上海は、不平等条約体制の下で欧米の経済諸勢力の進出を受け世界経済との関係を一気に強めることとなったが、同時に、東アジア諸地域間の経済を繋ぐ交易と決済の結節点としての役割も果たすようになった。そして、このことはやがて上海—日本間に東アジア地域経済をめぐる激しいせめぎ合いをもたらすこととなった。

台湾と朝鮮を植民地化した日本は、満洲にも日本の金円が流通する領域的な通貨支配を目指した。しかし、満洲は言うまでもなく中国の領土であって、銀系通貨をはじめとしてさまざまな通貨が流通し、それ

らの間に為替相場が建つ状況にあった。その状況にどのように対処するのか、中国側の対抗と同時に日本側の諸主体間の立場の相違もあって、日本が通貨統合への答えを出すのは容易ではなかった[79]。満洲における諸通貨は、日本向け為替とともに上海向け為替の主要な手段となりうるか否かが、その通貨の実勢を映す重要な指標であったからである[80]。

中国で抜本的な通貨制度改革が行われるのは一九三五年のことであった。中国の幣制が容易に統一されなかったことは中国の国民国家化の遅れを意味するのだが、しかし皮肉にも、多様な通貨が併存しそれらが常に競合しながら一連の為替相場群を形成していた状況は、日本の通貨が排他的に流通する「勢力圏」形成の目論見を容易に許さず、それを阻むことになった。二〇世紀初頭に大陸進出に向かう日本が対応を迫られた相手は、中国という国家というよりも、金融・決済センターとしての上海という存在であったと言うこともできよう。そして日本は上海との対抗に遭遇し、それを市場のレベルで乗り越えることはできなかった。二〇世紀初頭に日本が夢想し、市場レベルで果たしえなかった満洲通貨の金円統一は、一九三一年の満洲事変という軍事活動を経て、翌年満洲国が創設され、満洲国の国幣を円とパーでリンクした一九三五年のことであった。

(1) 上海の歴史については多くの文献があるが、本章が扱う時期について日本語による概説としては、高橋孝助・古厩忠夫編『上海史　巨大都市の形成と人々の営み』東方書店、一九九五年、宮田道昭『上海歴史探訪――近代上海の交遊録と都市社会』東方書店、二〇一二年が参考となる。また、陳正書『上海通史　第四巻　晩清経済』上海人民出版社、一九九九年、湯志鈞主編『近代上海大事記』上海辞書出版社、一九八九年、唐振常主編『上海史』上海人民出版社、一九八九年、日本上海史研究会編『上海——重層するネットワーク』汲古書院、二〇〇〇年も参照されたい。これらについて本節ではいちいち注記することはしない。

（2） 岸本美緒『東アジアの「近世」』山川出版社、一九九八年。

（3） 清朝の興起と海関について、岡本隆司『近代中国と海関』名古屋大学出版会、一九九九年、七〜一一頁を参照。

（4） 斯波義信『中国都市史』東京大学出版会、二〇〇二年、二一八頁。

（5） 羽田正編・小島毅監修『東アジア海域に漕ぎだす1　海から見た歴史』東京大学出版会、二〇一三年。

（6） 上海の豫園については、宮田『上海歴史探訪』第二章が、その歴史とそこで活動する商人集団をわかりやすく描写している。

（7） 斯波『中国都市史』、二〇二〜二〇三頁。

（8） 李瑊『上海的寧波人』上海人民出版社、二〇〇〇年。帆刈浩之「清末上海四明公所の「運棺ネットワーク」」『社会経済史学』第五九巻第六号（一九九四年二月）。Susan Mann, "Finance in Ningpo: The Ch'ien Chuang, 1750–1880", W. E. Willmott ed., ***Economic Organization in Chinese Society***, Stanford, Calif.: Stanford University Press, 1972. 虞和平「清末以后城市同郷組織形態的現代化——以寧波旅滬同郷組織為中心」『中国経済史研究』一九九八年第三期。寧波帮系列叢書として、寧波市政協文史委員会編、王昌範執編『上海総商会的寧波人』北京：中国文史出版社、二〇一〇年。寧波市政協文史委員会編、孫善根著『〈申報〉寧波旅滬同郷社団史料』上冊、下冊、寧波：寧波出版社、二〇〇九年。寧波市政協文史委員会編『〈申報〉寧波帮企業史料』寧波：寧波出版社、二〇一一年。

（9） 宋鉆友『広東人在上海（一八四三〜一九四九年）』上海人民出版社、二〇〇七年。

（10） Brayna Goodman, ***Native Place, City, and Nation: Regional Networks and Identities in Shanghai, 1853–1937***, Berkeley and Los Angeles, California: University of California Press, 1995は、一八五三〜一九三七年の上海を素材にし

て中国における同郷性、都市、国家を論じている。

（11）久保亨・加島潤・木越義則『統計でみる中国近現代経済史』東京大学出版会、二〇一六年。

（12）古田和子『上海ネットワークと近代東アジア』東京大学出版会、二〇〇〇年、第六章。木越義則『近代中国と広域市場圏――海関統計によるマクロ的アプローチ』京都大学学術出版会、二〇一二年。

（13）岡本『近代中国と海関』、一二二頁。

（14）ここでは各港の割合を計算する際の輸入額は、純輸入額ではなく総輸入額（再輸出額も含む）を用いている。古田『上海ネットワークと近代東アジア』所収、表6―1を参照されたい。

（15）同じく、表6―2。

（16）Bozhong Li, ***Agricultural Development in Jiangnan, 1620–1850***, Hampshire and London: Macmillan Press, 1998.

（17）曽田三郎『中国近代製糸業の研究』汲古書院、一九九四年。古田和子「「湖糸」をめぐる農民と鎮」『教養学科紀要』（東京大学教養学部教養学科）一七号、一九八五年。古田和子「製糸技術の移転と社会構造――日本と中国の場合」柴田三千雄ほか編『シリーズ世界史への問い　2　生活の技術　生産の技術』岩波書店、一九九〇年。

（18）"Retrospect of 1873, Silk", ***North China Herald***, January 22, 1874, pp. 57–58.

（19）鈴木智夫『洋務運動の研究』汲古書院、一九九二年、二九六頁。

（20）W. S. K. Waung, ***The Controversy: Opium and Sino-British Relations***, 1858–1887, Hongkong: Lung Men Press, 1977, pp. 11–14, 204.

（21）China. Imperial Maritime Customs, Inspectorate General of Customs, Statistical Department, I.-Statistical Series: No.4, ***Reports on Trade at the Treaty Ports in China***, Part II.-Reports of the Trade at Each Port, Shanghai Trade Report for the Year 1874, pp. 92–93（以下、CIMCと略記）.

（22）古田和子「上海から見た一八七〇～七四年の「世界」――財政とアヘン」羽田正編『地域史と世界史（MINERVA世界史叢書1）』ミネルヴァ書房、二〇一六年。

（23）林満紅「清末における国産アヘンによる輸入アヘンの代替（一八〇五～一九〇六）」中村哲編『近代東アジア経済の史的構造――東アジア資本主義形成史Ⅲ』日本評論社、二〇〇七年、七〇頁。

（24）British Parliamentary Papers, Commercial Report on Shanghae, 1870, p. 7. Irish University Press Area Studies Series, ***British Parliamentary Papers, China, Embassy and Consular Commercial Reports, 1859–1899***, Shannon, Ireland: Irish University Press, 1971（以下、BPPと略記）.

（25）林満紅「中国産アヘンの販売市場――一八七〇年代～一九〇六年」古田和子編著『中国の市場秩序――一七世紀から二〇世紀前半を中心に』慶應義塾大学出版会、二〇一三年、九〇～九一頁。

（26）"A Memorandum on the use of the various descriptions of Opium in China", BPP, Commercial Report on Shanghae, 1874, pp. 160–161.

（27）BPP, Commercial Report on Shanghae, 1869, pp. 6–7, 1872, p. 140.

（28）石井摩耶子『近代中国とイギリス資本』東京大学出版会、一九九八年、七七頁。

（29）BPP, Commercial Report on Shanghae, 1872, p. 140.

（30）Liang-lin Hsiao, ***China's Foreign Trade Statistics, 1864–1949***, Cambridge, Mass.: East Asian Research Center, Harvard University: distributed by Harvard University Press, 1974, pp. 52–53.

（31）林満紅「清末本国鴉片之替代進口鴉片（一八五八―一九〇六）」『中央研究院近代史研究所集刊』第九期、一九八〇年七月。

（32）古田『上海ネットワークと近代東アジア』、第一章。

（33）籠谷直人『アジア国際通商秩序と近代日本』名古屋大学出版会、二〇〇〇年。

（34）古田『上海ネットワークと近代東アジア』。

（35）松重充浩「営口」貴志俊彦・松重充浩・松村史紀編『二〇世紀満洲歴史事典』吉川弘文館、二〇一二年、四〇頁など。

(36) CIMC, ***Returns of Trade at the Treaty Ports and Trade Reports***, Appendix II. Part I. Report on Trade of Corea and Abstract of Statistics, Report of the Foreign Trade of Corea for the Year 1892, p. 636. Jenchuan Trade Report for the Year 1892, p. 648 and for the Year 1893, p. 637.

(37) 古田『上海ネットワークと近代東アジア』、一一三頁。「二十五年中仁川港貿易景況（昨二日ノ続）」『官報公使館及領事館報告』第二九七七号（一八九三年六月三日）。

(38) 石川亮太『近代アジア市場と朝鮮』名古屋大学出版会、二〇一六年。

(39) 古田『上海ネットワーク』、表6―4を参照。

(40) 宮田道昭『中国の開港と沿海市場――中国近代経済史に関する一視点』東方書店、二〇〇六年、八九頁。

(41) 斯波『中国都市史』、表14、二一九頁など。

(42) CIMC, ***Decennial Reports***, 1882–1891, p. 329 and 1892–1901, p. 490.

(43) 岸本美緒「清朝とユーラシア」歴史学研究会編『講座世界史2　近代世界への道』東京大学出版会、一九九五年、三四頁。

(44) 浜下武志「近代アジア貿易圏における銀流通」『社会経済史学』第五一巻第一号（一九八五年）。濱下武志『中国近代経済史研究』汲古書院、一九八九年、四一二～四一三頁。

(45) 古田和子「経済史における情報と制度――中国商人と情報」『社会経済史学』第六九巻第四号（二〇〇三年一一月）、一一～二七頁。古田和子「中華帝国の経済と情報」水島司編『グローバル・ヒストリーの挑戦』山川出版社、二〇〇八年。古田和子「近代中国における市場秩序と情報の非対称性――一九世紀末～二〇世紀初頭」古田編著『中国の市場秩序』。

(46) Man-Houng Lin, ***China Upside Down: Currency, Society, and Ideologies, 1808–1856***, Cambridge, Mass. and London: The Harvard University Asia Center, 2006, p. 3.

(47) Hsiao, ***China's Foreign Trade Statistics, 1864–1949***, pp. 190–191.

(48) 川井悟「金融」狭間直樹・岩井茂樹・森時彦・川井悟『データでみる中国近代史』有斐閣、一九九六年が参考になる。宮下忠雄『中国幣制の特殊研究――近代中国銀両制度の研究』日本学術振興会、一九五二年など、日本による戦前の研究も実態を踏まえた詳細な検討がなされており参照すべきである。
(49) 一九二〇年代における上海両と各地の両の為替レートについては、古田「近代中国における市場秩序と情報の非対称性」、図4―1および図4―2を参照されたい。
(50) 上海市档案館編・史梅定主編『追憶　近代上海圖史』上海：上海古籍出版社、一九九六年、一七四～一七五頁。後に南北が統合されて銭業公会となり、上海の寧波路に近代的なビルが建てられた。
(51) 支那経済研究会（三井銀行上海支店内）『上海ノ通貨』（支那経済研究第六編）、上海：内山書店、一九二八年、八一～八二頁。
(52) 古田『上海ネットワークと近代東アジア』、一八七頁。
(53) 「天津輸入綿糸商況」『大日本綿糸紡績同業聯合会報告』第八〇号、一八九九年五月二八日。
(54) その後、満洲各地に出張所が開設され、一九〇八年四月一～二〇日に横浜正金銀行本店で開催された第一回東洋支店長会議には以下の支店・出張所からの出席があった。東京支店・大阪支店・神戸支店・長崎支店、ボンベイ支店・香港支店・上海支店・漢口支店・芝罘出張所・天津支店・北京支店・大連支店・安東縣出張所・牛荘支店・遼陽出張所・奉天支店・鐵嶺出張所・長春出張所・旅順口出張所。横浜正金銀行編『横浜正金銀行史資料第三集第一巻　第一回東洋支店長会議録』日本経済評論社、一九七六年、一～三頁。
(55) 小林英夫「日本の金本位制移行と朝鮮――日中両国の対立と抗争を中心に」旗田巍先生古稀記念会編『朝鮮歴史論集』下、龍渓書舎、一九七九年。
(56) 「今ヤ我在韓ノ商人ハ政府ノ保護ニ依リ金地ノ買入ニ就テハ低利ノ資金ヲ利用シ低廉ナル運賃ヲ以テ之ヲ本邦ニ輸送シ造幣局ニ於テモ其分析ニ便利ヲ與ヘ甚シキ遅延ヲ見サルニ至リシヲ以テ大ニ利便ヲ得テ昨三十二年（一八九九年――引用者注）夏期以來大ニ清商ヲ壓シツヽアリ」（宮尾舜治『宮尾税關監視官韓國出張復命書』年

不詳、三七一頁)。宮尾はまた、韓国における金の相場は中国商人が「送金ノ都合ニヨリ買進ム爲時々變動アリト雖モ」と前置きをしたうえで、一八九九年における金の平均相場は百匁純金当たり、京城四九〇円、釜山四九〇円、元山四八六円と報告している。「送金の都合」というのは、かれらが陰暦七月と一二月の年二回、本国(中国)に債務を送金するので、その時期には百匁当たり四九五円以上、五〇〇円まで金を買い進み、日本人には手が出せない高値になることがあるということである。宮尾、三六四頁、三七〇頁。

(57) 株式會社第一銀行編『株式會社第一銀行韓國各支店出張所開業以来營業状況』一九〇八年。第一銀行『韓國ニ於ケル第一銀行』一九〇八年。

(58) 第一銀行はのち韓国銀行を経て朝鮮銀行となる。波形昭一『日本植民地金融政策史の研究』早稲田大学出版部、一九八五年、九八～一〇二頁。羽鳥敬彦『朝鮮における植民地幣制の形成』未來社、一九八六年。高嶋雅明『朝鮮における植民地金融史の研究』大原新生社、一九七八年、第二～三章。貨幣整理事業前後で小額貨幣の流通がどのように変化したのかについては、石川亮太「韓国保護国期における小額通貨流通の変容」『朝鮮史研究会論文集』第四四集(二〇〇六年一〇月)を参照されたい。

(59) 一九〇七年に清と韓国を五〇日にわたって視察した高橋是清が一二月に日銀総裁に提出した報告書「清韓視察報告」(高橋是清)『勝田家文書』第一一七冊二、財務省蔵。多田井喜生『大陸に渡った円の興亡』上、東洋経済新報社、一九九七年、一三～一四頁。

(60) 古田和子「境域の経済秩序」『岩波講座世界歴史　二三　アジアとヨーロッパ　一九〇〇年代―二〇年代』岩波書店、一九九九年。

(61) 杉山伸也『日本経済史――近世－現代』岩波書店、二〇一二年、二七三頁。

(62) 「清韓視察報告」『勝田家文書』第一一七冊二。

(63) 「上海金銀輸出入統計表」、「上海金銀塊及貨幣輸出入表」『通商彙纂』各号。CIMC, Shanghai Trade Statistics, 1906–1910 ; CMC, Shanghai Trade Statistics, 1911–1917, Treasure.

(64) 井村薫雄『支那の為替と金銀』上海出版協会、一九二三年、一三四〜一三七頁。金本位制下で第一次世界大戦まで続く日本から上海への金の流出については、その理由を外国銀行の取り扱う為替が日本への輸入為替に偏っていたため日本国内における金の手持ちの増加を処理するために生じたとする説明がある（小島仁『日本の金本位制時代（一八九七〜一九一七）』日本経済評論社、一九八一年、一二三頁）。また、山西票号の仁川、神戸への出店に注目して、アジア内部の金銀の動きを考慮に入れるべきとする説もある（浜下武志「一九世紀後半の朝鮮をめぐる華僑の金融ネットワーク」杉山伸也／リンダ・グローブ編『近代アジアの流通ネットワーク』創文社、一九九九年）。

(65) 政府債務額には、中央、地方の合計、内外国債、大蔵省証券などの短期債、借入金が含まれる（杉山『日本経済史』、二七四〜二七六頁）。

(66) たとえば、高橋に反対して金円主義を主張する意見など。「高橋頭取ト會社重役トノ會合談話要領」『勝田家文書』第一一七冊三。

(67) 「清韓視察報告」『勝田家文書』第一一七冊二。

(68) 小瀬一「一九世紀末中国開港場間流通の構造――営口を中心として」『社会経済史学』第五四巻第五号（一九八九年一月）、四八頁。

(69) 松重充浩「営口――張政権の地方掌握過程」安冨歩・深尾葉子編『「満洲」の成立』名古屋大学出版会、二〇〇九年、三三二、三四二頁。

(70) 松重「営口」『二〇世紀満洲歴史事典』、四〇頁。

(71) 小瀬一「中国における二十世紀初頭の「恐慌」について」『一橋論叢』第一〇三巻第二号、一九九〇年、一一五〜一一六頁。

(72) CIMC, Abstract of Foreign Trade of China, 1906–1910.

(73) 川井悟「金融」、一五四〜一五七頁。銀貨のほかにその補助貨幣（小洋と呼ばれた）や銅貨も乱発され、一九二〇年代にいたるまで多様な貨幣が流通した。

(74) 城山智子『大恐慌下の中国――市場・国家・世界経済』名古屋大学出版会、二〇一一年、三六頁。

(75) 「上海五月中金融概況」『通商彙報』第三九號、(三十九年六月一四日附在上海帝国総領事館報告)。たとえば、一九〇六年一月の日本金貨の輸入は二五〇万両に上り、「金貨輸入増加ノ原因ヲ以テ銀価騰貴ノ為メ当地投機商ノ買占ヲ行ヒタルニアリシ」とある。「上海三十九年二月中金融状況」『通商彙報』第二十三號、(三十九年三月十六日附在上海帝国総領事館報告)。

(76) 「金価暴騰ノ結果盛ニ空売買行ハレテ金業者間ニ破産者ヲ生シ」、金融市場を攪乱した。「上海経済事情(四十年中)」『通商彙報』第一七号、(四十一年一月十四日附在上海帝國總領事館報告)。二〇世紀初頭の上海は世界経済との連動をさらに高めており、一九〇七年のニューヨークにおける恐慌の波及、一九〇八年の人和永事件による恐慌、一九一〇年のゴム株恐慌(陳逸卿の倒産、関連銭荘の正元・謙餘・兆康の破産)、さらに翌年秋の辛亥革命勃発による経済混乱など、厳しい経済状況を経験した。陳逸卿は寧波人で、銭荘・謙餘の主な資本主であり、正元・兆康の二銭荘とも密接な関係を有した。陳はゴム株取引に失敗、その穴埋めのためかねてより懇意の外国銀行買弁を介して外国銀行に対して盛んに手形を振り出し、結局その取り付けにあって破産した。「北市銭業恐慌」『申報』一九一〇年七月二六日。「上海経済界ノ恐慌顛末」(四十三年八月五日、十六日附在上海帝國總領事館報告)『通商彙纂』第五九号。「上海経済界ノ恐慌顛末續報」(四十三年八月廿七日、九月六日附在上海帝國總領事館報告)『通商彙纂』第六一号(四十三年十一月五日発行)。「上海経済界ノ恐慌顛末續報」(四十三年九月三十日附在上海帝國總領事館報告)『通商彙纂』第六四号(四十三年十一月二十日発行)。

(77) 中村英隆『明治大正期の経済』東京大学出版会、一九八五年、一〇九〜一一一頁。

(78) 「今日日本人ガ大連ニ出稼キスル如ク大連カ大阪と相成候へバ　今一歩進ミテ奥ニ出稼キ漸次大阪ヲ延長シテ奥へ々々ト進ミ度存候」(久保田勝美「満洲通貨ニ對スル意見(高橋是清ニ宛テタルモノ)」『勝田家文書』第一一七冊四。多田井『大陸に渡った円の興亡』、四〇頁。

(79)　金子文夫『近代日本における対満州投資の研究』近藤出版、一九九一年。山本有造『日本植民地経済史研究』名古屋大学出版会、一九九二年、九四〜一〇五頁。柳沢遊『日本人の植民地経験』青木書店、一九九九年、第三章。

(80)　安冨歩『「満洲国」の金融』創文社、一九九七年、二四〜二六、三五〜三七頁。安冨歩「大連商人と満洲金円統一化政策」『証券経済』第一七六号（一九九一年六月）。松野周治「第二次世界大戦前中国東北部における日本の金融諸活動について」『経済学論集』第二一号（一九八三年三月）。

第7章　長崎と高島炭鉱
――一九世紀後半

杉山　伸也

はじめに――国際貿易都市長崎の誕生

九州の西端に位置する長崎は、国際貿易港として発展してきた。長崎が貿易港として注目されるようになったのは、徳川時代のいわゆる「鎖国」といわれる時期で、長崎は唯一の公式の貿易港であった。それ以前の主要な貿易港は平戸で、オランダやイギリスは平戸に商館を設置していたが、一七世紀前半に徳川幕府は、ポルトガルやスペインの旧教国によるキリスト教布教の拡大を懸念して禁教政策をとるとともに、貿易統制を強化し、一六三九（寛永一六）年にはポルトガル船の来航を禁止して、四一年には平戸にあったオランダ商館を長崎の出島に移し、オランダと中国との貿易に制限した。いわゆる「鎖国」体制の成立

である。(1)

近世日本についての最近の学界動向をみると、アジアの国際環境のなかで、時間的にも地域的にも広いパースペクティブから日本を考察する、というアプローチが共通の認識になっている。「鎖国」は徳川時代のひとつのキーワードとしてあげられるが、最近の通説的な理解では、「鎖国」といわれる時期においても、対外的には「四つの口」が開かれており、これらのルートを通して徳川幕府は海外諸国とのコンタクトを維持していた。

「四つの口」とは、第一に、幕府の管理下にあり、唯一の公式貿易港であった長崎における中国およびオランダとの交易である。第二に、対馬の宗氏を通じて行なわれた朝鮮との交易で、この対馬ルートを通じて大量の日本銀が朝鮮を介して中国に流出した。第三に、薩摩藩を通じた琉球との交易で、この琉球ルートは中国や東南アジアとの交易に通じていた。琉球は、一六〇九(慶長一四)年に薩摩藩が占領して実質的に幕藩体制下に組み込まれたが、外交的には日中両国に朝貢する両属体制をとった。第四に、松前藩を通じたアイヌやロシアとの北方交易である。対馬ルートも琉球ルートもともに、幕府の外交政策の重要な一環として機能したが、対馬藩および薩摩藩が外交や貿易関係の情報をどこまで幕府に提供していたかについては、検討の余地がある。

1　世界史のなかの幕末「開港」

(1)「交通・通信革命」の時代

徳川時代は、ヨーロッパのいわゆる「大航海時代」に相応する時期で、そのなかで従来のアジア域内貿易だけではなく、ヨーロッパ諸国によるアジア貿易も拡大し、アジア貿易全体が拡大した。とりわけ一八世紀後半期には、イギリスで蒸気機関の産業への応用による「産業革命」がはじまり、しだいに欧米諸国に普及していった。ヨーロッパ諸国のアジア進出は、インドや東南アジア諸地域の植民地化をともない、東アジア・東南アジア地域で植民地化を免れた国は中国、日本、シャム（タイ）の三国にすぎなかった。中国は一八四〇年に勃発したアヘン戦争の結果、四二年に南京条約を締結して欧米諸国に対して開港し、さらに五六年のアロー号戦争後の五八年に天津条約を締結した（本書第6章参照）。シャムは、一八五五年にバウリング条約を締結して公式に開港した。

中国の開国・開港を主導したのがイギリスであったのに対して、日本の開国・開港を主導したのはアメリカであった。一八五三（嘉永六）年にペリーが浦賀に来航し、翌五四年に日米和親条約が締結された。日本は、五八（安政五）年に米蘭露英仏と修好通商条約（安政の五ヵ国条約）を締結し、翌五九年に横浜、長崎、箱館の三港を開港して、欧米諸国との貿易を開始した。こうした欧米諸国との一連の条約の締結をめぐって、日本国内では幕府、朝廷、諸藩間の政治的軋轢・混乱が激しくなり、また開港の経済的影響で国内物価は平均して三倍に騰貴し、人々の生活に大きな影響をあたえた。こうした政治的経済的混乱のなかで、第一五代将軍徳川慶喜は大政奉還を行ない、六八（明治元）年に明治新政府が樹立された。

一九世紀後半の日本は、このように国際情勢が大きく変わるなかで開港し、欧米諸国に伍して近代化を進めていくことになる。この時代は、一般的に「交通・通信革命」の時代とよばれ、産業革命の影響が、アジア諸地域や日本にも波及してきた。蒸気船はフラッグ・キャリアとして各国の国力を象徴する存在で、なかでもイギリスは「世界の工場」としてだけでなく、世界の海に定期航路のネットワークを確立し、物資の輸送と流通もになっていた。一九世紀半ばの蒸気船は、帆船と蒸気船のハイブリッドの形態で、燃料用の石炭が高価であったために、通常は順風に際しては帆を使用し、逆風のときには蒸気機関を使用して航行した。

この時代におけるこうした世界の大きな変化をいちはやく指摘したのが、福澤諭吉（一八三五〜一九〇一）である。福澤が一八六六（慶応二）年に刊行した『西洋事情』初編の口絵には、地球（世界地図）（ただし、日本は描かれているが、イギリスはない）、蒸気船、蒸気機関車が描かれ、地球の周囲には一六本の電柱で電信ネットワークが張りめぐらされ、電線の上を洋装の飛脚が走っている。さらに福澤は、七九年の『民情一新』のなかで、一九世紀の「利器」として、「凡そ其実用の最も広くして社会の全面に直接の影響を及ぼし、人類肉体の禍福のみならず其内部の精神を動かして智徳の有様をも一変したるものは、蒸気船車電信の発明と郵便印刷の工夫是なり」と述べている。[2] こうした「利器」の利用により、世界的なレベルにおいて情報通信革命が起き、世界の政治や経済のシステムは大きく変容した。

(2) 安政の五ヵ国条約と欧米外商の進出

通商条約の基本的原理は自由貿易で、外国貿易と外国人の居住のために居留地（開港場）が建設された。しかし、通商条約においては、欧米商人が商業目的で日本国内を旅行する「内地通商権」は認められず、居留地の一〇里四方（約四〇キロメートル）に遊歩区域が設けられた。通商条約は、日本にとって片務的な領事裁判権（治外法権）、協定関税（関税自主権の欠如）、最恵国待遇の不平等条項三点セットを含む内

容であったが、居留地貿易の実際の機能について検討すると、かならずしも不平等とはいえなかった。(3)

こうして、近世における貿易都市であった長崎は、あらたに通商条約のフレームワークのもとでオランダを含めた欧米諸国との貿易を開始することになった。長崎に進出した外国商人は、従来の中国商人を別にすれば、主に中国を根拠地にして活動していたイギリスの貿易商会が中心であった。著名な商社として、イギリスのジャーディン・マセソン商会やデント商会、アメリカのウォルシュ・ホール商会があげられる。一八七〇年の『ジャパン・ディレクトリー』によると、日本における欧米商会数は二五六社で、そのうち長崎には二四社があった。(4)こうした商社の大部分は中小規模の外商で、かれらは、蒸気船による定期航路の開設、電信ネットワークの敷設、植民地銀行の進出による資金提供など「交通・通信革命」にともなう経済環境の変化によって対日貿易への参入が可能になった。そうした長崎における中小規模の外商の典型が、トマス・グラバー（Thomas Blake Glover、一八三八～一九一一）やウィリアム・オルト（William Alt）のような二〇代の若い商人たちであった。

しかしながら、開港以降明治期にかけての日本の貿易の中心は横浜で、長崎貿易のシェアは一〇～二〇％弱にすぎなかった。幕末期の長崎貿易の特徴は、基本的に輸入超過で、輸出品では茶や海産物が全体の約五〇％をしめ、中国向けに輸出されていた。輸入については、一八六〇年代には薩英戦争など国内の政治状況を反映して艦船や武器類の輸入が急増し、この二品で約五〇％、あとはイギリス製の綿織物や毛織物が三〇～四〇％をしめたが、明治期になり国内政治が安定すると、艦船や武器類の輸入は急減し、長崎貿易は高島炭の輸出を中心とするようになった。

2　明治日本の産業化

(1) 明治初期の産業化政策

明治政府にとって重要であったのは、「万国対峙」の国際環境のなかで、欧米諸国に対する独立性と対等性を保持することであり、そのために、国内政策として中央集権的統一国家の確立と経済的自立のための産業化政策の遂行が急務となった。こうした制度的フレームワークの構築には資金が必要とされたが、明治政府は財政的には苦しい状況におかれていた。資金調達の方策としては外債発行（外資導入）あるいは国債発行、輸出増進による外貨獲得などが考えられたが、そのうち外債発行は植民地化の危機に対する懸念から回避された。そうしたなかでひとつの短期的な政策として重要な意味をもったのが、生糸、茶、石炭および銅など一次産品や鉱産物の輸出による外貨獲得であった。

初期の明治政府の産業化政策は「欧化主義」と称されるもので、この政策の中心をになったのは、木戸孝允を中心とする大隈重信、伊藤博文、井上馨などの「開明派」とよばれる一連の政治官僚であった。近代日本は「富国強兵」のスローガンのもとに短期に近代化を達成したといわれるが、明治政府は財政的に窮していたために、「富国」と「強兵」の両政策を同時に遂行することはむずかしく、「富国」政策に力点がおかれた。この欧化主義的な富国政策の中心的な推進機関が、一八七〇年に設置された工部省（八五年廃止）で、工部省はまず幕府および諸藩所有の工場や鉱山を官収した。工部省事業の特徴は、官営模範工場の設立による西洋式近代産業の移植と、御雇外国人による技術移転と技術教育にあり、そのための教育機関として工部大学校（のちの東京大学工学部）が設立された。

一八七〇〜八五年の工部省興業費の支出内訳をみると、鉄道事業が四九％、鉱山開発が三一％、電信事業が一三％、工作（機械）が八％で、産業化の推進というよりもインフラ整備に重点がおかれていた。鉱山開発は、明治政府にとって外貨獲得の輸出産業として、また貨幣素材として不可欠なもので、重要鉱山として佐渡金銀山、生野銀山、高島炭鉱や三池炭鉱などがあげられる。

(2) 日本石炭産業の発展

章末の付表は、一八七四年から一九一四年の国内出炭量、輸出量、および高島・端島炭鉱の出炭量のシェアと推移をしめしている。この表から、日本の石炭輸出にとって大きな転機となったのが、日露戦争であったことがわかる。当該期の石炭の年平均輸出比率は三九％に達し、日本の石炭産業は輸出産業として発展した。ただし、日本の輸出統計では、一九〇〇年までは国内で外国船舶に積載された燃料炭は輸出に計上されているので、輸出の比率が過大評価されている。日本炭の輸出先は上海、香港、シンガポールなどのアジア市場で、これらの輸出市場において、日本炭は、イギリス炭（カーディフ炭）やオーストラリア炭（シドニー、ニューカッスル炭）などの海外炭だけではなく、アジア炭とも競合し、さらに高島炭、三池炭、筑豊炭など日本炭相互間でも激しい競争が展開された(5)。

日清戦後になると、輸出中心であった石炭産業も、国内の経済発展につれて国内需要が増加し、鉄道、船舶などの交通機関や、綿紡績業、製紙業など工場用の石炭消費が増加した。こうして国内需要の増加にともなって炭価が上昇したことにより、日本炭はしだいに輸出競争力を喪失し、日本は一九二三年に石炭輸入国に転換した。

近代におけるエネルギー産業としての石炭産業は、経済成長に不可欠な基幹産業で、機械設備など固定資本に巨額の資金を必要とするために、三井、三菱、住友など豊富な資金力をもつ財閥系企業がその中心的な役割をになった。そうしたなかで、日本最初の近代的炭鉱としてきわめて重要な意味をもったのが、高島炭鉱であった。

3 グラバー商会と高島炭鉱の開発

(1) 石炭需要の増加

中国や日本の貿易が拡大し、運航される蒸気船の増加とともに、燃料炭の需要も増加した。高島は、長崎の南西海上約一四・五キロに位置する「直径僅ニ四町四方ニ過キ」ない「絶海ノ一孤島」であった(6)。この高島炭鉱はもともと佐賀藩の支藩深堀藩の所領地で、一八世紀初め頃に石炭の採掘が開始され、主に製塩用に中国、四国方面に販売された。一八五五年における出炭量は、二万五〇〇〇トン(四一六六万斤)といわれている(7)。幕末期から明治初期にかけての日本の石炭産出量は年間約三九万トンと推定され、そのうち約八〇%が蒸気船の燃料として使用された。

高島炭は瀝青炭で、開港当初から欧米の商船や海軍が注目しており、その効率も高島炭一二五トンが当時蒸気船燃料として広く使われていたイギリス炭二〇〇トンに相当するとみなされていた。高島炭をはじめとする日本炭は主に上海に輸出されたが、一八六〇年代後半期の上海石炭市場のシェアをみると、イギリス炭三五％、オーストラリア炭三五％、アメリカ炭七％、日本炭一三％、中国炭八％であった。日本炭のシェアはしだいに増加し、七〇年代後半期には上海市場の約六〇％をしめるまでになった。(8)

(2) グラバー商会の活動

高島炭鉱を開発したのは、イギリス人貿易商トマス・グラバーである。(9) グラバーは、スコットランド北端の港町フレイザーバラで、八人兄弟の五男として生まれた。宗教的にはスコットランド監督会派《エピスコパル》に属し、父トマス・ベリー・グラバーは沿岸警備隊の一等航海士であった。グラバーは、アバディーンのギムナジウム（シャノンリー・ハウス・スクール）で中等教育をうけた後、一八、一九歳の頃上海を経て、一八五九年九月、開港直後の長崎に来航した。当初は、おなじスコットランド出身で、香港を拠点とするイギリスの大商社ジャーディン・マセソン商会の長崎代理人をつとめていたケネス・マッケンジー（Kenneth R. Mackenzie）のもとで商会員として働いたが、六一（文久元）年五月、マッケンジーの中国行を機に貿易商として独立し、代理店業務を引き継いだ。六二年二月にはフランシス・グルーム（Francis A. Groom）がパートナーとして参加し、商会名はグラバー商会に変更され、さらに兄のジェイムズ・グラバー（James L. Glover）やエドワード・ハリソン（Edward Harrison）もパートナーとして参加した。初期のグラバー商会は、茶再製場を設立し、ジャーディン・マセソン商会からの融資により日本茶の輸出に力を入れたが、労働力の不足や茶鑑定人の不在などのために経営は軌道に乗らなかった。

六三年後半頃からはじまる日本国内の政局の流動化にともなって、グラバー商会は発展の好機を得た。グラバーは、長崎居留地の借地権保有地を担保にジャーディン・マセソン商会から融資を受け、取引の重心を日本茶の再製・輸出から、投機的かつ短期的な性格の強い艦船や武器類の販売に移しながら、経営規模を拡大した。六四年には上海や横浜に支店を開設し、六六年には合計二四名の商会員を要する長崎最大の貿易商に成長した。また上海では六七年にユニオン蒸気船会社を設立して、米ラッセル商会の上海蒸気船会社に対抗した。

艦船の販売において、グラバーは、一八六四〜六八年に、薩摩藩（六隻）、肥後藩（四隻）、幕府、佐賀藩、長州藩（各三隻）など計二四隻（価額約一六二万ドル）を売却した。これは、同期間に長崎で売却された艦船の約三〇％に相当する。またアバディーンにある長兄チャールズの経営するグラバー・ブラザーズ社を通じて艦艇建造の仲介業務も行ない、龍驤艦（上昇丸）など計七隻の艦船を発注している。武器取引については、六五年にグラバーが薩摩藩名義で長州藩に小銃計七三〇〇挺を売却した逸話が有名で、六五年には幕府の注文でアームストロング砲三五門および弾薬類を英アームストロング社に発注しているが、武器取引は密貿易が多いために、グラバーの武器取引の全体像を明らかにするのはむずかしい。

グラバーと薩摩藩との関係が深まるのは、六三年八月の薩英戦争後のことで、六五年には五代友厚、松木弘安（寺島宗則）、森有礼など薩摩藩留学生の欧州への派遣、六六年の駐日英公使ハリー・パークス（Sir Harry Parkes）の鹿児島訪問の仲介、さらに六五年半ば頃から具体化する「オオシマ・スキーム」とよばれる奄美大島を中継基地とする上海貿易の促進計画など薩摩藩との関係を通じて、グラバーはしだいに反幕府的な色彩を強めていった。

しかし、六七年後半以降、長崎貿易の縮小や艦船・武器取引の減少によって、グラバー商会の経営は悪化し、さらに六八年の明治新政府の成立など国内政局の安定化とともに、グラバー商会はいっそう危機的な状況に陥った。こうした経済環境の変化のなかで、グラバーは、佐賀藩との合弁による高島炭鉱の開発、薩摩藩と共同の小菅スリップ・ドックの建設、さらに同年開港した兵庫・大阪における支店の開設、明治政府への造幣機械輸入の斡旋などにより経営危機を乗り切ろうとした。このように経営がしだいに行き詰るなかで、グラバーが最大の期待をかけたのが、「確実な富の源泉」といわれた高島炭鉱の開発であった。[10]

（３）高島炭鉱の開発——日英合弁事業の嚆矢

日本側の資料である「高島石炭坑記」によると、佐賀藩物産局器械御取入方の松林源蔵（のちに鍋島直正から「石炭」にちなんで、公留《コール》という称号をあたえられた）は、佐賀藩主鍋島直正（閑叟）に高島炭鉱の経営の得失について調査を命じられ、「辰二月」（六八年二月下旬〜三月中旬）に藩当局に調査報告書を提出した。松林の報告書の要点は、①機械の据付けなどのために約八ヵ月間外国人技師の雇用の必要があり、機械二基の経費として六、七〇〇〇両を要する。出炭までに約六ヵ月を要するが、その後六ヵ月で雑費を償却しても初年度から「相応之利益」が見込まれる。②佐賀藩が単独で採炭を行なっても成果は期待できないので、販売についてはグラバー商会と共同で行なう必要があり、具体的にはグラバーと協議する。③販売についてはグラバーに一任しなければならないが、その際外商に勝手な販売をさせないためにジョセフ・ヒコ（浜田彦蔵）を雇用する必要がある、というものであった。そして、佐賀藩は、この松林の報告にもとづいて、グラバー商会と共同で高島炭鉱の開発を行なうことを決定したという。[11]

しかし、イギリス側の資料によると、グラバーは、佐賀藩と「数年間にわたる交渉ののち」[12]、六七年四月下旬に、炭鉱用の採掘、捲上、排水用の機械設備の準備と、高島炭鉱の開発資金の融資の目処をつけるために帰英している。このとき、グラバーは、父親と兄を通じて一〇万ドルにのぼる資金を調達している。こうした点からみても、グラバーの高島炭鉱の開発への参加については、佐賀藩による松林の調査以前の段階でかなり具体的になっていたと思われる。松林がマッケンジー（中国での事業に失敗してグラバー商会に戻っていた）と内密に会談した時期は不明であるが、松林のマッケンジーとの会談は、グラバーが帰英で不在であったためで、松林の調査報告にみられる具体的な内容についての会談が可能であったのは、すでに両者のあいだで高島炭鉱の共同開発についての話が進展をみていたことを物語っている。

グラバーは、六八年一月に日本に戻ると、佐賀藩とのあいだで契約書の具体的な内容について交渉を行ない、同年六月三日に両者のあいだで高島炭鉱の開発に関する正式な契約書がかわされた。この契約書は一二条からなり、その主な項目は、①契約期間は七年半とし、石炭の輸出はグラバー商会が行なう、②輸出石炭一トンにつき一両（一ドル）の鉱山採掘料はグラバー商会が支払う、③石炭販売代金から採掘諸経費を差し引いた利潤は現金で折半する、④機械購入費をのぞく他の諸経費全額はグラバー商会が融通し、石炭の販売利益で償却する、⑤グラバー商会は松林の承諾なしに、販売権を譲渡することはできない、などであった。(13) この契約書は、藩内で外国人との合弁事業に対する反対論も強かったために、グラバーと松林および上司羽室雷助との個人契約の形をとった。

しかし、グラバー商会は、佐賀藩が購入した蒸気船ユージーン号（孟春丸）の代価一〇万両とスペンサー銃など大小銃の代価一〇万両を立て替えていたために、この契約書とともに、ユージーン号代価の残額四万三七五〇両について副書がかわされた。さらに同月九日にはその一部が改訂され、高島炭の輸出による利潤の見込みがついた場合には、グラバー商会が二年半の期限で佐賀藩にこの金額を融通し、利子は最初の二年間は無利息、あとの半年は月一％で、佐賀藩は初年度に二万五〇〇〇両、次年度一万五〇〇〇両、つぎの半年に三七五〇両を返済し、鉱山採掘料は全額の返済が終るまでグラバー商会が受け取り、出炭量が二万五〇〇〇トン以下のときは佐賀藩がその差額分を現金で支払うことになった。

このように高島炭鉱は、日英共同企業とはいっても、佐賀藩は事務関係の業務を担当したにすぎず、実質的な経営権はグラバーが掌握していた。佐賀藩がグラバーとの合弁事業に踏み切った最大の理由は、佐賀藩独自での高島炭鉱の開発および経営と高島炭の販売が困難であったことによる。当時、高島炭の販売ルートは、上海への輸出か、あるいは長崎寄港の蒸気船への販売に限られていたが、いずれの場合にも石炭の販売権はグラバーが掌握し、グラバー商会は二・五％の販売手数料を得ることになった。

こうしてグラバーは、調達資金を高島炭鉱の開発に投資して採炭用機械設備をイギリスに注文し、六八年五月にイギリス人技師モーリスを雇用して日本最初の洋式立坑である深さ四四メートルの北渓井坑の開鑿に着手し、翌六九年五月末に厚さ八尺（二・四メートル）の炭層に着炭した。[14]「工部省沿革報告」には、「明治元年旧佐賀藩主鍋島直大当時長崎ニ在留セル英人ノ結社ニ係ルガラバ［グラバー］商社ト結約シテ以テ井坑ヲ開キ蒸滊器ヲ設置シ、以テ堀《ママ》鑿ニ弁シ、鉄路ヲ布設シ、以テ運炭ニ利シ、捲揚器械ヲ坑内ニ据付シ、以テ炭函ヲ上下シ、風車ヲ坑外ニ懸吊シ、以テ坑内ノ空気ヲ交換セシムル等ノ盛挙ヲ為セリ」とある。[15]

（4）オランダ貿易会社の介入

経営危機に直面していたグラバー商会のパートナーシップは、一八六九年一月に再編され、グラバーとマッケンジーによる長崎のグラバー商会と、グルームによる上海のグラバー・ダウ商会（Glover, Dow & Co.）に分離した。同年一二月、高島炭鉱はようやく操業を開始し、排水や通風も順調で、捲上機械の設置によって出炭高も増加し、坑口から桟橋まで軌道を敷設して、直接小船に積み込み、高島から数十隻の小船をつらねて長崎港まで搬送した。出炭量は、七〇年一月中旬に昼夜操業で一日六〇～九〇トンに達し、高島炭の販売量も、七〇年一月には一八四一トンになり、順調に増加するかに思われた。

グラバーの計算によれば、長崎における高島炭のトン当り生産費は、鉱山採掘料一両（一ドル）を含めて二ドルで、日産三〇〇トン、月二〇日間の操業として、トン当り販売価格を四ドル五〇セントとすると、月一万五〇〇〇ドルの利潤が見込まれる。グラバーが立て替えた佐賀藩の経費と同藩への貸付金の償却が終了するまで、鉱山採掘料は支払う必要はないので、この利潤はそのままグラバーが受け取ることになる。

しかし、グラバーの期待に反して、高島炭鉱の日産は、七〇年四月になっても一五〇トンにすぎず、グラバーは、高島炭鉱の収益増加のために種々の手段を講じなければならなかった。第一に、グラバーは、高島から長崎までの輸送費をなくして生産コストを削減するために、イギリス領事を通じて、高島において直接蒸気船に石炭を積載する許可を求めたが、長崎知県事野村宗七は、高島が開港場ではないという理由でこの申請を却下した[16]。第二に、グラバーは坑夫賃金の切下げによる合理化の推進をはかったが、七〇年四月には賃金切下げに激昂した日雇坑夫数百人が暴動を起し、さらに七月には三〇〇～四〇〇人の日雇坑夫が外人宿舎や機械場を襲撃し、佐賀藩が兵を送って鎮圧するという事件が起きた[17]。

グラバー商会の経営危機は、ジャーディン・マセソン商会やオランダ貿易会社から調達した資金の大部分が高島炭鉱、小菅スリップ・ドック、砲艦建造などの投資に固定化され、運転資金に窮したことに起因する。七〇年三月末、グラバーは、肥後藩の依頼で発注した上昇丸の完成に際し、未払残額分二万ポンド（約九万ドル）の融資をオランダ貿易会社総代理人のボードウァン（A. J. Bauduin）に依頼した。対日貿易の失地回復を企図していたオランダ貿易会社は、グラバーのジャーディン・マセソン商会に対する債務を一三万ドルで肩代りし、五月に、グラバーとボードウァンとのあいだで、ジャーディン・マセソン商会の肩代り分を含めた融資総額四六万二五〇〇ドルについてあらたな合意書がかわされた。この合意書では、年利一五％で、返済期限は七三年一月三一日とされ、グラバー商会所有の機械設備一切を含む高島炭鉱の利権（評価額六万ドル）と、佐賀藩とのあいだで合意に達している高島炭の利潤の半額分を抵当とすることが明記された。こうして高島炭鉱の操業と高島炭の販売、そのほか不動産や艦船の処分などを含むグラバー商会のすべての活動は、オランダ貿易会社の管理下におかれることになった。

オランダ貿易会社が高島炭鉱を抵当にグラバー商会のジャーディン・マセソン商会分の負債を肩代りしたことは、同社が高島炭鉱の開発に相当の関心を有していたことを物語っている。オランダ貿易会社の資料によると、同社は、七〇年七月以降、契約期限の七六年までの総収入を一〇二万三二五〇ドルと見積り、契約期間内においてグラバーへの融資分を十分に償還できると考えていた(18)。

(5) グラバー商会の破産

一八七〇年五月、C・S・フォーブスが二年半にわたり保有していたグラバー商会の約束手形三万五〇〇〇ドルを請求したことを機にグラバー商会の債務問題が表面化し、東洋銀行やギブ・リビングストン商会などの債権者は、グラバー商会に債務返済の圧力をかけた。グラバーは時間さえ許せば、債務返済が可能であることを疑わなかったが、グラバーはスタッフ数を大幅に削減するとともに、八月中旬には代理店業務を含めた貿易業務をグラバー商会員のヘンリー・グリブル（Henry Gribble）に移譲した。こうして八月二二日、グラバー商会は長崎のイギリス領事法廷で破産を宣告され、九月一六日に債権者会議が開催されることになった[19]。

破産時のグラバー商会の負債総額は六八万一五六七ドルであったのに対して、売掛金・未収金、高島炭鉱の利権を含めた資産総額は五九万四一四八ドルで、最終的な負債額は八万七四一八ドルであった。グラバー商会の主要債権者リストによると、オランダ貿易会社二一万八四七七ドル（ジャーディン・マセソン商会に対する肩代り分一三万ドルを除く）、ジャーディン・マセソン商会一五万四〇六六ドルとなり、この二社で負債総額の五七％をしめていた。これにアバディーンのグラバー・ブラザーズ社の一二万五四三〇ドルを加えると、この三社で負債総額の七六％に達する。

グラバー商会の最大の債権者であり、抵当権保有者のオランダ貿易会社は、債権者会議に先立って、グラバー商会の破産処分について、つぎのような概略を発表した。

（一）オランダ貿易会社は高島炭鉱の操業を継続し、石炭販売収益によってグラバー商会の負債を償還し、残額は同社を含めた債権者の間で債務額に応じて配分する。

（二）高島炭鉱の第二立坑据付のために融資が必要な場合には、同社が月一％の利子で融資し、この利子分も（一）とおなじ方法で配分する。

（三）石炭の取引手数料は、二・五％とする。

九月の第一回債権者会議では、この提案にそって、オランダ貿易会社は第二立坑を建設し、必要な機械設備全部を輸入して可能なかぎり高島炭鉱の操業を継続する予定で、必要な資金はすべて同社から融資することをあらためて表明した。[20]つづく第二回債権者会議は、債権をめぐって紛糾したものの、最終的にオランダ貿易会社長崎代理人トムブリンク（F. P. Tombrink）が管財人に選出され、グラバー商会の負債整理は、最終的に七七年二月に終了した。

4　オランダ貿易会社による高島炭鉱の経営

グラバー商会の破産後、高島炭鉱の経営は破産管財人のオランダ貿易商会に移譲され、高島炭鉱はグラバー商会にかわってオランダ貿易会社と佐賀藩の共同経営として操業継続されることになった。しかし、グラバーと佐賀藩との契約書第一一条には「松林氏江談合求知之上ならてハ、ガラブル社中［グラバー商会］右石炭掘方売捌方を別人江不相譲候事」とあったにもかかわらず、この事実は佐賀藩には伝えられず、佐賀藩がこの事実を知ったのは破産から一年近くたった七一年六月のことであった。松林は、七〇年一〇月にトムブリンクとグラバー双方へ問い合わせた結果、グラバーからオランダ貿易会社がグラバー商会の「引請人」であることを知らされ、その際グラバーは「高島石炭山仕事の二分の一」をオランダ貿易会社に譲渡したことを伝えてきたという。[21]グラバー商会の破産は長崎外国人居留地の大事件であり、しかもその経緯は居留地新聞にも掲載されているので、グラバーが商会破産の事実を隠していたとしても、佐賀藩が自藩の利害に直接関係する高島炭鉱に関する情報をまったく知らなかったというのも理解しがたい。

こうした外国人との合弁事業という高島炭鉱の経営権の問題は、明治政府にとって早急に解決しなければならない緊急の課題であった。明治政府は、外資排除の方針にそって、七二年三月に鉱山心得書を公布し、七三年七月には日本坑法を制定して、日本国内の鉱産物は「都テ政府ノ所有」として、鉱山の国有制と外国人による鉱山稼行の禁止を法的に明言した。こうして明治政府は、七四年一月にオランダ貿易会社に「外国商人ノ支出セシ諸費即チ炭坑ニ係ル諸費ヲ通計シ、並ニ爾余幾分ノ益金ヲ推算シテ、洋銀四拾万弗ヲ彼レニ交付」して高島炭鉱の利権を買収した(22)。この高島炭鉱の官収に際しては、七二年五月に「日本坑法ノ草案略ホ脱稿シ該法則中外国人ト併結シテ以テ堀《ママ》採スルヲ許サヽルノ項アルヲ以テ該炭坑ヲ官収シ、本省ノ所管ト為スヲ議決シ(23)」、地方官の規定である鉱山心得書の段階で決定したことは、高島炭鉱の官収が緊急の課題であったことを物語っている。

5 後藤象二郎への払下とジャーディン・マセソン商会

一八七四年一月に官収された高島炭鉱は、同年一二月には後藤象二郎に五五万円で払い下げられた。これ以降、八一年三月に三菱の経営に移譲されるまでの約六年強の間、高島炭鉱は後藤の管理下におかれた。これより先、後藤は、七三年二月に予定資本金三四〇万円で蓬萊社を設立していたが、鴻池善右衛門、長田作兵衛など旧十人両替を中心とする大阪商人からの出資が少額であったために、七四年八月に旧徳島藩主の蜂須賀茂韶《もちあき》や島田組の出資を得て予定資本金二五〇万円で蓬萊社の再出発をはかった(24)。蓬萊社は、本店を東京、支店を大阪と秋田、出張所を広島と三潴（福岡）におき、ジャーディン・マセソン商会と提携して輸送業に従事した。有力な資金源をもたなかった後藤にとって、蓬萊社の設立の意図は、おそらく明治政府内における猟官運動に関連した政治資金の捻出にあったと考えられる。後藤は、竹内綱（吉田茂の実父）を通じて参議兼工部卿の伊藤博文から高島炭鉱払下の情報を得ると、井上馨の先収会社と共同で払下を受けることを画策したが、井上は払下価格が三〇万円以下でないと利益の見込みがないと主張して手を引いてしまったために、後藤は小室信夫との連名で払下を受けることになった[25]。経済的に苦境に陥っていた後藤は、高島炭鉱の払下により、蓬萊社の負債の返却と政治資金の捻出を同時に実現することを期待したのであろう。

高島炭鉱の払下価格は、伊藤が三条実美太政大臣に提出した伺書では四五万円であったが、三条から下問をうけた大蔵卿大隈重信が五五万円とすることを主張し、七四年一一月一〇日に後藤への払下が決定した。このうち二〇万円は即納、残額三五万円（元利とも）は年利六％で、七五年から八一年までの七年賦で支払われることになった[26]。

しかし、資金繰りに窮していた後藤は、即納金二〇万円の調達ができず、後日上納という条件で、政府から払下を受けた貯蔵炭二万トンを抵当に、ジャーディン・マセソン商会横浜支店から高島炭の出炭および販売を条件に二〇万ドルを借入した。同商会横浜支店長エドワード・ウィッタル（Edward Whittall）は、香港本店に無断でチャータード・マーカンタイル銀行から借入し、後藤にこの即納金を貸し付けた。しかし、七五年七月現在の同商会の後藤個人および蓬萊社に対する融資残高が総額七六万八〇〇〇ドルに達していることからみて、それ以前にもウィッタルの個人的判断のもとに多額の資金が融資されていたと推察される。同月、ジャーディン・マセソン商会と後藤は「エゼント約定書」と「内密ノ約書」からなる公正証書を取りかわし、外国人による鉱山経営を禁止した日本坑法に違背して、高島炭鉱の実質的な経営権はジャーディン・マセソン商会に譲渡された(27)。

のちに後藤の高島炭鉱の整理に奔走した大江卓は、後藤の「負債は到底後藤の貧乏世帯の手に了へぬ多額に登つて居り」、蓬莱社と炭坑舎の会計は混交し、蓬莱社はすでに財政破綻に陥っていたにもかかわらず、炭坑舎の収入で維持するという状態であったが、高島炭鉱はジャーディン・マセソン商会の管理下にあったので、炭坑舎には収入が入ってこなかった、と指摘している(28)。後藤が高島炭鉱の経営に失敗した理由としては、炭鉱操業の実態を知悉していなかったこと、ジャーディン・マセソン商会に収益の要路を掌握されていたこと、後藤自身の浪費があげられる(29)。

高島炭鉱は、一八七五年一〇月のガス爆発、七六年七月の坑内火災、さらに七七年九月のコレラ流行と災厄がつづき、出炭高は低迷した（付表）。七六年八月の時点で、火災の影響もあって蓬莱社の負債総額は一二七万円に達し、そのうち高島炭鉱関係のジャーディン・マセソン商会に対する負債は洋銀九〇万ドルにのぼった(30)。しかし、後藤はジャーディン・マセソン商会による高島炭鉱の経理に不信をいだいたためか、七七年一一月にみずから長崎に赴き、ジャーディン・マセソン商会による高島炭鉱の経営代理権を解除して、直接の管理下においた。

こうして七八年二月にジャーディン・マセソン商会は後藤に対する一一五万ドル余の返済請求の訴訟を東京裁判所、ついで東京上等裁判所に提訴したが、一審、二審ともに敗訴し、さらに大審院へ上告したものの受理されなかった（高島炭坑事件）。そのためジャーディン・マセソン商会は、同年四月に後藤とのあいだで二〇万ドルの即時支払いを含むあらたな約定書を締結したが、後藤による履行の可能性は期待できなかった。同年一一月にいたり、ジャーディン・マセソン商会は、ふたたび後藤に対する一二八万ドルの債務返済要求の訴訟を東京裁判所に起したが棄却となり、さらに翌七九年三月には東京上等裁判所においても外国人の鉱山経営は日本坑法に抵触するという理由で棄却されてしまった(31)。

他方、両者のあいだで示談がすすめられ、日本坑法との抵触を避けるために、後藤炭坑社の販売代理人であった中原国之助を立てて負債額を一一〇万ドルとする和解案がまとめられた。この和解案にそって、後藤は二〇万ドルを即時支払い、負債額のうち四五万ドルのみを五年賦で返済することになった。こうして七九年四月に後藤は、手形および高島炭鉱の機械設備など一切を抵当にして、中原国之助から二五万ドルを借入し、中原を向後一五年間高島炭の販売代理人とした。しかし、この中原の二五万ドルはジャーディン・マセソン商会が内密に融資したものであったので、後藤が抵当とした高島炭鉱の利権は一五年間の高島炭の販売権も含めて同商会に譲渡されることになった。こうしたジャーディン・マセソン商会の行為自体が日本坑法に抵触しているとはいえ、裁判に際して作成された陳情書（七八年一〇月）において、後藤はジャーディン・マセソン商会の「専恣」「不誠実」「不公平」「不分明」を強調しているが、後藤自身、契約書の約款を十分に理解しないままに署名したことにも、後藤の無節操な性格があらわれている(32)。

6 三菱経営下の高島炭鉱

（1）三菱による買収

高島炭鉱は、一八八一年に最終的に三菱の岩崎弥太郎が後藤の債務を含めて九七万円余で買収することになる。三菱は、すでに七一年に和歌山の萬歳・音河両炭坑の稼行を嚆矢として炭鉱業に進出し、七三年には岡山の吉岡銅山を買収していたが、海運業を中心とする三菱にとって、船舶用燃料として良質の高島炭の確保は重要な意味をもっていた。後藤時代の出炭高は、官営期の七万トンを超え、八〇年には二三万トンに達していた。八〇年に三菱は、後藤に社船の買入石炭代金により控除することを条件に運転資金計六万五〇〇〇円を融資していたが、同年末にいたってもまだ一万円強が返済されていないだけでなく、後藤は石炭価格の値上げを申し入れてきたために、後藤の娘婿であった副社長の岩崎弥之助は微妙な立場に立たされた。

こうした折、窮地に陥っていた後藤の救済をはかったのが、後藤の政治家としての資質を高く評価していた福澤諭吉であった。福澤は、後藤とは直接の面識はなかったものの、後藤が高島炭鉱の件に関してジャーディン・マセソン商会から訴えられたことに憤りを感じ、種々の相談や周旋をはかるにいたったという[33]。福澤は、七八年秋頃から三菱による高島炭鉱の譲渡について働きかけ、八〇年には福澤と弥之助のあいだで高島炭鉱の譲渡について話が進められていた。この頃までに後藤の負債額は、大蔵省拝借金二五万円を含めて総額一〇一万円に達していたが、同年七月にいたり、弥太郎も六〇万円を限度とし、「希望仕候処ハ金五拾万位ニテ一時打切之事ト相成様仕度」との決意をかため、譲渡の交渉に入った。[34]「高島炭坑利益見込」によると、高島の可採炭量を一五〇万トン、年間出炭高を一九万トンとすると、七年一〇ヵ月余で採尽することになるが、年間収益を一四万二五〇〇円と見積ると、後藤の負債分は出炭利益で十分に償却可能であり、輸出炭の高島における直接の積載、ジャーディン・マセソン商会を介さない直売による販売手数料の削減、役員給与の節減によって生産コストの引下げも可能である。[35]弥太郎は、「本業［海運業］ト相助ケ利益ヲ得ルコト尠カラス」としたうえで、八一年三月初めに高島炭坑譲渡約定書および副書がかわされ、三菱は高島炭鉱および付属の機械設備一切等を譲渡されることになった。[36]

しかし、後藤の負債額が六〇万円を超過していただけでなく、ジャーディン・マセソン商会との年六万トンの売炭契約やグラバーの継続的雇用などが判明したために、弥太郎は、「誠不快事候」、「其件々前之不都合発顕シテハ我ニ於而聊モ象二郎ヲ助ケル心無之候。……象二郎ゴマカシノ件々ヲ我ニ於テ尻ヲヌグヒ……象二郎我ヲゴマカシ、我ヲ愚弄セントスル之心得ハ、我ニ於而モ千万不面目ナリ。……是上ニモ象二郎之心底確実憐助ヲ乞之意アラバ、象二郎自ラ来テ我ニ談ズベシ」と激怒した。[37]これを聞いた福澤は破談の恐れもあると懸念し、参議大隈重信に説得を依頼した。こうしたこともあって、最終的には八一年三月末日に三菱は高島炭鉱の権利一切を引き受け、後藤に追加支出分も含めて九七万一六〇〇余円を支払うことになり、後藤も「実ニ数年之困苦一時ニ洗除シ心持」にいたったという。[38]

(2) 三菱の経営

こうして八一年四月に、高島炭鉱は三菱の経営に移行した。坑主代理の川田小一郎は鉱山師ジョン・ストダート（John Stoddart）に高島炭鉱についての報告を依頼し、同年一一月に報告書が提出された。ストダートの報告によると、高島炭鉱の最大のネックが蒸気不足にあり、可採炭量は二〇〇〇万トンであるので、現行通り年産二五万トンとすると炭鉱の寿命は八年にすぎないとされたので、三菱はこれ以降の高島炭鉱への大規模投資を躊躇し、炭鉱設備の改良は、スペシャル・ポンプの修理・改修など部分的なものにとどめられることになったと推測される。(39)

おなじ八一年には北海道開拓使官有物の払下げが政治問題化し、一〇月にいわゆる明治一四年の政変で大隈重信が参議を罷免されて下野した。大隈の下野とともに、大隈と近い関係にあった三菱の海運業の独占に対する批判が強まった。八二年二月には政府による第三命令書がだされ、海運業と高島炭鉱の経営以外の三菱の経営に対する監督が強化され、さらに七月には渋沢栄一や井上馨の画策で三井系グループにより共同運輸会社が設立され、両社間で激しい運賃切下競争や積荷獲得競争が展開された。(40)

共同運輸との熾烈な競争により三菱の運賃収入は激減したために、同社は経費節約を余儀なくされるにいたった。こうして八二年以降、三菱にとって海運業の減収を補填する必要から高島炭鉱からの収益の増加が必須となり、出炭量の増加が不可欠となった。同時に三菱は、高島以外の開鑿の方向を模索し、八四年に長崎の伊王島、中ノ島、二子島などの鉱業権を取得し、同年より中ノ島の出炭が開始された（付表）。

弥太郎は八四年に胃癌が再発し、共同運輸との熾烈な競争がつづくなか、八五年二月に逝去した。三菱と共同運輸との競争の激化は、両社共倒れの危険性が生じたために最終的には政府が介入し、九月に日本郵船会社が設立された。日本郵船は、初期こそ共同運輸の色彩が強かったものの、三井側には海運経営についての十分な知識や経験がなかったために、実質的な経営は近藤廉平など三菱系の人材によってになわれた。三菱は、日本郵船の設立にともなう海運業の分離により鉱山業や造船業など他分野に進出することが可能になったが、当面、高島炭鉱や吉岡銅山などの「鉱山事業は、純益を生む唯一の事業」であったために、三菱は八二年三月末にジャーディン・マセソン商会香港支店との委託契約を解約し、三菱汽船香港支社支配人のトリップ（H. J. H. Tripp）を代理人とした(41)。

高島炭は、上海および香港市場への輸出をめぐって三池炭と激しい競争を展開した。出炭量に限界のある高島炭はしだいに三池炭におされて需要が減少したために、それを補うために一八八三、八四年頃を境に主要販売先を上海から香港市場に転換した。八三〜八七年の高島炭の海外市場における販売量は一二〜二三万トンで、年平均で出炭量の五六％が海外市場で販売されたが、三井物産が三池炭に加えて筑豊炭も取り扱ったのに対して、高島炭は、香港および中国各地における販売代理店をジャーディン・マセソン商会に委託していたために不利な状況におかれた(42)。

（3）出炭量の増加と納屋制度の強化

高島炭の出炭量の増加と利益増加のためには、経費節約とともに、採炭が基本的に手労働に依存する限り、鉱夫（坑夫）の大量投入のほかに選択肢はなかった。高島の出炭量は、三菱の経営に移行した八一年の二三万七七〇〇トンから八八年には三〇万六五〇〇トンに増加したが、こうした採炭における大量の鉱夫の募集・確保と労働管理の機能をになったのが、納屋制度であった。

高島炭鉱における納屋制度は、グラバーと佐賀藩による合弁事業の開始に際して、数百名の鉱夫を募集し、納屋頭をおいて鉱夫の取締を行なうことになり、この統轄のために三名の請負人をおき、請負人は、

「炭坑ノ指図ニ従ヒ採炭修繕等都テ坑内事業ヲ負担シ納屋頭ヲシテ坑夫ヲ使役」した。官営期および後藤の経営期も、「従来ノ慣習ニヨリ依然同様ノ取扱」をしていたが、七六年に納屋制度の改革が行なわれ、請負人が廃止されて、納屋頭が直接の請負人となった(43)。村串は、この「採炭請負」から「人夫請負」への切替えにより、会社側は相対的に大きな採炭請負費を廃止し、利潤の拡大を企図したのではないかと推測している(44)。

こうして納屋制度のもとで、会社は出炭量に対して規定した職種別請負費にもとづいて相応の金額を支払い、納屋頭が鉱夫募集、採炭労働の指揮・監督、納屋経営などのすべての機能を請負った。とくに高島は、島という特殊な立地条件のために周辺地域から大量の労働者を雇用することがむずかしく、鉱夫の募集地域は九州、中国・四国など西日本一帯に拡大せざるを得なかったが、当該期は鉄道ブームと重なったために鉄道敷設工事による人夫不足ともあいまって、鉱夫募集は困難をきわめた。「高島炭坑問題」がおきた八八年における高島炭鉱の鉱夫数は総計二一二六名で、出身地は長崎県が四四二名でもっとも多く、ついで福岡県四〇五名、熊本県二八六名、佐賀県一七三名、広島県一六六名、大分県一四〇名、山口県一一五名などであった(45)。

納屋頭は、会社から支給される鉱夫賃金から手数料六分、その他「無名称」一割の計一割六分を収入として得た。鉱夫の賄料や需要品は会社が一括して購入し、納屋頭を通じて支給されたが、納屋頭はその中間利得を得ただけでなく、飲酒や賭博を通じて鉱夫の負債を増加させ、強制的労働を強いるなどの不当行為が行なわれることもあった。

共同運輸との熾烈な競争の展開のなかで経費節約を余儀なくされた三菱は、八二年初めから生産性向上・合理化の一環として納屋頭への干渉を強化し、納屋制度の改編に着手した[46]。八三年一月に、会社は納屋頭を招集して一日六四〇~六五〇トンの出炭にとどめることを前提に、鉱夫の「速ニ応分ノ減員」を命じ[47]、これ以降八四年二月にいたるまで、技術方および事務方の人員整理とともに、直轄制から請負制への切替と請負費および賃金引下げを断行した。こうして八四年二月までに納屋頭は二九名から一九名に減少し、「坑内事業賃総テ二割ヲ減ス」を実現した[48]。高島炭鉱における正確な鉱夫数は不明であるが、一八八〇年の坑内夫数は約三二〇〇名に対して、八四年には二一〇〇名余であったので[49]、鉱夫も大幅に削減されている。こうして「坑夫ノ取締ハ納屋頭ノ責任ニシテ炭坑ニ於テハ直接ノ関係ナシ」と指摘されるように、一部の職種を除いて、鉱夫は基本的に会社と直接の雇用関係はなくなった[50]。

しかし、こうした経費削減にともなう賃金の切下げは鉱夫の不満を拡大し、八三年九月に鉱夫暴動が発生した。八四年の大蔵省による「工場視察復命書」は、坑内労働が「苛酷」で、しかも「坑内ハ汚穢ニシテ健全ヲ害スヘシ」と衛生環境に問題のあることを指摘していたが[51]、経費削減は、納屋制度自体の問題ともあいまって、高島炭鉱の衛生環境を悪化させた。事実、八四年六月末から脚気病が頻発するようになり、さらに八五年八月~九月にはコレラが発症して計五六一名の鉱夫が死亡し、同年末から四月にかけては天然痘の流行により鉱夫六〇名が死亡する事態を招いた[52]。こうした衛生問題にともなう鉱夫の減少に加えて、暴風や坑内火災により出炭量は減少し、衛生面における改良は会社にとって喫緊の課題となったために、八六年四月以降八七年五月にかけて、納屋の改築、溝渠疎通、厠の改築、蒸留水器械の設置、浴場の新設など衛生面での改良が進められた[53]。

このように明治一四年の政変以降における三菱の経営環境の悪化を背景にして、高島炭鉱の坑内労働の強化が進行した[54]。会社による衛生面での改良は進展をみたものの、納屋制度に象徴される請負（間接雇用）制の労働環境は旧態依然として残されたままであったので、「高島炭坑問題」が、この時期に「明治前期における最大の労働問題[55]」として社会問題化したのは、起こるべくして起きた事件であった。

（4）「高島炭坑問題」（一八八八年）

一八八七年一二月一七日の『福陵新報』に、高島炭鉱における鉱夫の惨状に関する最初の記事「高島炭坑々夫の惨状」が掲載され、つづいて八八年になると『東雲新聞』にも二月と四月の二回にわたり同様の記事が掲載されたが[56]、同年六月に政教社の雑誌『日本人』第六号に松岡好一「高島炭礦の惨状」（八八年六月一八日）が掲載されるに及んで、「高島炭坑問題」は全国に知られるようになった。松岡は、八五年一一月から四ヵ月間、高島炭鉱の勘場役（納屋の会計方）としての体験にもとづいて、鉱夫の「圧制苛虐」な労働環境の惨状を描き、「嗚呼高島は地獄なり、別世界なり」と「悲憤歎慨断腸」の思いで訴えた。さらに、『日本人』第九号（八八年八月三日）は特集号として「高島炭坑問題」を取り上げ、三宅雄二郎（雪嶺）による「三千の奴隷を如何にすべき」および「輿論は何にが故に高島炭礦の惨状を冷眼視するや」のほか、八六年七月までの一年間高島炭鉱において実地体験をしたという吉本襄の「天下の人士に訴ふ」や「高島炭坑々夫虐遇ノ実況」など三編の論稿を掲載した[57]。

松岡や吉本をはじめとする惨状論者の議論は、内容的には『福陵新報』の記事をほぼ踏襲しており、目新しいものではなかったが、これらの記事に共通するのは、高島炭鉱の労働・衛生環境の惨状を、納屋頭による甘言誘拐まがいの鉱夫募集、博奕《ばくえき》飲酒による負債増加とそれにともなう強制的労働、通信の禁止、私刑拷問などについて鉱夫の人権・自由の視点から訴え、三菱を糾弾している点にあった[58]。

政府も、高島炭鉱における鉱夫虐待問題が社会問題化したために、人権保護上放置しておくわけにもいかず、八八年八月中旬に警保局長清浦奎吾をはじめ控訴院や警察関係者など九名を高島に派遣し、実地調査に乗りだした。衛生問題に関してはすでに会社側で改良が実施されていたために、調査後に発表された清浦局長の談話は曖昧なものに終始し、「惨状」については「多くは過去の一夢」として退け、三菱に対する勧告も、納屋勘定の改定、死亡者の取扱など八項目（のちに五項目が追加されて計一三項目）にすぎなかった[59]。清浦談話により新聞報道はいったん下火になったが、八月下旬から『朝野新聞』、『東京電報』、『郵便報知新聞』の都下三紙が各々犬養毅[60]、柴四朗（東海散士[61]）、加藤政之助[62]による三菱擁護の調査記事をあいついで掲載した。

松岡や吉本などの惨状論者と犬養や加藤など三菱擁護派との事実認識の相違は、「調査時点の違い[63]」にもよるが、惨状論者の議論がきわめて主観性が強かったのに対して、犬養の「高島炭坑の実況」は惨状論に真っ向から対立するものであった。犬養は、八月九日に高島を訪れ、坑夫の住居、食物、衣服、病院、納屋頭、坑夫募集、坑夫取締、労働および賃金、坑夫の生計および進退、患者取扱法および死亡状況について視察・調査し、高島炭鉱の惨状論に対して逐一反駁を加え、「彼の惨状論者が攻撃の主眼骨髄と為したる個条は大抵実際の事実に違ひたる虚報」「空談」にすぎないと断言した[64]。この犬養の記事は、事実については柴や加藤と大差がないが、惨状論者からは「僅かに一二日の滞在」（以下、傍点は原文通り）と聴取の対象が会社関係者や警察官に限られ、「外部の観察に止まる者にして其内部の事情に至ては少しも之を窺ひ得ず」という批判を受けたが[65]、両者による納屋制度の評価は、鉱夫についての認識の相違によっている。松岡や吉本が鉱夫の人権・自由の観点から論じているのに対して、犬養は、鉱夫を「大抵最も下等なる最も無頼なる独身者にして斯る情慾一偏の為めに苦役労働を甘んずる者十の八九を占め」、あるいは「罪余の悪徒無頼の遊民貧困蠢愚の人民」、「最下等の人民」(66)と位置づけている。

衛生問題に関してはすでに会社による改良が実施されていたので、「高島炭坑問題」は納屋制度をめぐる問題、具体的には納屋頭による鉱夫の募集方法、納屋の運営、取締など鉱夫の自由の束縛をはじめとする納屋制度にともなう鉱夫の労働・生活環境の問題に集約される。高島炭鉱は、立地条件に規定された特殊な労働環境にあったために、他炭鉱に比較して、単身者比率が六二％、他府県出身者の比率も六九％ときわめて高いという特徴をもっていた(67)。そのため納屋数も多く、隆盛期の一八八九年には、大納屋五五軒、小納屋一六八軒のほかに孫納屋もあったという(68)。こうした高島炭鉱における納屋制度の問題は、会社と納屋頭、納屋頭と鉱夫という間接的雇用関係に起因するもので、会社側が経費削減の過程で請負制を基本として雇用関係を再編したことに根ざしていた。

おわりに——納屋制度の廃止と鉱業条例の制定

政府は、「高島炭坑問題」を受けて、一八九〇年九月に日本坑法にかわって鉱業条例を公布（九二年施行）した。鉱業条例の鉱夫保護規定には限界があったものの、鉱夫の使役規則や労働時間など鉱山労働者の保護についてあらたな規定が付加された。

「高島炭坑問題」が社会問題化したことにより残された課題が、納屋制度にあることが明確になり、納屋頭の廃止と会社による鉱夫の直轄化が解決の方法であることも明らかであった[69]。高島炭鉱は納屋に関する規定を改定するなど納屋制度の改良の方向にあったものの、納屋制度が最終的に廃止されたのは、「高島炭坑問題」から一〇年を経た九七年のことであった。同年四月に納屋頭に対する鉱夫の不満が拡大し、まず端島炭鉱においてストライキが起き、ついで高島でもストライキが発生した。こうした納屋頭に対する鉱夫の反発によって、会社としても、納屋制度の改革なしに出炭の継続をはかることはむずかしかった。高島炭鉱は、「当坑々夫ハ従来納屋頭ノ請負ニ属シ炭坑ト直接ノ関係ヲ有セサリシヲ以テ本社ノ趣旨往々貫徹セサル等不便ヲ感スル事少ナカラス[70]」と判断し、九七年七月に納屋頭は最終的に廃止され、鉱夫の直轄制に移行した。納屋制度の廃止は、高島炭鉱が最初で、これは炭鉱の労務管理史上画期的な出来事であった。

高島炭鉱の出炭量は、「高島炭坑問題」が社会問題化した八八年の三〇万六五〇〇トン（中ノ島を加算しても四〇万八二〇〇トン）をピークに急減した。新坑開鑿の試みも、断層と湧水増加のために、期待したようには進展せず、出炭量は低迷した。こうした高島炭鉱における出炭量の限界から、三菱は、八九年に新入《しんにゅう》・鯰田炭坑をあいついで買収して筑豊炭田に進出するとともに、九〇年には端島炭鉱を鍋島孫六郎から一〇万円で譲受した[71]。とくに鯰田炭鉱においては、長壁式採炭法を採用するなど積極的な機械化が進められた[72]。こうした背景には、八八年に三井が三池炭鉱の払下を受けて、本格的に三池炭鉱の操業に乗りだし、石炭産業における三井との競争関係が激しくなったことがあげられる。

納屋制度が廃止された九七年の高島炭鉱の出炭量は六万八五〇〇トンで、ピーク時の二〇％強にすぎなかった（付表）。同年の三井物産石炭諮問会において、高島炭は「殆ント掘リ尽シタリ尚ホ下ニ一炭層アリト云フモ事実不分明ナリ近来出炭追、減少シ品質ハ下リ塊炭ハ雨夜ノ星ノ如ク捜サ、レハ見当ラス恰モ切辺《ママ》ノ如キ炭ニテ其上湿リ気ヲ含ミ居レリ」と指摘され(73)、高島炭はもはや三池炭の競合炭としての地位を失っていた。こうして幕末・明治期において最良質炭として急速に発展し、石炭輸出を牽引した高島炭は、「高島炭鉱問題」の顕在化とともに、その歴史的役割を終えたといっても過言ではない。

（1）徳川時代の対外関係については、杉山伸也『日本経済史　近世－現代』（岩波書店、二〇一二年）第三章を参照。

（2）慶應義塾編『福澤諭吉全集』第一巻、岩波書店、一九六九年、および同全集、第五巻、一九七〇年、二四頁。前期福澤における思想の展開については、杉山伸也「福澤諭吉と文明開化」『郵政博物館研究紀要』第一〇号（二〇一九年三月）、また『民情一新』については、杉山伸也「いつでもどこでも福澤諭吉――『民情一新』と「文明の利器」」『福澤諭吉書簡集』第八巻月報（岩波書店、二〇〇二年）を参照。

（3）居留地貿易の機能については、杉山『日本経済史』一三六〜一三七頁。

（4）*The Chronicle and Directory for China, Japan and the Philippines for the Year 1870.*

（5）杉山伸也『日英経済関係史研究　一八六〇〜一九四〇』慶應義塾大学出版会、二〇一七年、第三章、および杉山伸也「アジア石炭貿易における日本とインド」秋田茂編『「大分岐」を超えて――アジアからみる一九世紀論再考』ミネルヴァ書房、二〇一八年。

（6）「工部省沿革報告」大蔵省編『明治前期財政経済史料集成』第一七巻、改造社、一一七頁。

（7）「高島炭坑略史（二）」慶應義塾図書館所蔵「日本石炭産業関連資料コレクション」（以下「石炭コレクション」）（COAL/P/1284）。

（8）杉山伸也「幕末、明治初期における石炭輸出の動向と上海石炭市場」『社会経済史学』四三巻六号（一九七八年三月）。
（9）グラバーについて詳しくは、杉山伸也『明治維新とイギリス商人』（岩波書店、一九九三年）、および杉山『日英経済関係史研究』第二章を参照。
（10）グラバーの石炭立国論については、杉山『明治維新とイギリス商人』一五九〜一六〇頁。
（11）「高島石炭坑記」秀村選三ほか校注『明治前期肥前石炭礦業史料集』文献出版、一九七七年、二五〇〜二五一頁。
（12）Great Britain, Foreign Office, ***Commercial Report***, 1869, Nagasaki.
（13）「高島石炭坑記」二五一〜二五五頁。
（14）「高島石炭坑記」二七一頁。
（15）「工部省沿革報告」一一七頁。
（16）「英吉利商社ヨリ高島炭坑採掘ニ関シ申出ノ件」外務省調査部編『大日本外交文書』第三巻（明治三年）五二六〜五二八頁。
（17）「高島石炭坑記」二六二頁。
（18）杉山『明治維新とイギリス商人』一八四〜一八六頁。三菱鉱業セメント株式会社高島炭礦史編纂委員会編『高島炭礦史』（三菱鉱業セメント、一九八九年）は、オランダ貿易会社がジャーディン・マセソン商会と同様、グラバー商会を見限ったとしている（一〇頁）が、オランダ貿易会社の関連資料を確認すれば、それが事実でないことは容易に判明する。
（19）『高島炭礦史』は、グラバー商会の破産宣告の日を八月一七日としている（一〇、一一頁）が、居留地新聞の公示欄を確認するだけでも誤記であることが容易に判明する。『高島炭礦史』のグラバー商会に関する記述は、ジャーディン・マセソン商会文書やオランダ貿易会社資料などの主要一次史料を利用していないために、総じて不正確をまぬがれていない。

(20) この第二立坑とは、六九年二月に開鑿に着手した南洋坑のことで、七一年三月に着炭した。『高島炭礦史』は、日本側の資料のみに依拠して、オランダ貿易会社は南洋坑の開坑を望んでいなかったとしている(一四頁)が、この記述は誤っている。

(21) 「高島石炭坑記」二六〇〜二六一頁、『高島炭礦史』一一〜一二頁。

(22) 「工部省沿革報告」一五、五四、一一八頁。この経緯については、「高島炭坑回収関スル件」『大日本外交文書』(明治六年)五五四〜五八三頁、および「高島炭坑回収関スル件」『大日本外交文書』(明治七年)五三八〜五六六頁。

(23) 「工部省沿革報告」一一八頁。

(24) 蓬萊社については、宮本又郎「明治初期の企業と企業家――蓬萊社の場合」『経営史学』四巻三号(一九七〇年七月)を参照。

(25) 大町桂月『伯爵後藤象二郎』冨山房、一九一四年、一六八〜一六九、四六九、四七二頁。

(26) 大町『伯爵後藤象二郎』四七二〜四七六頁、および石井寛治『近代日本とイギリス資本』東京大学出版会、一九八四年、二七七〜二七八頁。

同時に、左院は、炭鉱を引当に外国人から借入や売約約定を禁止する布告を決定し、一一月二七日に外資排除の条項を付加した改正案を承認した。石井は、一一月一〇日の時点で、大隈と伊藤は後藤が外商から借入する可能性を知っていたが、それが「可能性の域に留まっていた」ために当面この布告を決定したとしているが、蓬萊社の出資を予定していた島田組が一〇月の官金抵当増額令に対応しきれないであろうことはすでに大蔵省内では予期されていたと考えられるので(石井『近代日本とイギリス資本』二八一頁)、この議論は説得性に欠けるように思われる。

(27) 石井『近代日本とイギリス資本』二六二、二八六、二九一〜二九四頁。ジャーディン・マセソン商会による高島炭鉱投資については、水沼知一「明治前期高島炭坑における外資とその排除過程の特質」『歴史学研究』二七三号（一九六三年二月）、J. McMaster, 'The Takashima Mine: British Capital and Japanese Industrialization', ***Business History Review***, Vol.37, No.3 (Autumn 1963)、服部一馬「高島炭坑とジャーディン・マジスン商会」小松芳喬教授還暦記念論文集『近代化と工業化』（一条書店、一九六八年）などがあるが、事実関係も含めて誤りも多く、信頼性に欠ける。現段階で実証的にもっとも信頼にたる研究は、石井『近代日本とイギリス資本』第三章である。以下の本章の記述は、基本的に石井の研究によっているが、そのほか小池賢治「イギリス代理商会による高島炭坑の「代理人」経営――本邦最初の合弁事業と「経営代理制度」」『駿河台経済論集』一四巻二号（二〇〇五年三月）も参照した。後藤時代の高島炭鉱については、三菱鉱業セメント株式会社総務部社史編纂室編『三菱鉱業社史』（三菱鉱業セメント、一九七六年）三八～四五頁、岩崎弥太郎岩崎弥之助伝記編纂会編『岩崎弥太郎伝』下巻（同編纂会、一九六七年）三六二～三六五頁、および『高島炭礦史』三八～四六頁を参照。

(28)　雑賀博愛『大江天也伝記』大江太、一九二六年、三七三～三七六頁。雑賀によれば、後藤は多才多能であったが、「四方八方に手を出した」ために、「彼れの一生は、頗ぶる支離滅裂であった」という（同書、三六三頁）。

(29)　「高島炭礦史（稿）」第二章第一節、三菱鉱業株式会社高島礦業所、一九五六年（「石炭コレクション」(COAL/C/5477)）。

(30)　石井『近代日本とイギリス資本』三一二頁。雑賀『大江天也伝記』においては、後藤のジャーディン・マセソン商会に対する負債額は一二〇万円（ドル）とされている（三七六頁）。

(31)　石井『近代日本とイギリス資本』三一四～三二五頁。そのほか、「長崎高島炭坑之儀ニ付英国公使ゟ申出候次第上申」一八七八年一〇月一四日（A四〇四一）早稲田大学社会科学研究所編『大隈文書』早稲田大学社会科学研究所、一九六二年、一九九～二二一頁、「高島炭坑ニ関スル英商社訴訟一件」『大日本外交文書』（明治一一年）四一四～四三三頁、大町『伯爵後藤象二郎』五〇三～五〇五頁、および「高島炭礦史（稿）」第二章第一節も参照。

（32）石井『近代日本とイギリス資本』三二六～三二八頁、大町『伯爵後藤象二郎』五〇五、五〇九、五一二～五一四頁、および「高島炭礦史（稿）」第二章第一節。

（33）石河幹明『福澤諭吉伝』第三巻、岩波書店、一九三二年、五六頁。一八八〇年二月に大阪府下吹田村で起きたドイツ皇孫ハインリッヒ一行による禁猟区における発砲事件（吹田事件）に関して、福澤は当時の外務卿井上馨に、「陳者此度吹田ノ一条、誠ニ言語道断。皇孫ハ明ニ我国法ヲ犯シタルニ相違ナシ。……戸長ハ吹田人民ノ名代ニシテ、吹田ノ人民ハ我天皇陛下ノ臣民ナリ。日本皇帝ノ臣民ガ謂レモナク外国ノ皇族ニ平身低頭スルトハ、取モ直サズ之ヲ亡国ノ惨状ト云フモ可ナリ」と外国人による国権の侵害に対する日本政府の「平身低頭」外交について抗議文を書き送っている（石河、同書、一三～一七頁、および明治一三年二月二二日付井上馨宛福澤諭吉書簡四四一、慶應義塾編『福澤諭吉書簡集』第二巻、岩波書店、二〇〇一年、三二二～三二四頁）が、この事件も福澤にすくなからざる影響をあたえたと思われる。吹田事件については、内山正熊「吹田事件（一八八〇年）の史的回顧」慶應義塾大学法学研究会『法学研究』五一巻五号（一九七八年五月）、および山中敬一「一八八〇年プロイセン皇孫ハインリヒ吹田遊猟事件」『関西大学法学論集』六七巻一号（二〇一七年五月）を参照。

（34）『岩崎弥太郎伝』下巻、三六六～三七一頁、および岩崎弥太郎岩崎弥之助伝記編纂委員会『岩崎弥之助伝』下巻、同編纂会、一九七一年、五三六頁。

（35）「高島炭礦史（稿）」第二章第二節、『三菱鉱業社史』四一頁、および『高島炭礦史』三三一～三三三頁。ジャーディン・マセソン商会の販売手数料は、海外市場においては四％、国内では三・五％であった。

（36）『高島炭礦史』三三二頁。岩崎・後藤間の「高島炭坑譲渡約定書」および「高島炭坑譲渡約定副書」は、「高島炭坑事業」高島炭坑（「石炭コレクション」COAL/C/5463）、および『岩崎弥太郎伝』下巻、七一七～七二二頁。

（37）岩崎弥太郎より岩崎弥之助および石川七財宛書簡（一八八一年三月）岩崎弥太郎岩崎弥之助伝記編纂会編『岩崎弥太郎日記』一九七五年、六六九～六七〇頁。『岩崎弥太郎伝』下巻、三七二～三七三頁、および『高島炭礦史』三六～三七、六一頁も参照。

(38)『岩崎弥太郎伝』下巻、三七三〜三七五頁、『三菱鉱業社史』四〇〜四五頁、および『高島炭礦史』三六〜三八頁。
(39)『高島炭礦史』六三〜六八頁。村串仁三郎は、高島炭鉱当局は購入代金の償却が終了する八八年までは機械設備の導入・拡張、新坑の開鑿は行なわれなかったとしている（村串『日本炭鉱賃労働史論』時潮社、一九七六年、七四〜七六頁）が、高島炭鉱への大規模な投資が行なわれなかった理由は、海運業における経営悪化に加えて、ストダートの報告にもあるように高島の寿命が八年余と予想されたことによると思われる。後述するように、三菱は、高島炭鉱においては新坑の開鑿は行なわなかったが、高島炭鉱以外では積極的に行なっている。
(40)さらに、この時期は自由党の板垣外遊問題とも重なっている。八二年四月初旬に井上馨が福岡孝弟邸で後藤と会談した際に、福岡、後藤のあいだで板垣洋行の話が進められたが、最大の課題は洋行費の問題であった。福岡は岩村通俊を通じて岩崎弥太郎に交渉したが、弥太郎が躊躇したために、最終的に井上は、大蔵卿松方正義に相談したうえで三井の三野村利助と交渉し、三井は八二年度で満期となる陸軍省との契約を八五年度まで延長することを条件に、洋銀二万ドルを政府に融通した（杉山伸也「自由党への期待と現実――馬場辰猪「日記」解題」杉山伸也・川崎勝編『馬場辰猪　日記と遺稿』慶應義塾大学出版会、二〇一五年、七六頁）。
(41)『高島炭礦史』一〇三頁。
(42)『高島炭礦史』一〇五〜一〇七頁、一八八二年二月二日付岩崎弥之助より川田小一郎宛書簡（「石炭コレクション」COAL/C/5470）、および『岩崎弥之助伝』下巻、一七九頁。
(43)「高島炭坑坑夫雇入手続」（明治二一年頃）労働運動史料委員会編『日本労働運動史料』第一巻、労働運動史料刊行会、一九六二年、七〇頁。高島炭鉱における納屋制度の推移については、村串『日本炭鉱賃労働史論』第一篇に詳しい。
(44)村串『日本炭鉱賃労働史論』六一、八三〜八四頁。村串は、これを境に前期納屋制度（請負採炭制）と後期納屋制度（納屋頭は、請負採炭はせずに、労働指揮、納屋経営、鉱夫募集の三機能を代行）とを区別している

（同書、二二五〜二二六、三二八、三三九頁）。

（45） 加藤政之助「高島炭坑視察録」『郵便報知新聞』一八八八年一〇月一〇日（『日本労働運動史料』六七〜六八頁）。ただし、さきのストダートは、同年の鉱夫数を二五〇〇名としている（秀村ほか校注『明治前期石炭礦業史料集』i頁）。

（46） 『高島炭礦史』一三二〜一三四頁。

（47） 「高島炭坑事務長日誌抜要」『日本労働運動史料』第一巻、五三頁、『高島炭礦史』一二〇頁。

（48） 「高島炭坑事務長日誌抜要」五三〜五七頁。ただし、棹取や火番のように直轄制から請負制に変更したものの、「不都合」が生じたために一ヵ月強余で、ふたたび直轄制に戻した職種もある。

（49） 『長崎報告雑誌』第二一号、一八八〇年（「解題」秀村ほか校注『明治前期石炭礦業史料集』六九頁）、「九州地方工場視察復命書（一八八四年）『日本労働運動史料』第一巻、一二頁。

（50） 「高島炭坑坑夫雇入手続」『日本労働運動史料』第一巻、七〇頁。

（51） 大蔵省「九州地方工場視察復命書」（一八八四年）『日本労働運動史料』第一巻、一二頁、および田中『近代日本炭礦労働史研究』草風館、一九八四年、二三五〜二三六頁。

（52） 「高島炭坑事務長日誌抜要」五七〜六〇頁、「高島炭坑衛生ノ記事」（一八八八年作成）『日本労働運動史料』第一巻、七〇頁。

（53） 「高島炭坑事務長日誌抜要」五七〜六〇、六二頁、「高島炭坑衛生ノ記事」七〇〜七一頁。

（54） 村串は、八三年頃までは鉱夫の暴力的抑留は苛酷なものではなく、八五、八六年頃から激しくなり、八七年に頂点に達したと推測し、その背景には機械の導入や設備投資の拡張が行なわれることなく、大量の労働者の追加投入による出炭量の増加があったとしている（『日本炭鉱賃労働史論』八一頁）。

（55） 隅谷三喜男「『高島炭坑問題』解題」『明治文化全集』（改版）第六巻、社会篇、日本評論新社、一九五五年、二二頁。ただし、隅谷は、高島炭鉱の納屋制度を、三池や筑豊の諸炭鉱を含めた納屋制度一般の議論に解消し、さきに指摘した高島炭鉱の特殊性を看過している（隅谷『日本賃労働史論』東京大学出版会、一九五五年、二五七～二六一頁）。

(56) 田中『近代日本炭礦労働史研究』一九二～二〇五頁。『福陵新報』の記事は、八七年一二月二一日～二四日の『大阪日報』に転載された。『東雲新聞』には、松浦太郎「高嶋炭坑々夫の惨状」（八八年二月一六日、一七日）、および福田敬吉「高島炭坑々夫の惨状を述べて世の志士仁人に告ぐ」（八八年四月二四～二六日）が掲載された（秀村ほか校注『明治前期石炭礦業史料集』三七四～三八三頁）。

(57) これらの記事は、『明治文化全集』第二一巻、社会篇、日本評論社、一九二九年、三～二一頁、および秀村ほか校注『明治前期石炭礦業史料集』三八三～四〇二頁に収録されている。松岡好一（一八六五～一九二一）については、「高島炭坑史稿」第四話に詳しい（「石炭コレクション」COAL/P/1283）。

(58) 三菱側からの反論として、高島炭鉱鉱山師ジョン・ストダートと長崎病院の顧問医師C・A・アーノルド（Dr C. A. Arnold）による報告がある（***The Rising Sun & Nagasaki Express***, 23 June 1888、秀村ほか校注『明治前期石炭礦業史料集』i～ix頁、および田中『近代日本炭礦労働史研究』二一〇～二一七頁）。

(59) 「高島炭坑取調に関する清浦警保局長の談話」『郵便報知新聞』九月一五日～一六日（秀村ほか校注『明治前期石炭礦業史料集』四三六～四四一頁、および田中『近代日本炭礦労働史研究』二一八～二二二頁）。そのほか、「解題」秀村ほか校注『明治前期石炭礦業史料集』六三～六四頁も参照。

(60) 犬養毅「高島炭坑の実況」『朝野新聞』八八年八月二九日～九月一四日（秀村選三ほか校注『明治前期石炭礦業史料集』四四二～四七四頁）。同記事は、明治文化研究会『明治文化全集』第一五巻社会篇（続）（日本評論新社、一九五七年）一九五～二一八頁にも再録されているが、同書には九月一四日の「高島炭坑の総論」は収録されていない。

(61) 柴四朗「高嶋炭坑視察実記」『東京電報』九月一二日～一〇月五日（秀村選三ほか校注『明治前期石炭礦業史料集』四九三～五二四頁）。

(62) 加藤政之助「高島炭坑視察録」『郵便報知新聞』八八年一〇月一〇日～一〇月一三日（秀村選三ほか校注『明治前期石炭礦業史料集』五二五～五三三頁）。
(63) 隅谷「『高島炭坑問題』解題」三頁。
(64) 犬養「高島炭坑の実況」（秀村ほか校注『明治前期石炭礦業史料集』四七二、四七三頁）。
(65) 『東雲新聞』九月一一日、および『福陵新報』九月一五日、一六日（田中『近代日本炭礦労働史研究』二二五～二二六頁）。
(66) 犬養「高島炭坑の実況」（秀村ほか校注『明治前期石炭礦業史料集』四四六、四五三頁）。加藤政之助も「高島炭鉱視察録」において、「同坑の坑夫は無頼の徒の集合」としている。
(67) 農商務省『鉱夫待遇事例』（一九〇八年）九～一一頁。一九〇六年の調査時点で、鉱夫数計二五〇三名のうち他府県出身者は一七一八名であったが、賃金はかならずしも高いわけではなかった（同書、九、五四頁）。
(68) 「高島炭坑史稿」第五話（「石炭コレクション」COAL/P/1283）。
(69) 例えば、犬養も「高島炭坑の実況」のなかで、その必要性を力説している（秀村ほか校注『明治前期石炭礦業史料集』四五六頁）。
(70) 「改革ノ趣旨」『高島炭礦史』一五九頁。
(71) 「高島炭坑史稿」第五話、『三菱鉱業社史』六八～八一頁。
(72) 日本工学会『明治工業史』（鉱業篇）明治工業史発行所、一九三〇年、六二九、六三一、六三四頁。
(73) 三井物産合名会社「石炭諮問会議事録」（明治三〇年）。ただし、一八九九年度（九八年一〇月～九九年九月）における高島炭鉱の出炭量は七万七六一五トンで、塊粉比率は六七対三三、端島炭鉱の出炭量は九万四五六三トンで、塊粉比率は三〇対七〇であったので、この三井物産の指摘は誇張されている。しかし、高島・端島炭の質的低下は顕著で、一九〇二年度（一九〇一年一〇月～〇二年九月）の塊粉比率は、高島三五対六五、端島二一対七九であった（高島炭鉱「年報」明治三二年度および明治三五年度、「石炭コレクション」COAL/C/5480）。

付表　高島炭鉱および全国出炭量と輸出量

（単位：トン）

年	高島	中ノ島･横島･二子島	端島	合計	国内産炭量（1,000トン）	（％）	輸出量（1,000トン）	（％）
1874	69,458			69,458	208	(33.4)	118	(56.6)
1875	125,060			125,060	567	(22.0)	202	(35.7)
1876	101,761			101,761	545	(18.7)	164	(30.1)
1877	93,260			93,260	499	(18.7)	161	(32.3)
1878	150,185			150,185	680	(22.1)	204	(30.0)
1879	187,272			187,272	863	(21.7)	196	(22.7)
1880	230,895			230,895	889	(26.0)	286	(32.2)
1881	237,666			237,666	933	(25.5)	295	(31.6)
1882	254,687			254,687	937	(27.2)	325	(34.7)
1883	236,881	（中ノ島）		236,881	993	(23.9)	390	(39.2)
1884	226,912	2,558		229,470	1,149	(20.0)	519	(45.2)
1885	258,188	12,654		270,842	1,253	(21.6)	582	(46.4)
1886	270,397	49,881		320,278	1,322	(24.2)	669	(50.6)
1887	302,086	99,359		401,445	1,683	(23.9)	705	(41.9)
1888	306,548	101,635		408,183	2,024	(20.2)	975	(48.2)
1889	265,008	95,024		360,032	2,440	(14.8)	1,054	(43.2)
1890	238,925	138,039		376,964	2,619	(14.4)	1,215	(46.4)
1891	166,724	137,857	29,904	334,485	3,194	(10.5)	1,240	(38.8)
1892	180,759	158,632	49,518	388,909	3,202	(12.1)	1,299	(40.6)
1893	124,593	43,249	79,222	247,064	3,317	(7.4)	1,505	(45.4)
1894	120,209		92,512	212,721	4,268	(5.0)	1,701	(39.9)
1895	104,363		85,046	189,408	4,773	(4.0)	1,845	(38.7)
1896	95,483	（横島）	82,384	177,867	5,020	(3.5)	2,194	(43.7)
1897	68,475	6,962	84,892	160,329	5,188	(3.1)	2,103	(40.5)
1898	64,411	17,271	100,593	182,274	6,696	(2.7)	2,187	(32.7)
1899	77,743	27,615	87,195	192,554	6,722	(2.9)	2,488	(37.0)
1900	85,627	31,737	105,669	223,033	7,429	(3.0)	3,350	(45.1)
1901	58,383	34,698	114,637	207,718	8,946	(2.3)	2,922	(32.7)
1902	62,451	3,291	122,323	188,065	9,702	(1.9)	2,939	(30.3)
1903	70,549		124,314	194,863	10,088	(1.9)	3,433	(34.0)
1904	83,379		136,935	220,314	10,724	(2.1)	2,879	(26.8)
1905	76,963		145,097	222,060	11,542	(1.9)	2,508	(21.7)
1906	57,822		95,861	153,683	12,980	(1.2)	2,402	(18.5)
1907	71,590		100,595	172,185	13,804	(1.2)	2,922	(21.2)
1908	85,388		103,870	189,258	14,825	(1.3)	2,863	(19.3)
1909	82,784		101,743	184,527	15,048	(1.2)	2,844	(18.9)
1910	93,837		107,005	200,842	15,681	(1.3)	2,794	(17.8)
1911	123,429		172,064	295,493	17,633	(1.7)	3,041	(17.2)
1912	87,339	（二子島）	134,075	221,413	19,640	(1.1)	3,440	(17.5)
1913	66,009	8,785	162,363	237,157	21,316	(1.1)	3,840	(18.0)
1914	72,869	16,834	158,911	248,614	22,293	(1.1)	3,558	(16.0)

資料：高島・端島炭鉱等は、三菱鉱業セメント株式会社編『高島炭礦史』（1989年）490〜491頁；国内産炭量は、通産省統計部編『本邦鉱業の趨勢50年史』（1980年）資料編194, 195, 208頁、解説編132, 154〜157, 171, 188〜189頁；輸出量は、東洋経済新報社編『日本貿易精覧』（1935年）106, 269頁。

第8章　香港　躍動するゲートウェイ都市の歴史的文脈
——一九世紀半ば～二一世紀初頭

久末　亮一

はじめに

香港は人口が約七四一万人、面積は一一〇六平方キロメートルの都市である。一八四一年からの英国植民地統治を経て、一九九七年には中華人民共和国に主権が返還されたが、現在は「一国両制」（一国二制度）に基づく特別行政区として、名目上は中国本土と異なる法体系・統治形態の下にある。

活力にあふれる香港は、ロンドンやニューヨークに次ぐ重要な国際金融センターであり、世界有数の貿易港でもある。さまざまな人種が行き交い、コンテナが入っては積み出され、巨額の金融取引がおこなわれている。昼間は喧騒が渦巻き、夜にはネオンが煌々と輝く。この世界でも無二の特色ある香港のエネル

図1　ゲートウェイの概念図

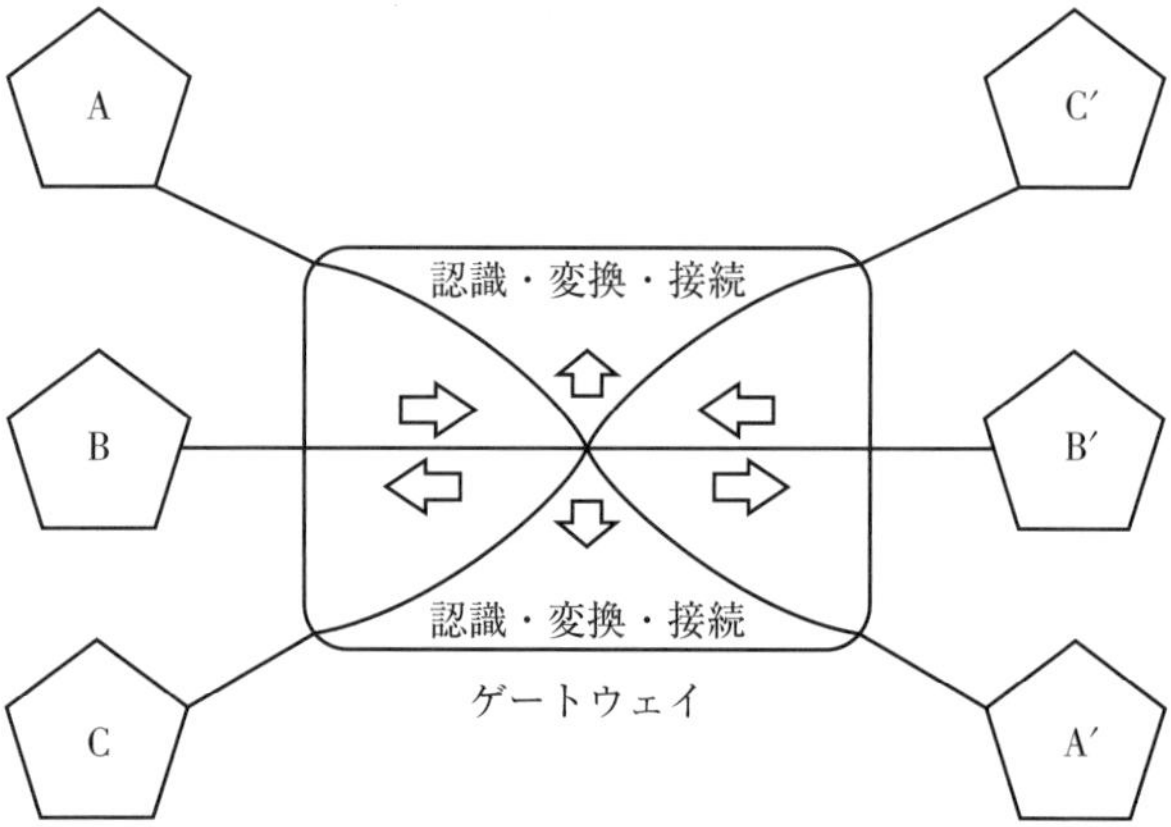

出所：筆者作成。

ギーは、まさに経済活動という流動の生み出す「摩擦熱」なのである。

このように香港の経済活動が盛んである理由は何であろうか。それは香港という「場」が、世界とアジア太平洋の経済システムに組み込まれた「ゲートウェイ」であることによる。ゲートウェイ（図1参照）とは、経済活動における様々なレベルでのつながりと、そこを流れるヒト・モノ・カネ・情報の非対称性や差異や吸収して、相互取引を可能にするための認識・変換・接続をおこなう存在である。これによって経済活動を円滑化し、システム全体を作動させることが、香港という都市が過去から現在まで一貫してはたしてきた役割である。

香港は一世紀半以上の歴史のなかで、アジア太平洋内の多岐にわたる大小さまざまな無数の経済活動を、可能な限りの自由を尊重する環境のなかで、つねに集散・接続・調整し、経済システムを連動させる装置として、地域全体に深く組み込まれて存立してきた。言い換えれば、香港という都市の存在理由とは、地域空間全体のなかで、経済活動のゲートウェイとして機能することにあった。

それゆえに、香港をその域内だけの視座から、あるいは英国や中国との関係だけの視座から観察すれば、その存立の本質を見誤ることになる。むしろ香港の価値を理解するには、これを取り巻いてきた大きな枠組み（フレームワーク）の変容と、そのなかにある「つながり」と「流れ」（ネットワーク）のなかで、香港という「場」（ゲートウェイ）が、どのような機能を提供してきたかを、長期の歴史的文脈のなかで考察し、その存在理由を理解する必要がある。(1)

1　開港から香港ドルによる対外決済機能の確立まで

一九世紀、世界の秩序は、西欧諸国の広範囲な海外進出に端を発し、「帝国」の枠組みが延伸することで、大きな変化を迎えた。いわゆる、「西洋の衝撃」（ウェスタン・インパクト）とよばれるグローバリゼーションは、世界各地の在来秩序を包摂することで、複数の層が相互連動する新しい空間を創出した。帝国による空間内では、不特定多数が享受可能な政治的安定や法体系、金融・通信・海運といった経済インフラがもたらされた結果、従来の範囲を大きく超えたヒト・モノ・カネ・情報の流動が加速した。(2)このグローバリゼーションのアジアへの到来は、在来秩序の一つである中華帝国の枠組みにも大きな影響を与えた。特に通商面では、対外貿易を制限・管理した「広東貿易」（Canton Trade）体制(3)（図２参照）が、一九世紀半ばに解体された後、一九世紀後半の中国は「開港場」(4)を通じて世界規模の自由貿易システムとリンクすることで、従来とは異なる流動を形成していった（本書第６章参照）。

図2　広東貿易体制下の対外貿易のイメージ

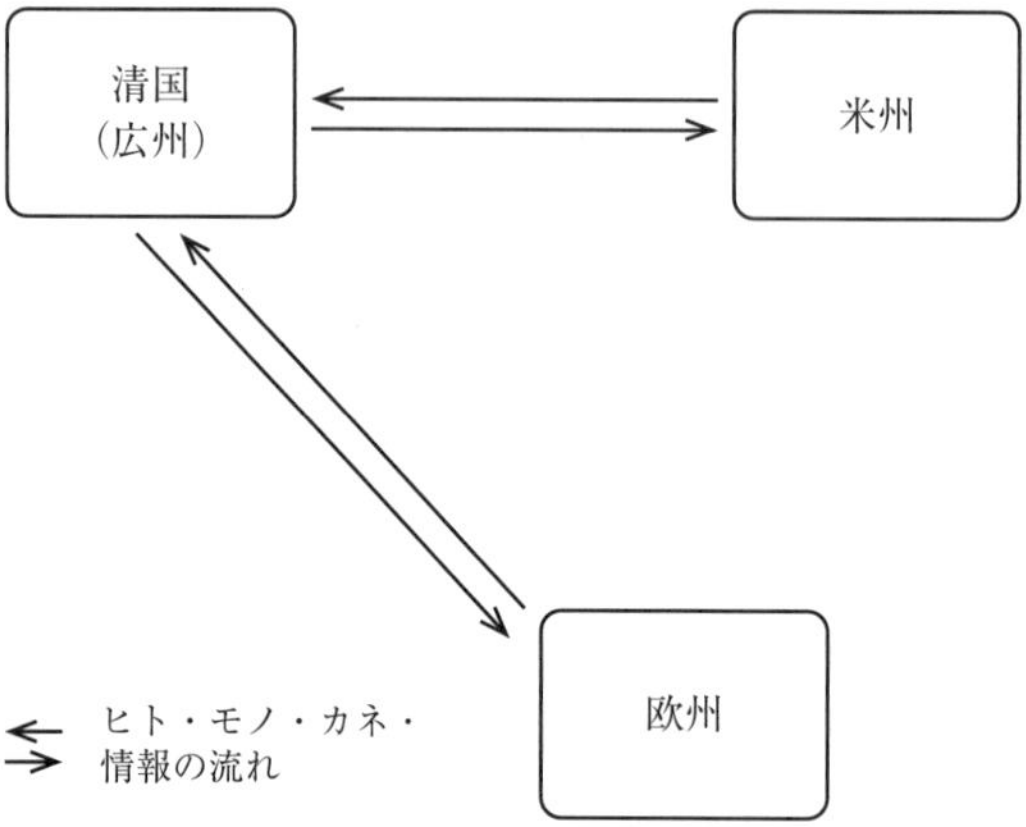

出所：筆者作成。

香港は、この構造変化のなかで誕生する。一八四一年、英国は一八世紀末からの半世紀近い通商摩擦の帰結である「アヘン戦争」の最中に、いくつかの漁村と岩山だけしかない香港島を占領して、大英帝国のコロニーである旨を宣言し、翌年の南京条約で清朝から正式に永久割譲される。[5] この香港占領は偶発的なものではなく、英国側からみれば、当時の清朝が固執していた管理貿易体制を打破し、広州に代わって中国と世界を結ぶ「自由港」を建設することで、一九世紀型の「帝国」による自由貿易体制に中国を包摂しようとする意志の表れであった。

もっとも、こうして香港は世界のなかに登場したものの、英国の期待は当初から大きく裏切られる。なぜならば、歴史的に広州に集積されてきたゲートウェイの機能は、香港には容易に移転しなかったからである。自由貿易体制への転換は、中国・外国間の貿易量自体は増加させたものの、貿易に必要な物資集散や与信決済は、上海など他の開港場に分散された上、華南一帯の対外貿易は、あいかわらず利便性に優れた広州でおこなわれた。この

図３　香港の中継機能確立後の対外貿易のイメージ

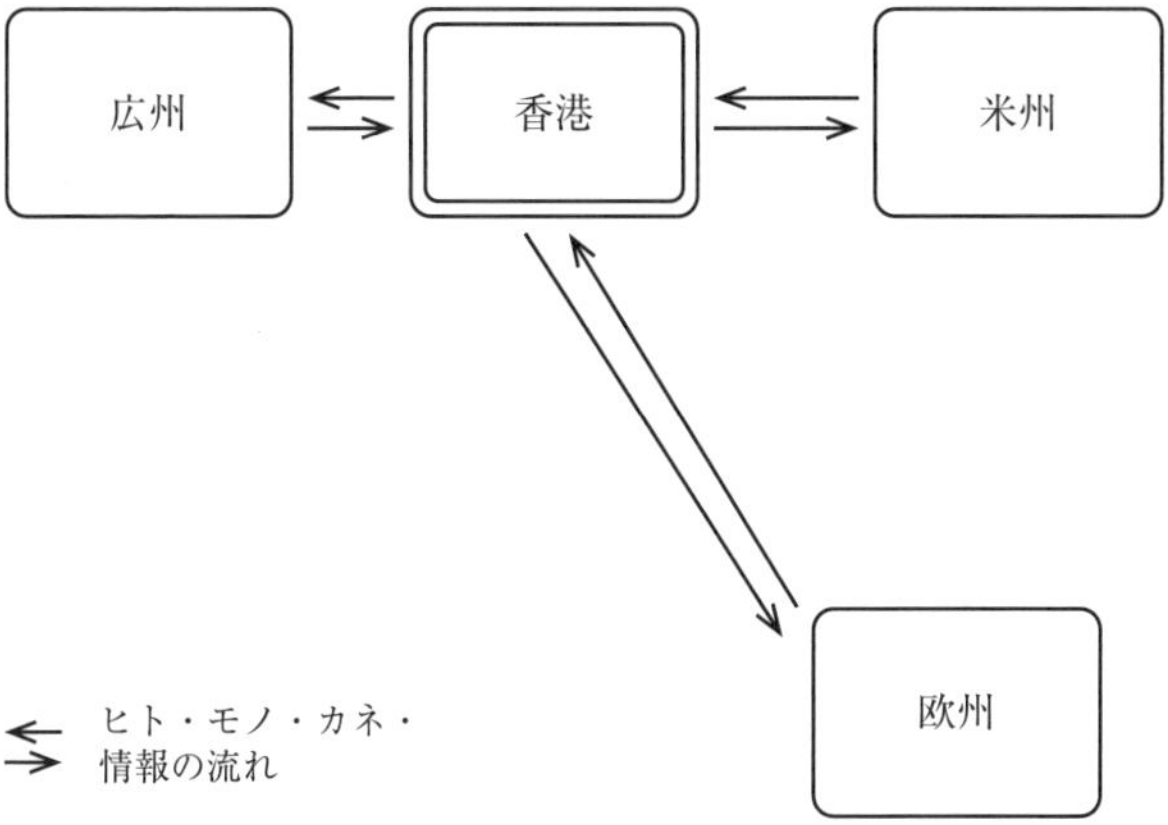

出所：筆者作成。

ため香港には、欧米系、ユダヤ系、パルシー系などの外国商人が商館を構えるものの、割譲から一〇年ほどの貿易量は期待したほどではなく、目立った経済発展をとげることがなかった。英国の官民は占領以前から、香港の地理的好条件を認識してはいたが、それは貿易港としての必要条件であって、繁栄の十分条件ではなかったのである。

状況に転機が訪れたのは、一八五〇年代であった。その契機は、太平天国の乱による華南の社会経済の混乱、さらには一八五六年の広州大火による仲介業者「公行」（別名「十三行」）の焼失と衰退であった。このため従来の決済システムに生じた不具合から、中国商人と外国商人の双方は、貿易決済の新たな方法を模索しはじめた。これにともない一九世紀後半にかけて、次第に「香港ドル」を用いた決済の導入が進んだことで、中継・決済地としての香港の地位が確立されていった（図３参照）。

現在も香港の法定通貨である香港ドルは、複雑な経緯で確立された通貨であった。開港当初の香港では、当時の貿易決済で主流であったメキシコ・ドルやスペイン・ドル[6]などの銀貨を中心に、さまざまな貨幣が流通しており、植民地当局は一八四二年三月の布告で全貨幣の流通を合法としていた。しかし、英国本国はポンドを標準とする方針を示したため、一八四四年一一月には英国女王勅令として、従来のように各種貨幣の流通は認められるものの、香港における法定通貨は英国ポンドのみと定められた。

一方で、広州と香港の間では、先述の背景から決済の円滑化が必要となっていた。元来、広州の中国商人と外国商人は、メキシコ・ドル、スペイン・ドルといった銀貨を中心に、英国や東インド会社の金銀貨幣、中国の銀両などを使用していた。特に、中国の銀本位から長年に決済で使われてきた銀貨は、その質量にあわせて銀塊として価値を認定し、これを受け渡していた。しかし、広州の決済・信用機能が動揺するなかで、外国商人にとって、量的に膨大な銀移動は物理的・リスク的に負担であった上、種類と質が複雑極まる広東通貨建ての決済は、事実上不可能であった。

問題を解決したのが、香港に進出していた外国銀行の発行した、ドル系銀貨建ての紙幣であった。これらの紙幣は券面で、メキシコ・ドルやスペイン・ドルなどの銀貨を基準に、香港での銀貨支払いを約束していたので、これを支払いに充てるという手段が用いられはじめた。こうして広州との貿易決済を円滑化する手段として、ドル系銀貨建て紙幣が信用を確立して流通することで、香港ドルとして急速に認知されていった。この状況を、英国の植民地当局は追認せざるを得ず、一八六三年一月の勅令でドルが香港の法定通貨に定められた。

香港ドルの誕生と決済構造の変化のなかで、新しい金融ビジネスも生まれた。たとえば、二一世紀の今日には世界的金融グループの一つとなった香港上海銀行（ＨＳＢＣ）は、香港と広州を地盤とする多国籍の商人たちが、貿易決済の円滑化を目的として、一八六五年に初の香港登記の銀行として設立した(7)。一方で、新たな決済構造では、外国銀行に不得手であった香港ドル対広東通貨の転換が必須であったため、広州の地場両替商である「銀号」(8)が徐々に香港にも進出して、両地間でネットワークを形成しながら、外国銀行との相互補完関係を形成していった(9)。

このように、香港ドルを介して広州と香港が連動する取引回路ができ、香港に物産が集積されて再輸出され、その決済が集中する方式は、一八八〇年代の香港で銀号の統計的な増加と活発な活動を確認できることから(10)、明確に確立されていたと考えられる。さらに、同様の決済システムは、潮州や福建の一部といった華南の他地域にも導入され、香港が対外輸出取引の中心となる。この香港ドル決済システムの誕生は、従前までの華南と世界との接続関係を大きく変えるものであり、同時に香港という街にさまざまな由来・背景の経済活動が集中しはじめ、調整機能が拡充することで、そこがゲートウェイとして存立する基礎となった。

2　華僑世界の形成によるヒト・モノ・カネ・情報の中継

香港のゲートウェイ機能は、一九世紀後半にかけて、もう一つの地域レベルの「つながり」と「流れ」が空間を形成することで、決定的に確立される。それが香港を通じて、華南とアジア太平洋の各地間で成立した、華僑の経済圏の拡がりである(11)（図4参照）。この華僑の動きは、一九世紀のグローバリゼーションが、ヒトの移動をいかに加速化したかを象徴すると同時に、中華帝国から見た「周縁」としての華南が、

図４　華南と東南アジアを結んだ華僑世界の「つながり」と「流れ」のイメージ

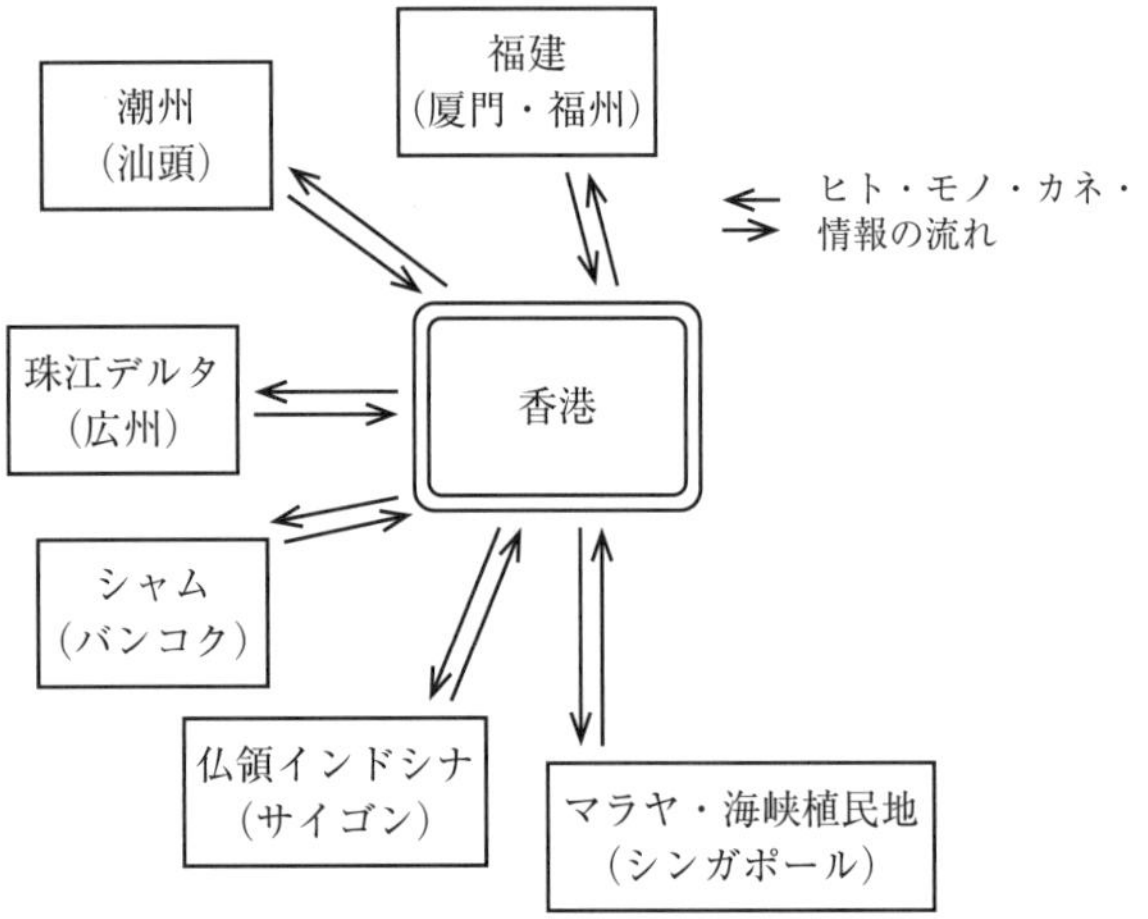

出所：筆者作成。

香港を介してアジア太平洋地域と連動・一体化し、全く新しい空間を形成する動力となった。

一九世紀半ば、世界経済の拡大はアジア太平洋各地の開発を促進した。たとえば、東南アジアでのプランテーション開発、オーストラリアや米州での鉱山開発や鉄道敷設などであり、これらは膨大な労働力を必要とした。一方で、華南では一九世紀半ばからの社会・経済の不安定から、大量の余剰労働力が存在した。これらの「プル（引き寄せ）・プッシュ（押し出し）」という二つの要因が合わさることで、華南各地（珠江デルタ、潮州、福建など）から、東南アジア、米州、オセアニアなどのアジア太平洋各地に、大量の労働力が送出されていった。

このヒトの移動に際して、華南とアジア太平洋各地を中継したのが、香港であったことは偶然ではない。集められた労働者は、香港の仲介業者を通じて外国汽船の航路に乗せられ、送出されていった。こうしてアジア太平洋の各地で、華僑社会が急速に形成される一方、彼らの原点である華南各地との間では、やはり香港を介して往来が絶えることはなかった。それは次第に物産貿易や華僑送金となり、ヒト・モノ・カネ・情報が双方向で循環していった。

こうした背景から、香港には「金山荘」や「南北荘」と総称された華僑の商社が成立し、これらの商社の多角化した事業には、食糧・海産物・漢方薬・繊維・その他の生活必需品といった各種物産の貿易、移民労働力の斡旋、「信局」と呼ばれた仕送り送金や郵便の送達代理など、モノだけでなくヒト・カネ・情報の流通も含まれた。ネットワークは広範囲にわたり、香港を中継しながら、海峡植民地・マラヤのシンガポール、仏領インドシナのサイゴン、シャムのバンコク、米大陸のサンフランシスコ、オセアニアのシドニーのような各地域の集散地と、華南あるいはその他中国各地を多角的に結びながら、東西南北の物産取引と資金流動を組み合わせて、縦横無尽に流通させた(12)。

たとえば、東南アジアから広東に向けた重要な貿易産品であった米の場合、バンコクやサイゴンで集荷・出荷に大きな影響力を持ったのは潮州系華僑であった。彼らは同時に、シャムや仏領インドシナから潮州への華僑送金を兼業しており、バンコクやサイゴンに集められた資金を用いて米を買い付け、需給調整地の香港に送付した。香港で米を受け入れたのは、やはり潮州系が主体の「南北行」や「九八行」と総称された商社で、米を広東系の中間卸に売却して利益を極大化しながら現金化し、その資金を潮州での華僑送金の支払原資に回した。

あるいは、シンガポールやマレー半島に展開した華僑の送金は、信局と呼ばれた業者が取り扱った（本書第４章参照）。信局は、華僑から現金や郵便物を預かり、華南の故郷に残る家族のもとに配送を手配する業者であった。この信局も、実際はほとんどが貿易業や商店との兼業で営まれていた。たとえば、大手信局であった広東系華僑の「余仁生」[13]は、マラヤのペラで創業した漢方薬の輸出入・製造販売業者として知られていたが、同時に信局業も手掛けていた。彼らは海峡植民地・マラヤに張り巡らせた支店網から、華僑の送金資金を吸収してシンガポールに集積し、これを広東からの薬材輸入の決済に当て、華僑送金と貿易決済を相殺しながら、利益を極大化していた。

以上のように、華南とアジア太平洋各地の間では、華僑というヒトの拡散を基礎として、モノ・カネ・情報が縦横無尽に流動する重層的なネットワークが形成される。これらのほとんどが香港を経由したのは、先述のように、同時期に確立された中外間の新しい交易システムによって、銀行・両替商や保険会社などの金融、大型汽船からジャンク船などの物流、電信や郵便などの通信といった、経済インフラが集中している利便に加えて、各地のさまざまな階層・系統のネットワークがもたらす資金・物資・情報が集積され、あらゆる交換・決済が容易なためであった。

こうしたミクロの経済活動の集積が、総体として巨大になり、香港はアジア太平洋の多角的な決済関係のなかで、マクロのバランスを調整する要となっていった。たとえば、華南に向けた華僑送金の巨大な資金流入は、同地域の輸入購買力になると同時に、香港市場では商品貿易や金融取引による多角的決済のバランスを調整する要素となった。このように、大きな経済圏全体の作動を円滑化させるゲートウェイとなったことが、他のアジア各地の開港場と決定的に異なる、香港の特徴であった。

3　二〇世紀前半のマクロ環境転換と香港の位相変化

一九世紀半ばに世界を覆ったグローバリゼーションの波は、アジア太平洋に巨大な経済圏を誕生させた。このトレンドのなかで、当初は対中貿易の一拠点として開港した香港も、華南と世界の交易における集散と決済の役割を確立し、さらには華南からアジア太平洋に拡散した華僑というヒトの移動を軸に、モノ・カネ・情報の流動を集散する地点となる。この二つの役割が、経済圏の発展と共に循環・拡大することで、一九世紀後半の香港はアジア太平洋の経済構造に組み込まれたゲートウェイとして、必要不可欠な存在となる（図５参照）。

しかし、二〇世紀前半に入ると、それまで拡大してきた自由貿易体制は、動揺と崩壊の時代を迎える。マクロ的には、第一次世界大戦を契機とした欧州の衰退、これにともなう金本位制の動揺や保護主義の台頭が、自由な経済活動を阻害しはじめた。ミクロ的には、アジア太平洋の各地でも植民地体制への不満が公然と噴出するようになり、また、ローカルレベルでの経済活動の担い手である華僑などが資本蓄積を進めたことで、それまでは欧米資本を中心とした銀行、保険、海運などの経済インフラ分野にも参入を開始し、棲み分けが崩れて競争が激化していった。

こうした環境下で、香港でも一九一〇年代から、華僑資本が近代西洋型の企業経営をモデルに、銀行、保険、海運、百貨店など、さまざまな事業に進出していった(14)。それらは、香港の自由かつ法的に守られた経済環境を利用し、同時に華僑の郷党的紐帯を利用した幅広い範囲での資本調達をおこなった(15)。事業範囲

図５　19世紀半ば～20世紀前半のアジア太平洋における経済活動圏の全体イメージ

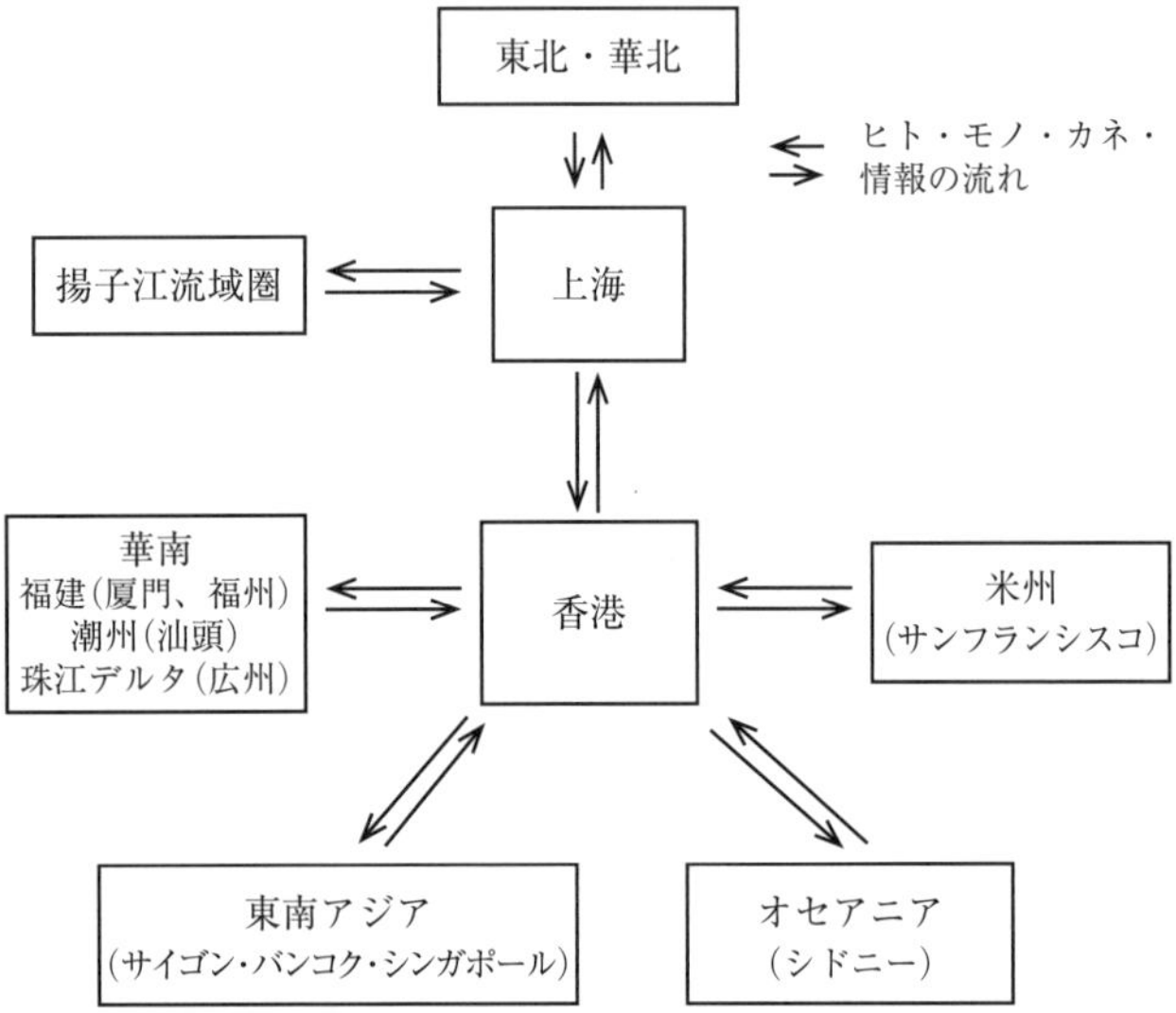

出所：筆者作成。

も香港域内にとどまらず、華僑の動線に沿った形で、広州や上海などの中国内地にも進出して[16]、新しい市場圏へのリンケージを形成する。もっとも、香港を支えてきた華僑の既存のビジネスは、マクロでの市場の循環・拡大が一巡したことによる頭打ちに加えて、競争増加によって次第に停滞しつつあった。この基層での限界は、相次いで設立された華僑資本による新しい企業体の成長にとって、従来から展開していた欧米資本や日本資本との競争も相まって、悪影響として跳ね返っていった。

一九三〇年代に入ると、香港は一つの限界を迎える。前半には、世界的な経済不況によって各方面の流動が滞った。特に、広東からの生糸輸出が壊滅的打撃を受け、またアジア太平洋各地の不景気から華僑の経済活動が萎縮し、これが華僑送金の減少となって華南の輸入購買力の減少につながるという、不景気のスパイラルを形成した。当然ながら、各方面からの流動を中継することで成立している香港は、この不景気から深刻な打撃を蒙った。

さらに香港は、変化を迎えた政治的状況のなかで、微妙な位置に立たされる。香港の基礎的安定性は、一九世紀半ば以降の大英帝国による圧倒的な覇権で担保されてきたが、二〇世紀に入ると、その力量には動揺が生じていた。もっとも、同時期の中国では辛亥革命によって清朝が崩壊し、分裂的な民国初期の時代に入ったことで、相対的なパワーバランスは引き続き英国優位に働いていた。ところが、一九三〇年代前半に統一的となった国民政府が国民経済の建設を推進すると、華僑の活動と連動しながらアジア太平洋と一体化して強い独自性をもっていた華南、そのゲートウェイであった香港は、次第に「中国」の枠組みに再包摂されていった(17)。さらに、一九三〇年代後半には日中戦争が激化したことで、正常な経済活動が打撃を受ける一方、中国本土との非正規の経済活動が活発化し、従来以上に中国本土と密接な関係性のなかに包摂されていった(18)。

こうしたなかで、香港は一九四一年一二月の太平洋戦争開戦を迎え、自らを襲った戦乱によって、約一世紀にわたって機能してきたゲートウェイの役割はあっけなく停止する(19)。もっとも興味深いことは、香港に集積されていた経済活動の一部が中立であるポルトガル領マカオに移転し、新たな活動を再開した点である。この事実は、ゲートウェイとは、あくまでも人や組織といった主体の「つながり」が、利便を求めて集中することで存立するものであり、また、個々の「つながり」が生み出す「流れ」こそが、ゲートウェイを作動させる原動力であることを示している。やがて、一九四五年八月一五日の太平洋戦争の終結と

図6　戦前（19世紀半ば〜20世紀半ば）と戦後（20世紀半ば〜1980年代）の香港の位相変化

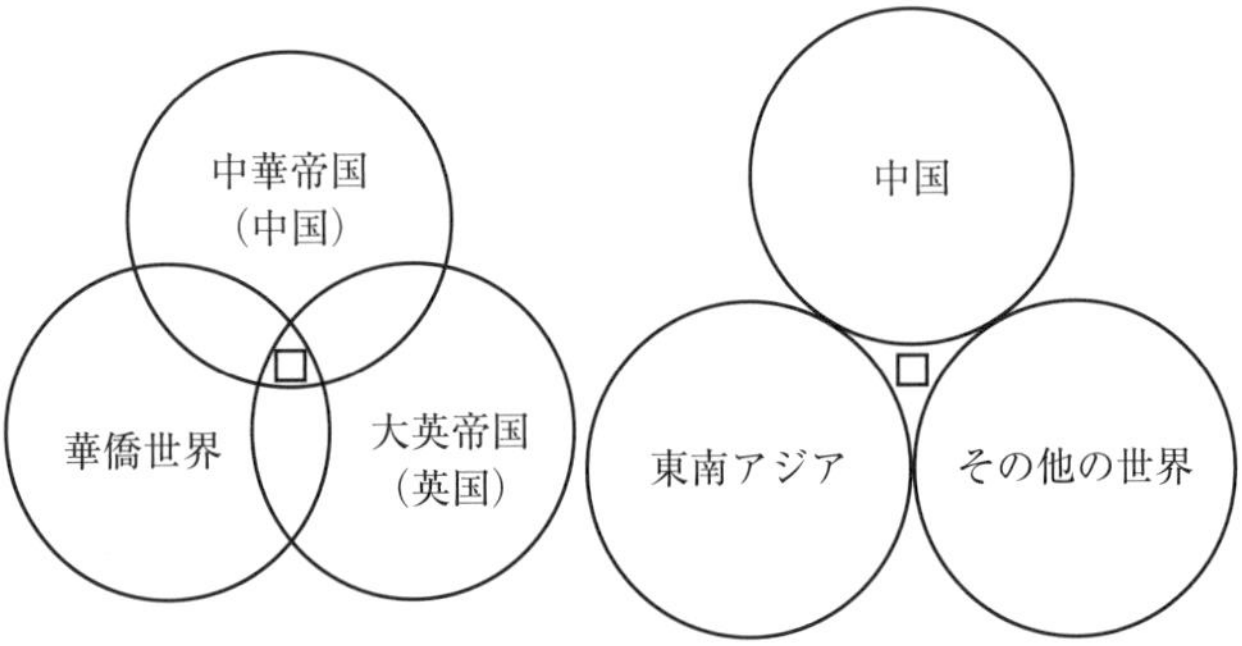

戦前：複数圏に包摂されつつ結ぶ香港　　戦後：国民国家の「真空地帯」となった香港

出所：筆者作成。

ともに「戦後」を迎えた香港には、新たな時代環境のなかでふたたび「つながり」と「流れ」が集まり、ゲートウェイの地位を取り戻してゆく。

香港という都市は、一九四五年以降の戦後という時代にも、独特の役割を担った。しかし、マクロ的に見れば太平洋戦争終結後の地域枠組みは、それまでとは前提条件が異なっていた。一九世紀後半から二〇世紀前半までの経済空間は、太平洋戦争によって崩壊しており、さらに戦後には、国民国家の枠組みによって多くの独立国が形成されたことで、境界のない自由でシームレスな経済活動は不可能となった。特に重大であったのが、それまでに経験したことのなかった「閉じた中国」の出現である。一九四九年の中華人民共和国の成立は、香港と表裏一体であった後背地の華南と、その先に拡がるアジア太平洋との関係を、公式には分断した。

しかし、注目に値するのは、マクロ環境の転換によって空間全体を連動させる役割が終焉したにもかかわらず、香港が衰退しなかった点である。戦後の香港は、地域内が国民国家の枠組みで寸断されるなか、唯一取り残された「真空地帯」となることで、新たな利便性が見出されたからである（図6参照）。たとえば、中国本土との関係をみれば、国境が閉ざされた後でも、香港を経由した中国への密輸、中国から香港を介した難民の密渡航など、非公式ではあるが密接な関係が維持されていた。はては閉じたはずの中国政府ですら、貿易商社、金融機関、運輸、倉庫などの拠点を香港に設けることで、長期にわたって各種貿易、華僑送金、決済などの窓口として活用してきた[20]。また、東南アジアとの関係をみれば、かつてのようにヒト・モノ・カネ・情報の自由かつ大量の流動を許さなくなったとはいえ、頻繁な往来は保たれていた。特に、東南アジア各国の成立と政治的不安定性から、華人資本は香港を逃避先あるいはリスクヘッジの拠点として利用していた[21]。

4　高度経済成長の時代、そして再び「開かれた中国」の出現

戦後香港のもう一つの特徴は、ヒト・モノ・カネ・情報といった諸要素が、ただ通過するのではなく蓄積され、域内発展が促進された点にある。特に一九五〇～六〇年代には、東南アジア各地から流入する豊富な遊資、中国大陸から逃避した資本や製造技術・設備、難民による低廉な労働力が合わさることで、繊維産業、製衣産業、加工製造業といった輸出型軽工業が急激に勃興した[22]。この成長には、既存の貿易中継地として培ってきた輸出入の経験、運輸・金融などのインフラが有利に働いた。

地場製造業の急速な発展は、中継貿易の回復とあわせて、地場の華人資本による金融業や不動産開発業

の発展を刺激した。金融のなかでも、銀行業は幅広く大衆から預金を吸収して華人の起業家に融資することで成長し、証券業も既存の香港証券取引所に加えて一九七〇年代には華人が三つの取引所を新たに設立したことで、華人企業の上場による資金調達の間口を大きく広げて、急激に成長していった[23]。不動産開発業は、一九五〇年代後半から香港政庁が公有地の切り売りによる歳入確保のため、意図的に供給をコントロールする高地価政策を取ったことに加えて、人口急増や遊資流入という要因もあり、巨大な利益を生みだす一大産業となった。市場を主導したのは華人の不動産開発業者たちで、談合によって低く落札した用地を内輪で転売し、さらに開発して一般大衆に販売することで、二重の収益を上げるビジネス・モデルを確立した[24]。

域内経済の発展によって生み出された富は、かつてのように通過するのではなく、香港内部に蓄積され増大していった。それは、海外から流入する資金とともに、金融市場と不動産市場にさらなる豊富な流動性を供給し、経済の循環的成長を促進した。加えて、香港返還交渉の衝撃による一九八三年の香港ドル危機から、一米ドル＝七・八香港ドルの米ドル・ペッグ制が導入されたことは、金融センター機能の発展と経済システムの長期的安定に大きく寄与した[25]。

こうした環境変化のなかで、最大の利益を得た経済活動のプレーヤーは、既存の地位に安住し、あるいは競合に晒されていった英国系企業ではなく、独創的なアイデア、胆力、商才を持ち合わせた新興の華人起業家に率いられた企業であった。彼らは貿易、製造、金融、不動産、海運、各種サービスなどの分野で急激に成長し、一九七〇年代後半には一九世紀以来の支配的地位を持つ英国系企業を脅かしはじめた。特に、不動産開発を軸に資本を蓄積した華人起業家の一部は、その豊富な財力をもって英国系企業の支配下にあった電力・ガス・公共交通・通信・流通などの事業を傘下に収め、巨大な企業集団に成長した。この結果、一九八〇年代には華人系財閥の優位が確立し、現在に至る支配的地位を形成した[26]。

無論、この間の香港には、大きな政治的環境変化が幾度かあった。たとえば、文化大革命の影響を受けた一九六七年の大暴動、一九八二年から一九八四年までの英中間の香港主権返還交渉、一九八九年の天安門事件の衝撃など、重大な政治事件が発生した。それらは一時的には経済に大きな衝撃を与えたものの、長期的な香港の成長は決して止まることはなかった[27]。それはゲートウェイとしての作用に加えて、重大な危機も機会と捉え、激しい競争的環境のなかで因習に囚われることなく、つねに新しいビジネスの機会を探求・創出してきた、香港に集まる人々の営為によるものであった。

このように、一九六〇～八〇年代の域内発展で強化された香港は、従来のように地域レベルだけでなく、世界レベルでも有力な経済センターとなる。これが二〇世紀後半、ふたたび「開かれた中国」が出現し、世界経済に組み込まれるなかで、香港が新たな役割を担うための下地となった。

一九七〇年代後半、中国が対外開放政策に転じ、一九八〇年代に外資誘致を開始すると、これに呼応して多種多様な資本が、香港をクッションにして中国市場に接近していった。一九七九年から現代まで、対中直接投資は件数ベース、金額ベースともに香港が第一位を占めている。この内実は地場資本だけでなく、むしろ香港を経由した各国・各方面の資本であることからも、香港が対中投資の窓口となってきたことがわかる。こうしたなかで二一世紀初頭まで、いわゆる「前店後廠」（前方の店＝香港、後方の工場＝中国本土）とよばれるように、高度な貿易知識、金融機能、物流能力を背景とした調整拠点としての香港と、低廉な人件費や部品集積を利点にした製造拠点としての中国本土という、分業と連動の構造が機能していった（本書第11章参照）。

一方で香港は、現代中国にとっての国際的契機の場という役割も強めていった。これは金融面でみれば、二〇世紀末からの香港市場が、中国の国際資本調達センターとなってきたことからも明らかである。香港市場では、一九九〇年代から中国本土系企業の資金調達が本格化し、二一世紀に入ると通信・電力・資源・銀行・保険・製造など、国家経済の基幹産業が段階的に上場され、さらに各種の民営企業が上場されてきた。中国が世界経済で存在感を高めるなか、香港は旺盛な中国の資金需要と、世界の投資需要を仲介してきた。また近年の香港は、人民元の自由化・国際化にむけた橋頭堡として、人民元オフショア・センターの役割を担っており、世界最大の人民元建ての資金決済や債券発行の市場となっている(28)。

こうして二〇世紀末からのグローバリゼーションに乗じて中国が台頭するなか、ふたたび香港は中国と世界の間で、様々な「つながり」と「流れ」を集散・接続・調整する役割を担ってきた。

5　香港の将来

香港という都市が、一世紀半強という短い歴史にもかかわらず、アジア太平洋地域の要衝の一つであることは、疑いようのない事実である。その理由は、経済活動が集積される「ハブ」（hub）として機能するだけでなく、多種多様な個別のつながりの異同や、これを通じたヒト・モノ・カネ・情報の流動を、集散・接続・調整する「ゲートウェイ」の役割を担ってきたことにある。この時間と経験の蓄積によって裏打ちされた高度な能力が独自の競争力となって、今現在も地域内の無二の存在として作動している。

ただし、香港の将来には三つの懸念がある。第一にはアジアの都市間競争、第二には香港の経済・社会が持つ構造的問題に起因する自壊、第三には二〇四七年に期限を迎える一国両制という枠組みの行方（二〇四七年問題）である。

第一の問題については、たとえばシンガポールや上海との競合をあげることができる。もっとも、それは懸念であっても、地域の経済活動に根本的な構造変化が発生しない限り、大きな脅威とはなりえない。

シンガポールとの関係は、世界的レベルでのセンターとして考えれば、つねに競合的である。特に、シンガポールは戦略的な国家経済の開発、外資誘致に豊富な経験を蓄積しており、この点では香港に遜色がある。(29) もっとも二つの都市には、もう一面で依拠している地域的レベルでのセンターとして考えると、決定的な差異がある。それは、香港が二〇世紀末から中国を強力な後背地に加えたことで、東南アジアを含めた大きな地域構造のなかでゲートウェイとしての競争力を増した一方で、シンガポールは依然として東南アジアのハブとしての役割が強いという点である（本書第4章参照）。時間、経験、環境の諸要件によって培われた香港のゲートウェイ機能とその利便性は、シンガポールの戦略的な経済開発によっても奪うことのできないものであり、それはシンガポール自身も強く意識している。

上海との関係も同様で、いわゆる「上海脅威論」は、時代や環境などの諸条件における決定的差異を無視している。戦前期の上海が国際都市として繁栄した背景には、そこに「租界」が存在し、外国法により投資権益が保護・保証されていた事実がある。現在の上海は完全な中国国内にあり、それは同時に中国本土の政治、法体系、経済活動の構造的問題や信頼性欠如などの影響を直接受けている。まして過去から現在にいたる上海の役割とは、香港のようにボーダーレスで八方をむすぶゲートウェイではなく、実態は中国内部の東西南北の経済活動が集積される内国センターの性格が強い（本書第6章参照）。この事実からも、いわゆる「上海脅威論」は現実的とは考えられない[30]。

第二の問題については、戦後の香港経済・社会に埋め込まれてきた構造的問題であるがゆえに、将来的・現実的な懸念がある。

一つは、経済構造の限界である。特に、一九六〇年代から現在まで膨張してきた人為的な不動産価格の形成メカニズム、これが生み出す香港の高コスト体質や貧富の差、不動産開発を中核とした特定財閥による過度独占と、こうした反競争的状況への政策対応の不全が、香港の競争力維持に影響する可能性が懸念される。この問題の深刻性は、歪んだ不動産市場の構造が、香港の富の源泉として経済システムのなかに根深く組み込まれてしまっている点にある。戦後香港の経済発展のなかで、不動産が富の増殖・蓄積にはたしてきた役割は大きいものの、すでに行き過ぎたレベルにまで膨張した不動産市場は、香港の存在理由であるゲートウェイとしての競争力を、経済的・社会的コストとして圧迫しており、その悪影響は長期的かつ深刻なものとなりつつある[31]。

加えて、社会支出の増大という問題もある。香港は歴史的にみると、ゲートウェイとしての存立を最小限の社会支出で維持し、自由競争的な環境や低税率につなげることで、好循環を生み出してきた。戦後における社会支出の増大も、許容可能かつ効果的な範囲での支出を、高地価政策や公共事業による経済効果でカバーしてきた。しかし、二〇世紀末から市民社会として成熟を見せはじめた香港では、かつてのような低税率・自由放任の社会政策が不可能な一方で、政府・行政組織は肥大化しつつ、社会福祉や公共事業などの支出も増大している。こうした支出増は、長期的に拡大を継続すると考えられるが、香港の経済力・競争力の維持という観点からすれば、大きな圧力となる可能性がある。

以上のような、香港の構造的問題は、ゲートウェイとしての存立に長期的な負の影響を与え、自壊させてしまう可能性を否定できない一方で、短期間には有効な解決策を見出せないことも事実であり、大いに懸念される。

第三の問題については、先行きが極めて不透明である。かつての香港は、中国本土との密接にもかかわらず、その空間が「英領」であることによって、直接的なチャイナ・リスクを回避してきた。一九九七年に中国へ主権返還されてからは、一国両制下の特別行政区であることで、返還後五〇年間は従来の基礎的枠組みを維持し、経済活動にも重要となる各種の自由や権利が、一応は保証されているとされた。しかし、もはや特別行政区は完全な中国の主権下にあり、香港を規定する諸要因のなかで、中国の影響力はかつて経験したことのないレベルに拡大している。

こうしたなかで、返還から二〇年強を迎えた現在、香港では一国両制の形骸化を象徴する事件が相次いでおり、この反作用として一部の香港民衆、特に若年層による反中国感情の拡大が顕著となっている。たとえば、二〇一四年九〜一二月には中国政府が特別行政区行政長官選挙の自由化を認めなかったことを端緒に、市内中心部を最大数万の人々が占拠する大規模な抗議活動「オキュパイ・セントラル」（通称「雨傘運動」）が発生したことは、記憶に新しい。しかし、現在のところ中国政府の強硬な態度には変化が見られず、むしろ政治や社会への圧力は強まっており、意に反する民主化は一切許容しない姿勢を貫いている。

かつての香港では、政治問題と、香港の本来の存在価値である経済機能とは別次元の問題であり、相互の影響が薄かった。これは植民地時代においては、英国が香港を領有した前提が経済的利益であったことに由来しており、その領有と統治秩序を脅かさない限りは、政治問題によって経済活動を損なうことを極力避け、あるいは別次元のものとして扱ってきた。こうした歴史的文脈による特質から、香港は通常の国民国家と異なり、政治を軸に経済活動が規定されるのではなく、経済活動こそが軸となって存立が規定されてきた。本来であれば中国政府にとっても、香港の利用価値が高いのはゲートウェイとしての経済機能にある。しかし、返還後二〇年以上を経た現在の中国政府は、その主権下で香港が政治的にも服従して、同じ価値観を共有することが安定の不可欠な前提と考えており、それは明らかに香港の経済機能よりも優先度が高いものとなっている。この現実に直面する現在の香港は、英国による統治とその名残を引き継いできたかつての香港とは、まったく異なる次元のなかにあると言っても過言ではない。

　中国政府は、香港の経済的価値を利用しつつも、政治的・社会的にはコントロールを強めるため、都合良く形骸化された一国両制の枠組みを頑なに維持しながら、香港を「生かさず殺さず」の状態に置きつつある。逆説的には、制度的にも環境的にも、香港自身に大きな政治の枠組みを規定する力がないことも考えれば、政治問題は目前の大きな課題とはなり得ない。一方で、長期的な経済発展に必要不可欠となる社会活動の本質的自由がより制限されることで、香港が成立以来保ってきた自由交易の「開かれた場」という特色は衰退に向かい、早晩その存在理由が問われる可能性がある。

　こうしたなかで、実際問題として一国両制は二〇四七年で終了することになっており、残すところ二八年の時間しかない。この「ポスト二〇四七年」に向けての観察にあたっては、先述の政治的現実を踏まえながら、多層的・多元的に世界市場へのアクセスを可能にする香港という存在が、中国にとってどのような価値を持ち続けるのかに着目する必要がある。一方で、香港が中国だけでなくアジア太平洋の経済システムに埋め込まれた存在である事実を考えれば、同地域の超巨視的な政治経済環境が、「大国化」を志向する中国と、それに直面する既存秩序との角逐によって大きな動揺・転換を迎えるなか、名実共に「中国の一部」となりつつある香港が、なおも世界や地域からゲートウェイとしての必要性や役割を求められ、それを果たし続けることができるのか否かにも注視する必要がある。

おわりに

本論で明らかにしたように、香港は近現代のアジア太平洋の変容から生み出された大きな「地域秩序」（フレームワーク）のなかで、時間をかけて新陳代謝を繰り返しながら継続している、大小さまざまな無数の経済活動の「つながり」と「流れ」（ネットワーク）を、多方向に集散するだけでなく調整して再接続する「場」（ゲートウェイ）として機能してきた。

したがって、大英帝国（British Empire）のシステムや植民地統治のあり方といった英国との関係、あるいは中華帝国のシステムや影響が強まる中華人民共和国との一国両制といった中国との関係など、一方向からの枠組みの視点では、香港を規定して存立させている多方向性・多次元性という根源を見誤る。

香港を本質的に理解する上で重要なのは、世界・地域のシステム全体の視点で、八方に開かれてきたゲートウェイとして香港を捉える必要性である。そこでは、時間に裏打ちされた高度な集散力・利便性が誘因となって、各方面から無数の経済活動を集散・調整することで、香港は、地域経済だけでなく世界経済のなかに、深く埋め込まれながら存立・作動している。

もっとも、この香港という都市の将来的存亡を考えるには、アジア太平洋の政治経済秩序が数十年に一度の動揺・転換を迎えているなか、なおも多くの経済活動の担い手が、香港に多層的・多元的な市場へのアクセスを可能にするゲートウェイの利便や役割を認め続け、一方では自壊しつつある内部経済構造、中国の政治的影響力拡大、社会的自由の閉塞に直面する香港が、それに応えられる能力を維持できるのか否かが鍵となるであろう。

しかし、実際問題として、百数十年の繁栄を誇ってきた香港には、もはや基礎的条件に決定的な変化が生じており、その存在理由には不確実性の影が拡がりつつある。おそらくその帰趨は、二〇四七年を待たずして明らかになるであろう。

(1) 歴史的な視点から香港を扱った参考文献について、すべてを列挙すれば限度がない。ここでは筆者の視点からみて、独自性が高く、本質を捉えていると思われるものを提示したい。一般入門書としては、Dick Wilson, ***Hong Kong! Hong Kong!***, London: Unwin Hyman, 1990(辻田堅次郎訳『香港物語』時事通信社、一九九四年)、や学術寄りの新書では濱下武志『香港――アジアのネットワーク都市』筑摩書房、一九九六年がある。香港自体を一つの空間として、その内部での事象を捉えようとした歴史研究には、Elizabeth Sinn, ***Power and Charity: The Early History of the Tung Wah Hospital, Hong Kong***, Hong Kong: Oxford University Press, 1989; Jung-Fang Tsai, ***Hong Kong in Chinese History: Community and Social Unrest in the British Colony, 1842–1913***, New York: Columbia University Press, 1993; Carl T. Smith, ***A Sense of History Studies in the Social and Urban History of Hong Kong***, Hong

Kong: Hong Kong Educational Publishing Co., 1995などがある。大英帝国の枠組みや、中国との関係から香港を捉えようとするものとしては、Norman Miners, ***Hong Kong under Imperial Rule 1912-1941***, Hong Kong: Oxford University Press, 1987; John M. Carroll, ***Edge of Empires: Chinese Elites and British Colonials in Hong Kong***, Harvard University Press, 2005などがある。そして、本論と同様に、香港が大きな空間を連動させるなかで果たした役割に言及したものとしては、霍啓昌「香港の商業ネットワーク」（杉山伸也、リンダ・グローブ編『近代アジアの流通ネットワーク』創文社、一九九九年、一七九～一九四頁）、濱下武志「イギリス帝国経済と中国―香港」（『近代中国の国際的契機』東京大学出版会、一九九〇年、一七七～二一六頁）、帆刈浩之「『つなぐと儲かる』――広東華僑ネットワークの慈善とビジネス」（籠谷直人・脇村孝平編『帝国とアジア・ネットワーク　長期の十九世紀』世界思想社、二〇〇九年、一八八～二一三頁）、久末亮一『香港「帝国の時代」のゲートウェイ』名古屋大学出版会、二〇一二年、Elizabeth Sinn, ***Pacific Crossing: California Gold, Chinese Migration, and the Making of Hong Kong***, Hong Kong: Oxford University Press, 2013などが挙げられる。

（2）　たとえば、動力を季節風に依拠した時代には、数か月を要したアジア＝欧州間の海運は、汽船の誕生によって物理的移動時間を劇的に短縮することが可能となった。これは通信も同様で、以前は情報伝達に膨大な時間を要していたものが、電信ネットワークの発達によって数時間で済ませることが可能となった。この海運や通信の発達と相まって、世界規模での資金・為替の決済、信用供与、保険のシステムが拡充し、これを提供する金融機関が誕生・延伸した。これらの革新的な経済インフラの登場は、その相乗効果もあって、世界貿易を飛躍的発展に導いた。

（3）　「広東貿易」とは、清朝が一六八四年に海禁政策を転じて対外貿易を公認したものの、一七五七年には欧州諸国との交易を広州に限定したことに始まる交易システムである。広州では「十三行」と呼ばれた中国側の特権商人ギルドが対外取引と関連業務の窓口となり、一方で欧州商人は年間でも一〇月から翌年一月までの三か月間に限って、「十三行」あるいは彼等が許可する取引のみが認められた。

(4) 日本でも「開港場」の役割を担うべく誕生・発展した都市が、横浜と神戸である。この二都市の持つ独自性と現在に続く衰退は、「開港場」を成立させた環境とその変容という、近現代の経済史的文脈において理解が可能となる。

(5) さらに英国は、一八六〇年にアロー戦争後の北京条約で清朝から九龍半島南部の割譲を受け、一八九八年には九龍半島の界限街(Boundary Street)から深圳河までの九龍半島・新界地区および離島を九九年の期間租借することで、現在における香港の領域が形成された。

(6) メキシコドルやスペインドルは、スペイン植民地であったメキシコを中心に、ボリビア、チリ、ペルー、ニカラグアなどでも鋳造された八レアル銀貨で、新大陸での銀産出増大を受けて一五三五年から鋳造が始まり、貿易決済手段として国際通貨となっていった。中国では、明朝・清朝の下で銀は秤量貨幣であり、かつ一八世紀半ば以降の巨額の貿易黒字で大量のメキシコドルやスペインドルが流入しており、その品位の安定性から高い信用を獲得していた。

(7) 香港上海銀行は中国を中心に、大英帝国の覇権を象徴するようにアジア各地で事業を拡大し、貿易金融や為替に止まらず、国家規模の大型借款や債券発行を手掛けるなど、太平洋戦争以前にはアジアで最も影響力を有した金融機関として君臨した。

(8) 銀号は広州を中心とした広東の珠江デルタ流域圏で盛んであった地場金融業者で、業務は預金・貸付、為替送金、両替、投機などを手がけ、民間商業活動における金融の担い手として、独自の金融体系を培っていた。特に広州では、すでに一六七五年(康熙一四年)には「銀行會館」という同業団体を設立するなど強固な勢力を持っており、その影響力は一九三〇年代まで保たれていた。

(9) もっとも、言語的にも商業慣習的にも、外国銀行と銀号の間には大きな隔たりがあった。これを仲介したのが、外国銀行側に所属した「買弁」(Comprador)であった。英語教育を受けた欧亜混血児を主体とした彼等は、華洋双方の言語・慣習を熟知しており、その間に入ることによって、時には取引内容を自己保証しながら纏め上げるなど、華洋間の商業活動に不可欠な仲介・調整者となっていった。

(10)　一八八一年の香港政庁による調査では、Chinese Bankers が五五軒あることが報告されており、また、後に大手となる銀号のいくつかは同時期に創業しており、一八七〇年代後半から一八八〇年代は香港の銀号の勃興期であったことを確認できる。

(11)　無論、海を渡った中国系人としての華僑は、古来存在した。特に、華南と東南アジアに拡がった海域世界では、恒常的に華僑が活躍しており、現地で混血化しながら、経済的、政治的、軍事的、文化的に独自の影響力を及ぼしていった。

(12)　華僑の広域間取引を支えたものは、個々の商業能力だけでなく、血縁・地縁といった同族・同郷の信用を礎としながら、遠隔地を結んだネットワークであった。これをさらに補完したのが、共同出資である「合股」による分散投資、あるいは独立した店同士が連動しながら取引する「聯号」の活動形態であった。こうした手法を駆使することで、華僑はリスクを低減しつつ、広範囲での商業活動を円滑化していった。

(13)　余仁生は広東省仏山出身の余廣が、一八七九年に錫産地として名高かったマレー半島ペラ州ゴペンで創業した、鉱山労働者向けの漢方薬店であった。第二代の余東璇は、漢方薬店をマレー半島各地に拡大しつつ、その店舗網を利用した華僑送金を取り扱い、同時に蓄積した資本を錫鉱山やゴムプランテーションに投じることで多角化を図り、さらには不動産や銀行にも事業を拡大した。その地理的なネットワークも、マラヤからシンガポール、香港、広東まで拡大した。

(14)　代表例が、銀行業では「広東銀行」や「東亜銀行」、百貨店業では「永安」や「先施」で、それらの創業時機、発展の過程や地理的動線が共通している点は興味深い。

(15)　たとえば一九一二年に創業した「広東銀行」の場合、広東省珠江デルタ流域圏の四邑と呼ばれた地区の出身者で、北米とオーストラリアに展開した「金山荘」の当主たちが、幅広い範囲で参加・出資している。これらの人脈は、百貨店の「永安」や「先施」とも重複する人脈関係である。

(16)　上海では一九一〇～二〇年代にかけて、香港から北上してきた広東系華僑資本によって「永安」、「先施」、「大新」、「新新」の四大デパートが創設された。金融でも先述の「広東銀行」や「東亜銀行」が支店を設けて活動し、上海金融市場で仕手筋として名を轟かせている。これらの上海における広東系華僑資本は「省港財団」と総称され、先述のように独自の血縁・地縁関係をベースに、確固とした地位を確立していった。

(17)　これを象徴するように、一九三〇年代には香港の「広東銀行」や「永安銀行」などの華僑系銀行が、相次いで国民政府系の官僚資本に買収されている。

(18)　この時期に活躍した華商を見ると、それまでの正規の商業ルートとは異なり、戦時の混乱による非対称性の拡大に乗じて、大きなリスクを取りながら利益を上げていった者が多い。銀号業界で言えば、それまでの「瑞吉」や「鄧天福」といった大手は打撃を受けた一方、「恒生」、「永隆」、「永亨」、「道亨」といった新興業者が、香港と内地を結ぶ独自の金融ネットワークを構築して、急速にその事業と地位を確立していった。

(19)　ポルトガルは日中戦争や第二次世界大戦でも日本・中国・イギリスの間で中立国の地位を保っており、このためマカオには各政府の公式・非公式の出先機関だけでなく、民間の商人や難民などが大量に流入し、一時的な活況を呈した。

(20)　一九五〇～七〇年代にかけて香港で活躍した代表的な中国政府系企業としては、海運・倉庫では「招商局」、貿易では「華潤公司」、金融では「中国銀行」香港支店をはじめとして、「交通銀行」、「広東省銀行」、「華僑商業銀行」、「鹽業銀行」、「金城銀行」、「中南銀行」、「新華銀行」、「國華銀行」、「浙江商業銀行」の各香港支店、「南洋商業銀行」、「寶生銀行」、「集友銀行」などで形成された中国銀行グループなどをあげることができる。

(21)　一例をあげれば、タイのバンコク銀行グループを創業した著名銀行家のチン・ソーポンパニット（陳弼臣）がいる。一九五七年のクーデターで後ろ盾であったピブン・ソンクラーム元帥が失脚した際、彼は長男を連れて一時的に香港へ退避し、同地で「香港商業銀行」を創業している。

(22)　たとえば、戦後香港における繊維産業の急速な発展には、上海からの資本・技術力の逃避が大きな役割を果たした。すでに上海で一九二〇年代から繊維産業での資本・経験を蓄積していた上海人企業家は、一九四九年の中華人民共和国の成立と前後して、香港への人的・技術的・資本的な移動を開始していた。彼らは上海人同士の紐帯、かつての英系銀行との関係、低廉な労働力などを利用しながら、香港での事業基盤を再創出していった。

(23) 香港には一九世紀後半から続く「香港証券交易所」(The Hong Kong Stock Exchange)があったものの、市場に参加できる仲買人、上場できる企業、あるいは投資家層も限られていた。これを打ち破ったのが、一九六九年に成立した華人主体の「遠東交易所」(The Fareast Exchange)で、その上場基準の緩さから華人系企業が相次いで上場し、そこに大衆の投機熱による資金が大量流入していった。これに刺激を受け、やはり華人系の「金銀證券交易所」、「九龍證券交易所」も相次いで成立した。もっとも、証券取引所の乱立と市場の膨張は一九七三年に株価が七割近く暴落する事態を招くなど、混乱も引き起こした。香港政府は一九七三年に証券取引所の新設を阻止する条例を発布し、さらに四つの証券取引所を最終的には統合することを望んだが、それが「香港聯合交易所」(The Stock Exchange of Hong Kong)として実現するには、一九八六年までの時間を必要とした。

(24) 不動産業の発展に寄与したもう一つの要因は、分譲販売と頭金販売の普及であった。一九五〇年代以前は一棟を全額現金で売買することが不動産業界の常識であった。しかし一九五〇年代に入ると、華人系の新興不動産開発業者が分譲販売と頭金販売の手法を導入したことで、購買層の間口は大きく広がり、経済発展や人口膨張による旺盛な需要も相まって、香港の不動産市場は飛躍的に発展していった。

(25) 香港ドルの米ドル・ペッグ制によって、香港で紙幣を発行している発券銀行(香港上海銀行、スタンダード・チャータード銀行、中国銀行(香港))三行は、発券時には一香港ドルごとに裏付けとなる相応の米ドルを、香港政府に預託する規則となっている。

(26) 代表例が、香港最大財閥である李嘉誠の「長和」をはじめ、「恒基」、「新世界」、「新鴻基」、「會徳豊・九龍倉」などの大手華人財閥である。

(27) 名目ＧＤＰベースの成長率を見れば、一九八〇年一四三〇億香港ドル、一九八五年二七八一億香港ドル、一九九〇年五九九三億香港ドル、一九九五年一兆一一九〇億香港ドル、二〇〇〇年一兆三三七五億香港ドル、二〇〇五年一兆四一二一億香港ドル、二〇一〇年一兆七七六三億香港ドル、二〇一五年二兆三九八三億香港ドル、二〇一八年二兆八三五六億香港ドルと、飛躍的に拡大している。

(28) オフショア人民元市場の役割にはシンガポールやロンドンも積極的ではあるが、中国本土との地理的近接性に加えて、究極的には中国主権下にあることで、現実としては中国にとって香港の利便性が最も高く、圧倒的なシェアを有している。

(29) 一九六五年にマレーシアからの分離独立を余儀なくされたシンガポールは、伝統的な中継港の役割が戦後の地域経済構造の変化によって衰退したことで、独立と生存を維持するためには、工業化による積極的な経済発展が不可欠であった。このため、すべてにおいて国家が強力に主導する開発独裁・効率優先型の経済政策を推進してきた。同時にその歴史は、積極的な外資誘致による不断の産業構造転換・高度化でもあり、このための経験を数十年にわたって蓄積している。

(30) 現実問題として、上海で二〇〇九年に提起された「国際金融センター構想」、二〇一三年に設置された「自由貿易試験区」などは、数年を経た現在でも大きな進展が見られない。

(31) 日本不動産研究所の第一一回「国際不動産価格賃料指数」(二〇一八年一〇月、オフィスは東京の丸の内・大手町を、住宅は東京の港区元麻布を一〇〇として指数化)によれば、中心部オフィスは一位香港二〇六・一、二位東京一〇〇・〇、三位ロンドン六二・六となり、高級マンションは一位香港二一二・五、二位ロンドン二〇五・三、三位上海一二六・一となっており、香港の不動産価格は世界的に極めて高額な水準にあることが分かる。

第9章　台南　帝国日本の形成と台湾
――二〇世紀前半

平井　健介

はじめに

本章の舞台は、日本植民地時代の台湾（一八九五～一九四五年）である（図1参照）。台湾は、本島と澎湖諸島を中心とする島嶼によって構成され、その面積は九州とほぼ同じ三・六万平方キロメートルである。本島は、中央を南北に走る山脈によって東西に分断され、西部は平野が多く大陸に近いため早くから開拓が進んだが、東部は急峻な崖が多く開拓は遅れた。人口は第一回戸口調査が実施された一九〇五年には約三一二万人であったが、一九四〇年には約六〇〇万人（内地の約八％）に達し[1]、そのうち「内地人」（日本人）は約三〇万人、残り約五七〇万人は「本島人」（漢人と原住民）であった。最大の都市は台北で

図1　台湾の地図

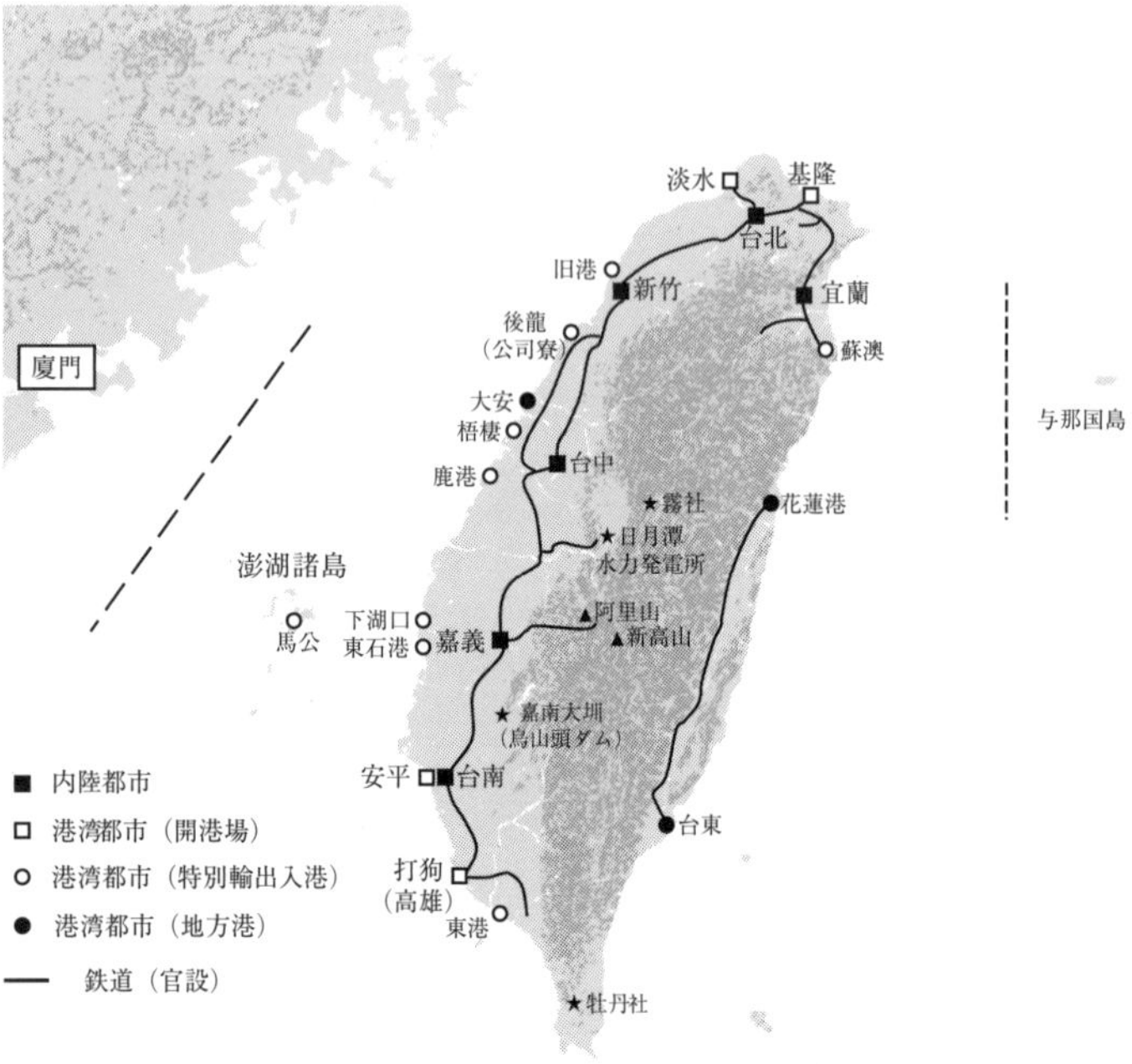

出典：“Styling Wizard: Google Map APIs”（https://mapstyle.withgoogle.com/）を用いて作成（最終アクセス：2017.5.18）。

あり、一九四〇年の台北市の人口は三三万人（帝国第一〇位）、台南市は一四万人（第四〇位）であった。(2) 首府は台北に置かれ、地方制度は当該期間中に数度変更されたが、一九〇九年〜一九二〇年は一二庁制、一九二〇年以降は五州三庁制であった。(3) 一九三八年の名目のGDEは約一二億円（内地の四・五％）、一人当たりGDEは二〇八円（内地の六〇％）であり、産業の中心は農業および食料加工品を中心とする工業であった。(4)

　本章では、二〇世紀前半の東アジアの変化を示すキーワードとして、「帝国日本」と

「台南」の二つを挙げた。なぜ、「帝国日本」か。それは、二〇世紀前半の東アジアの最大の変化が、帝国日本の登場だからである。日本は一八七四年の牡丹社事件（図１参照）を嚆矢として、その後一八九五年の日清戦争から一九四五年の太平洋戦争の終結までの五〇年間のほとんどを大小さまざまな戦争・紛争の遂行に費やして、アジアの地図を塗り替え続けた。[5] また、帝国日本に属する諸地域は高い経済成長を示しており、マディソン・プロジェクトの推計によれば、一九一三〜一九三八年における日本・台湾・朝鮮のＧＤＰ成長率は、世界平均のそれの二倍に達した。[6] 政治面・経済面の双方で、帝国日本は東アジアに大きな変化をもたらしたのである（本書第10章参照）。次に、なぜ「台南」か。それは、高い経済成長を示した帝国日本にあって、台南は相対的に衰退した都市だからである。一九世紀中葉まで、台南は経済や政治の中心であった。台南は東アジアにおける貿易の中継地として栄えたし、福建省から大量に到来した移民による開発の中心地として、清朝統治期には行政府も置かれた。一方、二〇一九年現在の台南は、人口で見れば台湾の第六番目の都市に過ぎず、政治経済の拠点よりも、「台湾人」としてのアイデンティティを認識する拠点として位置づけられている。

以上を踏まえて、本章の目的は、帝国日本が形成・拡大するなかで、なぜ台南が取り残されていったのかを解明することである。その際に、二つの論点を掲げたい。第一の論点は、総督府の港湾政策と都市の盛衰との関係である。台湾はそもそも貿易依存度が高く、日本植民地期には日本との物流が促進されたため、台湾の都市の盛衰はそれに属する港の盛衰に左右された。[7] 台南は外港として安平を有しており（図１参照）、両者の盛衰はかなりの程度パラレルの関係にあった。一九世紀中葉の交通手段の進歩によって、港の機能は「交易の場」から、「陸上交通と海上交通の結節点」へと移行し、それは国家が港湾整備に積極的に関与することにつながった。とりわけ日本は「(港湾整備の)一貫したプランの策定を国家が主体的に行うことになった数少ない国家のひとつ」であり、港の盛衰は港間の競争よりも、中央政府による整備対象になるか否かによって左右された[8]。帝国日本の拡大は、こうした特徴が植民地や勢力圏に及ぶことを意味し、台南を支える安平港の盛衰も、港湾政策によって決定づけられたと考えられる。

第二の論点は、港湾政策を規定する台湾のマクロ的な政策課題である。整備対象とする港湾を選定する場合、その正当性を保証するのは、個別の政策判断の上位に置かれる国家像との整合性であるとされる[9]。したがって、台湾における港湾政策も、その時々の政局やマクロ的な政策課題に規定されたと考えられる。本章では、日本からの政治的・経済的要請(対外膨張、一次産品生産)、およびそれとは別に台湾自らが発見した政策課題(地方開発、南進工業化)が、港湾政策にどのような影響を与えたのかについて考察する。

帝国日本において台湾はどのような役割を要請されたのか、それは貿易依存度が高い台湾経済を左右する港湾政策にどのような影響を与えたのか。この二つの論点を考察することで、台南(安平)の衰退要因を解明することが本章の目的である[10]。

1　日本統治前の台湾

(1) 開港以前

台湾は一七世紀に、東アジアの中継貿易地点として歴史の表舞台に登場した[11]。当時は日中間で正式な貿易が認められていなかったため、台湾が日中貿易の中継地点となったのである。日本からは銀、中国からは生糸・絹織物・砂糖などが持ち出され、台湾経由で交換された。この貿易の主な担い手は、一六二四年に台南を拠点としたオランダ東インド会社（本書第3章参照）と、福建省の厦門を拠点として商業集団を形成した鄭氏であった。両者は当初こそ貿易のパートナーであったが、次第に東アジアの商圏を巡って対立するようになった。一六四四年に中国の王朝が明から清に代わると（明清交替）、鄭氏は「反清復明」活動を展開し、一六六一年にはオランダを追い出し、台南を拠点とする貿易から軍事資金を調達して清朝に抵抗した。清朝は鄭氏の資金源を断つために、一六六一年に「遷界令」を出して、中台間の貿易を遮断した。鄭氏は一六八三年に降伏し、台湾は清朝の統治下に置かれた。

清朝統治期には台湾の開発が進展した。オランダ時代や鄭氏時代にも中国からは多くの人々が台湾へ来たが、多くは季節労働者であり、台湾の定住者は鄭氏時代におよそ二〇万人であったとされる。それに対して、清朝統治期が開始される一七世紀末以降、中国では持続的な人口増大が始まり、一六七九年に約一・六億人であった人口は一八八〇年には三・六億人に達し、多くの人々が新たな土地を求めて移住した(12)。移民により台湾には福建省や広東省からの移民が増大し、一九世紀中葉の台湾の人口は二〇〇万人に達した。移民による農業開発は、台南が位置する南部から北部へと外延化し、主に米や砂糖が生産された。

台湾の貿易相手は中国にほぼ限定されており、ジャンク船（浅底の帆船）を用いて、台湾から中国へは米・砂糖が移出され、中国からは衣食住に関わる様々な商品が移入された。貿易港は台湾西部に点在していたが、「一府（台南）、二鹿（鹿港）、三艋舺（台北）」と称されたように、その中心は台南であった。中台間の貿易は一八世紀までは増大したが、一九世紀に入ると、後述する台湾の港の淤塞問題や、中国の米糖需要の不振によって停滞し、さらに一九世紀中葉における中国の治安悪化（アヘン戦争、小刀会の乱、太平天国の乱など）によって、ますます停滞した[13]。

（2）開港以後

いわゆる第二次アヘン戦争によって中国が列強と天津条約（一八五八年）・北京条約（一八六〇年）を締結した結果、台湾では淡水・安平・鶏籠（一八七五年より基隆）・打狗の四港が開港した。新たに開始された対外貿易は、それまでの中台間貿易を代替したわけではなく、台湾貿易の拡大をもたらした。中南部で生産された米・砂糖のうち、米は変わらず中国へ移出されたし、砂糖は中国に加えて新たに日本へ輸出されるようになった。また、北部では茶が新たな輸出商品として生産されるようになり、淡水港から厦門経由でアメリカへ輸出されたほか、蒸気船時代の到来が船舶用炭の需要を惹起したため、基隆近辺で産出する石炭の中国への移出が促された。輸送手段は、対中貿易の多くはジャンク船であり、一部に西洋型帆船や蒸気船が用いられたが、対外貿易のほとんどは西洋型帆船や蒸気船であった。吃水量で見た西洋型帆船と蒸気船の関係は、一八七〇年代までは拮抗しており、一八八〇年代に蒸気船が西洋型帆船を凌駕していった。

台湾の貿易は順調に拡大したが、早くから港湾問題が指摘されていた。たとえば、一八七六年の打狗海関報告には「安平港と打狗港は貿易の拡大にとって深刻な障害を抱えている。台湾府（台南…引用者注）の外港である安平港は停泊地が開かれているため、北東モンスーンの時期しか安全に訪れることができない。打狗港は全ての時期において入港でき、港内も問題ないが、砂洲付近の水深が浅いため、三・六メー

図2　鹿港附近における海岸線の外延化　1785年、1851年、1926年

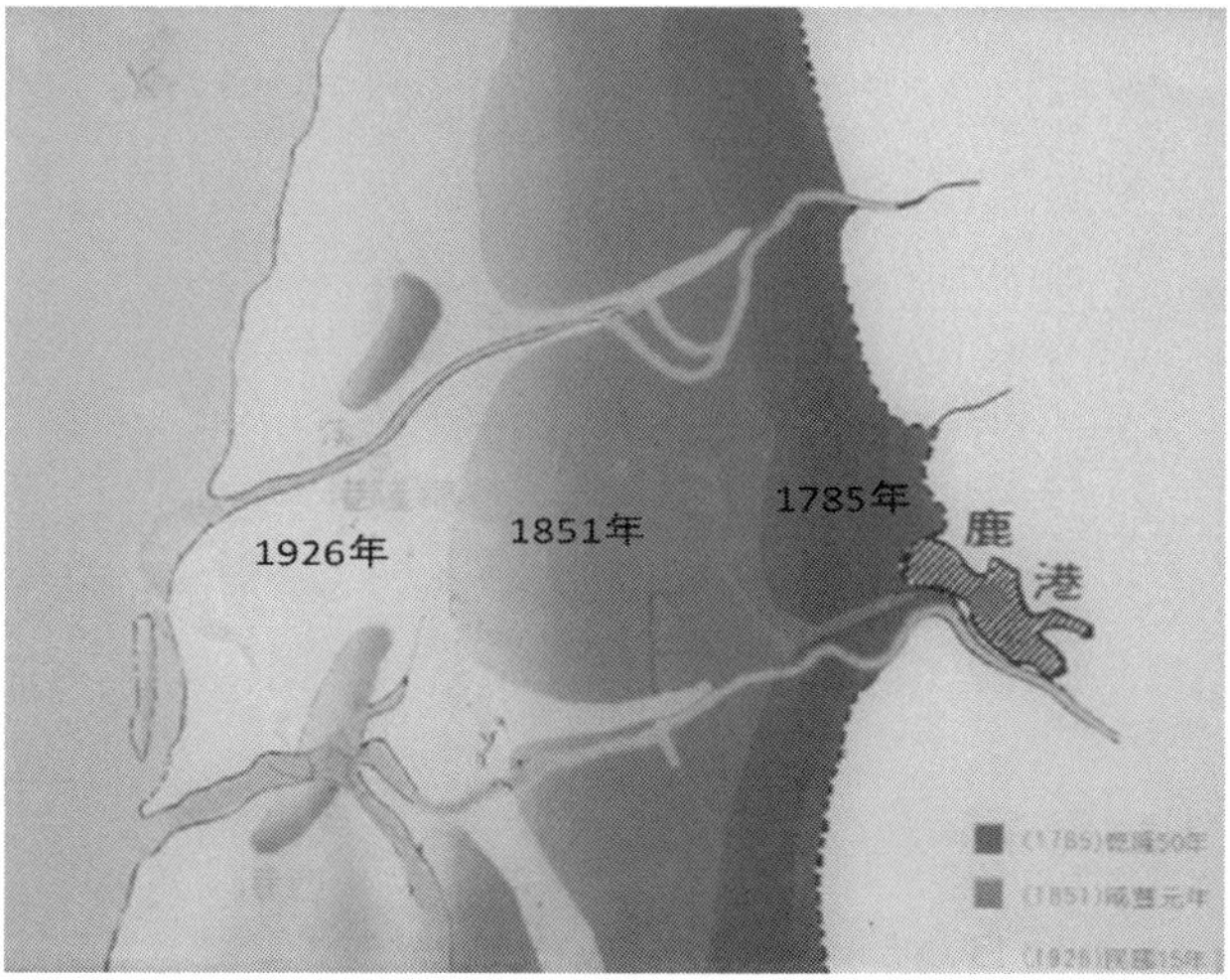

出典：「鹿港老街」にある案内板を筆者撮影（年号は筆者加筆）。

トル以上の吃水のある船は入港できない」とあり、[14]一八八〇年の打狗海関報告には「本年の砂洲は非常な障害をもたらし、艀船、ジャンク船、その他小舟は四八日以上も通行することができなかった」とある。[15]台湾西部の海岸線は入り組んでいないために水深が浅く、潮の流れによって海底がしばしば変化した。また、多くの港は河口付近に位置していたため、河川上流の開発の進展とともに河口へ土砂が流れ込み、水深を浅くしていた。図2は、鹿港付近の海岸の状況を時代別に示したものであるが、土砂の堆積によって、海岸が外延化していく様子が見て取れよう。

　こうした現象は台南でも見られた。[16]元来、台南（台湾府）は台江内海という湾の奥に位置し、安平港は湾の入り口に位置する島であり、両地は海上交通で結ばれていた。しかし、一八二三年の六月と七月に台南を襲った大雨によって、

図3　台南と安平の地図　1924年

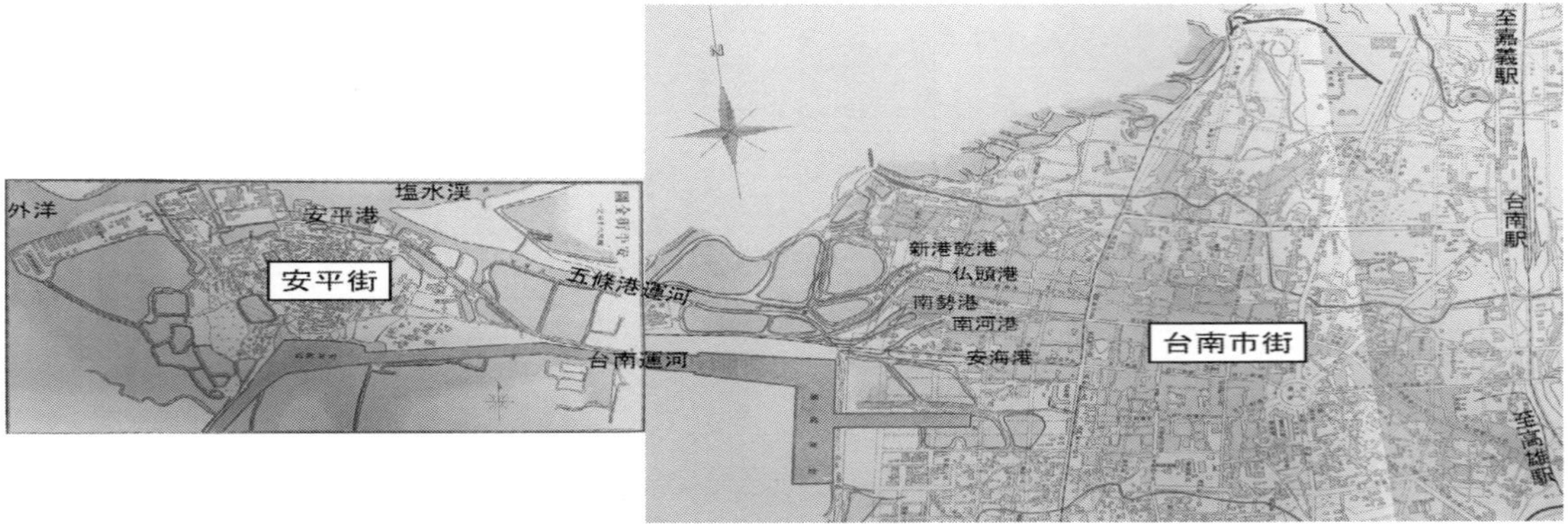

注：台南市街図と安平街図の間は省略している。
出典：黄武達編著『日治時期台灣都市發展地圖集』南天書局・國史館台灣文獻館、2006年（「台南市全図」1924年）。

台南の北側を流れる曾文渓から大量の土砂が台江内海に流れ込み、両地の海上交通は途絶した。そのため、「台南三郊」と呼ばれる商業集団が、安平港と接する塩水渓（曾文渓の支流）から台南市街まで運河を開削することで、両地の交通ルートが再建された。この運河は五本開削されたことから、「五條港運河」[17]（新港乾港、仏頭港、南勢港、南河港、安海港）と呼ばれ（図3参照）、塩水渓を流れる土砂が五條港運河の河口に滞積するのを防ぐため、台南三郊は運河利用者から徴収した通行税（釐金）で以て運河底を浚渫し、運河の機能を維持した。しかし、一八七〇年代に政府が軍事費を賄うために徴税権を台南三郊から奪ったのみならず、政府は「停泊地や浚渫について、何の改良も図っていない[18]」ため、運河には土砂が年々堆積し、交通機能は低下していった。

2　「南進基地」としての台湾（一八九〇年代）

（1）南進論と台湾

一八九五年六月五日、初代総督樺山資紀が台湾へ上陸した際に、基隆海関事務所に台湾総督府が仮設され、日本植民地時代が開始された。台湾総督は「台湾総督府条例」、「台湾総督府法院条例」、「台湾に施行すへき法令に関する法律」（すべて一八九六年に施行）などを法的根拠として、立法・司法・行政・軍事を掌握する絶大な権力者であり、台湾では「土皇帝」と呼ばれた。台湾総督の要件は、一八九六〜一九一九年までは中将または大将の位を有する武官とされ、この時代に任命された七名の総督のうち、初代総督の樺山資紀が海軍出身であったことを除くと、すべて陸軍出身であった。行政・司法の事務を担当する部局として、一八九六年に民政局が設置され、一八九八年には民政部に改組されて民政長官が監督した。民政部内の部局は時代によって変化していったが、第四代児玉源太郎総督によって行政機構がある程度整備された一九〇一年を例に挙げると、総務局・財務局・通信局・殖産局・土木局・警察本署が置かれた。[19]

初期の植民地経営は、経済面（産業開発）よりも軍事面（島内平定・対外膨張）が優先されていた。台湾は「下関条約」（一八九五年）によって清国から日本へ割譲されたが、条約に反対した一部の住民と官僚が清国からの独立を宣言して「台湾民主国」を樹立し、抗日運動を展開した。台湾民主国は早々に瓦解したものの、抗日勢力を掃討するための「台湾植民地戦争」は、一九一五年まで続く「泥沼の」戦争となり、台湾全島を軍事的に制圧する一八九六年までの時期（第一期）、中国系平地住民のゲリラ的抵抗を鎮圧する一九〇二年までの時期（第二期）、少数先住民族である山地住民を鎮圧する一九一五年までの時期（第三期）に分けられる。[20]第一代～第三代総督の時代（一八九五～一八九八年）の台湾経営は、対応のまずさもあって、植民地戦争の遂行に忙殺された。本格的な経営は、ある程度の島内平定を達成した、第四代児玉総督と後藤新平民政長官の時代（一八九八～一九〇六年）を待たねばならなかった。

また、対外的には、台湾は福建省進出のための飛び石としての役割を要請された。戦前日本の対外膨張では、「北進」（朝鮮・満洲）か「南進」（華南・東南アジア）かが常に議論されていたが、日清戦争後の対外膨張は「北守南進」であり、そもそも台湾領有それ自体が「南進」であった。[21]中国が日清戦争に敗北したことは、列強が租借地の獲得を通じて中国分割を開始する契機となり（瓜分）、日本政府内では、列強による中国分割にどのように対応するべきかが議論された。三国干渉による遼東半島の返還、満洲におけるロシアの影響力の拡大、朝鮮政策の失敗などから、日本にとって北進は現実的な選択ではなかった。

一方、イギリスの勢力圏である揚子江流域とフランスの勢力圏である広東省一帯の間にある空白地帯として、福建省があった。日本は福建省への進出を企図し、その基地として台湾を位置付けた。たとえば、第二代総督桂太郎の「台湾統治に関する意見書」には、

「台湾の施設経営は単に台湾の境域に止らず、更に大に対外進取の確策なかるべからず（中略）台湾の地利に依て南清に我勢力を扶植養成せんとするは敢て難事にあらさるのみならす地勢上然らしむる処にして恰も我九州の上海と頻繁交通するの状と一般なり。南清の各港就中厦門の如きは近く澎湖の列島を隔てて台湾と相向ひ巨船大舶にあらすと雖とも猶能く僅々数時間の航海を以て達し、従来彼此交通の要衝に当り台湾の貨物は一たひ厦門に集収し而して四方に輸出するの現状を呈せり。故に厦門は自今我風教貨物流入の新門として我政事上貿易上最も枢要の区たり。之に依て以て福建一帯の地に我潜勢勢力を扶植養成し他日有事の機に備ふ誠に無理の業にあらす(22)」

とあり、台湾は福建省厦門との関係を持つことで初めて価値が生まれるという認識が示されている。こうした認識は、程度の差こそあれ、歴代総督や日本政府に共有されていた。

しかし、以上の軍事的関心に基づいた台湾経営は、はやくも一九〇〇年代初頭には収束していった。島内平定においては、一九〇二年頃には平野部の抗日武装勢力は一掃されていた。また、対外膨張においても、一九〇〇年の義和団事件に乗じて福建省厦門の占領を目論んだ「厦門事件」が未遂に終わったほか、義和団事件後に清国の情勢が安定化したため、南進は現実的ではなくなった。さらに、義和団事件後のロ

シア軍の満洲駐兵によって「北守南進」は急速にその有効性を失い、日本の対外膨張策は「南進」から「北進」（満韓交換論）へ転換していく。[23] 台湾総督府は、帝国の南端に位置するという地理的条件から「南進」を意識し、その対象を南支（華南）から南洋（東南アジア）へと拡張させながら経済的・文化的関与を続けていったが、「南進」が「国策」となるのは、一九三六年の「国策の基準」の決定を待たなければならなかった。

(2) 北部軍港の建設――基隆港

台湾総督府は、清朝統治期の開港場をそのまま対外貿易が可能な開港場とし、対中貿易だけをおこなっていた港については、そのなかの一部を選定し、ジャンク船による対中貿易のみ認める「特別輸出入港」とするにとどめた（図1参照）。すなわち、基隆・淡水・安平・打狗の四港が重要港湾として認識されたが、各港の重要性は当然異なっていた。経済的価値よりも軍事的価値に重きが置かれた当該期において、港湾政策の柱は北部軍港の建設に置かれ、基隆港が築港対象とされた。

基隆港の築港は早くも一八九五年に、初代総督の樺山資紀による「基隆港築港の儀に付稟申」[24] において要請されている。樺山は、

「台湾は本邦の南海に位し該方面の海権を制握するに最も要衝の地にして実に我南門の重鎮即ち帝国の前衛なり。（中略）抑も本島の現状たる最も欠点と称すへきは良港湾に乏しきの一事にして、（中略）独り基隆は地勢稍々北捩に偏し少しく交通に不便の感ありと雖も比較的本島唯一の良港にして現

時尚ほ船隻十余隻を碇泊せしむるに足れり。只憾むらくは北東信風の際涛波港内に侵入して船舶安全を保ち難く且港内浅くして大鑑巨舶の多数を繋泊するに便ならす是れ本港の一大欠点とす。若し今にして以上の欠点を除かすんは全島中遂に一良港を得さるなくして止まんのみ。故に目下の急務は該港の築港にして之に浚渫を施し之に防波堤を築くは実に■（緊か?）要止むへからさるの事業たり」

として、基隆築港の重要性を指摘した。また、海軍も「台湾島軍備設計に関する意見[25]」において、唯一の軍港として基隆港を選定したが、それは「一は本島中良港湾の乏しきに起因すと雖も、一は該港の位置たる本島北部の咽喉にして支那南部に対し最も枢要の地を占むるのみならず本島の首府たる台北に接近し且つ内地との交通聯絡も亦至便の地たるを以てなり」だからであった。

他方で、海軍は経済的価値を持つ「商港」も選定していたが、「本島良港湾の乏しき軍港要港の外にして更に適良の商港となすへき位置あるをみす元来商港なるものは其目的に於て軍港要港等と区別するを以て本則とすと雖も前記の必要よりして本島最良の港は亦之を商港にも充用せさるへからす」として、基隆港を最大の商港としても位置付けた。ただし、一部の識者の間では、ドイツのルール工業地帯に倣って、北部の主要貿易港であった淡水港を築港し、淡水港と首府台北を結ぶ淡水河の両岸に様々な工場を誘致して、台湾を東アジアの自由港・加工貿易港にするという「淡水築港論」が唱えられていた[26]。しかし、総督府や海軍が基隆港を商港としたのは、台湾に「良港湾」が乏しいなかで基隆が一番の良港だからであるとする。総督府や海軍が「良港湾」を判定する基準としたのは、港湾の水深であった。軍艦や大型貨客船の入港が必要となると、十分な浚渫によって水深を確保することが港湾の重要な課題となった。しかし、台

（単位：千円、（　）内％）

打狗（高雄）		特別輸出入港		合計	
1,462	(5)	4,280	(14)	31,240	(100)
2,517	(7)	4,231	(11)	36,944	(100)
5,753	(12)	7,457	(15)	48,739	(100)
46,532	(43)	1,780	(2)	108,846	(100)
44,946	(35)	2,890	(2)	128,992	(100)
191,572	(49)	4,056	(1)	388,397	(100)
172,016	(38)	3,958	(1)	449,610	(100)
190,804	(47)	8,996	(2)	409,700	(100)
267,187	(44)	11,316	(2)	613,864	(100)

～472頁。

湾の多くの港湾は河川と接続しており、河川の上流から流れてくる土砂によって年々水深が浅くなる。淡水港は、台北側から流れてくる淡水河の河口に位置しており、それは台北との交通の便があるという点で有利であったが、土砂の流入によって水深が年々浅くなるという点で蒸気船の時代には不利に働いた。特に一九世紀に台湾北部の開発が進むと、淡水河上流に位置する深坑地域で森林伐採が進み、淡水港への土砂の流入量が増大した。台湾では根強い「淡水築港論」が存在していたが、淡水の築港は技術面と資金面で実現が難しく、より少ないコストで築港が可能な基隆が選ばれたのである。

基隆築港の費用は、インフラ整備と土地調査事業の実施を目的とする台湾事業公債の発行を通じて調達することが目指された。一八九九年二月に召集された第一三回帝国議会に設けられた台湾事業公債法案審査特別委員会(27)において、衆議院議員の野間五造は「台湾の産業を発達せしむる上から云へば、どうしても台南との間の交通を開くと云ふ位なことにしなければならぬ、淡水とか、安平とか、鹿港とか云ふ此三つの港は、台湾に対する貿易港である、是に就いては何の着手もないやうに見へるが、どう云う訳か」と質問した。それに対し民政部主計課長の祝辰巳は「安平とか鹿港とか云ふことは、

表１　港別貿易額　1897〜1935年

	基隆		淡水		安平	
1897	4,850	(16)	15,922	(51)	4,726	(15)
1900	9,979	(27)	15,657	(42)	4,560	(12)
1905	13,580	(28)	13,054	(27)	8,894	(18)
1910	34,875	(32)	11,972	(11)	13,687	(13)
1915	60,233	(47)	12,255	(10)	8,668	(7)
1920	166,825	(43)	14,543	(4)	11,401	(3)
1925	256,503	(57)	3,327	(1)	13,806	(3)
1930	196,018	(48)	2,875	(1)	11,007	(3)
1935	314,787	(51)	3,908	(1)	16,666	(3)

出典：台湾総督府財務局『台湾貿易四十年表』台湾総督府、1936年、５〜８、469

殆ど望みないと云ふ位な処でございます、淡水の如きは、非常な金を注込んでやったならば、出来るには相違ございませぬが、それはまだなかなか今日の歳計に於て、許すべからざることである」として、蒸気船の時代に相応しい良港が少ないことを指摘した。

さらに野間は「基隆は開港場と云ふ御話でありましたが、（中略）外国貿易と云うものを取扱って居ると云ふことは、一切ないやうに思って居ります」として、基隆港の経済的価値について疑問を呈した。それに対して祝は「それは大変に事実が相違致して居りまして（中略）外国貿易の調べたものもありますが、唯今持合せませぬ」と答え、野間の意見をかわした。しかし、祝が持合せていなかった貿易統計を見ると、一八九六〜一八九九年平均の対外貿易額は、台湾全体の二一五〇万円に対し、淡水港一五七〇万円、安平港四七〇万円、打狗港六〇万円であり、基隆港は五〇万円に過ぎない[28]。祝が基隆港の貿易額を知らないはずはないため、わざと貿易統計を持ち合せなかったのであろう。

委員会ではこれ以上に突っ込んだ質疑はなく、「台湾事業公債法」は可決された。基隆築港は二四四万円の予算で以て一八九九〜一九〇二年の四ヵ年継続事業として進められることとなった。港内と水路の浚渫によって、基隆港は三千トン級の蒸気船が接岸可能な、蒸気船の時代に相応しい港となった。さらに、一九〇五年には予算六二〇万円で第二期工事が開始され、基隆港に入出可能な船舶の規模は六千トン級となり、さらに一九一二年以降には予算一五八七万円が追加されて、一・五万トン級の船舶が入出可能な港へと変貌した[29]。表1は、港別の貿易額を示しているが、台湾北部に位置する基隆と淡水の地位が一九〇〇～一九一〇年にかけて逆転していることが分かる。基隆築港によって、台湾北部の物流の中心は淡水港から基隆港へと急速に移行したのである。

3　「食料原料基地」としての台湾（一九〇〇年代～一九二〇年代）

(1)　米糖経済の成長

南進基地としての役割が早々に潰えてしまった台湾であったが、新たに日本の食料原料基地としての役割が要請され、如何に農業を成長させるかが新たな目標となった。

一九〇〇～一九二〇年代前半までの台湾総督府は、安定した政権の下で長期的視野に立った政策の遂行が可能な体制にあった。すなわち、一八九五～一八九八年の短期間に、総督は三名も入れ替わり、在任期間は平均で一一ヵ月、最短四ヵ月（第二代桂太郎）、最長一六ヵ月（第三代乃木希典）であったのに対して、第四代総督（児玉源太郎）から第八代総督（田健治郎）まで（一八九九～一九二三年）の総督の在任期間は平均五九ヵ月、最短一六ヵ月（第七代明石元二郎、在任中に死去）、最長一〇八ヵ月（第五代佐久間左馬太）であった。また、民政長官については、「後藤閥」の重要性が指摘できる[30]。後藤新平は一九〇六年に台湾を去るが、その後に民政長官を務めた祝辰巳、大島久満次、内田嘉吉のうち、祝と内田は後藤の下で仕事をしていたし、台湾総督府内の部局で働く有能な官僚には、後藤に招聘された者も多かった。安定政権と後藤閥の下で、財政再建（土地調査事業・阿片政策・砂糖消費税）、インフラ整備（鉄道・港湾・学校）、産業支援（製糖業の保護、農会・試験場の設置）、「治安」維持（抗日勢力の帰順と虐殺）など、多方面にわたる植民地経営の基礎作りが進められた。

これらを土台として、砂糖と米を中心とする食料原料基地化が進められた。砂糖は日本の外貨不足を解消する点で重要な商品であった。生活水準の向上と共に需要が増大する砂糖は、綿紡績工業が需要する棉花と並ぶ、日本の二大輸入品であった。日本は台湾に砂糖の増産を要請して、輸入代替化を図ろうとした。総督府は、新渡戸稲造の「糖業改良意見書」に基づいて「糖業奨励規則」（一九〇二年）を公布し、製糖会社に様々な補助金・奨励金を投じた。また、「製糖場取締規則」（一九〇五年）を公布して、製糖会社のサトウキビ調達を容易にさせた。さらに、日本が一八九九年から段階的に砂糖輸入関税を引き上げたことは、関税が賦課されない台湾糖にとって好ましい市場環境を提供することになった。有望な投資対象となった製糖業には一九〇〇年代後半に内地からの投資が相次ぎ、台湾糖の生産量は飛躍的に増大して（図4参照）、一九二九年に輸入代替化は達成された。

米は日本の食料不足を解消する点で重要な商品であった。経済成長による人口増大と生活水準の向上は、食料消費の絶対的増加と主食構成の米集中化をもたらし、一九世紀末に日本は米輸入国となった。(31)日本の米穀政策は、当初は供給不足分を東南アジアからの輸入で補う「外米依存政策」にあったが、第一次世界大戦後に東南アジア各地が禁輸措置を採ったために政策は破綻し、供給不足分を植民地での増産で補う食

図4　砂糖と米の生産量の推移　1900〜1935年

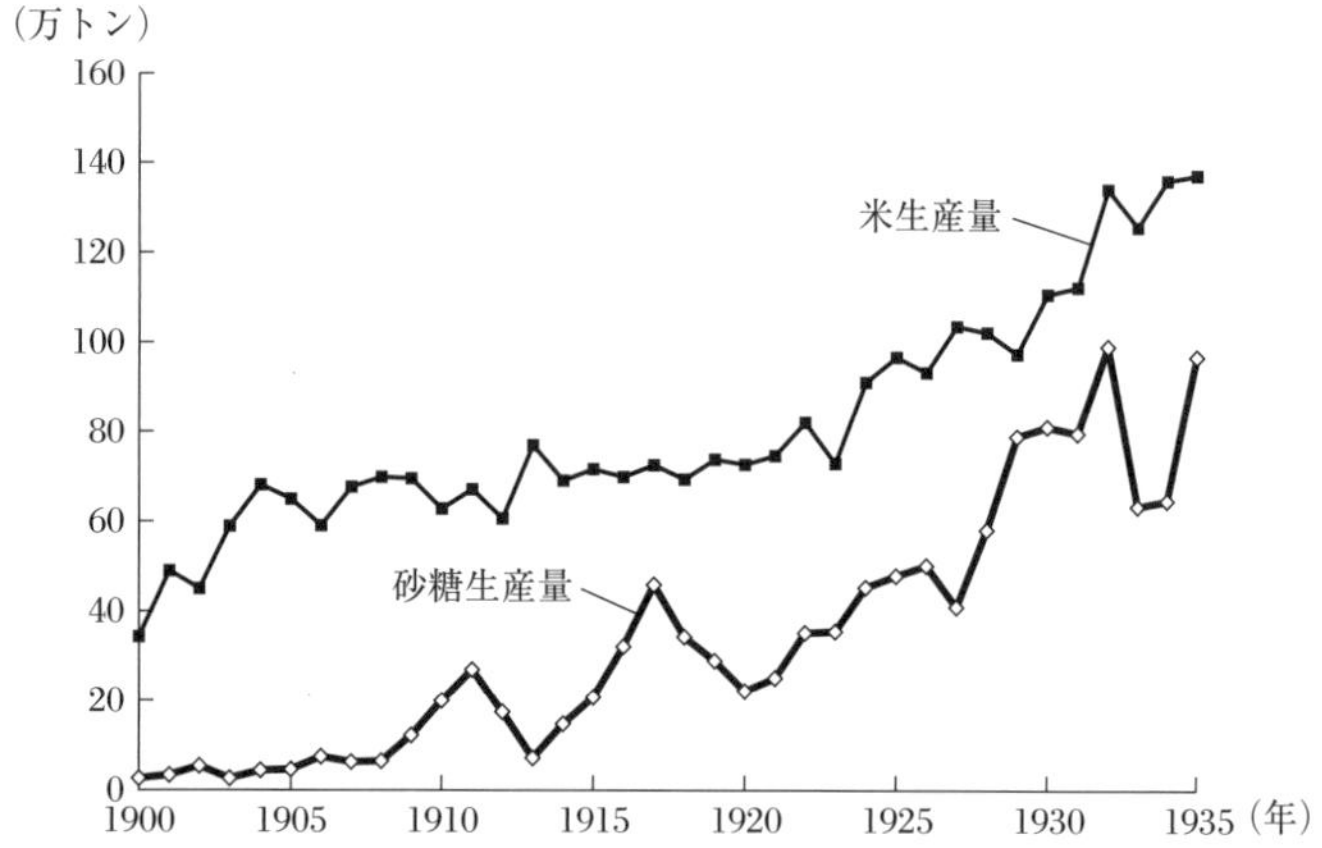

出典：台湾総督府『台湾総督府統計書』各年。

糧「自給」政策へ移行した[32]。また、台湾ではインディカ種である在来米が生産されていたが、一九二〇年代前半に農業試験場においてジャポニカ種である蓬莱米が開発されたほか、台湾南部に大規模灌漑設備として建設された嘉南大圳（図1参照）によって水田面積が増大し、勧農組織である農会や肥料商人による肥料供給によって生産性も向上した[33]。こうした種々の要因で台湾の米生産量と対日移出量は、特に一九二〇年代半ば以降に増大していった（図4参照）。台湾米と朝鮮米の移入を通じて、日本は一九三〇年代初頭に「自給」を達成した。

（2）南部商港の築港——打狗港

砂糖や米の主産地は中南部に分布していたから、砂糖や米の対日輸送を支えるために、安平港と打狗港のいずれかを築港する必要性が生まれた。中部における商品の集散を考えれば安平港の方が有利であったが、築港の対象は打狗港であった。

打狗港は、上述の海軍調査において早くも、「軍港と同一」であるが「只其規模稍々小」とする「要港」として位置付けられていた(34)。また、一八九九年に後藤新平民政長官が南部を視察した際に、打狗築港調査の必要性が認識され、川上浩二郎技師によって一九〇〇年六月～一九〇一年二月にかけて築港調査がおこなわれた。しかし、調査期間の短さ、打狗以外の候補地の可能性、基隆築港による費用不足のために、この調査結果は実行に移されなかった(35)。その後、台湾南部の築港予定地を調査する必要性が再び起こり、山形要助技師によって実施された港湾調査の結果、「台湾南部の物資を呑吐するに適当する港湾は打狗を措て他に求むへからさる」ことが確認され、一九〇五～一九〇六年にかけて築港計画が作成された(36)。打狗港の築港費用は台湾事業公債法の改正を通じて調達された。一九〇八年二月の第二四回帝国議会衆議院に設置された委員会において、民政長官の祝辰巳は「段々南部に於きまして、砂糖の工業が発達を致して参ります、又米の産額も殖へて参ります」と説明し、「現在打狗の港の不完備と云ふがために、非常な苦痛を感じて居ります、今後是等の事業の発達と貨物の増減を見込みますれば、打狗の築港なるものは一日も早く完成しなければならぬ」と訴えた(37)。

その結果、打狗築港は予算四七三万円で以て一九〇八～一九一三年度の六ヵ年継続事業として開始されることが決定し、港内の浚渫や岸壁の建築によって、三千トン級の船舶一一隻を同時繋留させることが可能となった。事業は一年短縮されて一九一二年度に終了したが、すぐさま予算一二七八万円、一九一二～一九二一年度の一〇ヵ年継続事業とする第二期工事が開始され（最終的に一九二五年度に竣工）、打狗港は一九二〇年に「高雄港」に名称を変更し、一万トン級の船舶が出入できる港湾へと変貌した(38)。米糖経済の成長と築港の結果、表1に示されるように、一九〇五年に全貿易額の一二％を占めるに過ぎなかった高雄港のシェアは、一九二〇年には四九％へ急増した。

台南は台北と並ぶ台湾最大の商業都市であり、安平港は五條港運河を通じて台南市街とつながっていた。しかし、台湾総督府や海軍のなかで、当初から安平港の位置づけは低かった。海軍は上述の「台湾島軍備設計に関する意見」のなかで、安平港が「本島有数の互市場にして本島第一繁富の地たる台南に通する門戸」であると認識するも、「鉄道幹線は遠く内地に布設し本島南北の連絡を保」ちつつ「台南城市街を漸次砲火の災を避け得へき地に移」せば、「敢て巨万の資を投し安平港の防禦を厳にするを要」しないと結論付けた。[39]

（3）安平築港の可能性

台南市街を内陸に移転して安平を放棄するという構想は、俄かに信じがたいものであるが、総督府の鉄道構想における嘉義・阿公店間のルート選定にも表れていた（図5参照）。縦貫鉄道の建設主体は官と民との間で二転三転したが、[40]最初に建設を主導した総督府は、台南を通らない内陸ルートの本線と本線の楊厝駅から台南経由で安平駅を繋ぐ支線を設ける第一案、台南駅を通る海岸ルートの本線と台南駅から安平駅を繋ぐ支線を設ける第二案を立てた。[41]しかし、総督府の資金不足のために、民間主導での鉄道建設が模索され、台湾鉄道会社が設立された。[42]台湾鉄道会社は敷設許可の請願に際して第一案を採用し、台湾総督府もそれを承認した。しかし、台湾鉄道会社が第一案の本線ルートを再度測量したところ、「楊厝一帯の地水質汚悪到底停車場を設置するの場所に非る」ことが明らかとなったため、「今回の実測に於て廃線となし台南砂丘の東崖を経過する台南線を採用する」、すなわち第二案が採用されることとなった。[43]その後、

図５　台湾総督府の鉄道敷設構想（嘉義・鳳山間）

注：本章の議論と直接関係のない路線案の部分は省略した。
出典：台湾総督府鉄道部『台湾鉄道史上巻』台湾総督府、1910年、161～166頁。

台湾鉄道会社は資金調達に失敗したため、鉄道の建設主体は再び総督府となったが、総督府も第二案を採用した。以上の経緯を経て、縦貫鉄道は台南市街を経由することとなったが、[44]「安平港は打狗を距る僅に二十余浬此の短距離の間に両港口を併置するの必要なきのみならす安平港は遠浅にして将来港湾となすの価値なきを認めた[45]」ことから、支線は建設されなかった。台湾総督府の安平放棄の姿勢は、打狗築港をめぐる帝国議会の答弁にも示されている。一九〇九年二月に開催された予算委員会において、長尾半平技師は安平港を「沿岸廻りの小さな船が入って荷役が出来るやうな在来の現状を維持する」にとどめ、「今日鉄道の終点は打狗に参り、築港の計画も定まりました今日は、同じ規模を以て安平を総督府が経営する考は無い」と表明した[46]。台湾総督府の事業として安平港が築港される可能性はなくなったのである。

安平港の改修は、地方政府の事業として、民間との協力のなかで進められていった。上述したように、安平港と五條港運河は、曾文渓や塩水渓などの河川から流れ込む土砂によって、年々その水深が浅くなっていた。とりわけ一九〇三年八月には暴風雨の襲来によって大洪水が発生すると、運河の沿岸部は崩壊し、港内の澪筋が埋没したため、ジャンク船すら運河を航行できなくなった。安平駐在イギリス領事からの請願を受けて、台湾総督府土木局は予算二〇万円の運河改修計画を立てたが、財源不足のために実行に移されなかった[47]。一九〇六年七月末には再び暴風雨が襲来して安平港の澪筋は閉塞し、民間資金による浚渫で何とか小舟竹筏が航行できるようになるという有様となった[48]。一九〇六年一〇月に台南庁は運河の浚渫を総督府に打診したが、総督府からは浚渫船の新造費七・二五万円が配賦されるに過ぎなかった。台南庁は、管内の営業者に特別賦課税を課して費用を調達し、一九〇七～一九二〇年にかけて総工費二九万円で以て運河を浚渫し、小蒸気船及びジャンク船の航行を目指した[49]。しかし、運河は浚渫中から土砂の堆積が進み、「毎年浚渫工事を施さざれば舟筏の航行ですら不自由[50]」という状況であった。打狗港の築港が完成していない段階では、毎年二万円前後の浚渫コストよりも、打狗港への回送コスト（輸送費や積替費など）の方が高かったため、台南の商人は浚渫コストを負担した。縦貫鉄道の完成と打狗築港の進展を背景に、打狗港への回送コストが大幅に低下すると、打狗港へ回送される貨物が増大し、一九〇〇年代には約一五％を占めた安平港の貿易シェアは一九一〇年代に急減した（表1参照）。台湾総督府は一九一二年河川調査委員会を設けて台湾全土の主要河川の状況を調査したが、安平港の河口に直接影響を与える塩水渓はその調査対象とはならなかったため、安平港の機能は低下する一方であった[51]。

事態を打開するために、台南州（地方制度改革により、一九二〇年に台南庁と嘉義庁が合併して成立）は一九二〇年の改修工事完成と共に五條港運河を放棄し、一九二一〜一九二四年度の四ヵ年継続事業、予算七五万円（台南州二五万円、台南市五〇万円）で以て、安平街の南側に堤防を建設して港口とし、台南市街との間に新たな運河を建設した（図3参照）[52]。これが、現在まで続く台南運河である[53]。総督府から見放された安平港であったが、台南の官民の努力によってその機能はなんとか維持され、表1に示されるように、僅少ながらも貿易のシェアを維持し続けることが可能となった。

4　「南進工業基地」としての台湾（一九二〇年代〜一九三〇年代）

(1)　地方開発と南進工業化

一九二〇年代までの台湾の植民地経営は、「南進基地」や「食料原料基地」など、日本の政治的経済的要請を意識しながら進められていった。一方、一九一〇年代末から一九二〇年代前半にかけて、台湾では日本の要請に基づかない、独自の経済構想が練られていった。

当該期間に台湾の政権は不安定化した。一九二四〜一九三二年の「憲政の常道」期には、台湾総督府のポストが政争の具とされ、内地で政権が交代する度に、新たな総督、総務長官（元の民政長官であり、一九一九年の制度改革により名称変更）、各部局長が「天下り」した。たとえば、一九二三〜一九三二年の間に七名の総督（第九代〜第一五代）が就任し、その在任期間は平均一五ヵ月、最短二ヵ月（第一五代南弘）、最長二一ヵ月（第一〇代伊沢多喜男）に過ぎなかった。総務長官、部局長も同じような状況であり、たとえ彼等が崇高な植民地経営構想を持っていたとしても、それを実行する時間はなかったのである。

しかし、先行研究によれば、各部局の課長クラスには長期在任の「生抜き組」が多く、彼らが実質的な行政力を発揮していたことが指摘されている。[54] たとえば、産業政策を担う殖産局では、一九二〇〜一九三三年の間に九名が局長を経験し、そのうち七名が「天下り組」であったが、課長は長期在任の「生抜き組」であった。[55] そこで、表2を用いて、築港政策を担当した土木局（一九二〇〜一九二四）と交通局（一九二四〜）の人事を考察しよう。一九二〇〜一九三八年の間に局長は九名が担当し、そのうち五名が「天下り組」であり、在任期間は「憲政の常道」期に短かった。他方、港湾課長（土木局）と道路港湾課長（交通局）はすべて「生抜き組」で、たった三名しか担当しておらず、池田季苗は一〇年、松本虎太は八年という長期間にわたって港湾行政に従事していた。殖産局の状況は土木局・交通局でも見られたのである。以上から、当該期の総督府では、長期在任の「生え抜き組」課長によって一貫した経済政策の実行が依然として可能な体制にあり、次々に送り込まれる総督、総務長官、部局長は、彼等の構想を対外的に発信するスポークスマンとしての役割が強かったと考えられる。

このような体制にあった台湾総督府の一九二〇年代以降の経済構想には、およそ二つの柱があったと考えられる。[56] 第一に、「地方開発」である。一九二〇年から始まる反動不況や社会主義思想の台頭の中で「民力の涵養」が必要とされ、内地では防貧を目的とする社会事業政策が実施されるようになり、同様の政策が植民地台湾にも導入された。[57] 経済政策においても、台湾住民の生活水準の安定・向上を図るために、

表２　台湾総督府の土木局・交通局の人事変遷　1920～1938年

	土木局					
	局長	庶務課長	土木課長	港湾課長	基隆所長	高雄所長
1920	山形要助	小西恭介	池田季苗	上田一郎	山形要助	筒井丑太郎
1921	〃	〃	〃	〃	松本虎太	長尾正元
1922	相賀照郷	高橋親吉	田賀奈良吉	池田季苗	〃	〃
1923	〃	〃	〃	〃	〃	〃
1924	〃	〃	〃	〃	〃	〃

	交通局			
	局長	道路港湾課長	基隆所長	高雄所長
1925	生野団六	池田季苗	松本虎太	長尾正元
1926	〃	〃	〃	〃
1927	木下信	〃	〃	〃
1928	河原田稼吉	〃	〃	〃
1929	丸茂藤平	〃	〃	〃
1930	白勢黎吉	〃	〃	〃
1931	〃	〃	〃	山下繁造
1932	堀田鼎	松本虎太	〃	〃
1933	〃	〃	〃	〃
1934	〃	〃	〃	〃
1935	〃	〃	圖子武八	〃
1936	〃	〃	〃	〃
1937	泊武治	〃	〃	〃
1938	〃	〃	〃	〃

注：1925～1931年が「憲政の常道」による人事であり、網掛けは「天下り組」を意味する。
出典：緒方武歳編『台湾大年表（第四版）』台湾経世新報社、1938年より、作成。

これまで看過されてきた地方の産業発達を図る必要性が痛感されるようになった。

第二に、地方開発ともかかわる「工業化」である。台湾総督府は、一九一〇年代末から「南進工業化」と呼ぶべき工業化構想を有していた。すなわち、米や砂糖の対日移出に依存する従来型の産業構造から脱却し、華南や東南アジアを原料供給地・製品市場とする工業化を推進することで、台湾経済の高度化と貿易収支の改善を図り、帝国内での台湾のプレゼンスを高めることが目指されたのである。

この構想は、一九二〇年以降に世界経済が不況局面に入って農産物価格が下落し、台湾経済の行き詰まりが叫ばれる中で一層志向された。工業化の推進のためには、エネルギー調達、賃金の低下、交通インフラの拡充が急務であるとされたが、基幹的位置を占めたのが、日月潭水力発電所の建設によるエネルギー調達である。[58]「低廉にして豊富なる電力を以て、本島に於て工業を起し本島の消費に充て、更に南支、南洋に輸出する」[59]ことを期待された水力発電所の建設は、一九一九年に開始されたものの、資金調達の失敗によって一九二六年に打ち切られた。しかし、資金調達に目途がつくと、総督府は一九二八年八月に事業の再開を決定した。南進工業化論は再び盛り上がり、臨時台湾産業調査会（一九三〇年）や熱帯産業調査会（一九三五年）といった産業会議が相次いで開催され、その具体的方策が練られていった。そして、一九三四年の日月潭水力発電所の竣工と、一九三六年の五相会議における南進を明示した「国策の基準」[60]の閣議決定は、南進工業化論をその絶頂へと導いていった。[61]

(2) 地方港の建設

当該期の経済構想は、港湾政策にどのように表れたのだろうか。まず、「地方開発」について見てみよう。開発が遅れていた台湾東部では、花蓮港の築港が進められることになった。花蓮港は台湾東部に位置する街であり、台湾東部の経済振興のために早くから築港の可能性が模索されてはいたが、実現していなかった。一九二〇年には台湾総督府土木局が二千トン級汽船二隻の繋留を可能とする、所要工費八八〇万円の築港計画を策定していたが、これも実行に移されなかった。総督府は一九二三年に再び調査し、一九二〇年の計画と同様の大規模築港計画のほか、艀船または小蒸気船の出入りを目的とする小規模船溜計画、築港ではなく陸地と沖合との間を海中索道で結ぶ機械設備設置計画、の三つの案を出した(62)。最終的に、一九三一年度以降七ヵ年国庫事業として、予算総額七四二・九万円で以て、三千トン級汽船三隻を同時繫留する大規模築港計画が実行された(63)。

台湾西部では、基隆港・高雄港の強化という従来の方針が踏襲され、新たな築港は進展しなかった。一方で、総督府同様に台湾経済の行詰まりを感じている実業界から、築港の機運が高まった。台湾では一九一六年以降、総督府への政策提言を目的に、各地の商工会や各種組合などによって組織される「全島実業大会」が毎年開催されていた。一九二〇年一一月に台北で開かれた第四回大会では、台中商工会が「中部築港の件」、台南商工会が「安平淡水復旧の件」、彰化商工会が「鹿港築港の件」、嘉義商工会が「海口厝開港の件」をそれぞれ提出した(64)。それまでの大会では築港に関する問題は取り上げられておらず、一九二〇年に始まる反動不況のなかで、新港築港による不況の打開が意識されたと考えられる。結局、これらの案は「官民合同の港湾調査会の設置の件」として一括され、総督府に提言することで可決された(65)。本提言との関係は不明であるが、総督府は一九三〇～一九三四年にかけて、花蓮港、馬公港、安平港、鹿港、大安港、旧港、公司寮港、蘇澳港、東石港、淡水港の一〇港を対象に、港湾調査を実施した。

地方レベルでも築港の機運が高まり、積極的に築港運動を展開したのは淡水と台南であった。以下では、台南を取り上げて考察する(66)。台南では一九二〇年代前半に安平港と台南市街を結ぶ台南運河の建設が進められていたが、さらに安平港の築港を進めるために、その必要性を総督府に訴えた。一九二八年三月に開催された全島実業大会の第一二回大会では、台南商工会が「安平港の復旧の件」を、一九二九年四月に花蓮港で開催された同第一三回大会では、台南商工会・実業協和会・商工業協会が「安平築港の件」をそれぞれ提出し、日月潭発電所による台南の工業地帯化の可能性と、嘉南大圳による農業経済の発達の確実性を根拠に、安平築港の必要性を訴えた(67)。また、台南商工会・実業協和会・商工業協会の有志は「台南愛市会」を一九二九年九月に創設し、台南市や台南州と共に総督府に安平築港の実施を何度も陳情した。

しかし、度重なる陳情活動は徒労に終わった。なぜなら、愛市会が発足した一九二九年九月は「憲政の常道」期に当たり、一九三二年五月までの短期間に、台湾総督は四人、総務長官は三人も交替したからである。交替劇に嫌気がさした台湾実業界は、一九三二年五月の犬養内閣総辞職に伴う南総督の辞任を受けて「総務長官留任運動」を展開し、平塚総務長官の退任を阻止するほどであった(68)。管見の限り、台南愛市会は、南総督を除くすべての総督と総務長官、および白勢黎吉交通局長に安平築港の実施を陳情していたが(69)、それら要人がどのような構想を抱こうとも、それを実行に移す時間はなかったのである。したがって、台南市助役が築港の可能性を道路港湾課長の松本虎太に打診した際、技術的かつ予算的に難しいという従来通りの回答しか得られなかったように(70)、安平築港に懐疑的な「生抜き組」課長の意向が反映された総督府の港湾政策が変更されることはなかったのである。

台南の実業界および地方政府は、「築港」を「修築」とすることで事態の打開を図ろうとした。従来、台南以外の関係者からは、技術面・予算面を考えれば、「築港」ではなく「修築」が望ましいという意見が出ていた(71)。一九三三年五月に安平築港期成同盟会が組織されると、同盟会は安平築港を即時目指す従来の急進主義を撤回し、「安平と現在の運河を生かして利用出来る程度の施設を督府各要路に請願して九年度(一九三四年度…引用者)にその目的を達成し更に第二、第三の手段を講ずる方が穏当である(72)」という漸進主義を採用して、将来的に築港を目指すことにした。同盟会の方針転換は実を結び、予算七八万円

（総督府六二・四万円、台南州・台南市一五・六万円）とする三ヵ年継続事業「安平港口修築工事」が一九三五年に決定された。

(3) 中部工業港の建設——新高港

しかし、安平港口修築工事の決定から二年後の一九三七年、総督府は中西部に位置する梧棲を工業港として築港することを発表した。この決定に至る背景には不明な点が多い。というのも、梧棲港は淡水港や安平港といった「一般開港場」ではなく、中国との間のジャンク船による貿易のみを認められた「特別輸出入港」に過ぎず、しかも貿易の不振を理由に一九三二年以降は特別輸出入港からも外されていた。また、帝国議会において、総務長官の森岡二朗は「昭和五年より港湾調査費を計上し、種々調査研究致しました」[73]と説明するが、一九三〇～一九三四年に総督府が実施した港湾調査では、淡水港や安平港は調査対象であったが、梧棲港は調査対象ではなかった。[74]

一九三七年に作成された『梧棲港築港事業計画書』[75]によると、総督府は従来から温めていた経済構想（地方開発と南進工業化）を、梧棲港の築港によって達成しようとしていたことが分かる。まず、総督府は地方開発の焦点を中西部に定めた。なぜなら、同地域は人口や土地が豊富にあり、米などの一次産品の生産が盛んであるにもかかわらず、輸移出のために基隆港・高雄港までの約二〇〇キロメートル分の鉄道輸送費を「過重負担」しなければならない結果、経済成長が妨げられていると考えられたからである。そして、中部築港による輸送費の低下（製品コストの低下）は、同地域の林業（中央山地の開発）、農業（新耕地の開墾）、水産業（漁港の併設）の勃興・発展を促すことが期待された。次に、そうした期待のなかで梧棲港が選択されたのは、そこが南進を視野に入れた新興工業地帯の造成にも適していると判断されたからであった。梧棲の近郊には平坦な未開墾地が豊富に残されていたため、工業地帯を造成することが容易であったほか、台湾電力株式会社が進める電力開発の対象地域（大甲渓）に近接していたため、電力を安価に調達することが可能であった[76]。森岡総務長官は、帝国議会の質疑において、梧棲を工業港として築港することは「産業の発展から見まして、又南支、南洋方面へ我国が伸びる上から申しましても、最も必要である[77]」と答えている。総督府は、大規模電源開発や南進の国策化といった情勢変化を追い風に、帝国内でのプレゼンスを高める「南進工業化」を、一気に実現しようとしたのである。

梧棲港は新たに「新高港」と命名され、新高港の築港は一九三九年より一〇ヵ年継続事業として、予算三五〇〇万円で以て開始された。ただし、太平洋戦争のなかで築港は中止され、日本植民地時代に新高港が完成することはなかった。同港の築港は、第二次世界大戦後に台湾支配を日本から引き継いだ中華民国の蔣経国総統による「十大建設」（一九七三～一九七七年）や「十二項目建設」（一九七八～一九八二年）の一つとして再開され[78]、現在では高雄港と基隆港に次ぐ第三の港「台中港」として機能している。

おわりに

なぜ、台南は相対的に衰退したのか。本章ではこの問いに答えるために、帝国日本において台湾がどのような役割を要請されたのか、それは貿易依存度が高い台湾経済を左右する港湾政策にどのような影響を与えたのか、という二つの論点に則して考察してきた。

帝国日本は対外膨張を繰り返しながら、取り込んだ地域との経済的紐帯を緊密化し、二〇世紀前半の東アジアの勢力図を塗り替えた（本書第10章参照）。台湾の政策課題は帝国日本の拡大の影響を受けながら設定され、一九二〇年代までは日本からの政治経済的要請に基づいて南進基地化や食料原料基地化が図られ、一九二〇～一九三〇年代には帝国内での台湾のプレゼンスを向上させるために地方開発や南進工業化が模索された。

港湾政策もこうしたマクロ的な政策課題に沿って進められた。総督府は、港湾を競争させて築港を促すのではなく、特定の港湾を選定して築港を推進する方針を採り、技術的・資金的制約から、港湾の歴史的背景よりも大型船舶の出入が比較的容易な港湾を選定した。その結果、南進基地化の下で北部軍港が求められると、淡水ではなく基隆が築港対象となり、食料原料基地化の下で南部商港が求められると、安平ではなく高雄が築港対象となった。基隆と高雄に重点投資する「南北集中主義」は一九二〇年代まで続けられ、地方開発・南進工業化が求められるなかで、一九三〇年代に東部の花蓮港と西部の梧棲港が築港されたことで、ようやく是正の方向に向かい始めた。「南北集中主義」のような、特定の港に投資する集中主義は帝国全土で共通して観察されるが[79]、その程度は日本と植民地で相違がみられ、それは政党の有無に基づいていた。すなわち、日本では一九〇七年に内務省によって「大港集中主義」が採られたが、地域利害を実現する必要のある政党の意向が働き、築港対象は一四港にものぼった[80]。一方、植民地では政党が認められていないために、地域利害に関係のない総督府官僚や軍部の構想を体現することができた。集中主義は日本よりも植民地で鮮明に表れたのである。

しかし、集中主義が鮮明であったことは、その対象から外れた港湾の衰退が決定づけられることを意味した。本章が取り上げた安平港は、その代表的な港湾である。安平港は、南進基地化の下での「北部軍港」はもちろんのこと、食料原料基地化の下での「南部商港」、あるいは南進工業化の下での「中部工業港」のいずれの対象にもならなかった。安平港の衰退は、軍や総督府の台南放棄論に観られるように一九〇〇年頃には方向付けられ、打狗港の築港によって決定的となった。台南の実業界は総督府に安平港の築港を何度も陳情したが、徒労に終わった。総督府官僚は地域利害とはほぼ無縁であり、自らの調査に基づく構想を変えてまで陳情に応えるインセンティブはなかったからである。交通革命の時代にありながら、集中主義を採っていない中国では、主要港湾が競争に基づいて相互促進的に成長していった[81]。台南（安平港）に代表される衰退港の登場は、集中主義を採用する帝国日本の領域が東アジアに拡大していることを示していた。

それでも、台南が従来の地位をある程度維持し得たのは、鉄道の影響に加え、実業界の活動によるところが大きい。一九二〇年代まで民間の資金と地方財政によって、安平港と五條港運河は維持された。一九三〇年代に創立された台南愛市会や安平築港期成同盟会は、即時築港を求める「急進主義」から、まずは修築から始める「漸進主義」へ方針を転換させることで、国庫補助の下付に成功し、安平港の機能を維持させた。もちろん、それだけで近代港湾の役割を発揮することはできなかったが、海上交通へのアクセスを失わせなかったことは評価できよう。表1に示されるように、安平港の貿易額が少なくとも増大していたことは、同じく築港の対象外となった淡水港の貿易額が減少していったこととは対照的である。現在の「台南」アイデンティティは、清朝期における移住の拠点であったことや、国民党政府期における本省人・外省人の対立に加え、日本植民地期における政策から相対的に自立しながらの成長を模索していった

（いかざるを得なかった）点にも、その起源を求めることができるかもしれない。

（1）台湾総督府企画部『台湾総督府第四十四統計書』台湾総督府、一九四二年、一八〜一九頁。
（2）東京市政調査会『日本都市年鑑（昭和十七年用）』東京市政調査会、一九四二年、七三頁。
（3）十二庁制と五州三庁制は以下のように対応している。台北庁・宜蘭庁・桃園庁（以上、台北州）、桃園庁・新竹庁（以上、新竹州）、台中庁・南投庁（以上、台中州）、嘉義庁・台南庁（台南州）、台南庁・阿緱庁（高雄州）、花蓮港庁（花蓮港庁）、台東庁（台東庁）、澎湖庁（澎湖庁。ただし、一九二六年までは高雄州に属す）。
（4）溝口敏行・梅村又次『旧日本植民地経済統計』東洋経済新報社、一九八八年、二三一〜二三三頁。
（5）原朗『日清・日露戦争をどう見るか』ＮＨＫ出版、二〇一四年、一六〜一九頁。
（6）Maddison Project（http://www.ggdc.net/maddison/maddison-project/home.htm）（最終アクセス：2014.9.21）
（7）陸路（鉄道）を通じた台湾域内の分業は乏しかったとされる（竹内祐介「鉄道貨物輸送と地域間分業」須永徳武編『植民地台湾の経済基盤と産業』日本経済評論社、二〇一五年）。
（8）稲吉晃『海港の政治史』名古屋大学出版会、二〇一六年、一〜三頁。
（9）稲吉晃『海港の政治史』四頁。
（10）台湾の築港については、井上敏孝の研究、安平港については馬鉅強「安平港的改良對策之研究（一八九五〜一九二五）」『國史館館刊』（第二十三期、二〇一〇年三月）の研究があるが、いずれも築港そのものに視点が当てられ、マクロ的な植民地政策との関連という視点は希薄である。
（11）本項の内容は、断りのない限り、林満紅『台湾海峡両岸経済交流史』交流協会、一九九七年による。
（12）曹樹基『中国人口史（第五巻）清時期（下）』復旦大学出版社、二〇〇一年、八三一、八三五〜八三六頁。

(13) 陳國棟「清代中葉台灣與大陸之間的帆船貿易：以船為中心的數量估計」『台灣史研究』第一巻、第一期、一九九四年六月。
(14) China. Imperial Maritime Customs（以下 CIMC）, *Takow Trade Report, for the Year 1876*, p. 105.
(15) CIMC, *Takow Trade Report, for the Year 1880*, p. 206.
(16) 本パラグラフの記述は、台南市立協進國民小學にある壁画「古運河歴史演變」による。
(17) 「港」とは、「人や貨物の輸送が可能な水路」という意味で用いられている。
(18) CIMC, *Takow Trade Report, for the Year 1890*, p. 340.
(19) 台湾総督府『府報』一九〇一年一一月九日、勅令第二〇一号。
(20) 大江志乃夫「植民地戦争と総督府の成立」若林正丈編『帝国統治の構造』（岩波講座近代日本と植民地2）岩波書店、一九九二年、六頁。
(21) 小林道彦『日本の大陸政策一八九五〜一九一四』南窓社、一九九六年、二七〜二八頁、中村孝志「台湾と「南支・南洋」」（中村孝志編『日本の南方関与と台湾』天理教道友社、一九八八年）六頁。
(22) 桂太郎「台湾統治に関する意見書」（「早稲田大学古典籍総合データベース」（http://www.wul.waseda.ac.jp/kotenseki/html/i14/i14_a0111/index.html）最終アクセス：2016.7.28）。
(23) 小林道彦『日本の大陸政策』三八〜三九頁。
(24) JACAR（アジア歴史資料センター）Ref.C06061524100、明治二八年自八月二三日至一月二六日「臨着書類庶」（防衛省防衛研究所）。
(25) JACAR（アジア歴史資料センター）Ref.C11081241000、台湾嶋関係書類巻一明治二八〜三八（防衛省防衛研究所）。
(26) 天麗学人「淡水築港論」『実業之台湾』一九二〇年三月、一七〜一八頁、黒谷了太郎編『宮尾舜治伝』吉岡荒造、一九三九年、一五六〜一五八頁。一九〇〇年代には、日本国内の港にも自由港制度を導入しようという議論があり（稲吉晃『海港の政治史』一三七〜一四〇頁）、「淡水築港論」もその一環と思われる。
(27) 以下、委員会におけるやり取りは、「第一三回帝国議会衆議院台湾事業公債法案審査特別委員会速記録（第四号）」一八九九年二月二〇日、二五〜二六頁。
(28) 台湾総督府財務局『台湾貿易四十年表』台湾総督府、一九三六年、五〜九頁。
(29) 台湾総督府交通局道路港湾課『台湾港湾の概況』台湾総督府、一九三九年、二二一〜二二三頁。
(30) 黄昭堂『台湾総督府』教育社、一九八一年、九一〜九四頁。
(31) 大豆生田稔『近代日本の食糧政策』ミネルヴァ書房、一九九三年、四二〜四七頁。
(32) 大豆生田稔『近代日本の食糧政策』。
(33) 平井健介「一九一〇〜三〇年代台湾における肥料市場の展開と取引メカニズム」『社会経済史学』七六巻三号、二〇一〇年一一月。
(34) JACAR（アジア歴史資料センター）Ref.C11081241000、台湾嶋関係書類巻一明治二八〜三八（防衛省防衛研究所）。打狗港の築港については、簡佑丞「日本統治初期台湾における築港構想について」『都市史研究』三号、二〇一六年一一月に詳しい。
(35) 臨時台湾総督府工事部『打狗築港』一九一二年、二一〜三三頁。
(36) 臨時台湾総督府工事部『打狗築港』五頁。
(37) 「第二四回帝国議会衆議院台湾事業公債法中改正法律案委員会議録第二回」一九〇八年二月八日、五頁。
(38) 台湾総督府交通局道路港湾課『台湾港湾の概況』六三〜六四頁。
(39) JACAR（アジア歴史資料センター）Ref.C11081241000、台湾嶋関係書類巻一明治二八〜三八（防衛省防衛研究所）。
(40) この経緯については、高橋泰隆「台湾鉄道の成立と経営」（同『日本植民地鉄道史論』日本経済評論社、一九九五年）に詳しい。

(41) 台湾総督府鉄道部『台湾鉄道史上巻』一九一〇年、一六一〜一六六頁。
(42) 台湾総督府鉄道部『台湾鉄道史上巻』四四六頁。
(43) 台湾総督府鉄道部『台湾鉄道史上巻』四六五頁。
(44) なお、第一案のルートは、台灣高速鐵路（台湾新幹線）のルートと近似している。
(45) 台湾総督府鉄道部『台湾鉄道史中巻』一九一一年、三五頁。
(46)「第二五回帝国議会衆議院予算委員第二分科会議録第六回」一九〇九年二月六日、八二頁。
(47) 台湾総督府交通局道路港湾課『台湾港湾の概況』五一〜五二頁。
(48) 緒方武歳編『台湾大年表』（第四版）台湾経世新報社、一九三八年、六三頁。
(49) 台湾総督府交通局道路港湾課『台湾港湾の概況』五二頁。
(50) 台湾大観社『最近の南部台湾』台湾大観社、一九二三年、一八一頁。
(51) 馬鉅強「安平港的改良對策之研究（一八九五〜一九二五）」二一〜二二頁。
(52) 台湾総督府交通局道路港湾課『台湾港湾の概況』五二頁。
(53) 五條港運河は埋め立てられるか暗渠とされているが、現在も生活道路として機能しており、往時の痕跡を歩いて辿ることができる。
(54) 波方昭一「植民地台湾の官僚人事と経済官僚」波方昭一・堀越芳昭編『近代日本の経済官僚』日本経済評論社、二〇〇〇年。
(55) 波方昭一「植民地台湾の官僚人事と経済官僚」三二一〜三二二頁。
(56) 台湾総督府の経済構想は、毎年実施される「全島実業大会」における殖産局長の演説を通して知ることができ、その内容は台湾総督府の機関誌である『台湾時報』に掲載されている。ここでは、喜多孝治が第六回全島実業大会でおこなった演説に基づいて考察していく（喜多孝治「台湾の産業奨励に就て」『台湾時報』一九二三年一一月・一二月号、一九二三年一二月）。

（57）大友昌子『帝国日本の植民地社会事業政策研究――台湾・朝鮮』ミネルヴァ書房、二〇〇七年。
（58）台湾の電力については、以下の文献に詳しい。北波道子『後発工業国の経済発展と電力事業――台湾電力の発展と工業化』晃洋書房、二〇〇三年、湊照宏『近代台湾の電力産業――植民地工業化と資本市場』御茶の水書房、二〇一一年、林蘭芳『工業化的推手：日治時期台灣的電力事業』國立政治大學歴史學系、二〇一一年。
（59）台湾総督府民政部土木局『電気需要の現況と今後増進の趨勢』台湾総督府、一九一八年、七～八頁、湊照宏『近代台湾の電力産業』二一五～二一八頁。
（60）大久保達正ほか編『昭和社会経済史料集成（第二巻）』大東文化大学東洋研究所、一九八〇年、二九一頁。
（61）社団法人台湾電気協会が一九三四年一一月に発行した会報は「日月潭水電工事完成記念号」とされ、総督府統計官の原口竹次郎が「日月潭水電工事完成と南洋」と題する論文を発表している。原口は長年にわたって総督府官房調査課の「南支南洋調査」に携わっており、一九三〇年代に日本が直面した対東南アジア貿易摩擦を解決するために、東南アジアから工業原料を輸入し、それと日月潭の電力を用いて台湾の工業化を図るべきだとした（原口竹次郎「日月潭水電工事完成と南洋」『台湾電気協会会報』第六号、一九三四年一一月）。
（62）松本虎太・図司武八「花蓮港港湾調査報告書」一九二四年。
（63）台湾総督府交通局道路港湾課『台湾港湾の概況』一〇〇～一〇一頁。
（64）「全島実業大会委員会」『台湾日日新報』一九二〇年一一月二日。
（65）「安平築港」建議」『台湾日日新報』一九二九年四月一二日。
（66）淡水については、謝徳錫「再讀千帆：一九二〇～一九三〇年代淡水築港的夢想與挫折」『新北市立淡水古蹟博物館』二〇一六學刊、二〇一六年六月、に詳しい。謝は、淡水では「淡水築港期成同盟会」が組織され、主に全島実業大会を通した総督府への働きかけによって、淡水築港や修築を実現しようとしたが、総督府には容れられなかったとしている。
（67）「「安平築港」建議」『台湾日日新報』一九二九年四月一二日、「安平築港問題で一時代混乱に陥る」『台湾日日新報』一九二九年四月二五日。
(68) 緒方武歳編『台湾大年表』二一一頁。同年六月には、「総督任期恒久運動」もおこなわれた。
(69)「安平築港問題で新総督に陳情」『台湾日日新報』一九三一年二月一四日、「安平築港で又も陳情」『台湾日日新報』一九三一年三月二日、「長官台南を視察」『台湾日日新報』一九三一年五月二七日、「安平の築港問題で台南有志が陳情」『台湾日日新報』一九三二年七月二一日、「総督、台南視察」『台湾日日新報』一九三二年八月四日。
(70)「安平港口の新開鑿案とその技術効果の打合」『台湾日日新報』一九三一年二月二五日、「安平港問題で州当局に懇望」『台湾日日新報』一九三一年三月七日。
(71)「全島実業大会で可決された重要問題」『台湾日日新報』一九二九年五月四日、「安平築港を期する烽火台南に揚る」『台湾日日新報』一九二九年五月一六日、「安平築港で持切り」『台湾日日新報』一九三一年一月二九日。
(72)「国防の見地から安平を大築港」『台湾日日新報』一九三三年五月二一日。
(73)「第七四回帝国議会衆議院朝鮮事業公債法中改正法律案委員会議録第二回」一九三九年二月二七日、二頁。
(74) ただし、一九三六年五月から八月にかけて梧棲港の港湾調査が新たに実施されていることから、当初の港湾調査で適当な築港対象を発見できなかったのかもしれない（台湾総督府交通局道路港湾課『梧棲港調査書』台湾総督府、一九三六年）。
(75) 台湾総督府交通局道路港湾課『梧棲港築港事業計画書』台湾総督府、一九三七年。
(76) 台湾総督府交通局道路港湾課『梧棲港築港事業計画書』一五頁。梧棲港の築港決定は、台湾電力株式会社の電源開発に影響を与えた（湊照宏『近代台湾の電力産業』一三六頁）。
(77)「第七四回帝国議会衆議院朝鮮事業公債法中改正法律案委員会議録第二回」二頁。
(78) 朝元照雄『開発経済学と台湾の経験』勁草書房、二〇〇四年、一三三〜一三四頁。
(79) 朝鮮では一四港が開港場に指定されたが、一九一一〜一九四三年度の築港予算総額の四五%が釜山と仁川に投下された（尹明憲「朝鮮における港湾および海運業」河合和男ほか編『論集朝鮮近現代史』明石書店、一九九六年、一九六～二〇〇頁）。
（80）稲吉晃『海港の政治史』一五七頁。
（81）中国東北部にある牛荘・営口は相対的に衰退した主要港であるが、その背景には、日本の関東州租借と南満州鉄道の経営に伴う大連の築港があった（本書第5章参照）。

第10章　羅津　北鮮鉄道と朝鮮社会
――二〇世紀前半

竹内　祐介

はじめに

本章では、朝鮮半島東北部に位置する羅津《らしん》という港湾都市を取り上げる。羅津が都市になった（行政区分として「府」に昇格した）のは、一九三六年のことである。日本による朝鮮の植民地支配が一九一〇～一九四五年であるので、植民地期の都市としての歴史は僅か一〇年しかない。また一九四〇年の国勢調査によれば[1]、人口は三万八三一九人、当時朝鮮にあった二〇都市（府）中、一九位であり[2]、一位であった京城（ソウル）の九三万五四四六四人と比べるとその規模の差は歴然としている。このような（植民地期における）都市としての歴史も浅く、規模も小さい都市を、それでもあえて取り上げるのは、羅津が朝鮮社会よりも、その外にある日本―満洲関係にとっての必要性から誕生した都市、すなわち当時の「日本帝国」の必要性から誕生した都市という特徴をもっているためである。実際、これまでの多くの研究のなかで、羅津は日本―満洲関係という文脈のなかでしか扱われてこなかった。本章は、羅津という都市を（そこに接続する北鮮鉄道とともに）朝鮮社会との関連を意識しつつ、その特徴を捉えてみようというものである（本書第9章参照）。

羅津が日本―満洲関係の文脈の中で取り上げられてきたのには、次のような歴史的背景がある。日本が日露戦争を経て南満洲地域に強い権益を及ぼし始め、かつ朝鮮半島を植民地化した一九〇〇～一〇年代、日本と満洲を結ぶ輸送ルートは、満洲南端の遼東半島（関東州）に位置する大連港（本書第6章参照）を経由して南満洲鉄道（満鉄）社線に至る「①大連ルート」と、朝鮮半島南東端の釜山から朝鮮半島の縦貫鉄道（京釜線・京義線）を通じて半島北西部から満鉄に至る「②朝鮮半島縦貫ルート（安奉ルート）」[3]の二つが存在していた。これに次ぐ第三の日本―満洲連絡ルートとして、日本海側から朝鮮半島東北部を経由し鉄道で満洲に至る最短ルートが構想され、これを「③北鮮ルート」と呼んだ[4]。羅津はこの北鮮ルートの満洲側の終端駅・港として開発がはじまった地域であった。また、詳しくは後述するが、北鮮ルートの形成過程で、羅津とも接続する、朝鮮半島東北部に敷設された一部の鉄道区間と、羅津港・清津港・雄基港という三つの港湾の経営が、満鉄に委託経営されることとなり、これらは北鮮鉄道（北鮮線）および北鮮三港と呼ばれた（図1）。

羅津および北鮮ルートに関するこれまでの研究を整理すると次のようになる[5]。一つは、日本―満洲間の連絡ルート構想の形成過程や日中外交史、政策史的観点からの研究である。もう一つは、同ルートの管理

図1　日本―満洲連絡ルート

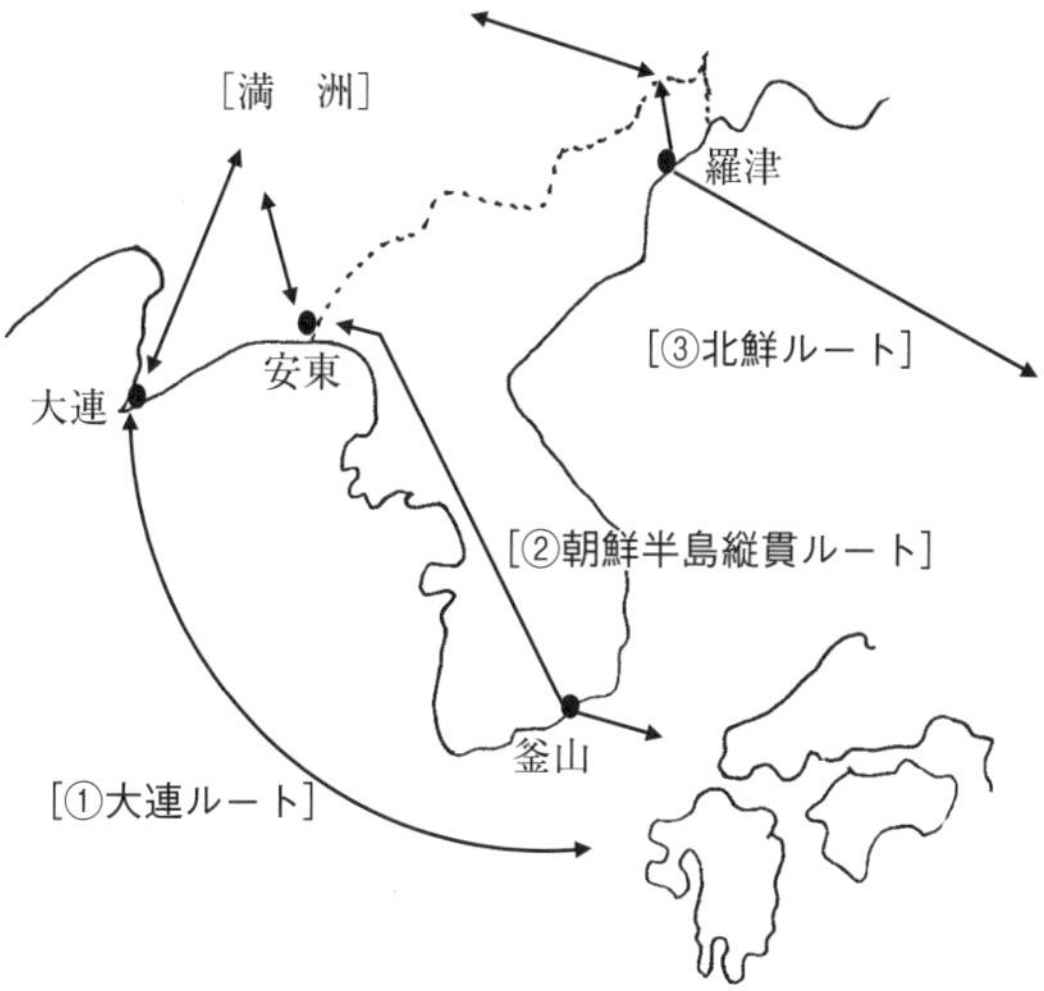

運営主体が満鉄であったことから、満鉄研究の一環として、日本―満洲間の物資輸送（貿易）の実態を論じた研究である(6)。この研究では特に、羅津港および日本海貿易が期待されたほどの成果を挙げなかったこと、そして羅津港の機能が日本―満洲間の通過貿易にあったことが指摘されている。

つまり、これまでの研究の多くは、羅津や北鮮ルートを、それらが朝鮮半島内に位置していながらも、朝鮮社会とはほとんど関係のない地域・輸送ルートとして扱ってきたのである(7)。こうしたなか、近年の研究で特に注目されるのは加藤圭木『植民地期朝鮮の地域変容(8)』である。加藤は、日本による朝鮮の「開発」が当該地域・住民にとっていかなる意味を持ったのかを問うことを課題とし、その事例の一つとして羅津をとりあげた。朝鮮市街地計画令による「都市開発」の問題や、地域有力者の動向、産業（漁業・肥料業）の変容など、多様な観点から「朝鮮社会の中の羅津」を考察している。なかでも特に強調されるのは、不十分にしか展開されなかった「開発」という視点である（第2節（2）で改めて取り上げる）。本章でも、加藤の視点に倣いつつ、羅津を朝鮮（経済）との関連を意識して分析をおこなっていく。またその際、羅津が日本―満洲間の輸送ルートの「通過点」として登場したという背景を踏まえて、羅津だけでなくそこに接続する北鮮鉄道とともに、貿易もあわせた物流という観点からその特徴を論じていくことにしたい。

最後に、本章の構成について触れておく。第1節では第三の日本―満洲連絡ルートとして、北鮮ルートが形成されていく過程を、既存研究の成果を整理しながら概観していく。第2節では北鮮三港・北鮮鉄道の満鉄委託経営期における北鮮鉄道および羅津の物流構造を検討する。その際、同じく北鮮三港の一つであった清津の物流構造との比較、および羅津の貿易と鉄道双方の物流を組み合わせることを通じて、日本―満洲間の連絡ルートとしての機能の一面性を明らかにする。第3節では限られた資料の中からではあるが、これまでの研究でも十分に触れられていない満鉄委託経営一部解除・貸付方式移行の経緯と、その下での北鮮鉄道および羅津の物流構造の変化に関して、朝鮮内の他地域との関係に留意しながら、試論を提示する。

1　北鮮ルートの形成過程

まず既存研究を利用しながら北鮮ルートの開通＝北鮮鉄道・北鮮三港の満鉄による委託経営が開始されるまでの過程を概観する。[9] 北鮮ルートの構想はすでに一九〇六年の統監府時代から存在していたが、[10] 本格的に具体化するのは一九〇九年の「間島に関する日清協約」による吉会線敷設権の獲得からである。

（1）吉敦線の敷設

日露戦後、日本は南満洲での権益の拡大、対ロシア対策の軍事輸送ルート、間島問題の解決策として「吉会鉄道」（吉林―会寧間）に注目するようになった（長春―吉林間は清国が建設資金の半分を日本から借入して一九一二年一〇月に営業を開始した）。そして一九〇九年九月に清国から吉会鉄道の敷設権を獲得すると（「間島に関する日清協約」）、一九一八年六月には中国に対して敷設金として一千万円の借款（西原借款）を供与した（「吉会鉄道借款予備契約」）。しかし翌年一月の中国内部の政変により本契約は締結されず、吉会鉄道敷設は一時中断することになった。

一九二一年松岡洋右が満鉄理事に就任すると、張作霖政府との間で再び吉会鉄道の敷設交渉が開始された。外務省は南満洲での権益拡張、陸軍は軍事作戦上の理由（東京―長春間を満鉄本線経由より千キロ短縮できる）から吉会鉄道敷設に積極的であり、松岡は両者の立場を考慮して積極的に交渉を行った。しかし、中国の内乱によって交渉はまた中断し、ようやく一九二五年一二月に吉会線の一部である吉敦線（吉林―敦化間）の敷設が実現した（「吉敦鉄道建造請負契約」）。

しかし、一九三〇年に松岡が理事を辞職した後の満鉄は、吉会鉄道に対して消極的姿勢に転換した。理由は吉会鉄道の経済的利益が少ないためであった。吉会鉄道の終端地が朝鮮側にあるため、物資流出による損害を憂慮し、むしろ物資を大連に集中させる大連中心主義の立場をとるようになっていった。

図2　満洲（国）路線図および京図線・朝開線路線図

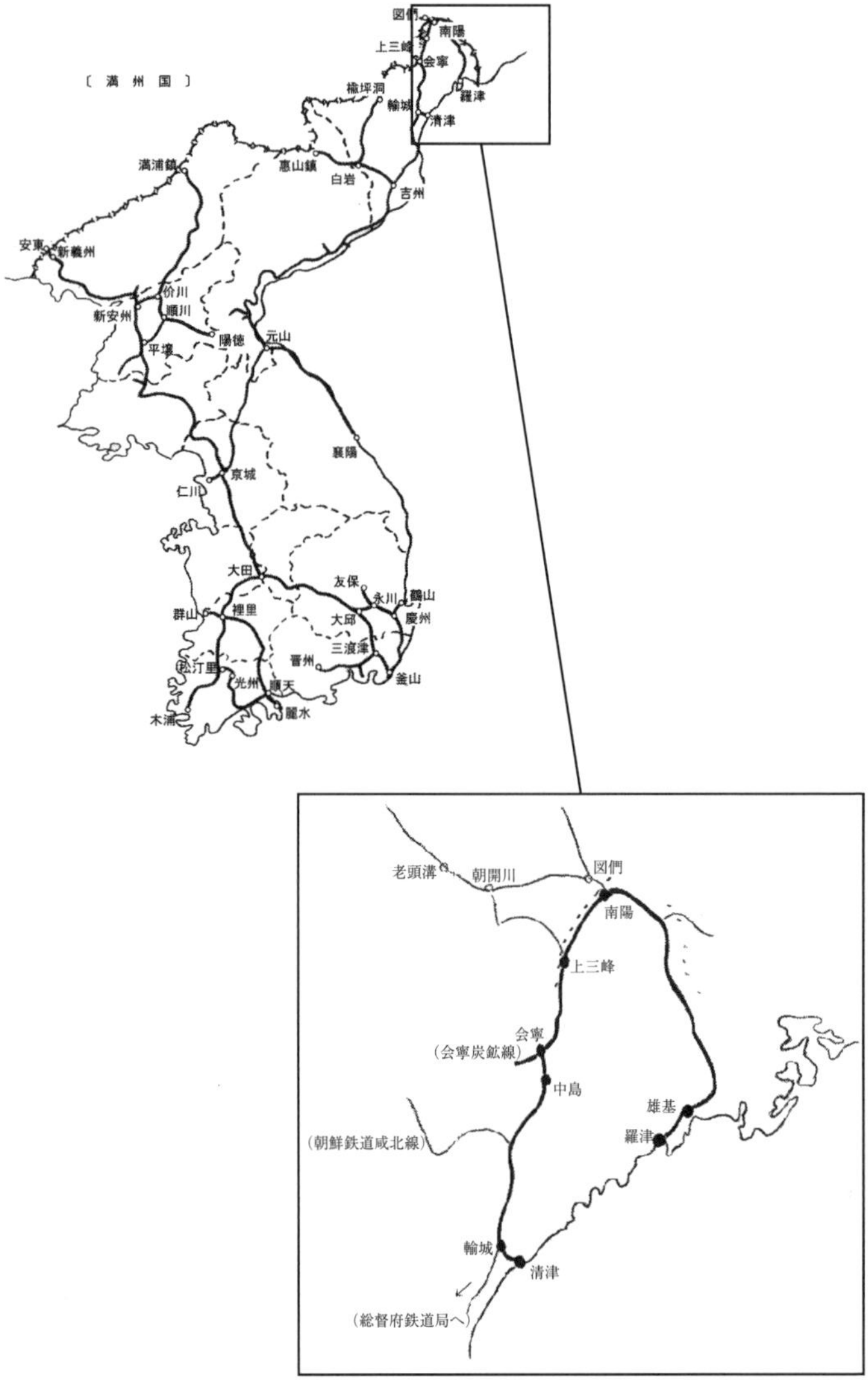

(2) 天図鉄道・図們鉄道敷設と経営難

一方、満鉄社線側からの路線延長とは別に、朝鮮―満洲国境付近での朝満連絡ルートの建設も同時に進行していた。それが、飯田延太郎が社長である南満洲太興合名会社の天図軽便鉄道（老頭溝―図們間、および朝陽川―上三峰間）と図們軽便鉄道である。前者は飯田がすでに所有していた天宝山銀銅鉱、老頭溝炭鉱の運搬鉄道であり、後者はそれを朝鮮内に輸送させるための鉄道である。図們軽便鉄道は太興合名会社の直営事業として一九一九年に総督府の許可を受け、一九二〇年より営業を開始した（上三峰―会寧間）。ただし翌年の一九二一年には、太興合名会社の子会社として経営移管されることになる。そして一九二四年までに潼関まで路線を延長した。一方、満洲側の天図軽便鉄道はなかなか建設が進まなかった。その理由は吉林省との工事着工許可交渉が難航したためである。最終的に、一九二二年に天図鉄道は吉林省との官商合弁会社という形態で、日本が大部分譲歩することでようやく許可を受けることとなり（「中日官商合弁天図軽便鉄路公司契約」）、一九二四年に営業を開始できるようになった。そして一九二六年に図們江連絡橋が完成した結果、老頭溝―図們連絡橋経由―南陽に入るルートと朝陽川から上三峰に入るルート、二つのルートで満洲側と朝鮮側を連結する鉄道が一応完成することになった。

しかし天図鉄道の経営は不振であった。その理由は、第一に輸送能力不足（狭軌）による在来輸送手段（牛車、馬車）の存続とそれに伴う貨車収入不足、第二に運転事故多発による保存費負担である。さらに天図鉄道の経営に対しては親会社である太興合名会社に対して東洋拓殖会社（東拓）が多額の出資を行っていたので、その負債も問題となっていた[11]。

図3　朝鮮路線図および北鮮鉄道路線図

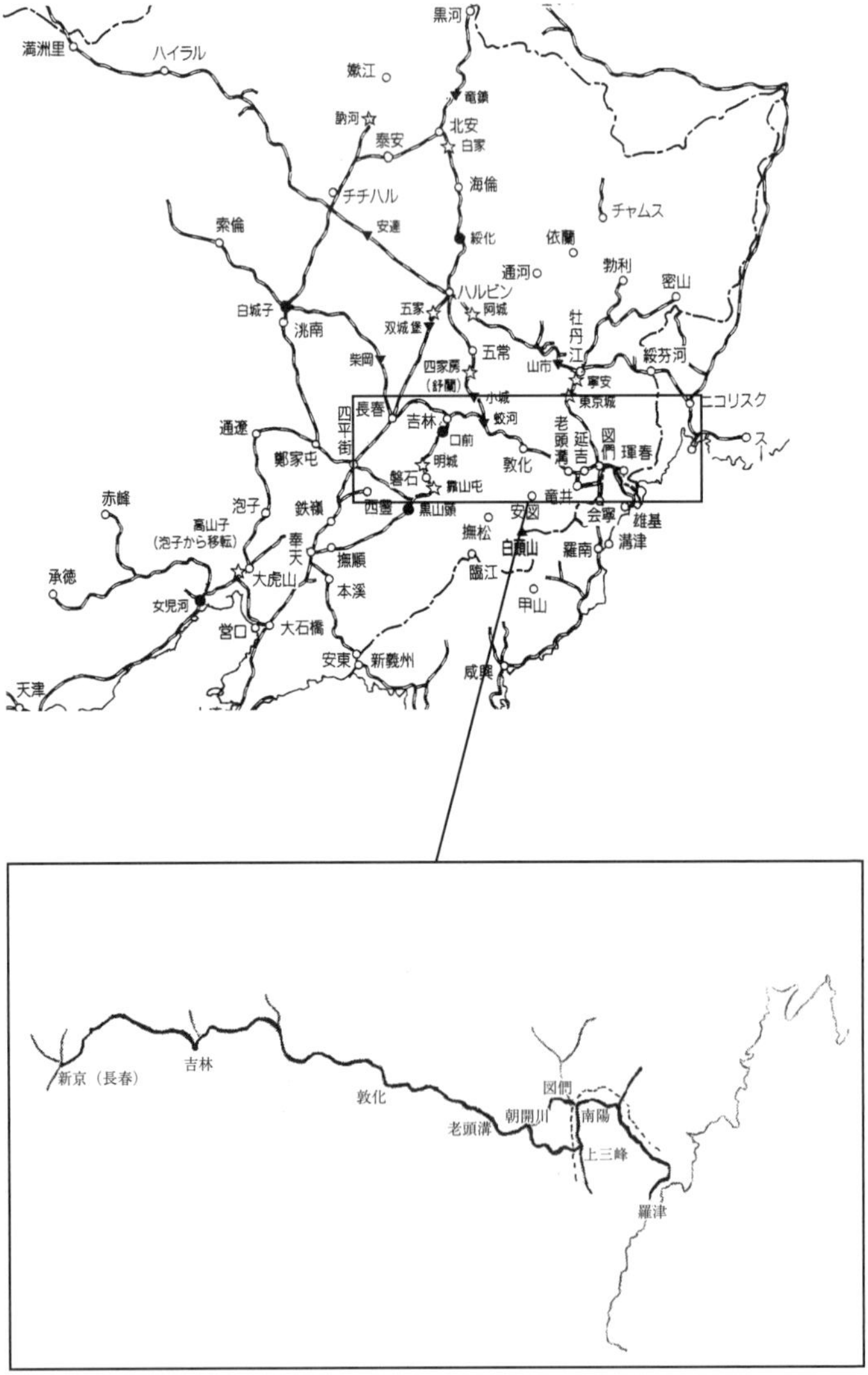

（3）朝鮮側の鉄道整備

以上のように、北鮮ルートをめぐる満洲側の路線建設が遅延していたのに対し、朝鮮側の路線建設は順調に進んでいった。まず朝鮮総督府は、元々日露戦争時に軍事軽便鉄道として敷設されていた清会鉄道を改軌し、一九一六年に咸鏡北部線（清津―会寧）として営業を開始した（その後、咸鏡線自体の路線を延長し一九二八年に元山まで全通）。さらに一九二七年から始まる「朝鮮鉄道十二年計画」では、一九二九年に図們軽便鉄道を買収して改軌する（図們西部線）と同時に新たに雄基―潼関までの図們東部線を新設した（一九三三年八月全通）。このように北鮮ルートの朝鮮側の準備は順調に進んでいった。この背景には総督府鉄道局長である大村卓一の力が大きく影響していた[12]。大村は朝鮮東北部の開発には満洲からの物資流入が必要と考え、さらに両者の連結は結果として満洲の開発にも寄与すると考えていたためである。

（4）満洲事変と京図線・朝開線の完成

北鮮ルートが完成するには、残りの区間は敦化―老頭溝間だけであったが、先述したように満鉄は、吉会線の経済的利益が少なく、それより他の路線を優先したいという理由から路線延長に消極的だった。もう一つの解決策として、東拓の出資によって天図鉄道を延長するという案もあったが、狭軌の延長では輸送力に問題があり、また東拓に対する負債が結果的に日本の大蔵省預金部の負担になるため大蔵省がこの案に反対していた。さらに根本的にその他路線建設も含めて、中国側との交渉が難航していたこと、現地住民の反対運動が展開されるなど「吉会線問題」はなかなか解決されなかった[13]。

結局北鮮ルートの満洲側の路線は、最終的に満洲事変および満洲国成立を背景として、関東軍の主導によって解決されることになった。関東軍は軍事的必要性（北満洲におけるソ連軍の勢力一掃）から、吉会線の建設を満鉄に対して強く要請した。その結果、一九三二年になり吉敦鉄道の延長が決定し、また天図鉄道も満鉄が改軌、経営することで合意した（「吉敦延長線建設に関する方針要綱」）。こうして京図線（新京―図們間）及び朝開線（老頭溝―上三峰間）という二つの経路から満洲と朝鮮の鉄道を連結するルートが出来上がることになった。さらに一九三三年五月には、満鉄と朝鮮総督府の交渉が開始され、同年九月に京図線・朝開線の終端港である北鮮三港（羅津港・雄基港・清津港）までの鉄道区間の満鉄委託経営が決定された（「朝鮮国有鉄道一部の委託経営契約」及び「同上附属協定」）。このようにしてようやく北鮮ルートは一応の完成をみることになったのである。

2　満鉄委託経営期の羅津・北鮮鉄道

ではこのように決定された北鮮ルートの物流実態はどのようなものであったのだろうか。以下からは、満鉄に委託経営された羅津港および北鮮鉄道の物流について検討していくが（ただし、資料の制約上、主な検討は一九三八年度まで）、あらかじめこの委託経営のその後の展開について触れておきたい。この北鮮鉄道・北鮮三港の委託経営は、一九四〇年七月、同区間中、清津―上三峰間（および会寧炭鉱線）と清津港の経営が再び朝鮮総督府に返還され、残りの区間および羅津港・雄基港は満鉄に貸付経営という形に移行することになった。委託経営一部解除と貸付経営期については、その経緯などを含めて、これまでの研究でも十分に触れられてはいない[14]。そのため、一九四〇年以降の貸付経営期の羅津および北鮮鉄道の物流については、節を変えて改めて検討することとする。

（1）満鉄委託経営期の北鮮鉄道・羅津の物流構造

一九三三年一〇月から、北鮮ルートの内、朝鮮半島に敷設された路線、すなわち朝鮮局鉄[15]の咸鏡線・輸城駅以北（清会線：清津—輸城—会寧間、会寧炭鉱線：鶏林—会寧間）と図們線（会寧—雄基間）の満鉄委託経営が開始された。同時に、その終端駅・港湾として指定された清津港・雄基港および一九三五年に新たに築港された羅津港の経営も満鉄に委託経営されることになった。[16]まず満鉄は、清津に満鉄北鮮鉄道管理局を設置し、同鉄道及び港湾の経営を担当させた。[17]次に、この時点で京図線から南陽を経て雄基まで続く一四四・〇キロの北鮮東部線と、南陽から上三峰及び朝開線経由上三峰から清津までの北鮮西部線一七〇・二キロ（及び会寧炭鉱線一一・七キロ）は全て連結されていたので、満鉄は残りの終端港・羅津港および羅津まで至る雄羅線一五・二キロ（雄基—羅津）の工事に着手した。[18]

元々、京図線の敷設が決定された時点で、その主たる終端港はすでに開港していた清津港と雄基港ではなく、羅津港とされていた。その理由は第一に、清津までの輸送距離の問題、第二に雄基港、清津港の貨物呑吐能力であった。雄基港が六〇万トン、清津港が一〇〇万トンであるのに対し、羅津港は第一期工事計画で三〇〇万トン、最終的に九〇〇万トンにまで達する予定だった。[19]また表1で満鉄がこの北鮮三港およびそこに集散する貨物量をどのように予想していたかを確認すると、一九三六年には輸出入合計で雄基港と清津港の呑吐能力合計（一六〇万トン）を超える量であったから、北鮮ルートにとって羅津の築港こそ喫緊の課題であったということができる。そして羅津港の第一期工事および雄羅線の工事は一九三五年

表1　北鮮三港における集散貨物の予想量

（単位：トン）

	輸出				
	羅津	雄基	清津	（満洲より）	（朝鮮より）
1934		162,000	638,000		
1935		159,000	641,000	526,000	274,000
1936	435,000	167,000	670,000	1,093,000	289,000
1937	909,000	181,000	727,000	1,434,000	314,050

	輸入				
	羅津	雄基	清津	（満洲より）	（朝鮮より）
1934		38,000	154,000	151,000	41,000
1935		41,000	159,000	158,000	42,000
1936	74,000	29,000	115,000	175,000	43,000
1937	91,000	19,000	73,000	139,000	44,000

注：輸出の1936～37年は三港合計と満洲、朝鮮の集散量が一致しない。誤記と考えられる。
出典：鉄路総局『京図線及後背地経済事情――北鮮三港を含む』、1935年、418～419頁。

一〇月に完成し、北鮮ルートは本格的に始動するようになったのである。

まずは北鮮三港、北鮮鉄道全体の物流から確認してみよう。北鮮三港の輸出入の実績を示した表2と表1を比較してみると、当初予想された輸出入量とは大きく異なる動向を見せていることがわかる。港別にみれば、羅津港の不振、輸出入別にみれば輸出の不振が特徴だといえる。羅津港の不振は補助港である雄基港の輸出入も考慮すれば相殺される部分もあるが、それでも輸出の不振という事態は変わらない。表1をみれば、予想輸出量の大部分は満洲からの流入貨物であるため、輸出の不振は満洲からの流入貨物が予想よりも少なかったためだと考えられる。

この点を確認するため、次に北鮮鉄道の貨物輸送状況を表3からみてみよう（ただし、本節では一九三八年までの検討）。満洲から北鮮鉄道向けの発送量は一九三六年六二万トン、一九

表2　北鮮三港の輸出入実績

（単位：トン）

	輸出					
	羅津		雄基		清津	
1934			135,965	(84)	173,875	(27)
1935	158,142		255,173	(161)	328,923	(51)
1936	158,142	(36)	255,173	(153)	407,056	(61)
1937	440,547	(48)	250,212	(138)	304,559	(42)
1938	708,576		224,538		276,025	
1939	371,849		176,506		259,954	
1940	183,820		149,281		69,048	
1941	180,167		72,372			
1942	376,659		51,707			

	輸入					
	羅津		雄基		清津	
1934			80,858	(213)	120,057	(78)
1935	8,960		123,112	(300)	267,597	(168)
1936	31,754	(43)	109,413	(377)	337,042	(293)
1937	47,783	(53)	60,720	(320)	311,946	(427)
1938	133,322		72,099		412,846	
1939	362,711		146,141		557,280	
1940	285,812		61,995		120,247	
1941	314,157		45,350			
1942	305,181		2,376			

注1：輸出入には対日本帝国（移出入）も含む。
　2：各港実績の右欄は表1の予想量に対する比率（%）。
　3：清津の1940年は4～6月分のみ。
出典：南満洲鉄道株式会社鉄道（鉄路）総局『鉄道統計年報』港湾編、各年版。

三七年七一万トンであるが、表1の予想量と比較してみると、五六%、四九%程度であった[20]。一九三五年以後、貨物量が増加している点をみると、羅津の開港が北鮮鉄道の輸送量に大きな影響を与えたのはたしかだが、それは期待されたほど大きくはなかったということができる。こうした点から日本―満洲間を連結するという役割からみた北鮮ルートは不振だったということができる[21]。

表3　北鮮鉄道の貨物輸送実績　1934〜1938、1941年

（単位：トン）

	北鮮鉄道内発送量	到着地域		北鮮鉄道内到着量	発送地域	
		満洲	朝鮮（北鮮除く）		満洲	朝鮮（北鮮除く）
1934	751,857	187,487	221,608	689,860	265,695	79,780
1935	1,026,200	206,472	341,107	1,031,456	441,967	108,287
1936	1,300,542	225,306	460,605	1,373,052	618,239	136,794
1937	1,514,412	304,777	538,192	1,562,410	706,994	174,669
1938	1,702,535	380,855	591,575	2,030,668	932,621	358,609
1941	1,441,917	850,727	856,822	960,587	251,318	946,522

注1：1939〜1940年は統計の欠落により不明。
　2：1937〜1941年の対満洲発着量は筆者による推計値。
　3：満洲発着には図們駅の発着量も含む。
　4：1938年以前と1941年では路線範囲が異なる。詳細は本文参照。
出典：南満洲鉄道株式会社鉄道（鉄路）総局『鉄道統計年報』各年版。

　さらに表3から読み取れることとして特徴的なのは、北鮮鉄道が日本―満洲通過ルートの一部として期待されたにもかかわらず、対朝鮮発着量[22]も多いことである。この点を詳しく見るため、表4から終端駅となる羅津駅および清津駅の貨物集散状況を検討してみると、その特徴は清津駅の方によく表れているといえる。清津駅に到着する貨物（四九万トン）の内、七四％は朝鮮内から発送され、また逆に清津から発送する貨物（二二万トン）の内、五三％は朝鮮内に到着したことがわかる。すなわち、清津の場合、北鮮ルート（すなわち満鉄の）終端駅・港というよりも、朝鮮東北部の終端駅・港という性格の方が強かったということができる[23]。他方、羅津は、到着貨物（八〇万トン）の内の一三％、発送貨物（一九万トン）の内の一五％しか朝鮮との間の発着はなく、それ以外はほぼ対満洲との間の発着であった。

　清津駅と比べると、羅津駅は日本―満洲連絡ルートとして（期待されたほどではなかったにしても）機能していたようにも見える。しかしこの鉄道発着量と、前掲表

表4　羅津・清津の貨物集散状況（1938年）

（単位：瓲）

駅名	地域	路線	発送	到着
羅津	朝鮮	朝鮮局鉄	14,423	1,608
		北鮮西部線	24,499	5,136
		北鮮東部線	60,341	21,811
	朝鮮 計（その他朝鮮線も含む）		100,999	28,823
	満洲 計		695,734	163,742
羅津 計（その他路線も含む）			（羅津着）796,817	（羅津発）192,675
清津	朝鮮	朝鮮局鉄	173,032	50,284
		北鮮西部線	140,056	40,089
		北鮮東部線	47,242	9,431
	朝鮮 計（その他朝鮮線も含む）		362,791	116,111
	満洲 計		127,563	101,831
清津 計（その他路線も含む）			（清津着）491,003	（清津発）217,995

注：「羅津」は羅津駅と羅津埠頭駅の合計、「清津」は清津駅と清津埠頭駅の合計。
出典：表3参照。

２の貿易量およびその商品と相手先を組み合わせてみると、また違った評価が生まれてくる。一九三八年度の羅津駅到着量は八〇万トン、羅津港輸出量は七一万トンであるが、鉄道到着量の内、八九％にあたる七一万トンは大豆であり[24]、輸出量の内、九一％にあたる六四万トンもまた大豆であった[25]。しかも、さらにその内の五八万トンは外国（欧州、米国）向けの輸出で、対日本輸出量よりもはるかに多かった[26]。他方、鉄道発送量（一九万トン、内、一六万トンが対満洲向け）と輸入量（一三万トン、内、九七％は日本からの輸入）を組み合わせてみると、日本からの輸入品の多くが満洲に向かったものと考えられる。すなわち満鉄委託経営期における羅津経由の北鮮ルートは、日本から満洲への一方的な連絡ルートだったという評価になる。満鉄委託経営下における北鮮ルートおよび羅津はその期待に対して「不振」だっただけでなく、連絡ルートとしても一面的な機能しか果たしていなかったといえる。

(2) 都市としての羅津の「開発」

鉄道・港湾といった交通インフラの整備は満鉄が主導したのに対し、都市としての羅津は、朝鮮総督府が主体となって「開発」を進めることになった。(27) とはいえ両者は別個に進められたものではなく、開発の契機は北鮮ルートの終端港・駅に決定したことであり、特に朝鮮総督府が主体となって進めた事業は土地買収・収容事業、すなわち港湾・鉄道建設のための基礎作業となる部分であった。また一九三四年には朝鮮市街地計画令が適用され、中心部の区画整理など本格的な都市開発が進行していった。

こうして羅津は、元来、漁業・農業を中心とした社会であったが、以降、人口流入が始まるようになった。特に人口の大部分を占めたのは、「労働者移動紹介事業」などを通じ、主に南部朝鮮から移動してきた労働者などの朝鮮人であった。日本―満洲間の連絡ルートおよびその満鉄側の終端港・駅として誕生した羅津ではあるが、人口構成からみれば、元来その地で生活してきた人々も含め、やはり朝鮮社会の中の都市という性格をもつものだったといえる。その人口の推移を確認すると、一九三一年四五二〇人、一九三三年一万五二六二人、一九三五年二万八七七五人、一九三六年二万三六九五人、一九三七年二万四五〇八人、一九四〇年三万八三一九人となる。(28) 先述の加藤圭木が問題とするのは、一九三五〜一九三七年にみられる人口減少(特に都市中心部の人口減少)である。この理由を、「開発」工事の遅れ、土地整理に伴う住宅の撤去とその後の未整備、開発工事に伴う労働需要を、より低賃金な「中国人ないし満洲国人」で満たそうとすることで朝鮮人労働者が流出したこと、それらの要因があいまって住民(特に朝鮮人)の生活が不安定であったこと(それに対して地域有力者が対応しようとしなかったこと)に求めている。確かに開発進行中の都市の人口減少は注目すべき現象であるが、先の推移にみられるように、人口減少は一時的なもので、その後には再び人口増加が起きている。[29]「開発」の不十分さは指摘できるものの、他方で戦時期に入ると、異なる事態が生じていたといえる。次節ではこうした変化が、物流構造とどのように関係してくるのか、限られた資料のなかから検討していく。[30]

3　満鉄貸付経営期の羅津・北鮮鉄道

(1) 委託経営一部返還と貸付経営への移行の意義

第二次世界大戦の勃発と日本の本格的な貿易統制は、満洲の貿易や鉄道を通じた物資移動にも大きな影響を与えた。[31]そうしたなか、先述の通り、一九四〇年に入り、北鮮鉄道及北鮮三港の経営方式は再度調整されることになった。すなわち、第一に、北鮮西部線の一部路線（清津―上三峰）と清津港が総督府に返還されることになり、第二に、残り路線及び港湾の経営方式が委託経営から貸付方式に変更されることになった。なぜ再度経営調整を行う必要があったのか。まずその理由を確認してみると次の通りである。

北鮮鉄道及港湾終端施設ハ日満交通ノ一幹線トシテノ機能ヲ発揮セシムルベク朝鮮総督府ヨリ満鉄ニ委託経営セシメ来リタル処最近ニ於ケル北鮮ノ産業開発ノ進展ト東北満洲ノ経済発展ノ状況ニ鑑ミ愈々右交通路ノ経営強化ノ要切ナルモノアリ之ガ為委託経営ノ過去ノ実情ニ鑑ミ施設ノ所有ト之ガ経営トノ主体ヲ単一ナラシムルヲ要スルヲ以テ本施設ノ利用関係ヲ考慮シ朝鮮総督府ニ於テ経営スルヲ適当ト認ムル部分ニ付テハ満鉄ニ対スル委託経営ヲ解除シテ朝鮮総督府ノ経営ニ復帰シ其ノ残部ハ之

ヲ終局ニ於テ満鉄ノ所有ニ帰セシムルヲ目途トシ不取敢満鉄ニ貸付シ其ノ経営ニ委ヌルト共ニ満鉄ヲシテ本交通路ノ日満連絡幹線トシテノ機能ヲ遺憾ナク発揮セシムル為所用ノ措置ヲ講ズルノ要アリ[32]」

注目されるのは、第一に、調整の理由として、委託経営の過去の実情からみて、総督府が経営するのが適当な部分（つまり清津—上三峰間及び清津港）があるという点と、第二に、調整方式として残りの部分は満鉄が「半永久的に所有するのを目的として」、委託経営から一時的に貸付方式に変更する、という点である。第一の点については、すでに前掲表4で見た通り、清津が羅津よりも朝鮮内部との輸送関係が大きかった点からも明らかであろう[33]。

第二の点、満鉄の経営方式が「委託」から「貸付」に変更されるのはどのような意味があったのだろうか。これについてもはっきりとした理由は示されないが、一つの可能性として、これによって総督府に対する納付金の方式も変更になった点が注目される。委託経営時は、前年度ないし当該年度の投資額に対して一定の比率（二・二％〜四％）を納付金として支払っていたが、貸付経営下では施設の貸付料として支払うことになった[34]。その結果、一九四一年度からは総督府に対する支払い金額は約八九万円で固定されるようになった[35]。一九三九年度までの北鮮鉄道の営業成績を示した表5によると、北鮮鉄道自体の収支は、一九三九年を除外して基本的にプラスであったものの、総督府に対する納付金の変動が大きく、またその納付金を含めると損失が発生するという構造であった。その点を考慮すると、貸付方式によって総督府への納付額が定額になったことは、満鉄の北鮮鉄道及び港湾経営投資に有利に作用した可能性がある（ただし返還区間からの収益がどの程度あったかにもよる）。一九四〇年度以降は、北鮮鉄道の独自会計ではな

表5　北鮮鉄道の営業成績

（単位：千円）

		1933	1934	1935	1936	1937	1938	1939
収入	客車収入	507	1,127	1,175	1,517	2,032	2,317	3,717
	貨車収入	1,134	2,501	3,351	4,787	5,842	8,082	8,082
	その他	115	357	488	475	245	571	1,721
	計	1,756	3,985	5,014	6,779	8,119	10,970	13,520
営業支出		1,657	3,888	4,550	5,495	7,402	9,801	14,682
損益		99	97	464	1,284	717	1,169	−1,162
総督府納付金		719	1,446	1,479	830	845	339	1,200
再差引損益		−620	−1,349	−1,015	454	−128	830	−2,362

注1：「その他」収入は倉庫収入、自動車輸送収入、医院収入、利息収入など。
　2：総督府納付金は、協定により1935年度までは各前年度委託鉄道投資額の4％、36年度は同年度2.2％、37年度は2.2％から15万円控除した額、38〜39年度は3％。

出典：南満洲鉄道株式会社『南満洲鉄道株式会社第三次十年史（上）』1428頁、および満鉄会『南満洲鉄道株式会社第四次十年史』龍渓書舎、1986年、337頁。

く満鉄全体の勘定に合計することになったため、貸付経営以後の北鮮鉄道単独での収支を計算することはできないが、そのことも含め、貸付経営に変更したことで北鮮鉄道と満鉄の一体化が進むことになったということができる[36]。

(2) 満鉄貸付経営期の北鮮鉄道・羅津の物流構造

ではこのように満鉄との一体化が進んだ北鮮鉄道および羅津の物流構造は、以前とどのように変化したのだろうか。検討できる素材は限られているが[37]、前掲表3の一九四一年度の値から考えてみよう。まず一九三八年度と比較して次の諸点が指摘できる。第一に、北鮮鉄道の発着量は、営業区間の縮小に伴い減少していることである。第二に、北鮮鉄道内からの発送量より、満洲および朝鮮（北鮮鉄道内到着分を除く）への到着量が大きくなっていること、同様に、北鮮鉄道内への到着量よりも、満洲および朝鮮からの発送量が多くなっていることである。これはすなわち、北鮮鉄道経由の満洲―朝鮮間の「通過輸送」が増加したことを示しており、こうした変化の理由の一つは、朝鮮総督府に一部返還した路線（清津―上三峰間）と満洲間の輸送が「通過輸送」として反映されたことにあったと思われる。(38) 第三に、清津を含む「総督府が経営するのが適当な部分」を総督府に返還したにもかかわらず、北鮮鉄道の対朝鮮発着量が増加している点である。そして第四に、対満洲発着量が、一九三八年度以前は発送量のほうが多かったものが、一九四一年度には到着量のほうが多くなっていることである。第三・第四の点について、詳しく見ていこう。

第三の変化の理由の一つにも、先述の総督府への一部返還路線の問題がかかわっていると考えられる。すなわち、返還路線と現・北鮮鉄道との間の輸送が反映された結果ということである。表3の一九三八年度までの値からは、おおよその「北鮮鉄道内」輸送量を把握することができるが、(39) その量は「満洲発↓北鮮鉄道着」の輸送量に次ぐ大きさとなる。(40) では北鮮鉄道内ではどのような貨物が輸送されていたのかをみると、主要な輸送貨物は石炭と社用品（北鮮鉄道の営業に使用される貨物）であり、社用品の内訳もまた石炭がもっとも大きかった。北鮮鉄道沿線は有煙炭炭鉱が集中していた。旧・東部線沿線には阿吾地炭田、承良炭田、豊仁炭田、古乾原炭田、訓戎炭田（また満洲領域であるが琿春炭田）があり、旧・西部線沿線には弓心炭田、会寧炭田、西儀峰炭田、遊仙炭田、竹浦炭田、鶏林炭田がある。(41) これら炭田の埋蔵量は朝鮮全体の五七％を占め、家庭用燃料、鉄道燃料として北鮮鉄道内ないし朝鮮へ輸送された。こうした点をみると、北鮮鉄道は日本―満洲間（ないしは朝鮮―満洲間）の通過ルートとしてだけでなく、北鮮鉄道内および朝鮮他地域にとってもその沿線が価値を有していたということができる。

第四の変化は、特に満洲からの大豆輸送にかかわる変化である。一九四一年度の羅津港輸出量（前掲表

2）は一八万トンで、一九三八年度より七五%減となり、なかでも大豆の輸出量は五万トンとなって、輸出量全体の二七%にまで減少してしまった（一九三八年度では九一%も占めていた）。これは欧州市場が、第二次世界大戦とともに完全に失われた結果である。一方、羅津駅の鉄道到着量は、四一万トンで一九三八年度より四八%減、大豆の鉄道到着量は一二万トンで、鉄道到着量全体の三九%（一九三八年度は八九%）へとやはり減少しているが、輸出量と比べると相対的に減少幅が小さいことが指摘できる。大豆に関しては、一九三八年度では羅津駅に到着したほとんどが輸出されていたが、一九四一年度は多くが輸出されずにそのまま羅津に「残されていた」といえる。その用途を確定することは難しいが、羅津において大豆搾油業の存在を確認できないことから[42]、食用穀物として需要された可能性が高いのではないか。そう考えられる理由として、先にみたように一九三八年以降再び人口が増加していること、そして一九四一年度の羅津駅には他に米の到着量もまた増加（一九三八年度五二七九トンから一九四一年度一万三三トンへ増加）していることから食糧需要が高まっていたと考えられるためである。

羅津における米の需給をもう少し立ち入って検討してみよう。表6に示した通り、一九四一年度の鉄道に加え、船舶（輸入）によって羅津に流入した米は一万六六九三トン、逆に鉄道および船舶（輸出）によって流出した量は六五六五トンとなる。つまり流出量を差し引いた一万一二九トンが羅津に「残されていた」と考えられる。朝鮮東北部は米の生産がほとんどおこなわれていない地域であったので、これを羅津における「消費量」とみなし、一九四一年度の人口三万八三四八人で割ると[43]、一人当たりの「消費量」は〇・二六トン（約一・七四石）となる。同じように一九三八年度の米の一人当たり「消費量」は〇・二三トン（約一・五四石）という値となる。戦時期に入ってからの羅津の人口増加は、それに伴う食糧の供給を

表6　羅津における米の流出入と一人当「消費量」

（単位：トン）

		1938	1941
流入	鉄道到着	5,284	10,033
	輸入	740	6,660
流出	鉄道発送	1,066	6,061
	輸出	0	504
羅津流入量　計		4,958	10,129
人口（人）		21,487	38,348
一人当たり「消費量」		0.23	0.26

注：羅津流入量　計は「流入　計」から「流出　計」を差し引いた値。
出典：貿易の値は表2、鉄道の値（ただし、羅津駅・羅津埠頭駅・南羅津駅の合計）は表3を参照。人口は朝鮮総督府『統計年報』各年版。

伴って進行していたということになろう。また、植民地期の朝鮮は、米の一人当たり消費量が減少し、代わりに雑穀（麦や粟など）を消費する社会であったが、京城のような都市では米の消費量が増加する傾向にあった。一九三六〜一九三八年度の京城の一人当の米消費量は一〜一・三石程度だったと考えられるため[44]、羅津の消費量がそれよりも多かったとは考えにくいが、朝鮮社会一般とは異なる「都市」相応の消費傾向があったことは推察される。そして、改めて表6の一九四一年度の値をみると、羅津の米輸入量と鉄道発送量がほぼ同じであり、これは朝鮮の外（日本）から入った米は羅津を経由して他地域（おそらく満洲）に輸送されたものと考えられる一方、そうだとすると羅津に「残された」米は朝鮮南部もしくは北西部から流入したものであったと考えられる。このように、満鉄による経営方式の変更に伴って鉄道や港の経営は満鉄との一体化がはかられていくものの、羅津自体は他の朝鮮地域との結びつきを維持しながら、再生産をする構造を作っていたのである。

おわりに

物流という観点から、羅津および北鮮鉄道の特徴とその変化を検討してきたが、改めてまとめると次の通りである。まず北鮮ルートが完成し、北鮮鉄道および北鮮三港の満鉄委託経営が開始されると、その終端港とされた北鮮三港には多くの貨物が集散することになった。しかしそれは当初期待されたほどの成果を挙げなかった。その一番の理由は、もっとも期待された羅津港の不振、特に満洲から流入する貨物が予想ほど増えなかったためであった。とはいえ、同じく北鮮三港の一つである清津と比較すれば、羅津はたしかに満洲地域との間の物流がより盛んな地域ではあった。しかし鉄道・貿易双方を組み合わせて検討してみると、満洲から羅津を経由して輸出される大豆はほとんど欧州など外国に向けられているなど、日本—満洲間の連絡ルートの機能としては一面的であった。

一九四〇年七月に満鉄による北鮮鉄道・北鮮三港の一部が朝鮮総督府に返還され、経営方式も「委託」から「貸付」に変更されると、北鮮鉄道・港の経営は満鉄との一体化が進行した。しかしながら、その物流構造を検討すると、それによって必ずしも満洲地域との輸送関係が強まったとはいえなかった。また羅津自体は、一時的に人口が減少し、都市開発の不十分さが見られた時期もあったが、戦時期には再び人口も増加し、それに応じた食糧需要の増加と朝鮮他地域から米の供給がみられるなど、朝鮮他地域との関係を保ちながら都市としての特徴を示すようになっていった。羅津および北鮮鉄道は、その誕生の背景には日本—満洲間の連絡ルートの形成という朝鮮の外（とはいえ日本帝国内ではあるが）からの必要性があったが、物流という側面からみても、朝鮮社会の中の鉄道・都市という性格を持っていたということができよう。

＊　本稿は、平成二七年度科学研究費助成（若手研究（B））の交付を受けた研究課題「満鉄社線の対外経済関係に関する研究」（課題番号15K17101）の成果の一部である。

（1）　朝鮮総督府『朝鮮昭和十五年国勢調査結果要約』一九四四年。
（2）　ただし、日本人人口比率は二三％で、二〇都市中、二位である。同右。
（3）　満鉄社線の支線である安奉線（奉天―安東間）は、朝鮮半島北西部、満洲との「国境」に位置する新義州へと鉄道でつながっている。このルートを通じた朝鮮―満洲間の鉄道貨物輸送については、竹内祐介「日本帝国下の満洲―朝鮮間鉄道貨物輸送――安東・新義州ルートの場合」『経済論叢』一九一―一、二〇一七年を参照。
（4）　鈴木武雄「『北鮮ルート』論」京城帝国大学法学会編『朝鮮経済の研究　第三』一九三八年。なお本章で取り上げる鉄道ルートのほかに、城津駅から恵山線を通過し満洲へ至るルートも含める場合もある。また日本側から見た場合、これを「日本海ルート」ともいう。なお、以下は煩雑になるのを避けるため「　」を省略する。
（5）　西重信「「北朝鮮ルート論」と朝鮮人の間島移住」『関西大学経済論集』三七―四、一九八七年、同「北朝鮮ルートの系譜（一）」『関西大学経済論集』四五―四、一九九五年、同「北朝鮮ルートの系譜（二）」『関西大学経済論集』四五―五、一九九五年、関本健「『北鮮ルート』と日本海航路」新潟大学東アジア学会『東アジア』六号、一九九七年、加藤聖文「吉会鉄道敷設問題――『鮮満一体化』の構図」『日本植民地研究』第九号、一九九七年、田中隆一「満洲国下の満鉄と『日本海』ルート――行政一元化問題を中心に」小林英夫編『近代日本と満

鉄』吉川弘文館、二〇〇〇年、芳井研一『環日本海地域社会の変容――「満蒙」・「間島」と「裏日本」』青木書店、二〇〇〇年、黒瀬郁二「両大戦間期の天図軽便鉄道と日中外交」江夏由樹・中見立夫・西村成雄・山本有造編『近代中国東北地域史の新視角』山川出版社、二〇〇五年、など。また、朝満連結政策として主に朝鮮側の視点から考察した研究もある。鄭在貞「조선총독부철도국장 大村卓一과 朝滿鐵道連結政策〔朝鮮総督府鉄道局長大村卓一と朝満鉄道連結政策〕」『歴史教育』一〇四、二〇〇七年。

（6）風間秀人「満洲国期における満鉄の港湾」岡部牧夫編『南満洲鉄道会社の研究』日本経済評論社、二〇〇八年、井村哲郎「満鉄の北鮮港湾建設と経営」芳井研一編『南満州鉄道沿線の社会変容』知泉書館、二〇一三年。

（7）また朝鮮全体の鉄道貨物輸送を扱った研究においてもこの区間の輸送実態は扱われていない（例えば、鄭在貞『일제침략과 한국철도 (1892-1945)〔日帝侵略と韓国鉄道（一八九二―一九四五）〕』ソウル大学校出版部、一九九九年）。その理由は委託経営以後、この区間の統計が満鉄の鉄道統計に記載されるようになったせいで、朝鮮総督府鉄道局『年報』では把握できなくなるためである。他方、（満鉄研究の一環としておこなわれている）北鮮ルート研究でも、貿易については扱うものの、北鮮鉄道の貨物輸送については詳しい検討がおこなわれていない。

（8）加藤圭木『植民地期朝鮮の地域変容――日本の大陸進出と咸鏡北道』吉川弘文館、二〇一七年。

（9）以下の記述は、特に注記をしない場合、加藤聖文「吉会鉄道敷設問題」に依る。

（10）西重信「北朝鮮ルートの系譜（一）」。

（11）黒瀬郁二「両大戦間期の天図軽便鉄道」。

（12）鄭在貞、前掲注（5）論文も参照。

（13）金静美『中国東北部における抗日朝鮮・中国民衆史序説』現代企画室、一九九二年。

（14）南満洲鉄道株式会社『南満洲鉄道株式会社第三次十年史』一九三八年、および満鉄会『南満洲鉄道株式会社第四次十年史』龍渓書舎、一九八六年、などで触れられてはいるが、概括的である。

(15) 朝鮮総督府鉄道局が主に管理した路線を指す。資料および研究史上で使用される名称は様々で、「朝鮮国鉄」とされたり、単に「朝鮮鉄道」と表現される場合もある。本章では、満鉄の資料上で主に使用された表現を利用し「朝鮮局鉄」と称することにする。

(16) 正確には港湾の経営は一九三六年四月「朝鮮総督の管理に属する官有財産の又は使用に関する件」により委託経営された。

(17) 一九三六年一〇月満鉄鉄道総局設置にしたがってその名称は北鮮鉄道事務所に変更される。一九三七年八月には事務所を羅津に移し、一九四一年二月以降は羅津鉄道局と改称する。満鉄会『第四次十年史』、三二八頁。

(18) 『南満洲鉄道株式会社第三次十年史』、一五六九頁。

(19) 日満実業協会『北鮮三港比較』、一九三五年。

(20) また満洲からの流入貨物は大部分北満洲からのものだった。元来、北満洲の穀物は、ウラジオストック経由で輸出されてきたが、満洲事変後、関東軍が東部国境を閉鎖したために、北満洲—ウラジオストックの輸送経路は断絶された。すなわち、北鮮ルートはウラジオストック行貨物の代替経路として活用された側面もあったということができる。関本健「『北鮮ルート』と日本海航路」。

(21) この理由の一つには複雑な運賃体系があったと考えられる。委託経営当初、運賃は総督府鉄道局の運賃体制を引継いでいたが、一九三六年より特定貨物や特定経路の割引を実施していき、一九三八年に満洲国・社線に対しては同一体系に移行していくことになる。しかし北鮮鉄道内を移動する貨物には北鮮線専用の運賃率、総督府鉄道局線とは局線運賃率を適用する、といった複雑な運賃体系が残されていた(ただし、旅客運賃については一九三六年に満洲国・社線と同一体系になった)。満鉄会『第四次十年史』、三三四〜三三五頁。このような運賃体系が満洲ないし朝鮮との輸送量に影響した可能性がある。

(22) 北鮮鉄道内発着量を含めればさらにその割合は増える。

(23) これは、羅津と比較した場合の満洲からの距離の問題も大きいが、もう一つは、本章第1節で論じたように、満洲側ないし朝満国境付近の鉄道敷設が遅延する一方で、朝鮮側の鉄道敷設が順調に進んでいったことが、清津を満洲経済より朝鮮経済との結びつきを強くさせたものと考えられる。

(24)　南満洲鉄道株式会社鉄道総局『鉄道統計年報』一九三八年度版。

(25)　南満洲鉄道株式会社鉄道総局『鉄道統計年報』(港湾編)、一九三八年度版。

(26)　同右。なお、満洲全体の貿易動向としては、満洲国建国以後、大豆の輸出市場としての欧州の割合は徐々に減退し、日本帝国市場へと移っていくことが知られている(岡部牧夫「「大豆経済」の形成と衰退」同編『南満洲鉄道会社の研究』日本経済評論社、二〇〇八年、竹内祐介「日本帝国内分業における朝鮮大豆の盛衰」堀和生編『東アジア資本主義史論Ⅱ』ミネルヴァ書房、二〇〇七年)。それは大連ルートにおける大豆輸出市場の変化を反映しているものと思われる。逆に羅津港におけるこうした傾向は、先述のウラジオストック行貨物の代替経路としての機能によるものと思われる。別途検討が必要な課題である。

(27)　以下の記述は、加藤圭木『植民地期朝鮮の地域変容』(特に第二部第一章)にもとづく。

(28)　一九三一～一九三七年までは、加藤圭木『植民地期朝鮮の地域変容』、一三六頁、一九四〇年のみ朝鮮総督府『朝鮮昭和十五年国勢調査結果要約』に依った。

(29)　加藤圭木『植民地期朝鮮の地域変容』でも、戦時期の人口増加には触れているが、戦時労働動員によるものと指摘されるのみで、「開発」の不十分さが解決されたわけではないと考えているようである。加藤圭木『植民地期朝鮮の地域変容』、二三〇―二三一頁。

(30)　特に、本章が中心的に依拠している『鉄道統計年報』の残存状況にかかわる。同資料の「貨物編」は、一九三九年度以後、「総括編」「発送編」「到着編」が別々の統計として編成されるようになる(さらに一九四三年以後は「流動統計」が加わる)。「総括編」では詳細な数値を得ることはできず、発着関係を分析するためには「発送編」「到着編」の両方が必要だが、一九四〇年度は「総括編」のみ、一九四三年度は「総括編」「到着編」はあるものの、「発送編」がない。そのため両方が揃っている最終年度は現在のところ一九四一年度となる。アジア

経済研究所編『旧植民地関係機関刊行物総合目録――南満洲鉄道株式会社編』アジア経済研究所、一九七三年。

(31) 戦時期の満鉄社線の貨物輸送に関しては、竹内祐介「満鉄社線の連絡輸送と「満洲国」市場」『社会経済史学』八三―一、二〇一七年、参照。

(32) 「北鮮鉄道及港湾ノ経営ニ関スル件を決定ス」アジア歴史資料センター、Ref. A02030247500、公文類聚・第六十四編・昭和十五年・第百十四巻(国立公文書館)。

(33) ただし、鉄道区間のどこまでを返還し、どこまでを満鉄に貸付するかについては、満鉄(および陸軍)と総督府の間で議論があったようである。一九三九年五月に関東軍参謀長が送った電報の内容によれば、総督府への路線返還において、総督府が「北鮮産業開発ノ見地ニ於テ南陽清津線ノ返還ヲ強ク要求セルニ対シ」、満鉄側は「中島以北ノ満鉄移譲ヲ固執」したという。「北鮮鉄道移譲に関する件」アジア歴史資料センター、Ref. C01003612500、陸軍省・陸満密大日記・昭和一五年・陸満密大日記 第一二冊(防衛省防衛研究所)。なお、当時の関東軍参謀長は磯谷廉介陸軍中将。秦郁彦編『日本陸海軍総合事典』第二版、東京大学出版会、二〇〇五年。

(34) 満鉄会『第四次十年史』、三二八～三三〇頁。なお、委託経営一部解除および貸付方式移行の年である一九四〇年度は四～六月の投資額の三%に、残り期間の貸付料という形式になった。

(35) 鮮交会『朝鮮交通史』(資料編)一九八六年、一〇六～一〇七頁。

(36) また貸付経営方式になって以降、運賃体系も満鉄と同一となった。満鉄会『第四次十年史』、三三五頁。

(37) 以下の値は、南満洲鉄道株式会社鉄道総局『鉄道統計年報』、および、同(港湾編)、一九四一年度版、による。

(38) 前掲表4の通り、清津駅の対満洲発着量は、羅津と比べれば(あるいは対朝鮮発着量と比べれば)小さかったとはいえ、絶対量としては少なくない輸送量を示している。

なお、一九三八年度のように、羅津駅の対満洲・朝鮮の貨物集散状況を検討することはできない。

(39) 北鮮鉄道内発送量から対朝鮮(北鮮線除く)到着量と対満洲到着量を差し引く(もしくは逆に北鮮鉄道内到着量から対朝鮮(北鮮線除く)発送量と対満洲発送量を差し引く)ことで求められる。本来どちらの方法からでも計算結果は同じになるはずだが、ここでは一致はしない。おそらく北鮮鉄道経由の満洲―朝鮮間の「通過輸送」を正確に把握できないことに起因すると考えられる。また一九四一年度は同計算に基づくと北鮮鉄道内輸送量はマイナスの値を示すことになるが、「通過輸送」量が大きいためと考えられる。なお、満鉄統計の「値」の性格については、竹内祐介「満鉄社線の連絡輸送と「満洲国」市場」、同「日本帝国下の満洲―朝鮮間鉄道貨物輸送」を参照。

(40)　先述の通り、統計の性格上、正確な値ではないが、それでも試みに前者（北鮮発から対満着・対朝着を差し引く）を基準に値を示せば、一九三四年度三四万トン、一九三五年度四七万トン、一九三六年度六一万トン、一九三七年度六七万トン、一九三八年度七三万トンとなる。

(41)　満鉄調査部『北鮮三港（清津を中心として見たる）に於ける工業立地条件調査資料』一九三九年、四四～四五頁。

(42)　羅津では鰮油の製油業は多く存在した。加藤圭木『植民地期朝鮮の地域変容』。

(43)　一九四〇年度の国勢調査の値を利用したのは、一般に毎年発行されている朝鮮総督府『統計年報』記載の人口の値よりも国勢調査のほうがより実態に近いと考えられているためであるが、『統計年報』一九四一年度版に記載の一九四一年度人口三万八三四八人を利用しても結果はほぼ同じである。

(44)　竹内祐介「穀物をめぐる日本帝国内分業の再編成」『社会経済史学』七四―五、二〇〇九年。

第11章　イノベーションの首都　深圳
――二〇世紀末～二一世紀初頭

丸川　知雄

はじめに

一九八〇年に深圳が「経済特区」に指定された時、その人口は三一万人だった。二〇一六年末現在、深圳の人口は一一九一万人である。従って、深圳という都市の物語を一九八〇年頃から始めても今日の状況を理解するのにそれほど支障はないだろう。

中国の経済特区は韓国や台湾で成功をおさめた輸出加工区に刺激されて作られ、輸出による外貨獲得を目的とするものであったが、それだけでなく、当初は香港、マカオ、台湾の祖国復帰という大きな政治的使命をも課せられていた。そのことはそれぞれの地理的位置から明らかであろう。深圳はイギリス植民地・香港が中国大陸と接する地点に覆いかぶさるように存在する（本書第8章参照）。珠海はポルトガル植民地・マカオと接しているし、厦門は台湾の国民党政権が占拠する金門島と対峙する場所である。そうした場所に真新しく、資本主義経済が発展する都市を作ることで、香港、マカオ、台湾の住民たちに対して中国の「一国二制」という約束が信頼できるものであることをアピールし、安心して祖国に戻るよう促す目的があった。

ただ、香港を中国に返還することを取り決めた「中英連合声明」が一九八四年に発表されたことで深圳経済特区の当初の政治的使命は意外に早く達成されることとなった。そこで、外貨獲得という経済特区のもともとの使命がよりクローズアップされた。深圳は一九八七年以降貿易黒字を出し続けることでこの期待にも応えた。

さらに、深圳には二一世紀に入ってから新たな顔が加わった。それは中国におけるイノベーションの中心地という顔である。もっとも、ハイテク企業を誘致し、大学や研究機関の研究成果の産業化を推し進める、といったことは中国の主要都市ならばどこでも行っていることである。大都市の近郊には必ず「高新技術開発区」と名付けられた工業団地があり、多国籍企業や国内の企業の工場が並んでいる。深圳も他の大都市と同じようにハイテク産業の振興を図ってきたが、近年イノベーションの面で傑出した実績を挙げる企業が深圳から次から次へと飛び出し、中国の他の都市に大きく差をつけている。新技術の産業化を実験する場として、また新技術を作り出そうとする人々が集まる場として深圳が注目を集めている。わずか三九年前に人工的に作られたこの都市には人々のチャレンジを刺激する何かがあるようである。本章ではその「何か」を深圳の歩みのなかから探り出したい。

表1　中国の主要大都市と東京、香港の主要指標

	レベル	人口（万人、2016年末）	面積（㎢）	GDP（億元、2016年）	一人あたりGDP（元、2016年）
北京市	省級	2,173	16,411	24,899	114,584
上海市	省級	2,420	6,340	27,466	113,496
天津市	省級	1,562	11,946	17,885	114,501
重慶市	省級	3,048	82,400	17,559	57,608
広州市	地級	1,404	7,434	19,611	139,679
深圳市	地級	1,191	1,997	19,493	163,669
東京	都	1,365	2,106	54,261	397,516
香港	特別行政区	737	1,106	21,298	288,982

注1：人口は常住人口。広州と深圳の戸籍人口は870万人、385万人。
　2：東京都の都内総生産は2014年。1元＝17.49円で換算。
出所：『中国統計年鑑』、各都市のホームページなど。

1　概要

まず深圳の現状を概観する。表1では北京、上海、天津、重慶という四つの直轄市、広東省の広州と深圳、および東京都と香港を比較している。

一人あたりGDPを比べると、深圳は北京、上海、天津、広州、重慶のいずれよりも高く、中国大陸では際立って所得水準が高い都市であることがわかる。なお、天津市の一人あたりGDPは上海市を上回っているが、中国でもっとも発達した都市は「北上広深」（北京、上海、広州、深圳）だと一般には認識されており、筆者もその認識に誤りはないと考える。天津市のGDPは過大評価されていたが、その後水増し分を修正したため、二〇一八年には北京市、上海市、天津市の順になった。

次に地域の経済規模（GDP）を比べると、中国大陸で深圳市は上海、北京、広州に次いで大きく、行政レベルが一つ上の天津市、重慶市よりも大きい。表1は二〇一六年の数字だが、深圳の成長が速く、二〇一八年には経済規模で広州市と香港特

別行政区を追い抜いた。一九八〇年代、九〇年代には香港をコピーするように街が作られ、人民元よりも香港ドルの方がよく通用するぐらい深圳は香港経済に従属していたが、今や香港を追い抜いてしまった。香港が金融、運輸などを主体とする産業構造であるのに対して、深圳は製造業が主体で、香港とは違う方向に発展している。

深圳と東京都を比べてみると、深圳は東京都と面積と人口がかなり近いが、経済規模（国内総生産、ＧＤＰ）は東京の三六％、一人あたりＧＤＰは四一％という水準にある。一人あたりＧＤＰは奈良県より多く、沖縄県、埼玉県と肩を並べている。

ただ、深圳がまだ東京に遠く及ばないのは、東京は北は埼玉県、南は神奈川県、東は千葉県に接する大都市圏の中心地であるのに対して、深圳市はそれ自体が単独で完結した都市圏であって、南に接する香港の新界は人口がまばらで産業も余りない地域、北に接する東莞と恵州は製造業の工場が数多く立地するが、都市とは言い難い地域なので、大きな都市圏の中心というわけではない。

深圳市はその内部に都市部と農村部を持っている。現在の地図（図1）で宝安区と龍崗区になっている地域はかつては宝安県と呼ばれ、深圳の農村部を構成していた。経済特区はかつては現在の南山区、福田区、羅湖区、塩田区に限定されていた。二〇一〇年以降は市全域が経済特区となっている。

経済特区が市の南側に限定されていた頃、同じ深圳市であっても経済特区の内と外とは厳然と分かたれていた。一般の中国国民は自由に経済特区に立ち入ることが許されず、特区内に仕事ないし戸籍があることを示す身分証か、もしくは香港など外へ行くための証明書を見せる必要があった。外国人も特区内外を分ける関所でパスポートを提示する必要があった。筆者が初めて深圳を通過した一九八五年には銃を持っ

図1　深圳市地図

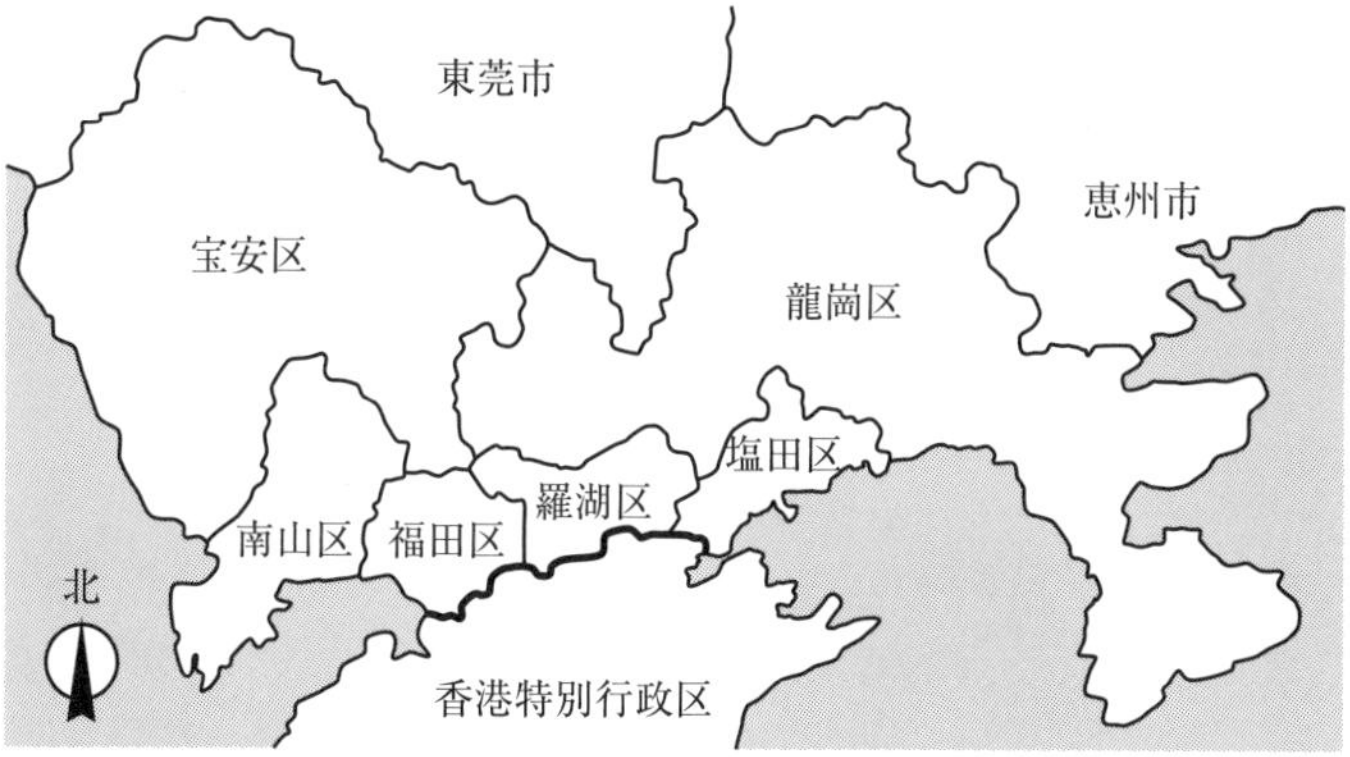

た兵士が特区外から勝手に人が入らないよう目を光らせていた。

まるで第二の国境であるかのように厳然と深圳の経済特区の部分とその外とを分断したのも、やはり経済特区の政治的使命と関係がある。一九八〇年代、九〇年代には香港と中国大陸とは経済制度が違うだけでなく、所得水準が天と地ほどにも違っていた。香港が中国に復帰することに対する香港住民の懸念は、香港が社会主義化するのではないか、というだけでなく、復帰したら大陸から大量の貧民が流入するのではないかということだった。そこで貧民たちを深圳経済特区に入れないようにすることで、香港への流入も阻止できることを見せようとしたのである。

こうして深圳は都市の自然な発展に任せるのではなく、きわめて人工的に発展が制御されてきたが、その結果として生じたのが、深圳では一二〇〇万人近い人口のうち深圳の戸籍を持っている人が三八五万人にすぎないという現象である。深圳に就業した人々にまず与えられるのが「居民証」というもので、これがあれば子どもを深圳の学校に通わせたり、一〇年間深圳に暮らせば社会保障の権利も得られるなど市民的権利が得られる。[1]

ただ、「居民証」はあくまで仕事がある限りにおいて深圳での市民的権利を保証するもので、いわば就労ビザに当たるものである。一方、戸籍は仕事があってもなくても市民的権利が保障される「永住権」に当たるが、深圳市の戸籍は「技術保有、社会貢献、納税、投資、大学入学等」を条件として付与される(2)。この方針は現在も大枠としては変わっていないが、戸籍付与に寄与する条件をポイントのように加算できる制度が導入され、趨勢としては戸籍の付与数が増える傾向にある。それにしても深圳の人口のうち「永住権」を持つ者は三割強にすぎず、残りの人々にとって深圳は終の棲家ではなく、仕事がある限りで（あるいは家族の誰かに仕事がある限りで）滞在できる場にすぎないのである。

2 深圳の変遷

(1) 一九八〇年代――特区の成立と批判

深圳の開発が決まったのは、一九七九年二月に国務院が「広東省宝安県を数年のうちに工業と農業が結合した輸出商品生産基地に育成するとともに、香港とマカオの旅行客を受け入れる遊覧地域とし、新型の辺境都市を作り上げる」との政策を公布したときである。これを機に宝安県は深圳市と改称された。同年七月、共産党中央と国務院は深圳、珠海に「輸出特区」を設置することを決め、翌八〇年に厦門と汕頭を含めた四か所が「経済特区」となった。それ以来、深圳には香港から不動産資本が、中国各地から建設企業が進出して都市建設を始めた。インフラがある程度整い始めた一九八三年頃から中国内外の企業が深圳経済特区に工場を開設するようになった。日本企業では三洋電機が一九八三年に単独出資で深圳の

図2　深圳の工業生産の内訳

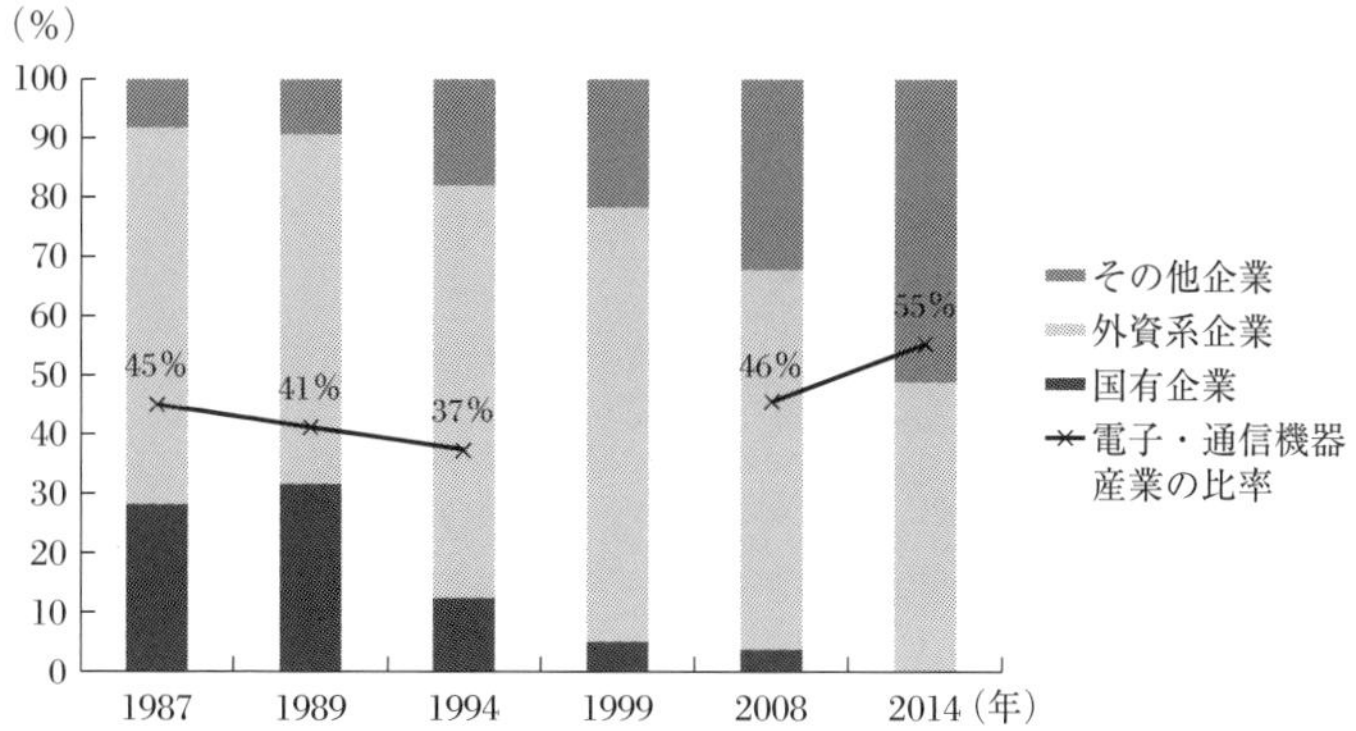

出所：『深圳統計年鑑』各年版より作成。

蛇口輸出加工区にラジオとラジカセの工場を設立したのが嚆矢である。(3)三洋はさらに翌一九八四年に深圳市中央部に近い上歩工業区に国有企業の華強集団との合弁で華強三洋電子有限公司を設立し、この企業を起点に広東省で電子製品や部品の生産を広く展開していくことになる。また一九八五年にはエプソンが深圳にプリンターの生産工場を建て、その後同社の有力拠点として発展していくことになった。

深圳には外資系企業だけでなく、中国国内の国有企業も進出してきた。一九八一年に、中国内陸の貴州省で軍用電子製品の生産にあたっていた中国振華電子集団有限公司が深圳市傘下の企業などとの合弁でテレビメーカーの深圳華発電子有限公司を設立した。この頃から深圳では電子産業が大きな比重を占めていた。図2に見るように、一九八七年時点で深圳の工業生産額の四五%を電子・通信機器産業が占めていた。また工業生産額のうち外資系企業が六四%、国有企業が二八%で、国有企業が支配的だった中国のなかでは際立って外資系企業の比率が高かった。

経済特区は設立当初から共産党の有力者による批判にさら

されてきた。党内保守派の陳雲は一九八二、三年に特区が投機や経済犯罪の温床になるとしてその総括を求めた(4)。そうした批判に対して一九八四年一月に最高実力者の鄧小平が深圳を視察し、「深圳の発展と経験は、経済特区を作ろうという我々の政策が正しかったことを証明している」と揮毫して批判を抑え込んだ。鄧小平が見たのはまだクレーンが林立した建設途上の深圳であり(5)、特区が成功したと断言するのは時期尚早だったようにも思われるが、鄧小平はスピード感をもって建設が進展していることを評価したようである。

しかし、一九八五年になって再び経済特区批判が噴出した。今度は特区の存在そのものを否定するのではなく、特区がその当初の目的に沿って発展していないという批判である。実際、深圳には不動産業など第三次産業の投資が多く、輸出による外貨獲得という期待が実現されない懸念があった。深圳には電子産業の外国企業の進出も見られたが、それらは深圳からの輸出よりも、中国国内市場への販売を狙っていた。深圳は内外の企業が海外から電子部品を輸入し、テレビなどの家電製品を組み立てて中国国内へ販売する拠点として利用された(6)。なぜなら深圳は自由貿易港の香港に隣接しているため、電子部品を節税して輸入するのに有利だったからである。

一九八五年に中国政府はテレビ製造業への過剰な参入を防ぐためにテレビメーカー五七社を指定メーカーとし、それ以外の参入を認めない方針をとったが、その時に指定メーカーに入った深圳の企業として前述の華発電子のほか、三洋電機の合弁相手である華強電子、深圳市政府傘下の賽格集団に属する華利電子、そして香港の会社との合弁企業である康佳電子の四社があった。一つの市で四社も指定メーカーに入ったのは深圳以外では上海市だけである。大消費地の上海にメーカーが多いのは理解できるが、地元の販売台数が限られている深圳で四社も指定されたのは、それだけ深圳がテレビ製造に有利だったということであろう。一九八三年には深圳からの輸出は六二三〇万ドルだったのに対し、輸入は七億二〇〇〇万ドルにも及び、大幅な貿易赤字を記録した。輸出加工区として外貨を稼ぐどころか、むしろ外貨を流出させる拠点となってしまったのである。ただ、その後に深圳は輸出生産基地としての性格を強めていく。

(2)「世界の工場」へ邁進

深圳の貿易は一九八六年まで赤字が続いたが、八七年以降はずっと黒字であり、黒字幅は年々拡大して二〇一四年には八一〇億ドルもの黒字となっている。深圳の輸出額はピークだった二〇一三年には三〇五七億ドルに達し、中国全体の一三・八%を占めた。深圳の貿易が赤字から黒字に転じたのは、実は特区からの輸出よりも、特区の外、すなわち宝安県（現在の宝安区と龍崗区）に輸出製品の工場が多く立地したからだった。一般の中国人が特区に入るには特区内での就職が決まっていることを証明する必要があったため、自由な労働力の流動が妨げられていた。それに対して特区外は出入り自由で、ここを目指して内陸から大量の出稼ぎ労働者がやってくるようになった。そのため、中国全体では製造業の賃金が徐々に上昇しても、宝安県では賃金がいっこうに上昇しなかった。一九九七年には全国の都市部の製造業平均年賃金が五九三三元、深圳市農村部の製造業平均年賃金が六三一二元と、両者に余り差がなかったのが、二〇〇四年には前者が一万四二五一元、後者が七四六六元と大きく乖離した。ちなみに同年の深圳市都市部の（製造業以外も含む）平均年賃金は三万一九二八元で、深圳市農村部の製造業賃金の実に四倍以上に上った。賃金の差は産業の構成や労働者の熟練度の違いに影響されている可能性もあるが、賃金水準に四倍以上もの差があるのはやはり都市部（特区）と農村部（宝安県）の労働市場が完全に分断されていたからであろう。なお、二〇〇四年の深圳市農村部の製造業賃金を当時の為替レートで日本円に換算すると月額八一二七円となる。

実際には、労働者に渡す賃金以外に、委託加工工場の所有者である村に対して当時「人頭税」と俗称されていた費用を支払う必要があったが、「月給一万円で労働者が雇える」という言い方は誇張ではなかった。重要なことは、それほど低賃金の地域が中国内陸の山間部などではなく、自由貿易港の香港から車で二時間も行けば着くような場所にあったことである。香港に近接していることは組み立てた製品を出荷する上でも、また部品や材料を免税で搬入する上でも有利だった。深圳市宝安県および隣接する東莞市は労働集約的な製造業が立地する拠点として中国でもっとも有利な場所となった。こうしてここは「世界の工場」の中核になったのである。

一方、特区のなかは一九八〇年代に引き続き、むしろ中国国内市場向けの製造業企業の拠点となった。前述のように一九八五年に深圳でテレビメーカー四社が政府指定メーカーになったが、一九九三年以降の国内市場をめぐる熾烈な競争に生き残ったのはそのうち康佳のみだった。康佳以外には、指定外の企業だった民営企業の創維集団が有力なテレビメーカーの一角を占めた。また、日立製作所と深圳の国有企業、賽格集団との合弁による賽格日立はブラウン管メーカーとして中国のテレビ製造業を支えた。

また、深圳に香港などからの観光客を呼び込むという構想は当初からあったものだが、一九八九年に深圳市西部にテーマパーク「錦繡中華」が開園したことで観光都市の第一歩を踏み出した。これは中国各地の名所をミニチュアサイズで再現したもので、一周すると中国の名所を全部みた気分になれる。一九九一年にはその隣に「中国民俗文化村」が開園した。こちらは中国各地の少数民族の住まいや文化を再現したものである。これらテーマパークの内容にも香港、マカオ、台湾など大陸と切り離された地域の人々の祖国復帰を促すという経済特区の政治的使命の影を感じる。

これと並行するように、おそらく一九九〇年代前半あたりをピークとして夜の深圳では「黄色経済」が盛んになったようである。当時、深圳の高級ホテルに泊まるとロビー周辺に客を探す娼婦が大勢いた。また、深圳市のマンションには香港などの金持ちに囲われた愛人が多く住んでいるという噂も耳にした。特区内への移動が厳しく制限されているのにどうしてこういうことが起きるのか不思議であった。背景としては、深圳市や東莞市が「世界の工場」になって内陸農村部から一〇〇〇万人以上の若者が移動してきたことがあっただろう。電子製品の工場では若い女性労働者を雇いたがったので、出稼ぎ労働者の人口構成はかなり女性に偏っていた。二〇〇〇年の深圳市の人口構成を見ると、一五～二九歳の若者が人口全体の六割を占めていたし、一五～二四歳の年齢層を見ると男女比が二対三であった。若い女性たちのなかに工場での低賃金や長時間労働に嫌気がさして、より高収入が望める売春の道へ移っていく人がいても不思議ではない。

「世界の工場」となった深圳、観光都市にもなった深圳、それがいつからイノベーションの震源地になったのか。それは「世界の工場」として躍進していた時期と重なるので、節を改めて深圳におけるイノベーションの歩みについて検討しよう。

3　イノベーションの震源地への歩み

（1）深圳は「イノベーションの首都」と言えるのか？

本章のタイトルは深圳が中国で最もイノベーションが盛んな都市であることを示唆するがこの点についてデータで確認しておこう。表2は深圳市での知的財産権（特許、実用新案、意匠）の申請件数を北京市、上海市、天津市と比較したものである。深圳市は知的財産権の申請件数では北京に次ぎ、特許の申請件数では北京、上海に次いでいる。この数字をみるとやはり「イノベーションの首都」は政治の首都でもある北京市であり、深圳はせいぜい二位か三位だと思われるかもしれない。だが、ビジネスに直結した知的財産権の申請においては深圳が北京を上回っていると推測できるのである。

北京と上海には有力な大学と研究機関が集中している。中国で一流大学といえば、国家教育部が推し進める「二一一工程」（主な大学に重点的に投資するプロジェクト）に指定されている一一二校の重点大学が挙げられるが、北京には北京大学など二四校の重点大学があり、天津には南開大学など三校、上海には復旦大学など一〇校あるのに対して、深圳には一校もない。そもそも深圳市には大学と名の付くものは深圳大学と南方科技大学の二校があるのみで、他には北京の大学の分校と専門学校（職業技術学院）があるだけである。

表2では工業企業による知的財産権（特許、実用新案、意匠）の申請数も示している。企業のうち知的財産権を申請するのは一般には工業企業が中心であろうから、申請数の全体から工業企業を引いた残りは

表2　中国の主要都市における知財権申請件数（2014年）

	知財権の申請件数	うち特許	工業企業による		
			研究開発費（億元）	知財権申請件数	うち特許
北京市	138,111	78,129	234	19,916	9,835
天津市	63,422	23,391	323	16,832	6,996
上海市	81,664	39,133	449	26,848	12,524
深圳市	82,254	31,077	n.a.	n.a.	n.a.

注：工業企業は売上2000万元以上の企業のみ。
出所：中国統計年鑑、深圳統計年鑑。

大学・研究機関による知的財産権の申請だと推測できる。深圳に関しては工業企業による申請数が明らかではないが、一般には深圳では知的財産権の申請の九〇％は企業からなされていると考えられている(7)。それが正しいとすると、工業企業の申請数だけを比べれば深圳が北京などを上回っている可能性が高い。

深圳が他の都市に大きな差をつけているのは特許のなかでもPCT（特許協力条約）に基づく国際出願においてである。これは多くの国で活動する多国籍企業が、各国で特許を申請する手間を省くために、PCTに加盟している国のどこか一国に特許を出願すればすべての加盟国で出願がなされる仕組みである。二〇一五年の深圳市における国際出願の件数は一万三三〇八件と中国全体の四七％を占め、北京（四四九〇件）、上海（一〇六〇件）を大きく引き離している(8)。これは国際出願の件数において世界の企業別でトップ争いをしている華為と中興通訊（ZTE）の二社が深圳に本社を置いていることが大いに影響しているが、深圳のイノベーティブな企業がこの二社だけというわけでもない。

深圳には大学や研究機関が少ないにもかかわらず特許申請数が多いのは実に特異な現象である。アメリカでの実証研究によれば、地域に大学があることは、地元企業における研究開発、関連する産業、ビジネス・

サービスと相互促進的に働くことで地域でのイノベーションを活発化させるという結果が得られている[9]。中国でも一般には各地域の大学と特許申請数との間にはかなり強い関係がある。図3では横軸に各一級行政区（省、市、自治区）の二〇〇九～二〇一二年の大学教員数、縦軸には二〇一三～二〇一四年の特許申請数をとり、両者ともに対数変換したうえで両者の関係を調べているが、両者の間にかなり強い相関がある（$R^2=0.78$）ことは一見して明らかである。

ところが、この図に深圳の数値を入れてみると（図3の菱形）、深圳が傾向線から大きく外れていることがわかる。深圳の大学教員数はチベット自治区や青海省と同水準であり、人口一万人あたりの大学教員数はわずかに三・五人で、チベット、雲南省、貴州省、青海省のいずれより大幅に少ない。その大学教員数から推測できる特許申請数（図3の実線）に比べて、実に四六倍もの特許申請が深圳で行われた。

これは深圳における研究開発がもっぱら企業によって行われているからである。特許申請数（二〇一一～二〇一二年の平均）を各省の大中型企業の研究開発人員数（二〇〇九～二〇一〇年の平均）に回帰させてみると、$R^2=0.85$とやはり非常に説明力は高いが、深圳はここでは回帰線上にある。つまり、大中型企業の研究開発人員の数に見合っただけの特許申請が行われていることを意味する（図4）。

（2）深圳はどのようにしてイノベーションの震源地になったのか

深圳で企業の研究開発活動が盛んになった理由は何だろうか。大学がほとんどないので、地元からの人材供給が豊富だといったような説明ができないことは明らかである。では何らかの意図的な政策の結果だろうか。それとも単なる歴史的な偶然性が積み重なった結果だろうか。

図 3　大学教員数と特許申請数の関係

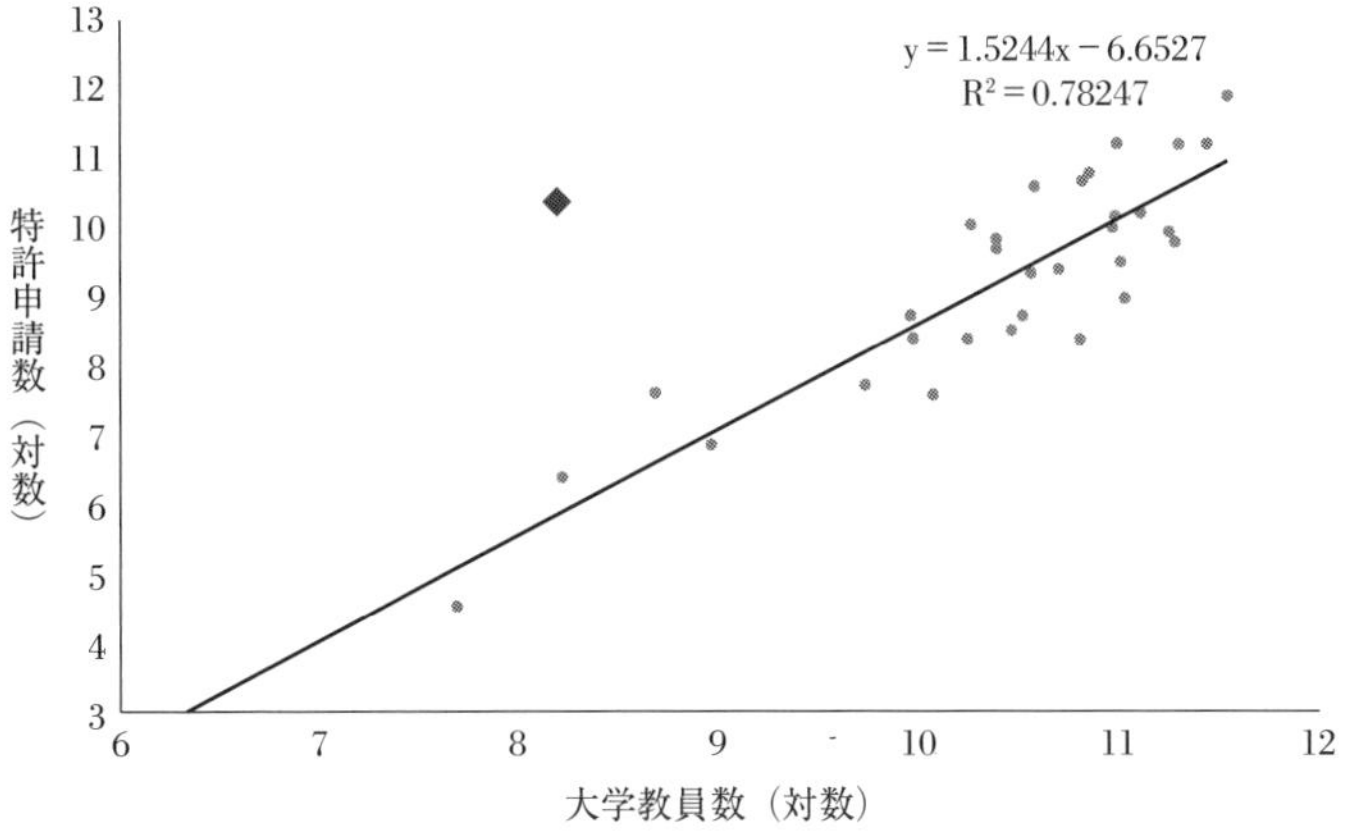

出所：『中国科技統計年鑑』、『深圳統計年鑑』より筆者作成。

図 4　大中型企業の R&D 人員と特許申請

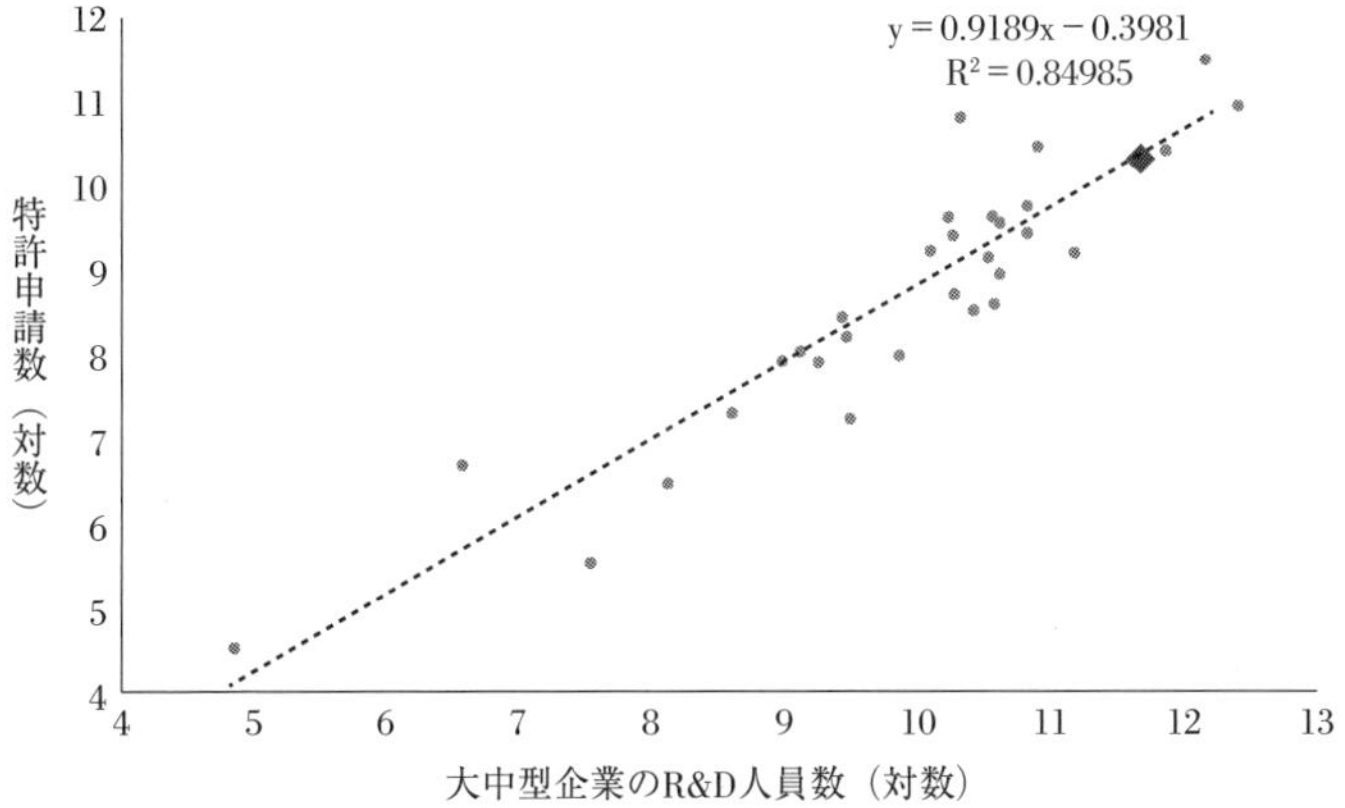

出所：図 3 と同じ。

図５　深圳の特許申請数

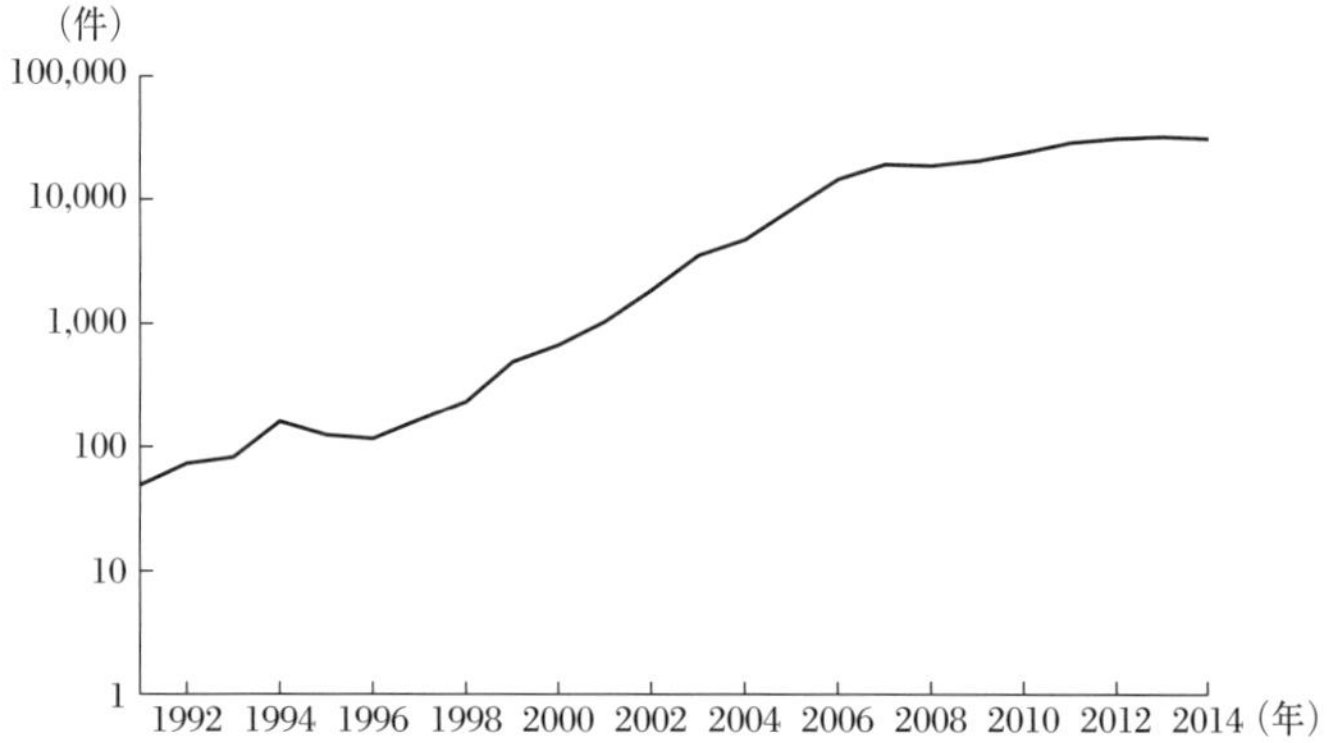

出所：『深圳統計年鑑』より筆者作成。

その理由を探求するために、深圳でイノベーションが盛んになった時期を調べよう。図５は毎年の特許申請数の推移を示している。変化率が分かりやすいように縦軸を対数目盛にしている。ここからわかることは一九九七年から特許申請数が急に伸び始め、二〇〇七年まで年五九％増の勢いで伸びていること、二〇〇八年以降は伸び率が年七％増に鈍化したことである。つまり、一九九七年頃にイノベーションが活発化する何らかのきっかけがあったことが推測できる。

輸出産業の拠点、外貨獲得の拠点として建設されてきた深圳が研究開発の盛んな都市へ転換する転機となったと思われるイベントを探ると、一九九六年に始まった深圳市の第九次五か年計画において初めて「ハイテク産業を先導とする」方針が採用されたという事実に行きつく。

この政策転換を導いたのが中国社会科学院の劉国光らが一九九二年に深圳を訪れてまとめた「深圳経済特区九〇年代経済発展戦略」である。劉国光らは一九八五年にも深圳の発展戦略を提言しているが、一九九二年の提言では「ハイテク産業を竜頭とし、輸出型工業を主導とし、第三次産業が発達し、農業の現代化のレベルが高い現代化された国際都市」をめざすべきだとしている。結局、深圳市の第九次五カ年計画（一九九六〜二〇〇〇年）では「ハイテク産業を先導とし、先進工業を基礎とし、第三次産業を支柱とする」となっており、劉国光らの提言の影響は明らかである。

劉国光らの提言は「深圳自身の科学技術の力は弱い」と率直に認めたうえで、「しかし、深圳は、内地の科学技術力に依拠しながら、その政策・資金・地理的位置における優位性、および科学技術の成果をすばやく商品化できるという特徴を生かすことができる。また、香港に拠点を設置して市場や技術の情報を集め、ハイテクの成果を商業化するための協力関係や設備を導入したり、国際的な受発注関係を構築するにも便利な点は内地にはない優位性である」と述べている[10]。

つまり、この時点では深圳自体には科学技術の成果を生み出す力は弱いが、中国国内の科学技術の成果を産業化するうえでの地理的、政策的な優位性に深圳の活路があるとしたのである。これは深圳が今日、中国で最もイノベーションが盛んな都市になった本質的な理由を言い当てている。

第九次五か年計画に基づき、その一年目の一九九六年には深圳華為技術公司（ファーウェイ）と深圳奥沃国際科技公司が「広東省の第一期特許活動実験企業」に指定されている[11]。翌年までに華為は三五件、奥沃国際は二七件の特許を申請したという[12]。これはこの二年間に深圳で申請された特許の二二％にあたる。「特許活動実験企業」という制度が企業に対してどのような支援を与えたのかは明らかではないが、その後、華為が深圳における技術進歩をリードしたことを考えれば、実際に企業の研究開発を促す効果があったといえよう。ちなみに、華為と同時に指定された深圳奥沃国際科技公司は腫瘍などに対して放射線を照射して治療するガンマナイフ装置の生産を専門とする会社である。

4　深圳のイノベーションをリードする華為

華為は二〇一四年末までに四万八七一九件の知財権を申請し、その九〇%以上は特許だった[13]。これは一九九六年から二〇一四年までの深圳市における特許申請数の一八%を占めている。華為のライバルである中興通訊もほぼ同様の数の特許を申請しているので、両者合わせると深圳市の特許申請数の四割近くになる。

深圳をイノベーションの震源地にするうえで華為の貢献が最も大きいと考えられるが、では華為はいかにして多くの技術革新を生み出すことができたのか。以下、華為の技術と人材、および華為と政策との関わりについて検討する。主たる資料は華為で七年間製品開発に従事し、その後コンサルティング業務に転じた張利華の著作[14]である。

華為技術有限公司は一九八七年暮れに任正非ら六人が計二万一〇〇〇元（当時の為替レートで八二万円）を出資して設立された。経営者の任正非は一九八四年まで人民解放軍の通信研究所副所長を務めていたので、華為の主業である通信機器についての知識があったことは間違いない。だが、任正非は自ら研究開発に従事していないし、その指揮もしておらず、彼が力を発揮したのは営業においてであった。華為は創業者たちが持っていた何らかの技術を製品化するために作られた会社ではなく、最初に従事したのは、香港鴻年公司のＰＢＸ（構内交換機）の輸入代理事業だった。

しかし、ＰＢＸの輸入販売をする会社が深圳だけで瞬く間に数百社も現れたため、この事業を長く続けていくことは難しいと考え、一九八九年には自社でもＰＢＸを作り始めた。これは回線数が二四という最も小さなもので、小規模な病院ぐらいでしか使えない。それも国有企業から購入した部品を組み立てただけの製品であった。

それでも華為は営業に長けた企業であったため、自社製ＰＢＸの売れ行きは良かったが、部品供給元の国有企業は自社でも同じＰＢＸを組み立てているため、華為に部品を売ってくれないこともあった。そこで一九九〇年に自社でやはり回線数が二四の構内交換機を開発した。こうした初期の研究開発を担った人材の多くは武漢市の華中科技大学の教授との交流を通じて同大学の卒業生たちを社員として採用することで実現した。

ＰＢＸで一定の成功を収めた華為が次に目指したのは電話局で使う交換機への参入だった。この分野では一九八四年に設立されたアルカテル・ベルとの合弁企業である上海ベルが最有力企業で、一九九〇年には中国市場の半分のシェアを占めていた。他にＮＥＣ、富士通、ルーセント、ノーテル、エリクソンなどが中国での受注を競い合っていた。加えて、郵電部傘下の中国郵電工業総公司と解放軍信息工程学院の共同によりデジタル電話交換機の国産化開発が行われ、その研究成果を商業化するために郵電部傘下に二社の国有企業（大唐電信と巨竜通信）が形成された。

当時、中国でもデジタル電話交換機の導入が始まり、巨竜通信もデジタル電話交換機を売り込み始めたが、華為の当初の戦略は、それまで作っていたＰＢＸの延長線上にある空間分割式のアナログ電話交換機を農村地方などに売り込むことであった。だが、中国の電話局ではどこも最新式のデジタル電話交換機に切り替えたいという意向が強く、華為が開発したアナログ電話交換機は余り売れなかった。

そこで華為は一九九二年からデジタル電話交換機の開発に乗り出す。開発には華中科技大学や中国科技大学など内陸部の大学を卒業して華為にやってきた若い技術者以外に、西安郵電第一〇研究所からかなりの数の技術者がスカウトされてきた(15)。華為は一九九三年末に初めて浙江省義烏の電話局に二〇〇〇回線のデジタル電話交換機を納入することに成功し、以来その回線数を増やすとともに次第に大都市の電話局にも市場を拡大していった。

電気通信はもっぱら国営企業が運営する事業であり、その資材や機器を供給するサプライヤーである大唐電信や巨竜通信も郵電部傘下の国有企業である。こうしていわば「身内」で固められたなかに、どこの系統にも属さない民営企業の華為が割って入るのは難しい。通信機器のうち構内交換機は病院や学校などで購入するものなので、郵電部系統の企業でなくても比較的参入しやすいが、電話局で用いる交換機となると、郵電部傘下の巨竜通信と大唐電信、および郵電部系統の国有企業と合弁を組んでいる外資系企業でないと売り込みは難しかった。

そうした壁を乗り越えるために華為はさまざまな努力をした。一つは社長の任正非の昔のコネを生かすことである。一九九三年に華為は一万回線の交換機を開発したが、最初に獲得した注文は人民解放軍からのものだった。もう一つは他社が軽視していた農村・地方の電話局に売り込みを図ることだった。その際に、華為はグレーな売り込み手段も使った。すなわち、地方の郵電局の幹部と合弁企業を設立し、そこを通して郵電局に交換機を納入することで、合弁会社に利益を出し、それを郵電局の幹部に配当した。

華為が深圳においてもアウトサイダーとして扱われていたことを象徴するエピソードが張利華によって

紹介されている。[16] 華為は民営の小企業だったので、従業員のうち一握りの者にしか深圳市の戸籍が与えられず、多くの従業員は一般の出稼ぎ労働者と同じく「暫住証」を取得しなければ深圳に留まることができなかった。警察による暫住証のチェックは厳しく、暫住証の提示を求められてその場で提示できない者は罰として東莞での土木作業に従事させられた。華為の従業員の少なからぬ者がうっかりして暫住証を持っていなかったために東莞での土木工事に従事したという。

華為が有力な通信機器メーカーの一つとして政府によって認知され、また華為自身も政策を利用し始めたのは一九九四年からである。華為は前年にデジタル電話交換機を開発し、それが郵電部にも認知され、同年国家科技進歩二等賞を獲得した。また、このデジタル電話交換機には自動音声応答機能がついていたが、それが同業者によって模倣された。この事件をきっかけに華為は特許制度を利用して自らの知的財産権を守る必要性を感じるようになり、翌一九九五年に研究開発部門のなかに知的財産部を設置し、社員による特許の取得を奨励するようになった。同じ年に特許を申請した社員に対するボーナスの制度も設けた。前述のように一九九六年に華為は「広東省の第一期特許活動実験企業」に指定されているが、その前年から華為の社内で特許取得を奨励する方針が採用されたのである。

この頃には華為はデジタル電話交換機を生産できる中国メーカーの一角、いわゆる「巨大中華」（巨竜通信、大唐電信、中興通訊、華為）の一つとして認知され、中国政府は国産交換機の導入を支援するようになった。また、その頃から注目すべき民営企業の一つとして劉華清、呉邦国ら党幹部が華為を訪れるようになり、華為は大都市の電話局や鉄道部の契約を獲得できるようになった。党・政府に認知されたことによって国有銀行から大型融資も得られるようになった。

華為が国産交換機メーカー四社のなかから抜け出し、中興通訊とともに世界有数の通信機器メーカーにのし上がっていく上で、早くから海外市場へ積極的に乗り出していったことが有益だったと考えられる。華為は一九九〇年代末頃に中国国内での販売がふるわなかったため、南アジアやアフリカなど新興市場に活路を求めた。現地の通信事業者に対して移動通信網を作るための通信インフラを販売し始めたが、通信事業者からは携帯電話端末の提供を求められることもあった。

海外市場向けに製品を作るためには、先進国の通信機器メーカーが独占していたネットワーク・通信関係の特許の壁にどう対処するかを考えざるを得なかったし、途上国の通信事業者の多様な要求に応えられる製品ラインアップを揃えるためにも、研究開発と製造の範囲を広げる必要があった。こうして華為の事業範囲は固定電話の交換機から移動電話や無線LANの通信・ネットワーク機器、さらには携帯電話端末へと広がった。華為は研究開発費に売上の一〇%以上、従業員の四五%を研究開発に投入することで、先進国の通信機器メーカーの特許の壁に対抗できるだけの知的財産を築いた。華為は二〇〇八年に前述のPCTに基づく特許の国際出願の件数で世界トップとなり、それ以来常に世界トップ五のなかに入っている。[17] 二〇一四年と二〇一五年には再び世界トップとなった。その特許の質がどうかということは筆者には評価できないが、きわめて多数の特許が絡み合う通信機器の世界では、多数の特許を保有する企業は、他社との間で有利な条件でクロスライセンシングを行ったり、他社からの知的財産権侵害で訴えられるのを抑止する効果はあるだろう。

華為はずっと通信事業者向けの事業を主体とし、携帯電話端末を作る場合でも自社ブランドではなく通信事業者のブランドで作ることが多かった。日本でもYahoo!BBやイーモバイルの端末を早くから提供していたが、その時代には華為のブランド認知度は極めて低かった。しかし、二〇一〇年以降、スマートフォンが携帯電話端末の主流となるに至って、華為は自社ブランドのスマホを世界各地で販売するようになった。日本ではアップルのシェアが圧倒的に高いため、華為のスマホの認知度はまだ低いが、ヨーロッパではサムスン、アップルと並ぶ主要ブランドの一つとして認知されている。華為は通信事業者向け中心だった売上の構成を変え、二〇一五年には消費者向け事業の売上比率が三三％にまで上昇した。

スマホの世界のトップ三社はそれぞれ異なる領域に強みを持っている。アップルはｉＯＳという独自のソフトウェアを媒介としてｉＰｈｏｎｅ、ｉＰｏｄ、ｉＰａｄ、ｉＭａｃといった製品群でコンテンツを共有できるエコシステムを作り上げて、アプリケーションやコンテンツを囲い込む戦略をとっている。このエコシステムの中にあるアプリケーション、コンテンツ、ハードウェアの総体がその競争力の源泉である。一方、サムスンと華為はソフトウェアの面ではＡｎｄｒｏｉｄ陣営に属する他のメーカーとの差別化はできないが、サムスンは液晶パネル、ＩＣなど主要部品をグループ内で製造している点に強みを持っている。一方、華為は無線通信技術に強みを持っている。現在主流となっている第四世代に続き、二〇二〇年頃からはより通信速度が速く、しかもスマホだけでなく、車や家電製品などいろいろなものが通信しあう「第五世代」(18)の通信サービスが始まる予定である。華為は先進国の通信事業者と第五世代通信の実証実験を始めており、第五世代通信技術において世界のなかでも先導的な役割を担うとみられる。

5　草の根のイノベーション

もしイノベーションの成果を特許申請数だけで測るとしたら、深圳のイノベーションのことを語るには華為と中興通訊のことさえ語っておけばほぼ十分ということになろう。だが、もしイノベーションとは、単に特許の数を稼ぐことだけではなく、人々にそれまで享受できなかった製品やサービスを届けることをも含むとしたら、深圳のもう一つの顔にふれないわけにはいかない。その「もう一つの顔」にはいまだ適切な呼称がないが、ここではとりあえず「草の根電子産業」と呼ぶことにしよう。

「草の根電子産業」とは、深圳市の華強北電子市場を通じて製品を販売している電子産業のことを指す。四〇棟弱のビルで構成されるこの巨大な電子製品の卸売市場で販売されるものは年々移り変わっていくが、最盛期を過ぎたものも含めて列挙すると、各種の電子部品、電子工作のための工具類、携帯電話、スマホ、ＭＰ3プレーヤー、ＵＳＢメモリ、ウェアラブル端末、タブレット端末、ドローンである。最終製品のほとんどは無名のブランド、ないしブランド無しであり、かつ非常に安価だという点に特徴がある。

華強北電子市場がある地域は、本章第2節（1）でふれた上歩工業区で、深圳華発電子、華強三洋などの工場が並んでいた場所である。おそらく一九九〇年代半ば頃には工場がこの地域から東莞へ移転するなどして撤退した。残された工場の建屋のいくつかをそのまま利用して電子部品や製品の販売店が入居し、秋葉原を彷彿とさせるような電気街ができた。二〇〇〇年代前半には、中国で一般に「ＭＰ3」と呼ばれるデジタル音楽プレーヤーが流行し、多数の無名ブランド、ブランド無しの製品が華強北電子市場を拠点として製造されて全国に販売された。二〇〇六年頃から二〇一一年にかけては低価格の携帯電話が華強北を拠点に製造され、中国の農村、さらにはインドなど他の途上国の低所得層向けに大量に販売された(19)。ここで販売される携帯電話は中国では「山寨携帯電話」と呼ばれ、偽物やコピー商品だとみなされているが、実際には他社のブランドを借用しているケースはさほど多くなく、むしろほとんどの製品は無名のブランドないしブランド無しであった。携帯電話生産を主導していたのは深圳市の華強北電子市場および他の拠点にオフィスを構える中小業者であり、それらを、基板とソフトウェアの設計と製造にあたるデザインハウス、製品の組み立てを行う電子製品製造サービス（ＥＭＳ）、ケースの設計業者など深圳市および周辺地域に分布する専門企業群が製造面から支え、最盛期には年二億台とも推定される膨大な量の安価な携帯電話を製造し、販売していた。華強北で売られる携帯電話の価格はどんどん下落し、二〇一一年には一台八〇元（日本円で一〇〇〇円程度）のものまで登場した。販売先は当初は中国の農村、後にインドやアフリカなどが中心となった。安い分だけ品質が悪いことは織り込み済みで、深圳の携帯電話業者が例えばインドへ製品を発送する時には、交換用として受注した数の二割増しで送るのが通例だった。

草の根電子産業が作り出す携帯電話は他者の意匠権などの知的財産権を侵害していることが疑われるものが多かった。そもそも華強北の零細業者同士が同じ基板を共に使っていたり、華強北電子市場で流行しているスタイルを模倣したりするなど、互いに真似しあっていた。しかし、その一方で中国や途上国の低所得層にアピールするような機能を盛り込もうとする動きも盛んであった。例えばイスラム圏に向けた携帯電話ではメッカの方向を示したり、礼拝の時間を教えてくれる機能を持った機種だとか、アフリカ向けでは懐中電灯を備えた機種だとか、インド向けでは大音量のスピーカーを備えた機種やＳＩＭカードを複数入れられる機種などが開発された。華強北電子市場を見て回ると、外観においてもアニメのキャラクターを模した携帯電話や、ミニカーの形のものなど奇抜な形の携帯電話を数多く目にする。ＵＳＢメモリを見ても、京劇のお面を模したもの、高級車のロゴマークを借用したものなど、様々なデザインのものが置かれている。

零細な製造業者たちが、途上国の低所得者を意識して、文字通り「下手な鉄砲も数うちゃ当たる」とばかりに、目先を変える様々な新製品を繰り出しているのが華強北電子市場の特徴である。おそらく他者の知的財産権の侵害が横行しているものの、こうした試みもまたイノベーションの一種というべきである。華強北で売られる製品に共通する特徴は、激しい競争のなかで製品価格がとことんまで下がっていくことにある。その結果、深圳の草の根電子産業はそれまで電話を持たなかった途上国の人々に携帯電話という通信手段を与えることとなり、途上国の社会に大きなインパクトをもたらした。

草の根電子産業における携帯電話の流行は二〇一一年をピークとしてその後は衰退へ向かっている。それに代わる製品としてタブレット端末やウェアラブル端末への転身を図った企業も少なくないが、山寨携帯電話ほどの大きな市場を開拓できていない。零細業者たちの携帯電話生産を裏から支えていたデザインハウスは、基板やソフトウェアだけでなく、端末自体の製造もおこなうＯＤＭメーカーに転進し、受注相手も草の根の零細業者から、中国のブランドメーカーやインドなど途上国の現地ブランドに転換した。いまや中国のみならず他の途上国でも無名ブランドやブランド無しの携帯電話やスマホが売れる時代は終わりつつあるようである。

6　多様なイノベーションと創業の場へ

上は華為から下は草の根電子産業に至るまで、深圳が最も強いのは通信機器などの電子産業であることは間違いないが、電子以外の分野にも注目すべき企業もいくつかある。

まずインターネット関連企業の騰訊（テンセント）を挙げたい。同社は一九九八年に創業し、パソコンを通じた通信サービスＱＱで成功を収めた。さらに、二〇一一年からスマホ専用のＳＮＳ「微信」を運営しはじめた。中国にはＦａｃｅｂｏｏｋが上陸していないため、当初はその空隙を突く形となった。

ただ、騰訊は「微信」に多くのユーザーを獲得したのをバネに、それをプラットフォームとして多様なサービスを提供するようになった。なかでも成功したのは代金支払いサービスの「微信支付」である。これはスマホと銀行口座をリンクし、スマホを用いてコンビニなどでの支払いを行ったり、電話代や電気代などを支払うことができる、というサービスである。日本でもＳｕｉｃａやＷａｏｎといった電子マネーが一定の普及を見せているが、これらが非接触型ＩＣカードを利用するのに対して、「微信支付」はスマホの画面にＱＲコードを表示したり、ＱＲコードをスマホのカメラで読みとって使用する。仕組みが簡単なだけに、日本の電子マネーよりもはるかに急速かつ広範囲に普及しており、今では街頭の屋台でも「微信支付」（およびネット小売大手アリババが運営する「支付宝」）が使えるし、支払いはスマホのみで行い、コインを入れる穴がない自動販売機まで登場した。「微信」は、このほかに公共料金の支払い、配車サービス、ネット小売、自転車シェア、ホテル予約、資金運用などのサービスとリンクされている。こうして

「微信」はいまや中国人の生活には欠くことのできない生活インフラになりつつある。

　次に大疆創新科技（ＤＪＩ）を挙げたい。ＤＪＩは、二〇〇六年に香港科技大学で学んでいた中国大陸出身の大学院生三人が創業したドローンのメーカーである。ＣＥＯの汪滔が大学四年生のときの卒業制作でドローンの飛行を制御するフライト・コントローラーを作り、それをきっかけに研究室からの支援を受けて創業した。当初は深圳に小さな住宅を借りて、フライト・コントローラーを組み立てることで徐々に資金を貯め、二〇一二年にみずからドローンの製造に乗り出した。

　一口にドローンといっても軍事用から民生用までいろいろな応用分野があるが、ＤＪＩが着目したのは空中撮影用ドローンだった。ドローンを空中に浮かべて何かを撮影する場合、重要なのは飛行の安定性を保つことに加えて、風でドローンが揺れてもカメラがぶれないように保つこと、さらに安定してきれいな画像を撮影することである。そこでＤＪＩは飛行、空撮用のカメラ、カメラを支えるラックの研究開発に力を入れている[20]。

　従来、中国の新規参入企業によく見られたパターンは既存の部品やモジュールを買ってきて組み合わせ、ローエンドから市場に入ろうとすることだが、ＤＪＩはそうしたイメージを覆し、少数の高性能モデルだけを作っている。ドローンの中核的技術は社内で開発し、製造も自社で行っている。何よりも特徴的なのは、ドローンという誰にとっても未知の製品の用途をユーザーとともに探っていることである。ＤＪＩのホームページにはユーザーたちのコミュニティがあり、ユーザーたちが開発したドローンの使い方を紹介している。深圳にはＤＪＩの成功に続けとばかりに二〇〇社ものドローンメーカーがあるとされ、街頭でも二〇〇元ぐらいでお土産用ドローンを売っている。

次に華大基因（ＢＧＩ）という会社を挙げたい。同社は一九九九年にヒトゲノム解読計画の中国担当部分を担う企業として北京で設立されたが、現在は深圳に本社がある。深圳のベンチャーキャピタルから出資を受けて多数のＤＮＡシーケンサーを買いそろえ、さらに自社でも機器を開発して、世界中からＤＮＡ解読の事業を受託する仕事をしている。[21]また、同社で育った人材が他社に転職することによって深圳にバイオ産業が広まっていったという。[22]

深圳市政府は二〇一五年から製造業の創業を促進する政策を積極的に展開するようになった。製造業のスタートアップを目指す人たちを最近の造語で「創客」（英語ではMaker）と呼ぶが、深圳市には「創客」たちを支援する施設がいくつか作られている。華強北電子市場の中心部にあるビルのオーナーは、この場所が上歩工業区と呼ばれていた時代にここで工場を運営していた華強集団と賽格集団だが、いまこの両者が道路を挟んでそれぞれ「創客」支援施設を運営している。

華強集団が運営しているのが「華強北国際創客中心」で、ここは二〇一五年に設立され、３Ｄプリンターや検査機器などが備えられているほか、製品の試作やプリント基板の製造などを業者に取り次いだり、企業の財務、法務、特許申請、人材の採用、広告・宣伝などをサポートしてくれる。また、そのフロアの一つはアメリカのアクセラレーター（創業を支援する会社）のＨＡＸが運営しており、ＨＡＸが募集した起業家の卵たちが一一一日間のプログラムでアイディアをモノにする活動を行っている。

賽格集団が運営するのが「深圳市賽格創業匯有限公司」で、こちらにも世界から創業を目指してアイディアを形にしようと起業家の卵が集まっている。

深圳市政府はこのような「創客」支援施設を二〇一七年末までに市内二〇〇か所まで増やすことを目標

としている。[23]深圳には、こうした支援施設だけでなく、よいアイディアに資金を出そうと待ち構えているベンチャーキャピタル、「創客」のアイディアを製造面から助けようとする製造サービス企業などがあり、さらに部品調達の場として華強北電子市場という世界に類を見ない場がある。そのため中国ばかりでなく世界から電子技術を応用した製品での創業を目指す人々が深圳に集まり始めている。

おわりに

本章では深圳が「イノベーションの首都」と呼ばれるにふさわしい実態を備えていることを示してきた。なぜそうなったかは、大学や研究機関の立地など地域固有の資源では説明できない。かといって、たまたま華為というすごい企業が深圳にあったからとか、たまたま華強北電子市場ができたといった歴史的偶然事で説明するのも物足りない。なぜなら華為が全国から人材を集めて大きく成長しえたのも、華強北電子市場が中国の他の都市にもある電子部品市場に比べて圧倒的な規模に成長しえたのも決して偶然ではないと思われるからだ。

深圳が中国の他の都市に比べて優位にあるのは、人材、資金、部品、材料など様々な資源を中国内外から集めるうえでの便利さである（本書第12章参照）。部品や材料に関していえば、少なくとも一九九〇年代までは香港に隣接していて関税を払わない部品輸入（すなわち密輸）が容易だったという点が少なからず貢献した。部品や材料の輸入に対して一般には高い関税がかかるなか、関税を回避して輸入できれば国内市場において優位に立てる。深圳が国内市場向けのテレビや電子製品の有力な生産拠点になることができた背景にはこの点が少なからず貢献していた。また、華強北電子市場が中国最大の電子部品市場になりえたのも、深圳が部品輸入に便利だったという要素が大きく作用していた。安い部品が豊富に入手できる場所に、それを利用して製品を作る業者が集まってくるのも必然である。今日、世界から「創客」が深圳に集まっているのもやはり電子部品の入手が容易という理由が作用している。

人材を集めるという点では、深圳にはもともと地元民がきわめて少ないという点が少なからず貢献した。移住に対しては、中国の他の都市と同様に戸籍制度という壁が立ちはだかってはいるものの、中国のどこから来た人でも自分が外来者だと意識しなくていい都市は深圳以外にはない。第4節で述べたように、華為は従業員の四五％を研究開発に投入し、しかも毎年従業員の一割が退職するという。このように人材を湯水のごとく使うことができるのは人口大国中国の企業ならではの強みであり、華為の実力とは中国全体の人材資源を自由に利用しているところから来るものだと言える。その「人材の自由な利用」に最も適した場所が深圳なのである。

資金集めにおける優位性について本章では余り触れなかったが、中国に二か所ある証券取引所の一つが深圳にあることと、国内外からベンチャーキャピタルが深圳に集まってきていること、国際金融センターの香港に隣接していることなど、資金調達に有利な地理的位置にある。

深圳が、中国政府が「高度な自治」を保証している香港に隣接し、北京（中央）から遠いために一般に政府の規制が緩いことも深圳でイノベーションが盛んになるうえで有利だったと考えられる。新しい製品やサービスを売り出していくに際しての大きなリスクは政府の規制である。開発が成功し、需要をとらえたと思っても、政府の規制強化によって市場自体が消滅することもありうるからだ。中国で近年大流行した製品やサービスを見てみると、その多くが規制の曖昧な領域から飛び出しており、政府の規制いかんによっては市場が完全に消滅していてもおかしくなかった。ここ一〇年ほどの間に中国では電動自転車、ライドシェア（アメリカのウーバーや中国の滴滴出行）、山寨携帯電話、自転車シェアが大きな市場を切り開いたが、日本では政府の規制が強いため、これらの製品やサービスが成功するチャンスはほぼ皆無である。中国も一般には政府の規制が緩い国とは言えないが、中央から遠く、香港に隣接する深圳では概して緩めであるように見える。ドローンは日本や中国の他の都市では街中での飛行を禁止されているが、深圳では街頭で行商人がお土産用のドローンを飛ばして売っている。そのような雰囲気があるからこそ、新しい製品やサービスを試してみようとする起業家も集まってくるのであろう。

（1）鎌田文彦「中国における戸籍制度改革の動向――農民労働者の待遇改善に向けて」『レファレンス』二〇一〇年三月。
（2）鎌田「中国における戸籍制度改革」、六四頁。
（3）「三洋在中国大事記」(http://cn.sanyo.com/about/history/)。
（4）稲垣清「『ザ・経済特区』総点検」『世界週報』一九八五年三月五日。
（5）蔣永清「一九八四：鄧小平首次深圳特区行」『遼望新聞周刊』二〇一三年九月二九日。
（6）戴園晨・沈立人「関于深圳経済特区発展戦略的探討」『人民日報』一九八五年一二月一三日、「関于深圳特区発展外向型経済的問題」『経済導報』一九八五年九月二日。
（7）于智栄「イノベーション都市・深圳」『日中経協ジャーナル』二〇一六年五月。

（8）関志雄「中国におけるイノベーションの一大拠点として飛躍する深圳——担い手となる民営企業」（中国経済新論・実事求是、http://www.rieti.go.jp/users/china-tr/jp/ssqs/160608ssqs.html 二〇一六年六月八日）。

（9）Maryann P. Feldman and Richard Florida, "The Geographic Sources of Innovation: Technological Infrastructure and Product Innovation in the United States", ***Annals of the Association of American Geographers***, 84 (2), 1994, pp. 210–229.

（10）劉国光ほか「深圳経済特区九〇年代経済発展戦略総研究報告」劉国光編『深圳経済特区九〇年代経済発展戦略』北京：経済管理出版社、一九九三年、一二頁。

（11）『深圳年鑑』一九九七年版、五三四頁。

（12）『深圳年鑑』一九九八年版、六二五頁。

（13）『華為投資控股有限公司』二〇一四年年度報告。

（14）張利華『華為研発』北京：機械工業出版社、二〇〇九年。

（15）張利華『華為研発』、五八頁。

（16）張利華『華為研発』、四〇頁。

（17）二〇一六年現在の華為の従業員数は十七万六〇〇〇人で、うち七万九〇〇〇人が研究開発に従事しているという。二〇一七年二月一五日、華為技術日本株式会社でのインタビューによる。

（18）二〇一七年二月一五日、華為技術日本株式会社でのインタビューによる。

（19）丸川知雄『チャイニーズ・ドリーム——大衆資本主義が世界を変える』筑摩書房、二〇一三年。

（20）二〇一五年九月一四日、ＤＪＩでのインタビューによる。

（21）林幸秀『科学技術大国　中国』中央公論新社、二〇一三年。

（22）二〇一七年三月一三日、深圳松禾創新孵化器投資管理合伙企業でのインタビューによる。

（23）木村公一朗「中国——深圳のエコシステムとスタートアップ」アジア経済研究所海外研究員レポート、二〇一六年五月。

第12章　バンコク―ホーチミン
――生産ネットワークへの参加、産業集積の形成、イノベーション・ハブの構築（二〇世紀末～二一世紀初頭）

木村　福成

はじめに

都市あるいは都市圏の形成はその背景となる経済活動の性格に規定されるところが大きい。特に一九九〇年以降、国際分業と国際貿易のメカニズムは大きく変貌を遂げ、新興国・発展途上国の開発戦略と都市・都市圏の発達パターンも変化した（本書第11章参照）。本章では、その変化が典型的に観察される現代のバンコクおよびメコン地域の経済回廊を取り上げ、グローバリゼーションの下での都市・都市圏の姿を明らかにしていく。

1　グローバル・ヴァリュー・チェーンと都市・産業集積

一九九〇年頃を境に、世界はリチャード・ボールドウィン（Richard Baldwin）がいうところの「第二のアンバンドリング」の時代に入った[1]。情報通信技術（ＩＣＴ）革命を背景に、生産工程・タスクの分散立地が可能となり、先進国と新興国・発展途上国にまたがる国際的生産ネットワークが展開され、南北間国際分業の形は大きく変わった。

ＡＳＥＡＮと中国はグローバル・ヴァリュー・チェーン（ＧＶＣｓ）高度利用の先駆者であった。ＧＶＣｓ利用は世界全体の趨勢となっているが、その深度には大きな開きがある。特に同地域を念頭に置くと、ＧＶＣｓ利用は次のようなティアに分けられる（図１参照）[2]。ティア３は、ごくゆっくりとしたＧＶＣｓに接続する段階で、伝統的な繊維・衣料オペレーションや資源ベース産業の国際産業連関がそれに当たる。これが今現在、世界中の発展途上地域が行っているＧＶＣｓのパターンである。ＡＳＥＡＮおよび中国は、もう一歩先のティア２、すなわち足の速い国際的生産ネットワークへの参加に成功している。これがボールドウィンのいうところの第二のアンバンドリングである。電機・電子、自動車を含む機械産業の国際的生産ネットワークがその典型である。さらに、シンガポール、マレーシア、タイ、中国は、ティア１ａ、すなわち太い国際的生産ネットワークで外とつながりつつ、産業集積の形成に至っている。製造業をベースとするＧＶＣｓでこの段階まで至った途上国は、ＡＳＥＡＮ、東アジア以外ではまだほとんど存在しない（本書第11章参照）。

図1　グローバル・ヴァリュー・チェーンへの関与のティア構造

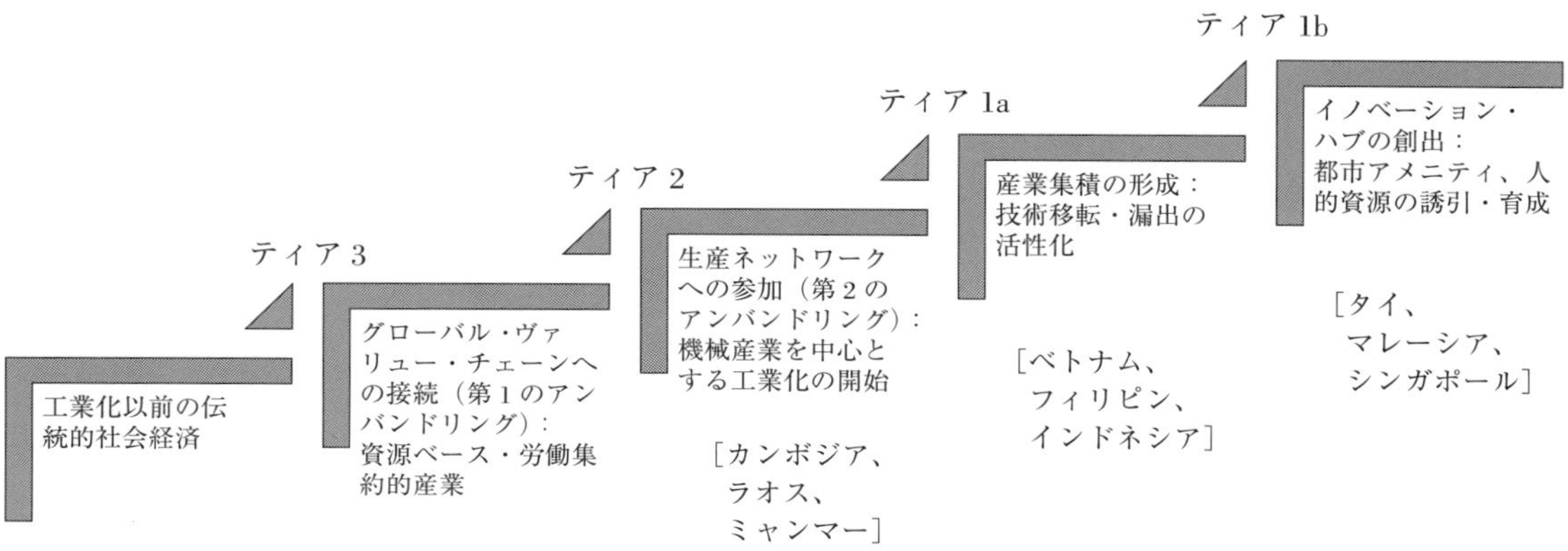

出所：Economic Research Institute for ASEAN and East Asia（ERIA）, ***Comprehensive Asia Development Plan 2.0 (CADP2.0): Infrastructure for Connectivity and Innovation***, Jakarta: ERIA, 2015（以下 ERIA（2015））.

このティア2、ティア1aを経る過程で、バンコク首都圏は大きな成長を遂げた。次節ではまず、バンコクの過去三〇年の変貌を跡づけてみたい。世界の他地域、あるいは別の時代には見られなかった都市圏創造のメカニズムをそこに見出すことができる。続く第3節では、産業集積形成の背景となった伝統的部門から近代的部門、農業から製造業、農村から都市への労働移動と、それがもたらした急速な貧困減少を見る。さらに第4節では、ティア2のメカニズムで接続されることによって形成されつつあるメコン・インド経済回廊について、現状を概観する。

GVCsを積極活用する工業化戦略は、長い間出口がないかのごとく続いてきた開発戦略論争に明解な答えを示すものとなった。この戦略を徹底し、粘り強く諸政策を実行すれば、持続的経済成長と貧困撲滅の両方を実現することができ、上位中所得経済に到達しうる。しかし、その先のシナリオはまだ描かれていない。いかにして先進国の仲間入りをするのか。それが最後のティア1bの課題である。これについては第5節で議論する。

2　バンコク首都圏の成長

経済活動の分散立地と集積形成、一見逆向きに働くもののように思えるかも知れない。しかし実は、東アジアのいくつかの都市圏たとえばバンコク首都圏は、この二つが密接に関連しながら成長してきた。これは世界の他地域ではまだ起きていない新しい現象である。ここでは、企業間分業を動機とする集積形成と、それに誘引された人口移動が、産業集積形成の主要なメカニズムとなる。これは、ヨーロッパなど先進地域において、もっとも動きにくい「人」が集中している所に向かって輸送費の大きい経済活動が集まってくるという集積形成の論理とは異なるものである。

ＡＳＥＡＮおよび中国のＧＶＣｓへの参加の試みは、輸出加工区から始まった。ティア２における国際的生産ネットワークへの参加には、①立地の優位性の確保と②サービス・リンク・コストの軽減という二つの条件が満たされる必要がある。この二つを手っ取り早く満たす方策が輸出加工区であった。しかし一方で、そもそも輸出加工区は、貿易障壁によって国内生産者を守りながら、輸出の利益を得ようとするものである。それは国内経済全体の輸入代替型工業化政策をそのまま維持することを前提として考えられたものであり、国内経済との間には厳重な壁を設けるべきとされていた。

しかし、典型的なティア２オペレーションである輸出加工区のみでは、国内経済全体の底上げは望めない。一九八〇年代半ば、経済不調に見舞われたマレーシアとタイは、思い切った決断をする。ともかく、外資系企業をたくさん呼んでこよう。それがティア２からティア１ａへの飛躍の出発点であった。積極的に直接投資を受け入れる方向に政策を転換し、また外資系企業の活動に便宜を図るため、輸出品製造のための輸入原材料免税措置、保税工場、保税トラックなどが登場してくる。外資系企業としても、地場企業との取引を展開するインセンティヴが存在する。地場系企業は往々にして、非価格競争力は不足でも、価格競争力はある。いわゆるサポーティング・インダストリーが育てば、それが立地の優位性を強化することになる。これがティア１ａへの入口であった。

第一のアンバンドリングの代表である衣料産業と、第二のアンバンドリングを牽引する機械産業。どちらも非熟練労働を求めて発展途上国に工場を移してくるわけであるが、その立地選択には大きな違いがある。衣料産業の工場は、安い労働力を求めて、都市部から農村部へと地理的に拡散していく傾向がある。それに対し、機械産業の場合、安価な労働力の確保はやはり大事だが、集積の利益も大きい。機械は多数の部品から成る。個々の部品は、異なる原材料を用い、さまざまな技術によって作られる。従って、多くの機械類は、多数の企業による垂直的分業によって生産される。上流・下流の企業が近くに立地することの利点としては、中間在庫を圧縮できることに加え、小ロットごとに納入のタイミングを調整したり品質の安定性をチェックすることが容易になることも大きい。部品製造業者としては、賃金のことを考えればトヨタの大組立工場の真横に工場を置きたいとは思わないかも知れないが、近くにいた方が仕事をとりやすいということでもある。機械産業の場合、ある程度分散しながらかつ集積の利益を享受できるような立地が重要となってくる。

現在、バンコク首都圏は、機械産業、とりわけ自動車産業の一大集積地となっている。その背景には、首都圏を支える広域インフラの整備があった。図2はバンコク首都圏の地図で、合わせて県ごとの工業団地の数を示したものである。バンコク市内の交通渋滞は有名だが、いったん市外に出れば、半径一〇〇キロメートル超の範囲に三〇数個の工業団地が配置され、高速道路網が張り巡らされている。半径一〇〇キロメートルというのは、おおよそ関東平野全体と同じ大きさである。図2の円の中心にはトヨタが有する三つの組立工場のうちの一つが置かれているが、トヨタに納入する部品製造業者は首都圏全体に散らばり、ミルクラン（部品を集めて回るトラック便）等を用いた二時間半以内のジャスト＝イン＝タイムの部品納入が可能となっている。さらに、大型空港とコンテナ用港湾が整備されて効率的なロジスティックスが可能となっており、また電力の大規模供給などインフラ・サービスも整備されている。

図２　バンコク首都圏と工業団地配置

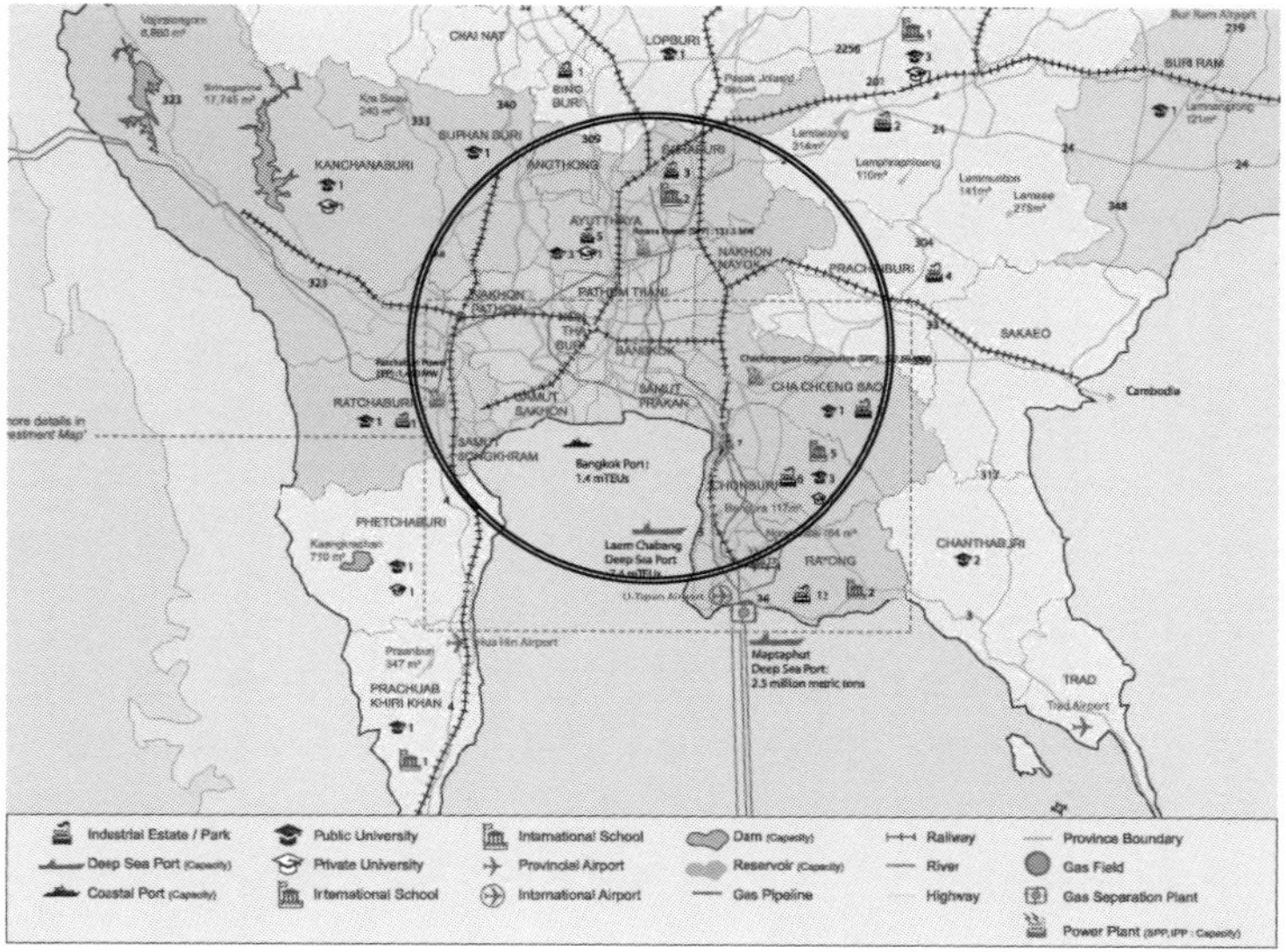

注：色分けはバンコクから順にゾーン１、ゾーン２、ゾーン３（１）、ゾーン３（２）。ただし、2015年１月にゾーン制は廃止され、業種の重要度等に応じて恩典を付与する制度に移行した。中央の円は半径約100km（筆者が加筆）。
出所：タイ投資庁ウェブページ（http://www.boi.go.th/index.php?page=where_to_invest2&view_id=68）。

産業集積は、一定程度の地理的範囲に展開される必要がある。狭い所に経済活動が集中し過ぎると、地価は上昇し、交通混雑も激化する。公害も顕在化しやすい。さらに、労働者の居住地も限られ、生活費が上がり、従って賃金も上がってしまう。逆に、バンコク首都圏のように広域インフラ整備に成功すれば、地価、賃金の上昇も緩やかで、都会に住みたがるマネージャー、エンジニアも通勤が可能な環境が実現する。

特に、バンコクから見て東南の方向にある東部臨海工業地帯（Eastern Seaboard: ESB）の開発は、一九八〇年代後半から始まった。その中では、日本の政府開発援助（ＯＤＡ）の果たした役割も大きかった。従来からのバンコクのクロントイ港は、河川港であるがゆえに水深が浅く、時代の趨勢となりつつあった大型コンテナ船を接岸させることができなかった。バンコクから一三〇キロメートル離れたラムチャバンまで来てはじめて、大型コンテナ港に適した水深を確保することができた。またＥＳＢ開発当初は、シャム湾沖の天然ガスへの期待も大きかった。この地域はもともと地味に乏しく、人口密度も低い地域だった。いったん開発が始まると、当初想定していた労働集約的製造業にとどまらず、最終的には自動車を中心とする一大工業地帯となり、人口も大幅に増加した。

さらに、効率的な産業集積は、地場系企業の生産ネットワークへの参加を促すためにも欠かせない。外資系企業がたくさん進出してくれば、地場系企業にもチャンスが回ってくる。地場系企業は往々にして、価格競争力はあるが、納期遵守や品質の安定性などの非価格競争力が不足している。それらを克服できれば、外資系企業と取引関係を結ぶことができ、それを通じて技術移転・漏出を享受することが可能となる。(3)アジア通貨危機を契機に、タイ人およびタイ企業の能力は大幅に向上し、ジャスト・イン・タイムの生産

図3　人工衛星から見た夜間照明の強さ

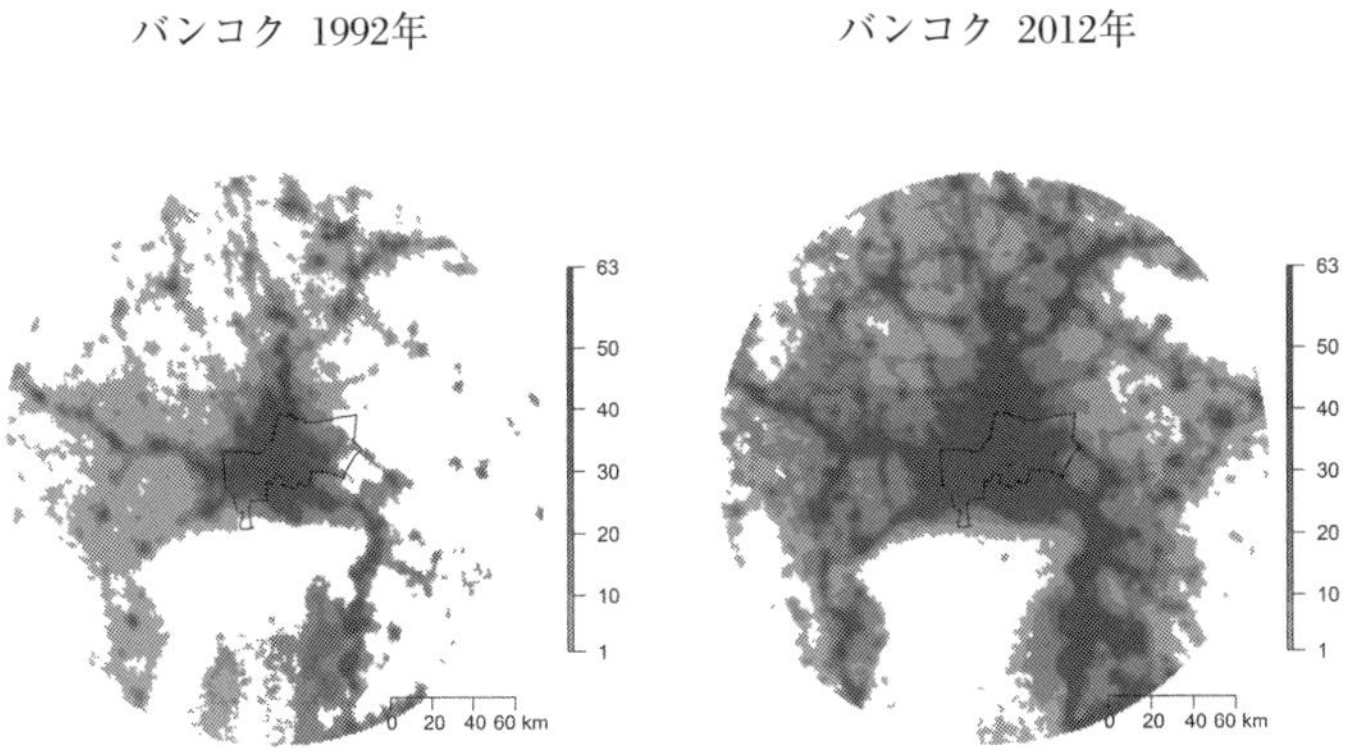

出所：ERIA-IDE GSM Team. ERIA（2015）に掲載。

分業に参加することも可能となり、プロセス・イノベーションであれば自ら進めることもできるようになってきた。

図3は、日本貿易振興機構アジア経済研究所のケオラ氏が作成した図で、一九九二年と二〇一二年時点におけるバンコク首都圏の人工衛星から見た夜間照明の強さを表したものである。首都圏が面として広がっていることがはっきりとわかる。同じ図をＡＳＥＡＮの他の大都市、たとえばジャカルタやマニラと比較すると、それらの都市では狭い地域に経済活動が集中しすぎていることが見て取れる。ティア１ａにおいてＧＶＣｓを有効に活用するためには、効率的な産業集積の実現が必要であり、そのためには地理的な広がりを持った都市圏のインフラ開発が不可欠である。バンコク首都圏の成功を支えた１つの重要な要素は大規模インフラ整備であった。

3　国内労働移動と貧困撲滅

都市および都市圏の成長の裏側には人々の移動がある。

表1　地方別人口純流入：センサス前5年に移動した数

（単位：1000人）

地方	1965-1970	1975-1980	1985-1990	1995-2000
バンコク	64.5	212.3	365.9	134.7
中部（バンコクを除く）	−11.2	−5.8	293.4	671.0
北部	−3.2	−23.9	−89.3	−71.6
東北部	−47.6	−181.3	−553.7	−369.7
南部	−2.5	−1.3	−16.3	57.9

出所：Jerrold W. Huguet, Aphichat Chamratrithirong, and Kerry Richter, “Chapter 1: Thailand Migration Profile,” in Jerrold W. Huguet and Aphichat Chamratrithirong, eds., ***Thailand Migration Report 2011***, Bangkok: IOM Thailand, 2011.

バンコク首都圏の場合、それは農村部、伝統的産業、インフォーマル・セクターから都市部、近代的産業、フォーマル・セクターへの労働者の移動という形で進行した。そしてそれは、タイ全体の貧困撲滅に大きく貢献していくことになった(4)。

一九八〇年代後半以降、タイが機械産業を中心とする第二のアンバンドリングに参加していく過程では、大ぐくりにして言えば労働集約的な生産工程が先進国から移動してくることとなった。それ以前も、縫製産業のように産業・業種単位の比較優位に基づく国際分業はあったわけだが、第二のアンバンドリングによってそれ以上に徹底した立地の優位性の利用が可能となった。職長クラスやエンジニアは不足していたにしても、非熟練労働者の豊富な供給がタイにとっての何よりもの立地の優位性であった。

表1は、タイの各地方の人口純流入を示したものである。各センサスが行われた直前の五年間にどれだけの人が流入あるいは流出したかが集計されている。地方、特に東北部からの流出が大きい。バンコクへの人口流入は一九六〇年代後半には始まっていたが、一九八〇年代後半以降はバンコク周辺の中部地域への流入へと比重を移していることがわかる。

それに伴い、タイ全体の貧困減少も顕著に進んでくる。世界銀行の推計によれば、家計構成員を四名として一日一人当たり一・二五USドル未満の所得水準にある人口比の推移を見てみると、一九九〇年一一・六%、一九九四年四・一%、二〇〇〇年三・〇%、二〇〇六年一・〇%、二〇一〇年ほぼゼロと減少していく。一日一人当たり二USドル未満で見ても、一九九〇年三八・五%、一九九四年二一・七%、二〇〇〇年一九・三%、二〇〇六年八・三%、二〇一〇年三・六%であった(5)。世界を見渡せば、経済成長がいつでも貧困撲滅につながるとは限らない。タイの場合、国際的生産ネットワークへの参加と産業集積形成によって、比較的貧しい人たちにとっての雇用機会が増大し、それが貧困撲滅へとつながった。

農村部、伝統的産業、インフォーマル・セクターから都市部、近代的産業、フォーマル・セクターへの円滑な労働移動を可能とする諸条件は、労働需要面、労働供給面、労働移動のコストという三つに分けて整理できる。タイにおいてなぜうまくいったのかも、そこから明らかになる。

第一の労働需要に関してはまず、タイでは製造業とそれに関連するサービス業における雇用創出が大規模に行われたことがあげられる。フォーマル・セクターにおいて十分な雇用創出が行われないと、貧困に苦しむ農村から押し出されてきた人たちによって都市内にスラムができてしまう。バンコクにおいても一九七〇年代までは大規模なスラムの形成が見られたが、一九八〇年代後半以降、それらは急速に縮小していく。また、先に述べたように、首都圏広域にわたるインフラ整備によって広い範囲で産業集積ができてきたことも大きい。移動してきた労働者が分散して居住できるため、生活費を低く抑えることができ、そのため賃金の上昇もごくゆっくりしたものとなり、新規雇用創出が長期にわたって継続した。

第二の労働供給については、タイでは早くから初等・中等教育が普及し、都市部と農村部の間の教育水準のギャップが比較的小さかったことがあげられる。農村から出てきてすぐに工場労働者となれるか。ここでは、基本的な読み書きや計算ができるかどうか、時間を守って行動できるかなどが、大きく効いてくる。多くの途上国では、初等教育の質の向上が遅れており、工場の始業前に現地語の読み書きを教えねばならないこともある。遅刻や欠勤が多い、長期休暇の後に職場に戻ってこないなどのトラブルも、よく耳にする。タイは早い時期から、このような基本的な問題点を克服していた。

第三に、タイの場合、労働移動のコストが比較的安価であったことも重要である。タイでは、労働移動に関し、家族構成員や同郷人たちの間で極めて密度の高い情報交換が行われてきた。また、伝統的に農閑期のみ都市に出て働くという季節労働も多く、労働需要に関する情報が常に行き渡っていた。工場の入口に来週から二〇名を新規採用すると張り紙を出しておくと、採用面接に二〇〇名が列を成す、といったことが起きていた。開発経済学の教科書に必ず出てくるハリス＝トダロ・モデルは、農村から都市に出てきても、職を得られる確率は必ずしも高くないと仮定している。しかし、タイの場合、そのような情報の不完全性はかなり低かったものと考えられる。

円滑な国内労働移動という特徴は、その他の東アジア諸国にもある程度当てはまっている可能性がある。図4は、アジア諸国等の一人当たり粗国民所得と平均賃金を散布図にプロットしたものである。東アジア諸国はおおむね平均的所得水準に比して賃金が安いのに対し、南アジア諸国では逆のことが起きていることがわかる。ここでいう平均賃金はもちろん、政府統計で把握可能なフォーマル・セクターの賃金である。この二つの変数の間の関係は天然資源賦存などによっても影響されるが、関係を決定づける一つの大きな要因は円滑な労働移動にあるものと解釈できる。

図４　１人当たり粗国民所得と平均賃金の関係

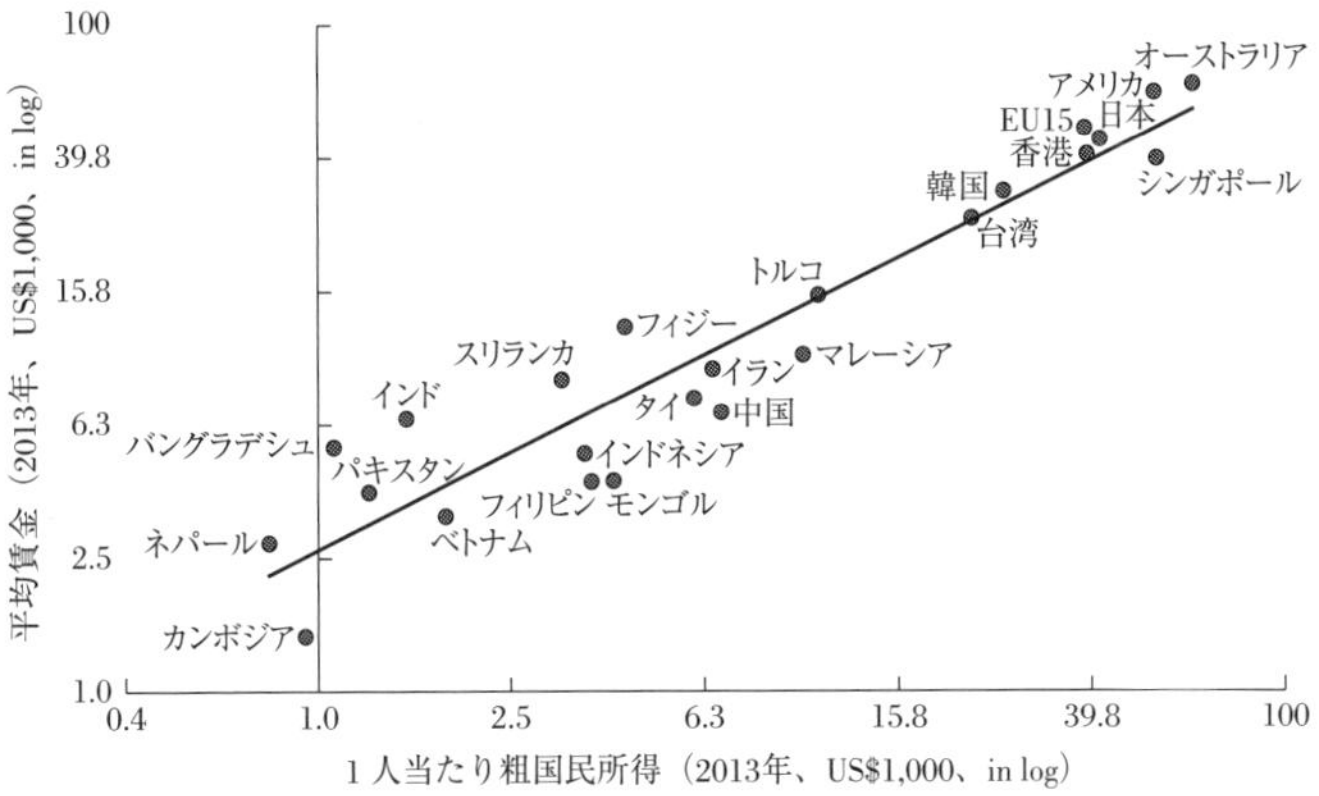

出所：Fukunari Kimura and Mateus Silva Chang, "Industrialization and Poverty Reduction in East Asia: Internal Labor Movements Matter," ***Journal of Asian Economics***, Vol. 48, 2017. 原データは ***APO Productivity Database 2015*** より取得。

このことは、図５のように示すことができる。この図は開発経済学の教科書でおなじみのルイス・モデルを模したものである。一国経済が伝統的部門ｘと近代的部門ｚからなるものとし[6]、横軸のO_xO_zが同国の全労働者数を表すものとする。O_xとO_zをそれぞれの部門の原点として労働の限界生産物価値（ＶＭＰＬ）を描いたのがこの図である。もともとの均衡点はＡで、O_xL_0だけの労働はｘ部門、O_zL_0だけの労働はｚ部門で雇用され、賃金はw_0で均等化されていたものとする。

　ここで、ｚ部門において資本の増投あるいは技術進歩が起きて、$VMPL_z$曲線が上方にシフトしたものとしよう。もし引き続き労働が二部門間で自由に動けるものとすれば、L_0L_1だけの労働が部門ｘから部門ｚへと移動し、新たな均衡点はＢとなる。この図のように$VMPL_x$の傾きがL_0L_1間においてほとんどフラットだったとすると、賃金水準はもとのw_0とほぼ変わらないこととなる。一方、もし何らかの理

図５　伝統的部門から近代的部門への労働移動：２つのシナリオ

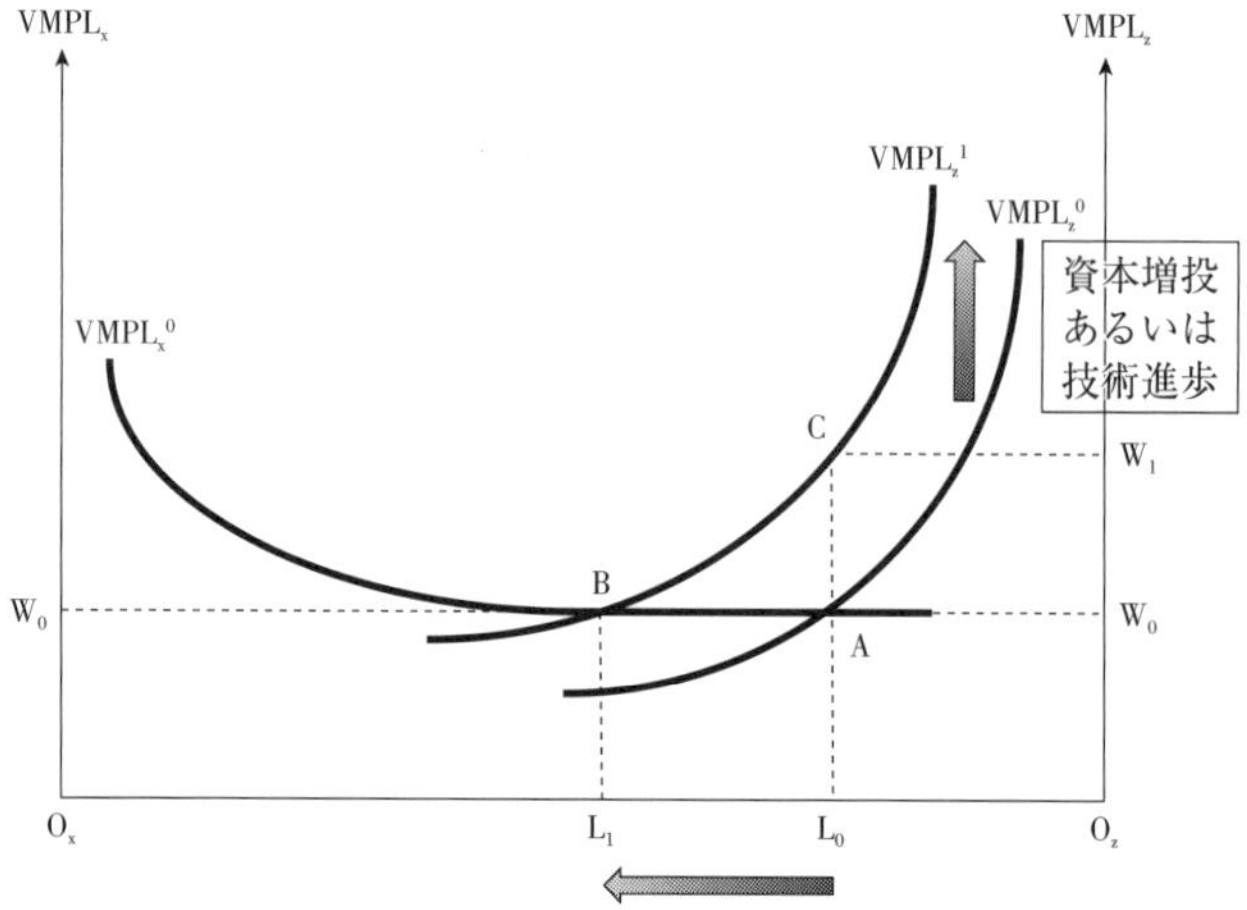

出所：ERIA（2015）.

由により部門間労働移動が不可能な状態になっていたとすると、部門xの均衡点はAにとどまり、部門zのそれはCへと移動することになる。部門xの賃金はw_0のまま、部門zの賃金はw_1へと上昇する。国民所得の増加は、労働移動が起きるケースと比してBCAだけ小さくなる。この二つのケースの差が東アジアと南アジアの差異を表しているものと解釈できる。

近年、グローバリゼーションと所得分配の関係については世界的に関心が高まり、さまざまな角度からの研究がなされるようになった。グローバリゼーションは必然的に所得分配を悪化させると思い込んでいる識者も多い。しかし、少なくとも国際的生産ネットワークが国内労働移動を促し、それが貧困減少を加速させるケースが存在することは、タイあるいは他の東アジア諸国を見れば明らかである。

ただし、二〇〇〇年代半ば以降、タイ国内の人口移動は鈍化している。それについては第5節で再び取り上げる。

4　メコン―インド経済回廊

二〇〇〇年代にはいり、タイを中心とするメコン地域全体にも本格的にグローバリゼーションが浸透していく。一九九〇年代にＡＳＥＡＮに加盟したカンボジア、ラオス、ミャンマー、ベトナムはいずれもメコン地域の国であり、タイよりも一歩も二歩も発展段階の遅れた途上国であった。その中でベトナムは、現在では人口九〇〇〇万人を超える規模の国であり、第二のアンバンドリングへの参加においても他の三カ国をリードしている。しかし、効率的な産業集積の形成はまだこれからである。カンボジアとラオスは、人口規模もそれぞれ一五〇〇万人、七〇〇万人と小振りであり、第二のアンバンドリングへの参加もようやく始まったところである。ミャンマーは人口五〇〇〇万人であるが、工業化は大きく遅れている。

図6はメコン地域の一人当たりＧＤＰを県のレベルで色分けしたものである。タイの中でも、中部とその他の地域とりわけ東北部との間の所得格差はかなり大きいことが見て取れる。しかし、それ以上に顕著なのが、タイと周辺国との間の所得格差である。これは、労働集約的な経済活動が安価な労働力を求めてタイから周辺国へと移動する余地があることを示しており、あるいは国境管理が緩ければ周辺国からタイに向かってかなりの労働移動が起きる可能性をも示唆している。

ベトナムはハノイとホーチミン市という二つの大きな都市を有しているが、その間は直線距離で一一〇〇キロメートル、陸路では一七〇〇キロメートル離れている。この二つの都市が一つの経済圏となること

図６　メコン地域県レベルの１人当たりGDP（2005年）

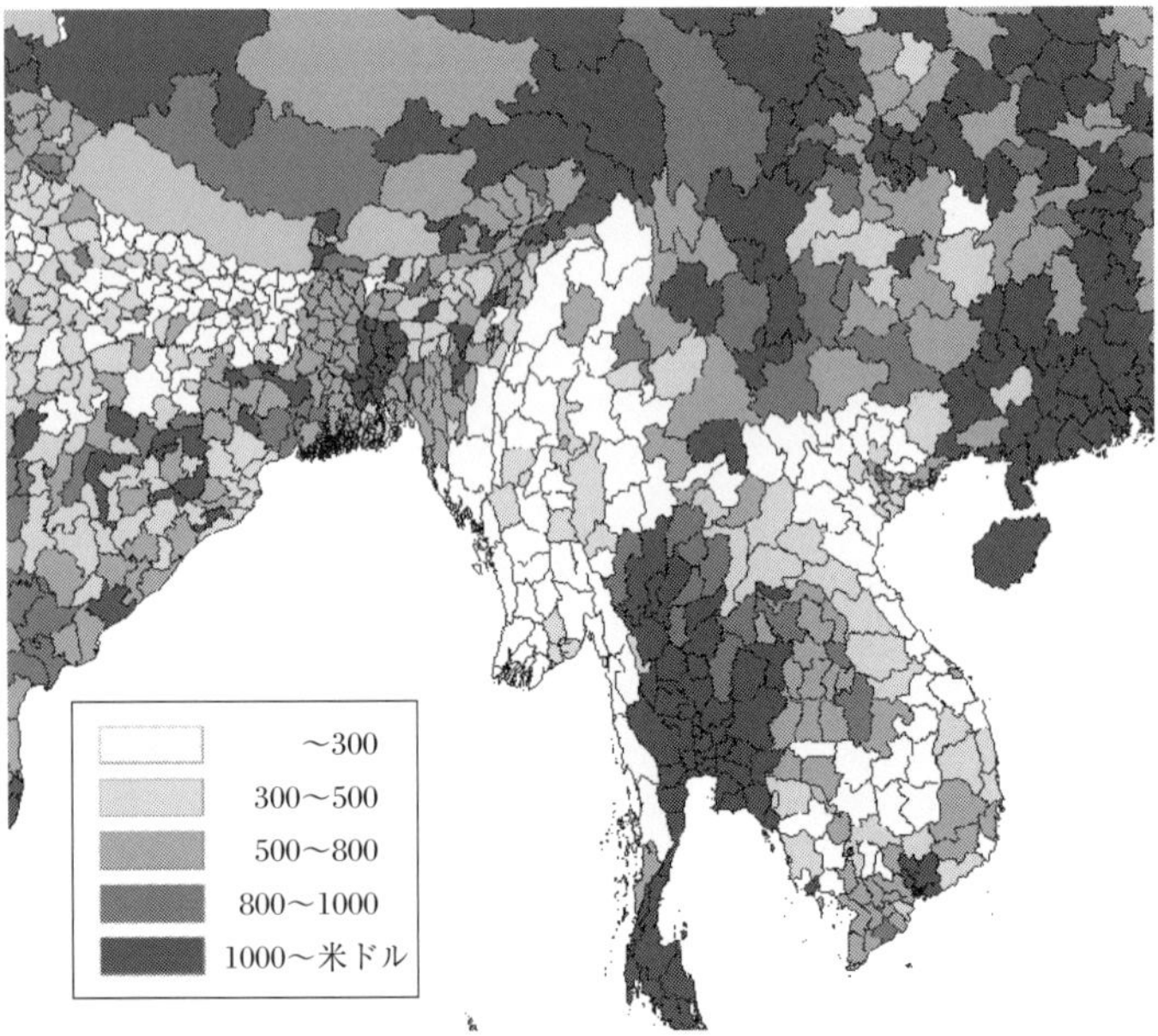

出所：ERIA-IDE GSM Team.

は考えにくい。一方、バンコクとホーチミン市はおおよそ九〇〇キロメートルしか離れていない。バンコク首都圏と並び、ホーチミン市もいずれは大きな産業集積となっていくことが予想される。したがって、メコン地域の経済回廊構想のうちバンコクからカンボジアを通り、ホーチミン市に至る南部経済回廊は、特に製造業のリンクを確立しうるものとして、期待される存在となってきている。さらに、バンコクから西に進み、山を越えてアンダマン海のダウェイに深海港を建設すれば、南インドの自動車産業の産業集積とリンクすることも可能となる。これが、筆者がチーフエコノミストを務めている東アジア・アセアン経済研究センター（ＥＲＩＡ）が二〇〇九年に打ち出し

図7　メコン―インド経済回廊

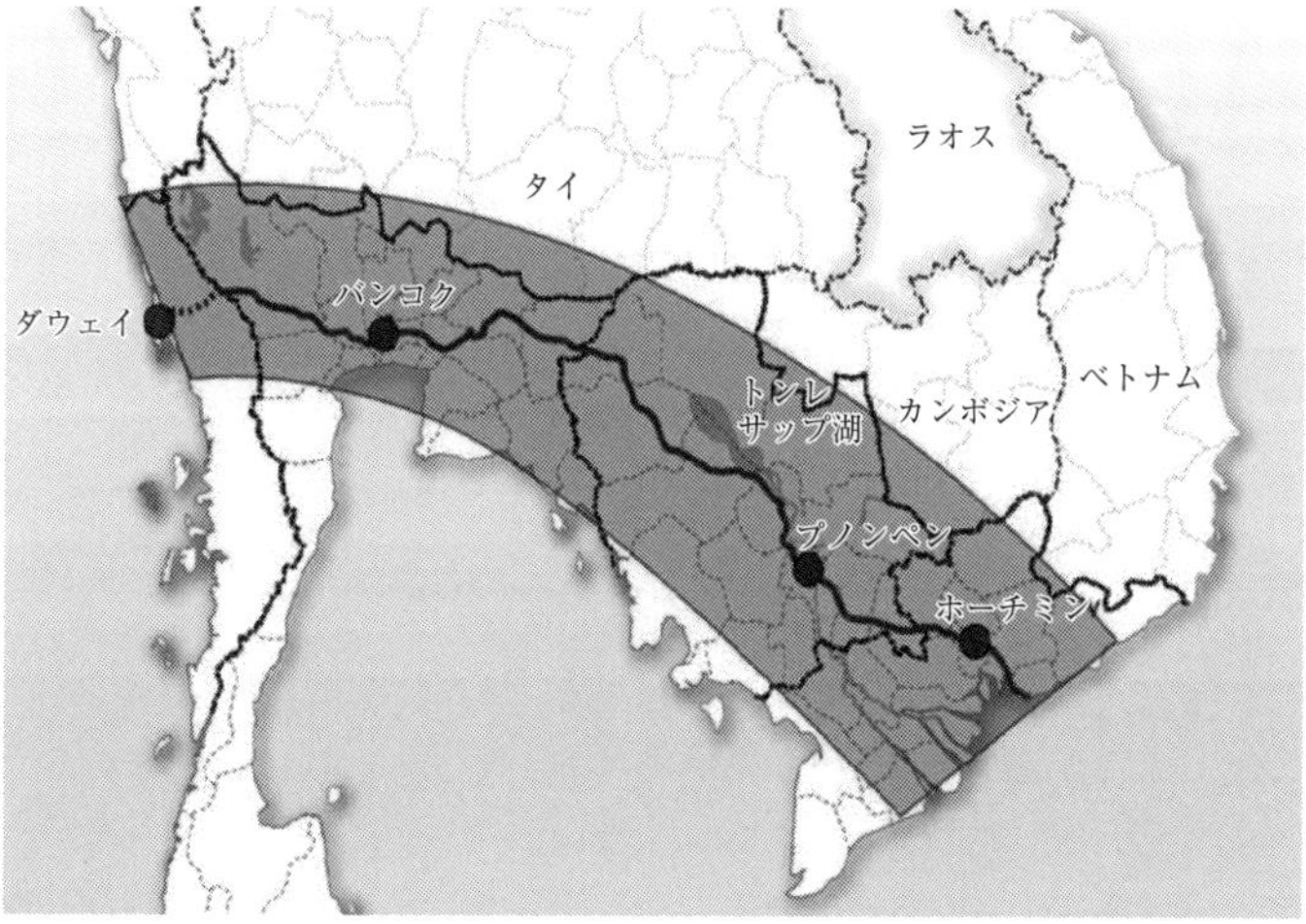

出所：ERIA-IDE GSM Team.

たメコン―インド経済回廊構想である(図7参照)。

その後、ダウェイについては、大工業団地、深海港、高速道路リンクの同時開発という構想はなかなか実現しないが、ミャンマー、タイ、日本の協力のもと、中小企業工業団地の開発などから少しずつ前進している。一方、バンコクとホーチミン市に挟まれたカンボジアでは、タイとの賃金格差を生かした機械産業の労働集約的な工程が徐々に進出しつつあり、いわゆる「タイ＋1」の第二のアンバンドリングが拡大してきている。ミネベア（現ミネベアミツミ株式会社）をはじめとするプノンペン経済特区（SEZ）のオペレーションも軌道に乗り、またタイ国境やベトナム国境でも工業団地が稼働を始めている。日本の政府開発援助（ODA）も道路拡張や橋梁建設などで貢献している。時間コストに敏感な生産ネットワークに参加するためには、ロジスティックス・リンクのためのハード・インフラに加え、迅速な通関手続

図8　プノンペンの工業化と生産ブロック・労働移動

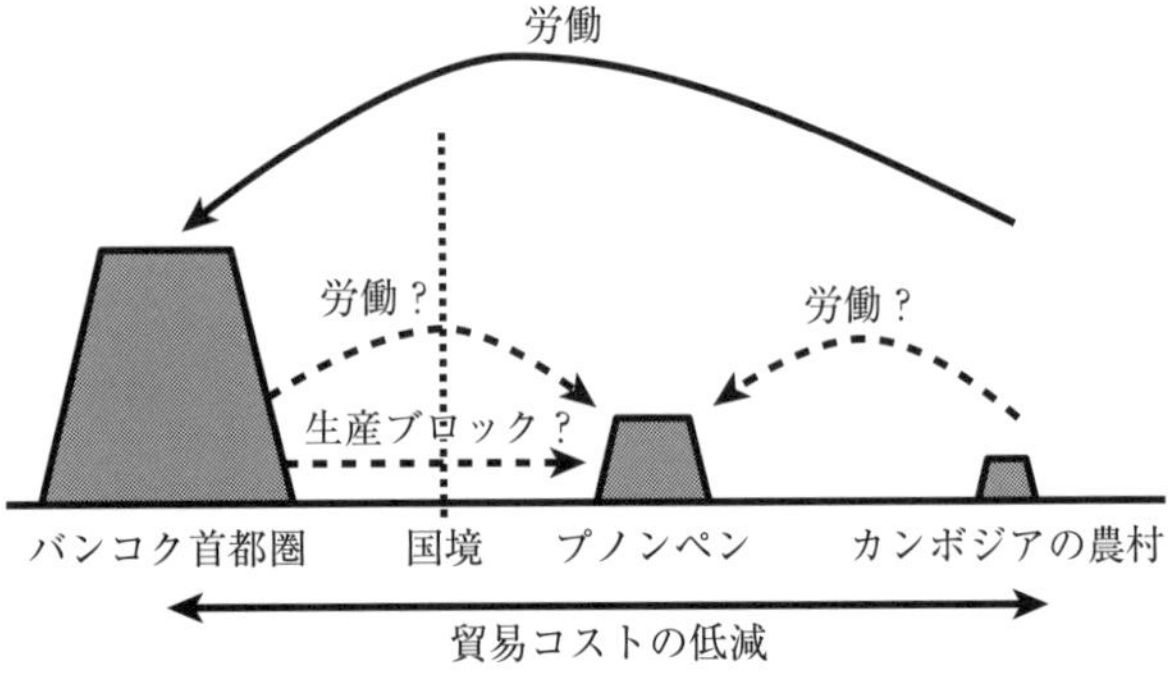

出所：筆者作成。

き等のソフト・インフラも決定的に重要となってくる。経済統合に向けての努力の中で特に連結性（connectivity）を強調するASEANの戦略を体現しているのがメコン―インド経済回廊と言える。

メコン地域では、生産ブロックが国際間で移動するだけでなく、人も相当程度自由に国境を越えて動くようになってきている。以前からタイには周辺国から合法的・非合法的に非熟練労働者が流入していたが、特に二〇〇〇年代半ば以降、その数が急増した。現在タイには三〇〇～四〇〇万人のミャンマー人、一〇〇万人のカンボジア人、数十万人のラオス人がいると言われている。労働集約的な生産ブロックも非熟練労働者も基本的には賃金格差を動機として移動するわけであるが、動く方向は逆である。途上国側、たとえばカンボジア側から見ると、それは自らの工業化戦略に大きく影響してくるものとなりうる。生産ブロックも人も動く世界では、空間経済学の示唆を得ながら、開発戦略を策定していかなければならない。

図8はバンコク首都圏、カンボジアの首都プノンペン、カンボジアの農村の関係を模式化したものである。空間経済学の言

葉で言えば、人口一〇〇〇万人超で産業集積を有するバンコク首都圏がコア、カンボジアの農村がペリフェリー、人口二〇〇万人でようやく工業化の始まったプノンペンはコアになろうとしているペリフェリーということになる。コアとペリフェリーの間の貿易コストが貿易自由化・円滑化あるいはロジスティクス・インフラ整備で軽減されると、コアに向かって経済活動や人が吸い寄せられる集積力と、コアからペリフェリーへと経済活動や人を移動させる分散力の両方が生み出される。これは、集積内において、ビジネス・パートナーや市場への近接性から生み出される正の集積効果と、賃金や地価の高騰、交通混雑などによる負の集積効果（混雑効果とも呼ばれる）の両方が生じてくることによる。一般に、コアとペリフェリーの間に大きな資源賦存の違い、賃金水準の違いが存在している時には、分散力も一定の強さとなりうる。ペリフェリー側、あるいはコアになろうとしているペリフェリーとしては、いかにしてこの分散力を利用して経済活動と人を惹き付けるかが、開発戦略上、重要となってくる。

プノンペンの立場になり、どうすれば生産ブロックを引き寄せ、同時に農村から労働力も供給して、工業化を進めることができるか、考えてみよう。貿易コストを軽減すれば、バンコク首都圏から低賃金を求めて、生産ブロックが移ってきてくれるだろう。しかし一方で、プノンペンにおける賃金が安すぎると、農村からの労働移動はプノンペンに向かわず、人々は国境を越えてタイに出稼ぎに行ってしまうかもしれない。ではどうすればよいか。正解は、低賃金以外のプノンペンの立地の優位性を高めてタイからの生産ブロックのための投資環境を改善し、同時にカンボジアの農村部から都市部への労働移動を円滑にする政策を採ることである。このところカンボジアでは、政府の人気取り政策として最低賃金が急速に引き上げられている。しかしそこでは、投資を鈍化させないよう非熟練労働者の賃金が上がりすぎないように気をつけねばならないし、また賃金以外の誘因でプノンペンへの労働移動を促す政策を並行して行っていくことが求められる。

5 新たな挑戦

二〇〇〇年代後半からバンコクおよびバンコク首都圏の経済発展は新たな局面にはいった。一つの大きな変化は、国内労働移動が顕著に鈍化したことである。過去一年間に移動した人口の割合は、二〇〇二年には四・六％であったが、その後下降線をたどり、二〇一四年には一・三％にまで落ち込んでいる(7)。それはなぜか。いくつか仮説を立てることができる。

第一は、政治的混乱によって国内外からの投資が勢いを失い、経済成長率も低下し、製造業およびその関連サービス業における雇用創出が鈍化したことである。賃金上昇がタイの製造業全体の国際競争力を削いでいるとの見方もある。しかし、タイのワーカー・レベルの賃金は、上がったとは言えまだ月四〇〇ドル台であり、労働生産性を考えればそれほど高いとは言えない。本来は労働集約的工程であってもまだ伸びる余地のある状況にあるように思われる。

第二は、外国人労働者の大量流入である。バンコク市内においてもこの一〇年、建設労働者やレストランのウェートレスなどをしている外国人労働者が目立つようになった。農業や漁業、さらには製造業にも、多くの外国人労働者が従事するようになってきている。それがタイの非熟練労働者の働き口を奪っているというのも、一つのあり得る仮説である。

どちらの仮説も、国内労働移動鈍化の原因を労働需要の側に求めるものである。これは、ここ一〇年のタイの政治における都市と農村の対立という構図と整合的と考える向きもあろう。しかし一方、労働供給側の状況に原因を見出すべきとの見解もある。Ploywjit は、二〇〇七年と二〇一三年の *Migration Survey* を用い、地方からバンコク周辺へ移動した労働者と移動しなかった労働者の間の賃金ギャップを、傾向スコア・マッチング法を用いて推計した。[8] その結果、賃金ギャップが二〇〇七年から二〇一三年にかけて急速に縮小していることが明らかになった。これが正しいとすると、労働移動の恩恵はすでに農村部の大半に行き渡り、そもそも都市部に出て働こうとするインセンティヴが失われつつある、ということになる。タイの政治状況とも絡み、今後さらに研究を進めていくべき問題である。

そして二〇一〇年代半ばとなり、タイにもデジタル・エコノミーの波が押し寄せてきた。再び図1に戻れば、タイはティア1aからティア1b、すなわちイノベーション・ハブの段階へと入っていかねばならない。そこでは、いかにしてデジタル技術を経済発展のために有効に用いていくかが問われる。

特に新興国・発展途上国の視点でデジタル技術を見る際には、技術の応用に際し二つの異なる顔を持っていることを意識する必要がある。[9] 一つは情報技術（ＩＴ）という側面である。ＩＴは、人工知能（ＡＩ）、ロボット、機械学習などに象徴されるもので、演算能力の爆発的向上を背景に、基本的には機械による労働の代替が進み、生産・流通にかかるタスクの数を減らし、分業の余地を小さくし、したがって生産活動の集中を生む可能性が高い。もう一つは通信技術（ＣＴ）という側面である。ＣＴは、インターネット、スマートフォン、４Ｇ／５Ｇなどに代表されるもので、距離を克服して情報交換やコーディネーションを可能とし、ビジネス・トゥ・ビジネス（B-to-B）のみならずビジネス・トゥ・消費者（B-to-C）、消費者・トゥ・消費者（C-to-C）のマッチングを容易にし、分業を促進し、したがって生産活動を分散させる方向に働く。

典型的な新興国であるタイを見てみると、政府部門、民間部門ともに研究開発投資（Ｒ＆Ｄ）への意欲は薄く、デジタル技術の最先端でしのぎを削ることは少なくとも短期的には難しい。それを認めるのであれば、国内最大の知的資源の集積であるバンコクにイノベーション・ハブ、すなわち世界のイノベーションをフォローする窓を作り、最先端技術の行方を追いつつその応用に力を入れていくことが志向されるべきであろう。

ＩＴは、特に先進国において、機械による労働の代替とそれに伴う労働再配置に関する懸念の源泉として、しばしばdisruptive（破壊的な）であると言われる。特に中程度の教育水準の人的資源、ルーティーンワークや非認知的仕事は、早晩、機械に置き換わるものと考えられている。一方、統計データに基づく冷静な議論では、少なくとも今のところは、機械による代替に伴う雇用喪失よりも、機械を補完する雇用創出の方が大きいとの指摘もある。[10] 新興国・発展途上国については、労働がまだまだ安価であり、機械との代替はゆっくりと進むものと考えられている。[11] しかし、多国籍企業のＧＶＣｓ戦略の中で、生産ブロックの先進国回帰、すなわちre-shoringが起きてくる可能性も否定できない。新興国・発展途上国としては、ＩＴの導入を恐れるのではなく、どのようにして機械と労働の補完性を実現していくのかを、考えていく必要がある。タイでも、タイランド４・０計画の一環として、製造業におけるロボット導入を促進する政策を採るなど、試行錯誤が始まっている。

一方、ＣＴの新興国・発展途上国経済への浸透は早い。ロンドンに本部を置くWe Are Socialの***Global***

Digital Report 2018[12]によれば、タイのインターネット・ユーザーは急速に伸びて人口の八二％に達しており、先進国並みの九〇％代も目前である。デバイスとしては、パソコンよりもスマートフォンが多用される傾向にある。それに伴い、ソーシャル・メディア、電子商取引、Grab などの輸送サービス、Airbnb などの宿泊サービス、各種電子マネー決済、fintech などの新しいビジネスが、緩い規制体系にも後押しされて急成長を遂げつつある。これがもう少し進めば、ボールドウィンの言うところの第三のアンバンドリング、すなわち国際間の個人ベースのサービス・アウトソーシングも、国際分業の主要な一形態として発達してくるかもしれない[13]。

タイ政府の開発計画の中では、これまでの製造業ベースの経済発展を踏まえ、ＩＴが強調されがちである。それはそれでよいのだろうが、同時にＣＴに関するタイの潜在力が大きいこともしっかり認識すべきである。ＣＴを有効に利用していくためには、デジタル空間に関する規制体系を整えていくことが必要となる。電子商取引や電子決済の市場拡大に消費者保護は欠かせない。世界の巨大プラットフォーマー対策も重要である。民間主導で進んでいるＣＴ利用をうまく後押しするような政府施策が求められている。

ここでまた、都市の重要な機能、高度人材を惹き付ける力の重要性が増してくる。イノベーション・ハブを作り、ＩＴ、ＣＴを積極的に応用していくためには、多くの高度人材がタイ、なかんずくバンコクを舞台に活躍していくようしむけねばならない。その人材とは、国内外で活躍するタイ人のみならず、タイに長く住んでもよいと考える外国人も含まれる。高度人材を引き寄せるもの、それが都市アメニティである。

アメリカの諸都市は、長い間、いかにして高度人材に移り住んでもらい、イノベーションを起こしていくかという競争をしてきた。Glaeserらは、高度人材を惹き付ける都市アメニティの要素として、①サービス、消費財について多様な消費が可能なこと、②美的・物理的設定、③公共政策、④スピードの四つを挙げている。[14] ①については、モノの購買は次第に電子商取引へと移行していくことが予想されるが、それでも「お買い物」の楽しみがすべてなくなることはない。また、供給者と消費者が時空を共有しなければならないサービスの多様性は、都市のみが提供できるものとして残っていくだろう。②は、気候がよい、リゾート地に近接しているなどの条件である。③は、特に新興国では重要である。子どもたちのための教育サービス、医療サービス、都市内の治安などが含まれる。④は、たとえば都市交通で夜間でも一人で安心してどこにでも行けること、週末にはたやすくリゾート地に行けること、国際空港へのアクセスがよいことなどが含まれる。

今後、東アジアの都市の間でも、間違いなく高度人材誘致競争が始まる。バンコクは、シンガポールと並び、長く居住する外国人が多い。また、インバウンドの観光客数を見ると、二〇一七年に三五三八万人で世界第一〇位、伸びてきたとは言え二八六九万人で世界第一二位の日本の上を行っている。[15] 今後バンコクの都市アメニティがどのように進化していくのか、楽しみである。

おわりに

本章では、グローバリゼーション進行下で国際分業のメカニズムが大きく変貌していく中、それを巧みに利用しながら発展してきたバンコクおよびその周辺のメコン地域、ホーチミン市との間を結ぶメコン—

表2　ASEANの主要都市の人口推移予測

（単位：1,000人）

国	都市集積	2015	2030
カンボジア	プノンペン	1,731	2,584
インドネシア	ジャカルタ	10,323	13,812
	スラバヤ	2,853	3,760
	バンドン	2,544	3,433
	メダン	2,204	2,955
	スマラン	1,630	2,188
	マッカサル	1,489	2,104
	パレンバン	1,455	1,888
	バタム	1,391	2,486
	プカンバル	1,121	1,731
	デンパサール	1,107	1,870
	ボゴール	1,076	1,541
	バンダル・ランプン	965	1,350
	バタン	903	1,254
	サマリンダ	865	1,291
	マラン	856	1,156
	タシクマラヤ	787	1,305
ラオス	ビエンチャン	997	1,782
マレーシア	クアラルンプール	6,837	9,423
	ジョホール・バル	912	1,249
ミャンマー	ヤンゴン	4,802	6,578
	マンダレー	1,167	1,654
	ネピトー	1,030	1,398
フィリピン	マニラ	12,946	16,756
	ダバオ・シティ	1,630	2,216
	セブ・シティ	951	1,278
	サンボアンガ・シティ	936	1,313
シンガポール	シンガポール	5,619	6,578
タイ	バンコク	9,270	11,528
	サムット・プラカン	1,814	3,139
ベトナム	ホーチミン市	7,298	10,200
	ハノイ	3,629	5,498
	カントー	1,175	1,902
	ハイフォン	1,075	1,569
	ダナン	952	1,365
	ビエンホア	834	1,225

出所：United Nations, ***World Urbanization Prospects: The 2014 Revision***, New York: United Nations, 2015.

インド経済回廊の変遷を追ってきた。

ＡＳＥＡＮは、中国、インドほどではないが、世界的に見れば特筆すべき人口規模を有する地域である。表2は、ＡＳＥＡＮ内で二〇三〇年の時点で人口一〇〇万人を超えると予想されている都市を示したものである。マニラ、ジャカルタ、バンコク、ホーチミン市が近接都市を含めなくても人口一〇〇〇万人を超え、クアラルンプール、ヤンゴン、シンガポール、ハノイも五〇〇万人以上となり、それ以外にもこれだけの都市が人口一〇〇万人を上回る。ＡＳＥＡＮでもいよいよ、本格的な都市化の時代がやってくる。

これだけの人口をどのような経済活動で養っていくのか、都市の魅力はどこまで高まっていくのか、上位中所得経済から高所得経済への道はどのように切り開かれていくのか、そのために何をしなければならないのか、我々は考えていかねばならない。

（1） Richard Baldwin, ***The Great Convergence: Information Technology and the New Globalization***, Cambridge, MA: The Belknap Press of Harvard University Press, 2016（遠藤真美訳、『世界経済 大いなる収斂――ＩＴがもたらす新次元のグローバリゼーション』日本経済新聞出版社、二〇一八年）参照。

（2） Economic Research Institute for ASEAN and East Asia（ERIA）, ***Comprehensive Asia Development Plan 2.0 (CADP2.0): Infrastructure for Connectivity and Innovation***, Jakarta: ERIA, 2015 （http://www.eria.org/publications/the-comprehensive-asian-development-plan-20-cadp-20-infrastructure-for-connectivity-and-innovation/）（最終アクセス：2018.12.31.））参照。

（3） Fukunari Kimura, Tomohiro Machikita, and Yasushi Ueki, "Technology Transfer in ASEAN Countries: Some Evidence from Buyer-Provided Training Network Data," ***Economic Change and Restructuring***, Vol.49, No.2, 2016, pp. 195–219参照。

（4）　Fukunari Kimura and Mateus Silva Chang, "Industrialization and Poverty Reduction in East Asia: Internal Labor Movements Matter," ***Journal of Asian Economics***, Vol. 48, 2017, pp. 23–47参照。

（5）　世界銀行の PovcalNet データベースによる。

（6）　ここでは、伝統的部門と近代的部門を、農村と都市、あるいはインフォーマル・セクターとフォーマル・セクターと読み替えてもよい。

（7）　National Statistical Office, ***The Report of the Migration Survey***（http://service.nso.go.th/nso/nsopublish/themes/files/migrationPocket59.pdf（最終アクセス：2018.12.31.））による。

（8）　Chanita Ploywijit, "The Impact of Internal Migration on the Individual Income: Evidence from Thailand," Master Thesis, Graduate School of Economics, Keio University, 2017.

（9）　以下のＩＴとＣＴに関しての議論は、Baldwin, ***The Great Convergence*** の国際分業の分脈での議論を発展させたものである。ＩＴとＣＴの二側面については、もともとは以下の論文で企業内統治の分析の中で提示されたものである。P. Aghion, N. Bloom, and J. van Reenen, "Incomplete Contracts and the Internal Organization of Firms," ***Journal of Law, Economics, and Organization***, Vol. 30, Suppl. 1, 2014, pp. 37–63.

（10）　D. H. Autor, "The History and Future of Workplace Automation," ***Journal of Economic Perspectives***, Vol. 29, No. 3, Summer, 2014, pp. 3–30参照。

（11）　M. Hallward-Driemeier and G. Nayyar, ***Trouble in the Making? The Future of Manufacturing-Led Development***, Washington, DC: World Bank Group, 2018 および Asian Development Bank, Asian Development Outlook 2018: How Technology Affects Jobs, 2018（https://www.adb.org/publications/asian-development-outlook-2018-how-technology-affects-jobs（最終アクセス：2018.12.31.））参照。

（12）　https://digitalreport.wearesocial.com/（最終アクセス：2018.12.31.）

(13) Baldwin, ***The Great Convergence*** 参照。

(14) E. L. Glaeser, J. Kolko, and A. Saiz, "Consumer City," ***Journal of Economic Geography***, Vol. 1, No. 1, 2001, pp. 27–50.

(15) United Nations World Tourism Organization（UNWTO）, UNWTO World Tourism Highlights: 2018 Edition, 2018（https://www.e-unwto.org/doi/pdf/10.18111/9789284419876（最終アクセス：2018.12.31.））による。

執筆者紹介（掲載順）

古田　和子（ふるた　かずこ）〔編著者〕
慶應義塾大学名誉教授・元東アジア研究所副所長
アジア経済史
一九五二年生まれ。プリンストン大学大学院博士課程修了。Ph.D.（歴史学）
主要著作に『上海ネットワークと近代東アジア』（東京大学出版会、二〇〇〇年）、***Imitation, Counterfeiting and the Quality of Goods in Modern Asian History***（共編著、Springer Singapore, 2017）など。

岸本　美緒（きしもと　みお）
お茶の水女子大学名誉教授　明清社会経済史
一九五二年生まれ。東京大学大学院人文科学研究科修士課程修了。
主要著作に『清代中国の物価と経済変動』（研文出版、一九九七年）など。

小川　道大（おがわ　みちひろ）
金沢大学国際基幹教育院准教授　インド社会経済史
一九八一年生まれ。プネー大学大学院歴史学科博士課程修了。Ph.D.（歴史学）
主要著作に『帝国後のインド――近世的発展のなかの植民地化』（名古屋大学出版会、二〇一九年）など。

太田　淳（おおた　あつし）
慶應義塾大学経済学部教授　近代東南アジア経済史
一九七一年生まれ。ライデン大学大学院文学研究科博士課程修了。Ph.D.（歴史学）
主要著作に『近世東南アジア世界の変容――グローバル経済とジャワ島地域社会』（名古屋大学出版会、二〇一四年）など。

小林　篤史（こばやし　あつし）
京都大学東南アジア地域研究研究所助教　アジア経済史
一九八六年生まれ。京都大学大学院アジア・アフリカ地域研究研究科博士課程修了。博士（地域研究）
主要著作に 'International Bimetallism and Silver Absorption in Singapore, 1840–73', ***Economic History Review***, Vol. 72, No. 2, 2019 など。

荒武　達朗（あらたけ　たつろう）
徳島大学総合科学部教授　中国近現代史
一九七〇年生まれ。名古屋大学大学院文学研究科博士課程修了。博士（歴史学）
主要著作に『近代満洲の開発と移民——渤海を渡った人びと』（汲古書院、二〇〇八年）など。

杉山　伸也（すぎやま　しんや）
慶應義塾大学名誉教授　日本経済史、アジア経済史
一九四九年生まれ。ロンドン大学大学院博士課程修了。Ph.D.
主要著作に『日本経済史　近世—現代』（岩波書店、二〇一二年）など。

久末　亮一（ひさすえ　りょういち）
ジェトロ・アジア経済研究所開発研究センター研究員　アジア経済史
一九七四年生まれ。東京大学大学院総合文化研究科博士課程修了。博士（学術）
主要著作に『香港「帝国の時代」のゲートウェイ』（名古屋大学出版会、二〇一二年）など。

平井　健介（ひらい　けんすけ）
甲南大学経済学部准教授　日本植民地経済史、アジア経済史
一九八〇年生まれ。慶應義塾大学大学院経済学研究科博士課程単位取得退学。博士（経済学）
主要著作に『砂糖の帝国——日本植民地とアジア市場』（東京大学出版会、二〇一七年）など。

竹内　祐介（たけうち　ゆうすけ）
首都大学東京経済経営学部准教授　アジア経済史
一九八〇年生まれ。京都大学大学院経済学研究科博士課程修了。博士（経済学）
主要著作に「満鉄社線の連絡輸送と「満洲国」市場」『社会経済史学』八三巻一号（二〇一七年五月）など。

丸川　知雄（まるかわ　ともお）
東京大学社会科学研究所教授　中国産業経済
一九六四年生まれ。東京大学経済学部卒業。
主要著作に『現代中国経済』（有斐閣アルマ、二〇一三年）など。

木村　福成（きむら　ふくなり）
慶應義塾大学経済学部教授　国際貿易論、開発経済学、東アジア経済論
一九五八年生まれ。ウィスコンシン大学大学院博士課程修了。Ph.D.（経済学）
主要著作に『国際経済学のフロンティア――グローバリゼーションの拡大と対外経済政策』（共編、東京大学出版会、二〇一六年）など。

東アジア研究所講座

都市から学ぶアジア経済史

2019年5月30日　初版第1刷発行

編著者――――古田和子
発行者――――慶應義塾大学東アジア研究所
代表者　高橋伸夫
〒108-8345　東京都港区三田2-15-45
TEL 03-5427-1598
発売所――――慶應義塾大学出版会株式会社
〒108-8346　東京都港区三田2-19-30
TEL 03-3451-3584　FAX 03-3451-3122
装　丁――――渡辺澪子
組　版――――株式会社キャップス
印刷・製本――中央精版印刷株式会社
カバー印刷――株式会社太平印刷社

Printed in Japan　ISBN978-4-7664-2597-0